JOSÉ FILIPE PINTO
Doutor em Sociologia
Professor Associado da ULHT

O ULTRAMAR SECRETO E CONFIDENCIAL

ALMEDINA

O ULTRAMAR SECRETO
E CONFIDENCIAL

AUTOR
JOSÉ FILIPE PINTO

EDITOR
EDIÇÕES ALMEDINA. SA
Av. Fernão Magalhães, n.º 584, 5.º Andar
3000-174 Coimbra
Tel.: 239 851 904
Fax: 239 851 901
www.almedina.net
editora@almedina.net

PRÉ-IMPRESSÃO | IMPRESSÃO | ACABAMENTO
G.C. GRÁFICA DE COIMBRA, LDA.
Palheira – Assafarge
3001-453 Coimbra
producao@graficadecoimbra.pt

Julho, 2010

DEPÓSITO LEGAL
313805/10

Os dados e as opiniões inseridos na presente publicação são da exclusiva responsabilidade do(s) seu(s) autor(es).

Toda a reprodução desta obra, por fotocópia ou outro qualquer processo, sem prévia autorização escrita do Editor, é ilícita e passível de procedimento judicial contra o infractor.

Biblioteca Nacional de Portugal – Catalogação na Publicação

PINTO, José Filipe

O ultramar secreto e confidencial
ISBN 978-972-40-4298-5

CDU   325
        94(469)"1933/1974"

*A todos os Portugueses interessados em compreender
as causas do esgotamento do nosso multisecular
Conceito Estratégico Nacional*

Se Deus não nos reservar mais do que justiça ninguém se salva.

São Thomas Morus

PREFÁCIO

O interesse pela Revolução de 25 de Abril de 1974, tendo como referência dominante a mudança de regime político que durou cerca de meio século e a liberdade democrática, de modelo ocidental, instalada, continua a ser principal nos estudos de referência que se multiplicam, e nas biografias dos participantes, desde longe envolvidos na oposição ao regime, ou mergulhados na conjuntura adversa da estrutura nacional e de pesada exigência de serviço cívico no espaço militar.

Todavia, a brutal crise financeira e económica que hoje define a conjuntura mundial, europeia, e nacional, já aponta para a exigência de uma narrativa do processo que conduziu os ocidentais à debilidade actual perante *o resto do mundo* que dominaram de modo imperial, invocando sempre valores éticos de justificação da expansão, nem sempre prevendo a supremacia assente no domínio das matérias-primas, das energias não-renováveis, e dos mercados de produtos acabados.

Morto o Império Euromundista, do qual Portugal deteve, até à dissolução final de 1974, a parcela importantíssima do seu específico Terceiro Império, a narrativa dos interesses continua a encontrar na gerência do modelo da proclamada sociedade afluente a causa determinante da debilidade em que se transformou a dependência perante o resto do mundo liberto do extinto império ocidental, mas com o ocidente não completamente liberto dos demónios interiores que decidiram as suas duas guerras civis, que chamou mundiais pelos efeitos.

De acordo com a percepção de Ortega, é inevitável a relação do homem com a sua circunstância, mas também parece inevitável a tendência dos responsáveis pelas decisões políticas, pelas grandes e pelas de menor dimensão, remeterem para a circunstância toda a responsabilidade objectiva pelos desastres das suas gestões, em Portugal sendo vasta a literatura de justificação dos que se lamentam do povo que lhes aconteceu governar, meditando uma teoria de desagradáveis tipologias antropológicas de que se afirmam observadores, analistas, e sofredores.

Trata-se, porém, do mesmo povo que a vontade de D. João II amarrou ao leme, dos marinheiros e soldados que traçaram as fronteiras dos três impérios que cobriram as insuficiências metropolitanas, das suas mulheres, viúvas de homens vivos, que aguentaram a retaguarda enquanto a juventude era enviada para lugares dos quais grande parte não regressava.

Talvez Camilo Castelo Branco tenha sido mais certeiro ao filiar as debilidades seculares na descoberta dessa classe política que consagrou em *A queda de um Anjo*, numa terra e gentes que viveram séculos em regime de Cadeia de Comando, com gerações sucessivas longamente em guerra, submissas à experiência de que um fraco capitão faz fraca a forte gente, e descuidadas de controlar responsavelmente o Estado, que não é uma criação divina, é uma invenção cultural.

Esta investigação de José Pinto refere-se a um período em que me tem parecido que o real modelo governativo era o do Código de Direito Canónico, na parte em que define e regula a figura, responsabilidade, e intervenção do Ordinário do lugar (Bispo), um homem responsável, mas que o Código queria aconselhado. É por isso que a listagem e análise dos Ministros do Ultramar, desse regime, se orientou pelo critério da *longa mão* que realmente manda, cuja narrativa de intervenção lhe ocorreu caracterizar como um "Ultramar Secreto e Confidencial", mergulhando nos arquivos que se vão abrindo com o decorrer do tempo.

Por muitos países europeus, quer nos que tiveram governos autoritários quer nos outros, e nos Estados Unidos, esta busca cresce, sendo útil insistir em que a metodologia da história não seja ultrapassada pelas urgências dos meios de comunicação social. Com este trabalho, abriu caminho, sobretudo, no que toca a um período em que se defenderam valores de decoro exterior, mesmo quando aparentes, dos governos, exigências de segredo de Estado perante as conjunturas, e universalmente questões de imagem que se tornaram mais pesadas quando o Estado Espectáculo acompanhou viciosamente as democracias. Um serviço que se deve a José Pinto, quando procura os factos ocultados, para o que tem enfrentado com enorme sacrifício, empenhamento, e autenticidade, as dificuldades que tem de vencer para servir a carreira académica, hoje tão deficientemente apoiada pelos gestores da política do ensino superior.

Quando Jacques Chevalier, escrevendo para a entrada no milénio, insistiu em que o "ideal democrático supõe que os cidadãos dispõem de uma intervenção nas escolhas colectivas", e que por isso "a cidadania tende para ser uma cidadania activa, incompatível com qualquer ideia de alienação", fazia mais um voto do que identificava uma tendência, em vista da crescente falta de confiança em múltiplas lideranças políticas ocidentais. A questão portuguesa da relação entre as lideranças e o povo que lhes aconteceu governar, parece historicamente implicada no processo. Por isso a política furtiva é seguramente um capítulo a não descurar.

ADRIANO MOREIRA
Presidente da Academia das Ciências de Lisboa

INTRODUÇÃO

O século XX representou uma época em que o tempo pareceu andar mais depressa, tal o número de mudanças conjunturais a que o Mundo assistiu e que, em muitos casos, pareceram obedecer ao imperativo de correr e pensar – talvez com mais frequência do que se aconselhava por esta ordem – com as presumíveis e nefastas consequências daí resultantes.

De facto, aquele que é considerado por muitos como o século do povo, viu desmembrar impérios – não apenas coloniais –, assistiu a duas guerras – europeias pelas motivações e mundiais pela extensão –, assinou a derradeira certidão do euromundo, viu erguer e cair muros e ideologias, presenciou o nascimento e o ocaso do Mundo bipolar e viu-se obrigado a participar numa globalização que aumentou exponencialmente a tendência para os problemas dos outros "se transformarem em problemas nossos" (Moreira, 2001, p. 25).

Ora, em oposição a este "tempo acelerado da mudança das estruturas mundiais" (Moreira, 2005, p. 16), o Império português viveu, durante uma parte considerável do século, um longo período de aparente tranquilidade como se Portugal não fizesse parte do Mundo em mudança. Nessa fase, "não estávamos mortos, mas parecíamos. Quanto menos nos agitássemos, quanto menos ondas provocássemos, quanto menos progredíssemos ou reformássemos – tanto melhor" (Mello, 1996, p. 72).

Era como se a neutralidade colaborante, inventada por Salazar durante a II Guerra Mundial e que o Direito Internacional teve dificuldade em enquadrar e algumas potências em aceitar, talvez porque a mesma evidenciasse mais clareza a nível político do que no que concerne aos aspectos económicos[1], tivesse assumido uma nova for-

---

[1] Esta afirmação pode ser comprovada pelo facto de o Ministro dos Negócios Estrangeiros britânico, Lord Halifax, manifestar, em 7 de Março de 1940, ao Embaixador de

ma que reconhecia a Portugal a possibilidade – que o Poder vigente sabia bem que não era direito – de continuar a interpretar a conjuntura mundial à sua maneira, qualquer que fosse a direcção e o sentido em que soprassem os ventos da História.

De facto, convém reconhecer que a política consubstanciada na expressão *orgulhosamente sós*[2] e que servia como justificação para o marasmo e para a resistência do Estado português à mudança não podia ser real e efectiva porque representava uma forma de isolacionismo e essa é uma prerrogativa a que só as grandes potências se consideram autorizadas a recorrer sempre que tal lhes parece conveniente para fazer valer os seus interesses.

Ora, parece consensual que "Portugal foi de regra um país dependente de factores externos, decidido a procurar fora do território

---

Portugal em Londres, Armindo Monteiro, "o descontentamento britânico pelo que denomina de «neutralidade benevolente» adoptada por Portugal" (Brandão, 2002, p. 317), ou, ainda, pela circunstância de o representante do governo norte-americano, George Kennan, a 1 de Dezembro de 1943, ter dito a Salazar que dificilmente os Estados Unidos poderiam tratar generosamente um país exportador de volfrâmio para a Alemanha. Também Wilson Churchill enviaria, em 24 de Março de 1944, uma carta pessoal a Salazar acusando Portugal de, ao exportar volfrâmio para a Alemanha, estar a apoiar o esforço de guerra alemão. Esta acusação levaria Salazar, depois de uma consulta ao Presidente da República e da convocação de um Conselho de Ministros extraordinário, a suspender, em 1 de Julho de 1944, as exportações de volfrâmio para todos os participantes na II Guerra Mundial. No entanto, a questão do volfrâmio só poderá ser convenientemente percebida se for analisada na perspectiva peninsular porque enquanto o Embaixador britânico em Lisboa, Ronald Campbell, pressionava o governo português, os Estados Unidos pressionavam a Espanha de Franco que também vendia volfrâmio ao eixo. O facto de as minas da Panasqueira, cujo principal minério era o volfrâmio, serem exploradas por duas empresas inglesas, primeiro, de 1910 a 1928, pela Wolfran Mining & Smelting Co., e, desde 1928 a 1973, pela Beralt Tin & Wolfran Limited, não deixa de representar uma situação curiosa porque companhias inglesas acabavam por auxiliar, ainda que indirectamente, o esforço de guerra dos inimigos da Inglaterra. Georgel (1985, p. 84) indica outra data para a proibição da venda de volfrâmio "7 de Junho de 1944, dia seguinte ao do desembarque" e quantifica o volume de vendas ao dizer que "Portugal, país neutro, vendia ao Eixo três quartos da sua produção de volfrâmio [...] e o último quarto, isto é, quatro mil toneladas, aos Aliados". Aliás, em nome da neutralidade colaborante, Salazar recusara, em Março de 1944, as exigências da Grã-Bretanha e dos Estados Unidos para suspender a venda de volfrâmio à Alemanha, mas propôs o alargamento das facilidades militares concedidas aos aliados nos Açores. O acordo secreto com os Estados Unidos viria depois, em 28 de Novembro de 1944.

[2] Expressão utilizada por Salazar em 18 de Fevereiro de 1965.

matricial apoios políticos e recursos materiais que habilitassem o Estado a desempenhar as funções"[3].

Aliás, ainda sobre a questão do isolacionismo, basta atentar nas estratégias seguidas pela Casa Branca nas diferentes conjunturas para tudo assumir contornos bem claros e se perceber que os Estados Unidos dispõem de uma "concepção excessivamente utilitarista das relações internacionais" (Torres, 2004, p. 38) que lhe advém do estatuto ou da condição de superpotência.

No caso português, mesmo o controle por parte do Governo do fluxo do investimento estrangeiro em Portugal – na Metrópole e no Ultramar –, apesar de Salazar advertir, em 1955, que os capitais estrangeiros deveriam ser importados em quantidades moderadas e para sectores não essenciais, serviu, sobretudo, para que Portugal continuasse a dispor de aliados para a sua política ultramarina.

Na verdade, o terço de segurança que evitava a condenação das Nações Unidas era cada vez mais difícil de obter, face à proliferação de novos países – todos antigas colónias – provenientes da aplicação da política descolonizadora saída da II Guerra Mundial e que misturou em doses desiguais, de acordo com os interesses dos seus agentes, um "anticolonialismo sentimental" com um "anticolonialismo utilitário e/ou político" (Castro, 1967, p. 30).

O Estado Novo viu-se, assim, perante um dilema que é habitual nas semi-periferias e que, na conjuntura derivada do início da guerra colonial, assumiu uma dificuldade ainda maior: salvaguardar aquilo que era considerado como o interesse nacional e não aumentar desmedidamente a dependência face ao centro[4].

---

[3] Excerto inicial da conferência intitulada «Desafios de Portugal» pronunciada pelo Professor Adriano Moreira na Sociedade Histórica da Independência de Portugal em 25 de Maio de 2006. Manuscrito cedido pelo autor.

[4] Numa sociedade, o centro, segundo Shils (1992, p. 102), "consiste naquelas instituições (e papéis) que exercem autoridade – quer ela seja económica, governativa, política ou militar – e nas que criam e difundem símbolos culturais – religiosos, literários, etc. – através de igrejas, escolas, casas editoriais, etc"A periferia consiste naqueles estratos ou sectores da sociedade que recebem ordens e crenças que não são criadas por elas próprias, e que não foram mandadas difundir por eles, e naqueles sectores que se encontram numa situação inferior na distribuição ou atribuição de recompensas, dignidades, oportunidades, etc.". Parece perfeitamente possível extrapolar estas definições quando se passa de uma sociedade para o âmbito das relações internacionais. A semi-periferia representa um termo intermediário, embora passível de gradações diferentes, entre o centro e a periferia.

Por isso, o III Plano de Fomento alertava para o perigo de empresas portuguesas sem dimensão negociarem financiamentos com firmas estrangeiras mais fortes. Só que, nessa mesma conjuntura, mais precisamente em 1970, o Ministro da Economia afirmava desconhecer o montante e a repartição exactos dos capitais estrangeiros investidos em Portugal, situação que aponta para o paradoxo – tão negado quanto verdadeiro – de Portugal ser, simultaneamente, um país colonizador e colonizado.

De facto, a existência de um bairro destinado aos engenheiros separado do bairro operário e de um clube exclusivamente para o pessoal inglês que desempenhava os cargos de administração ou direcção nas minas da Panasqueira não andava longe daquilo que Gilberto Freyre observara, ainda que apressadamente, no Ultramar português e que, uma vez publicado em livro, deu origem a uma resposta muito crítica por parte do comandante Ernesto Vilhena, Administrador da Companhia dos Diamantes[5].

Aliás, convém não esquecer que a posição da diplomacia portuguesa, que lhe permitiu, ao mesmo tempo, ser doador e receptor de ajuda ao desenvolvimento no âmbito do CAD da OCDE, assentava no pressuposto de Portugal ser um país em vias de desenvolvimento, apesar de o Poder instituído se recusar a admitir publicamente essa condição[6].

---

[5] Sobre essa polémica importa ler o livro de Gilberto Freyre, *Aventura e rotina*, e, depois, o artigo intitulado "Crítica de uma crítica" da autoria de Ernesto Vilhena e que foi publicado no *Diário de Notícias*. Como forma de motivação para as leituras, transcrevo duas breves passagens do artigo de Vilhena: "Elogia, largamente, como vimos, o nosso Serviço de Saúde, mas emite, conjuntamente, a dúvida se essa «exemplar assistência» não será «egoísmo do branco a resguardar-se das doenças dos pretos», verdadeiro desconchavo que nem merece comentário, de tal calibre ele é" e "Outras desconfianças acompanham o ilustre visitante que, em mais de uma passagem, se mostra ressabiado (permita-se-nos o uso do popular vocábulo) por, em outros lugares onde esteve, lhe terem escondido coisas que ele desejava ver e não lhe mostraram, ou de que lhe mostraram só o que convinha que ele visse: e é assim que, atribuindo-nos os mesmos intuitos, nos acusa de termos procedido de igual forma no relativo à alimentação dos trabalhadores indígenas e às habitações que a Companhia lhes proporciona a eles e suas famílias, durante o período dos seus contratos de prestação de serviço [...] descanse, porém, o ilustre sociólogo, quanto às condições de alimentação e outras que a Companhia de Diamantes proporciona aos seus trabalhadores".

[6] Só com o encerramento do ciclo imperial Portugal foi forçado a abandonar o CAD da OCDE porque deixou de ter condições para ser doador e passou a beneficiar por inteiro da

De facto, como explicar que uma família belga – os Marc Velge – tivesse adquirido a mina do Lousal e criado a SAPEC[7], ou que uma empresa, igualmente belga, a Solvay, tivesse tomado conta da produção da soda caustica na Póvoa de Santa Iria ou que, para não abandonarmos os capitais belgas, a Royal Asturienne des Mines extraísse o estanho em Castelo de Paiva e a Société Anonyme Belge des Mines d'Aljustrel explorasse, até 1973, as pirites dessa vila alentejana.

Isto para não falar no grupo anglo-canadiano que imperava em Neves Corvo, na Sofina, na Societé Générale de Bélgique, na Standard Eléctrica adquirida pela americana ITT, na CELBI, detida por um grupo sueco-canadiano...

Estas empresas, a exemplo daquilo que foi dito sobre a posição portuguesa na conjuntura internacional, também tentavam evitar a exposição mediática, "pois o seu objectivo é, normalmente, passar despercebidas – e não deixar o rasto inerente à actuação de qualquer grupo de pressão" (Matos, 1973, p. 223). Talvez, por isso, muitas das empresas de capital estrangeiro optassem por colocar nomes portugueses na designação social das empresas ou, em alternativa, recorressem aos adjectivos "português" e "lusitano" como forma de esconder ou disfarçar a proveniência do respectivo capital.

Face a estes exemplos, mais a mais numa conjuntura fortemente proteccionista, não restam dúvidas sobre a dupla condição portuguesa de colonizador e de colonizado,

Bem podia Salazar, em 12 de Dezembro de 1950, afirmar, num discurso perante as comissões da União Nacional, que "mesmo quando precisemos de ajudas, podemos dispensar tutelas" (Salazar,

---

condição de receptor da APD. Depois, com a adesão à Comunidade Económica Europeia, em 1986, Portugal foi reintegrado no CAD, embora essa readmissão não fosse automática, pois só viria a concretizar-se, efectivamente, em 1991.

[7] A SAPEC representou uma excepção durante a fase revolucionária que se seguiu ao 25 de Abril porque os trabalhadores ocuparam a empresa e sequestraram o administrador – um dos membros da família Marc Velge – como forma de exigir a sua demissão e a nacionalização da empresa. No entanto, como a SAPEC era uma empresa de capitais exclusivamente estrangeiros e o administrador não aceitou demitir-se, a nacionalização não se efectuou e tudo retomou a vida habitual. Aliás, a administração não exerceu represálias sobre os trabalhadores, a exemplo daquilo que se passara antes do 25 de Abril, pois, quando algum trabalhador era preso por motivos políticos, sabia que podia retomar o seu posto de trabalho logo que fosse colocado em liberdade.

1966, p. 269) porque o verbo não coincidia com a realidade. Vivia-se, então, uma conjuntura em que Portugal, depois de ter recusado o plano Marshall até ao limite que a crise económica e financeira lhe permitiu, se via obrigado a aceitar os dólares estendidos pela mão norte-americana[8].

No entanto, as notas verdes não vieram sozinhas e fizeram-se acompanhar de Programas de Assistência Técnica e Produtividade. Por isso, tão importante como os aspectos quantitativos, foi a mudança promovida, "um passo decisivo no sentido da internacionalização da economia portuguesa" (Rollo, 2007, p. 23), ou seja, um abanão no marasmo da vida habitual.

Poder-se-á objectar que não se tratou de tutela no sentido paternalista da palavra, mas não ficam dúvidas que o traçar do rumo por parte de Portugal foi altamente condicionado pelo apoio recebido de um centro que fazia questão de «mostrar» as políticas para o desenvolvimento, fenómeno que, aliás, não diz respeito apenas à conjuntura em que foi aplicado o plano Marshall, como se depreende do estudo da cooperação feita, por exemplo, entre a União Europeia e os países ACP[9] ou da intervenção das instituições de Bretton Wood nas zonas ditas em desenvolvimento.

Retomando a análise, constata-se que, como decorre da História, Portugal nunca foi centro, nem mesmo quando mostrou novos mundos ao Mundo e encheu a Europa dos odores da canela e do travo da pimenta, ou quando Afonso Costa afirmava, em França, que Portugal não era um país pequeno – claro reconhecimento da condição, no mínimo, semi-periférica do país, pois quem é efectivamente grande, não necessita de palavras mas de actos para o demonstrar.

Assim, a macrocefalia centralizadora de Lisboa, servida em grande parte por elementos provenientes do interior, talvez se tenha ficado pela visão de um certo provincianismo sem conseguir rentabi-

---

[8] Só em 25 de Setembro de 1948 foi publicado um Despacho do Ministério das Finanças a anunciar que Portugal passava a integrar o grupo de países que aceitava a ajuda prevista no Plano Marshall.

[9] Para compreender as alterações e a justificação das mesmas no que concerne às relações entre a UE e os países ACP importa ler *Livro verde sobre as relações entre a União Europeia e os países ACP no limiar do século XXI: desafios e opções para uma nova parceria*, editado pela Comissão Europeia e da responsabilidade do Comissário português João de Deus Pinheiro.

lizar devidamente o activo que esses elementos provenientes da nova *geografia da fome* de Josué de Castro – a *geografia da falta de perspectivas* –, transportavam do torrão natal ao qual faziam promessa de regressar no dia sagrado da festa do padroeiro ou sempre que a dor, mais do que da alegria, batia à porta da família para cumprir a roda da vida.

Lisboa, que no século anterior tinha assistido à chegada tardia do bairro operário onde Cesário Verde era, nas palavras de Alberto Caeiro, um camponês preso em liberdade, continuava a ver nascer as *grandes aldeias* como Caselas – o autocarro 14, que partia da Praça da Figueira e levava para o bairro os afortunados que não faziam a caminhada a pé, assemelhava-se, nas palavras dos velhos habitantes de Lisboa, ao regresso de uma excursão de visita à cidade grande, excursão que, na tradição alfacinha de passear pelos arrabaldes, também era feita para ver as giestas quando estas floriam no bairro –, Alvito e Madre de Deus, mas assegurava a boa ordem através da separação dos grupos sociais, uma vez que os funcionários administrativos viviam em Alvalade e os funcionários superiores faziam de S. Miguel o local preferido para habitar.

Assim, Lisboa, a um tempo madrasta e mãe, embora lhes permitisse manter parcialmente a ligação aos hábitos da terra – não seria por acaso que o já referido bairro de Caselas tinha a igreja[10], lugar de devoção e de encontro domingueiro, ao fundo do largo – e até parecesse empenhada em abrir-se à Natureza – a Câmara deitou mãos à difícil florestação do Parque de Monsanto, embora sacrificando os moinhos de vento, as pedreiras e os pastos que serviam de alimento aos rebanhos –, exigia novos esforços quotidianos que Adriano Moreira, transmontano transplantado para o Beco de Estêvão Pinto em Campolide, relata fielmente na primeira pessoa,[11] pois ninguém conta melhor do que quem experimenta no corpo e na alma o peso das situações.

---

[10] A construção da igreja para dar assistência religiosa a um bairro de 159 casas iniciou-se em 1947. Para além da igreja havia uma escola primária e um clube recreativo, uma espécie de versão das casas do povo que ainda hoje se podem encontrar em muitas das aldeias portuguesas e que foram criadas pelo Decreto-Lei n.º 23 051 de 22 de Setembro de 1933. A designação do bairro aponta para a novidade representada por um tipo de habitação que não se enquadrava nos parâmetros habituais de Lisboa.

Como é do senso comum, ninguém conhece melhor as estradas e os atalhos do que aquele que os calcorreia várias vezes por dia e que, à medida que vai habituando as pernas à jornada, usa o percurso como *pensatempo*, ou seja como forma de alargar os horizontes e de estreitar as amizades com os condiscípulos vizinhos – não apenas na morada – porque irmanados na vontade de aceitar o esforço como instrumento indispensável para a construção de um futuro diferente daquele que o berço lhes quisera reservar.

Regressando ao exercício do Poder, parece, porém, oportuno ressalvar que não é legítimo estabelecer uma relação de causa-efeito entre o berço e a forma de governar.

De facto, não se nasce provinciano pelo facto de se despertar para a vida numa casa modesta de uma das províncias mais recônditas, ignoradas e atrasadas de Portugal porque o provincianismo não diz respeito ao local e à condição do berço, mas à falta de espírito crítico e de assertividade para analisar as conjunturas de uma comunidade internacional em mudança que, mais do que as montanhas e as carências materiais, limitam os horizontes quando o exercício do cargo chama a tomar decisões que afectam a vida de todos.

Na realidade, os valores recebidos na infância[12], o subir a corda da vida à custa da força do próprio pulso e o acreditar que "a ascensão social em Portugal se faz pelo saber"[13] nem sempre se mostraram suficientes para enfrentar assertivamente os desafios da governação.

Só que a explicação para essas limitações não deverá ser procurada a montante mas a jusante, o local onde uma tese assente no circunstancialismo parece encontrar sentido.

---

[11] Cf. Moreira, A. (2009). *A espuma do tempo: memórias do tempo de vésperas*. Coimbra: Almedina.

[12] Léonard (1999, p. 11) considera que Salazar era, "sobretudo, um homem do campo, ao qual tudo o ligava, das suas origens familiares à sua infância e à sua adolescência, assim como o seu modo de vida e as suas marcas de prudência, de desconfiança, de teimosia e de manha". A meu ver, o autor enfatiza os aspectos negativos e não menciona – e como tal não valoriza – os elementos positivos que a comunidade rural desenvolve nos seus membros, pois apresenta a prudência ligada à desconfiança. Do mesmo modo, mencionar os atavismos da educação para explicar a acção governativa de Salazar representa, na minha opinião, uma visão que, mais do que minimalista, se revela totalmente incorrecta.

[13] Afirmação feita por Adriano Moreira na Assembleia da República. Cf. *Diário da Assembleia da República*, n.º 049, 1.ª série, 7 de Março de 1990, p. 1737.

De facto, o exercício do Poder exige um preço que nem todos, por mais louváveis e nobres que sejam os seus valores e ideais, se mostram à altura de pagar. De facto, a solidão do Poder conduz, frequente para não dizer inevitavelmente, ao fechamento obsessivo ou autocentramento – talvez utilizado como estratégia de defesa para não dar ouvidos à voz da elite, sobretudo económica, que, ao contrário das vozes da aldeia, gosta de se insinuar e de dar conselhos, mesmo que não solicitados e sempre interesseiros – e acaba por representar uma forma de provincianismo tão perniciosa como o heterocentamento.

Na realidade, como Grossman & Saurugger (2006, p.9) defendem "les intérêts n'existent pas en soi. Il est nécessaire qu'ils soient représentés par les acteurs possédant les ressources politiques, financières et sociales".

Ora, ainda segundo os mesmos autores, quando não detém o poder político, "le groupe d'intérêt [...] cherche à influencier les pouvoirs politiques dans un sens favorable à son intérêt" (p. 11).

Meynaud (1957), quando estudou o reportório de acção dos grupos de interesse em França, identificou cinco categorias de procedimento: a persuasão, as ameaças, o papel do dinheiro, a sabotagem da acção governamental e a acção directa.

Em Portugal, os grupos de interesse não dispuseram, durante o Estado Novo, de uma panóplia tão diversificada de formas de pressão e apenas conseguiam falar ao ouvido de Salazar, embora, frequentemente, tivessem de recorrer a intermediários, como se comprova pelo facto de uma das personalidades que deteve cargos governamentais durante mais de uma década, José Gonçalo da Cunha Sottomayor Correia de Oliveira, ser conhecido como a *correia do Oliveira* pela função de intermediário que desempenhava.

Este escudo ou afastamento erigido ou escolhido por Salazar representava, afinal, uma demonstração da sua certeza que raramente era possível transportar para os corredores do Poder as solidariedades derivadas do local de nascimento de que a *sereníssima Casa de Bragança* constituiu o exemplo porventura mais famoso[14].

---

[14] Esta designação referia-se à solidariedade estabelecida entre os membros de Trás-os-Montes e do Distrito de Bragança que estavam juntos no Governo, designadamente, Manuel Maria Sarmento Rodrigues, nascido em Freixo de Espada à Cinta, Artur Águedo de Oliveira,

Mesquita (2007, p. 222) no capítulo intitulado «Salazar: o Homem, a Política e a História» coloca a questão: "como se explica que este homem superior se tenha permitido tantas inferioridades culposas, como a de privilegiar uma pequena corte de aduladores?"

A já referida solidão do Poder não parece apontar para a existência ou o favorecimento de lisonjeadores. Ao longo da exposição talvez seja possível verificar se Salazar foi, efectivamente, um homem superior e o construtor de um regime e quais as inferioridades culposas pelas quais a História o poderá responsabilizar.

No entanto, como a resposta só pode surgir – se surgir – no final, talvez não seja despiciente recordar que se, como São Tomás Morus afirmou pela boca do português Rafael Hitlodeu, há homens "escravos do amor-próprio, que ouvem apenas a sua própria opinião" (Morus, 2005, p. 30), também há quem escolha "pessoas sensatas que serão as únicas às quais concederá a liberdade de lhe dizerem a verdade, mas somente a verdade acerca do que lhes perguntar e não de outras coisas" (Maquiavel, 2000, p. 123).

Voltando ao heterocentramento que Neves vislumbrou em Eça de Queiroz – embora de Paris, de onde tudo vinha, também tivesse chegado Jacinto que aprenderia o amor por Tormes e rejeitaria a vida social do farol da moda –, parece possível afirmar que encontra paralelo no exibicionismo do republicano António Maria da Silva, "engenheiro obscuro e pelintra, de quem até então ninguém sabia o nome, a mostrar aos amigos, muito maravilhado, «os bilhetes de todas as linhas de comboios da Península», que lhe cabiam como novo director dos correios e telégrafos" (Ramos, 2001, p.415).

De facto, a adopção acéfala – e, por conseguinte, acrítica – de modelos estranhos, mesmo que vigentes em países mais desenvolvidos, ou o contentar-se com a pequenez de horizontes da pobreza, ainda que honrada e assente na convicção do dever cumprido, são, afinal, as duas faces de uma mesma mentalidade – essa sim – provinciana.

Na realidade, é preciso ver mais longe e ir mais além! É necessário aceitar o desafio de correr riscos, sobretudo ponderados, e ter em

---

oriundo de Torre de Moncorvo e Joaquim Trigo de Negreiros, nascido em Longra, Mirandela. A nomeação dos três para os cargos de um mesmo Governo, respectivamente, Ministro das Colónias, Ministro das Finanças e Ministro do Interior figura no *Diário do Governo*, n.º 153, I Série, de 2 de Agosto de 1950 e foi feita pelo Decreto n.º 37 930.

mente o iniciador do movimento expansionista, o Infante D. Henrique, que aceitou "a existência de valores superiores a si próprio, e quando se encontra integrado numa instituição política, que condiciona o seu modo de ser, devota-se inteiramente ao bem comum. Os direitos e poderes que reclama não os reclama para si próprio" (Moreira, 2005, pp. 117-118).

É este o passo que permite dobrar o Cabo das Tormentas e ir além de todos os provincianismos!

Com este estudo pretende-se desmontar alguns dos equívocos da História recente de Portugal, que o senso comum se habituou a aceitar como verdades, e compreender o final do Império português.

Para tal, procuram-se identificar os aspectos marcantes da política ultramarina portuguesa durante o Estado Novo, a partir da acção de três elementos: aquele que dirigia o processo a partir da Metrópole[15] – o Ministro do Ultramar ou das Colónias que Moreira identifica com o alto agente político do *ancien régime* –, o principal elemento no Ultramar – o Governador ou Governador-Geral de cada uma das possessões, o pró-Cônsul dos novos tempos[16] – e, finalmente, no

---

[15] A acção do Ministro não se resumia àquela que tinha origem na Metrópole porque, durante as viagens de Estado que fazia ao Ultramar, o Ministro recebia autorização legislativa por parte do Conselho de Ministros e o seu poder era imenso, uma vez que podia promulgar e revogar toda a legislação com a excepção – única e óbvia – da Constituição. A consulta da Lei Orgânica do Ultramar permite constatar a verdadeira – e imensa – dimensão das competências do Ministro do Ultramar.

[16] As províncias ultramarinas podiam ser de Governo-Geral ou de Governo simples e, por isso, em Cabo Verde, Guiné, Timor e S. Tomé e Príncipe só se fala de Governador. A título de curiosidade, assinale-se que, de acordo com o Decreto-Lei n.º 22 822 publicado no *Diário do Governo* n.º 155 de 12 de Julho de 1933, o Governador-Geral de Angola recebia anualmente 20 016$00 de vencimento de categoria e 168 246$00 de vencimento de exercício e o Governador-Geral de Moçambique tinha o mesmo vencimento de categoria mas recebia 267 984$00 de vencimento de exercício. Os Governadores de Cabo Verde e da Guiné recebiam exactamente o mesmo vencimento de categoria – 15 075400 – e de exercício – 81 885$00. Quanto aos vencimentos do Governador de S. Tomé e Príncipe, o parágrafo 2 do Art. 1.º estipulava que "serão abonados, transitoriamente, pelos respectivos quantitativos inscritos no orçamento da referida colónia para o ano económico de 1933-1934". Os montantes referidos eram muito elevados para a época pois, em 1933, quando o salário mínimo nacional ainda estava muito distante, um operário de uma fábrica de lanifícios em Unhais da Serra ganhava entre 6$00 e 7$50 por dia e as mulheres eram raras as que faziam 3$50 ou 4$00 por dia. Se o elemento de comparação passar a ser um elemento com formação superior e com elevada importância e visibilidade social, como um médico, constata-se que

topo da pirâmide do Poder, o Chefe do Governo ou Presidente do Conselho – a cuja aceitação o Ministro tinha de submeter a proposta relativa às nomeações dos Governadores, como constava, por exemplo, no ponto I da base XVIII da Secção I do Capítulo IV da Lei n.º 2066 de 27 de Junho de 1953[17].

Aliás, a circunstância de Salazar ter decidido que os Decretos-Lei passariam a ser aprovados em Conselho de Ministros, mas apenas referendados pelo Presidente do Conselho e pelo Ministro ou Ministros a cuja tutela competia o assunto que era objecto de legislação, conduziu, no caso do Ultramar, a que os outros membros do Governo não fossem ouvidos no acto de legislar a não ser que a matéria se inserisse, também, na esfera das suas competências.

Na realidade, na opinião de Salazar, para haver Conselho de Ministros bastava a presença dele próprio e de um Ministro.

Pensamento singular este, embora conseguido à custa de um conjunto que o não era, pois o seu cardinal englobava dois elementos, embora a verdade exija que se reconheça a Salazar o mérito de só mandar para publicação no *Diário do Governo* os documentos depois de assinados por todos os Ministros. Assim, sempre que um Ministro não concordava com uma lei, bastava expor essa divergência

---

o Decreto n.º 22752 de 28 de Junho de 1933, no Artigo 11.º, estipulava que "os médicos escolares dos liceus do Estado terão o vencimento anual de 18 000$, com a obrigação das mesmas horas de serviço semanal obrigatório que os professores efectivos do ensino secundário com menos de dez anos de bom e efectivo serviço e mais as que lhes forem impostas nos regulamentos". Neste caso, apesar de alguma aproximação ao nível do vencimento de categoria, terá de ser tido em conta que o vencimento de exercício do Governador-Geral de Angola era mais de 8 vezes superior ao vencimento de categoria e que essa relação ultrapassava as 13 vezes no caso de Moçambique.

[17] De acordo com esse ponto o Governador deveria ser um "indivíduo com curso superior, de mérito já revelado no exercício de cargos públicos ou no estudo de assuntos relativos ao Ultramar e que não tenha qualquer interesse na direcção ou gerência de empresas com sede ou actividade na província". Mais estipulava, no ponto II, que "a comissão dos Governadores durará quatro anos contados da data da publicação do decreto da sua nomeação no *Diário do Governo*". No que concerne às suas funções, convirá referir que o artigo 154.º da Lei n.º 2 048, publicada no *Suplemento* do *Diário do Governo* n.º 117 de 11 de Junho de 1951, tinha o cuidado de indicar que o Governador tinha "as atribuições e prerrogativas que a lei definir, não podendo por qualquer forma conferir-se-lhe atribuições que pela Constituição pertençam à Assembleia Nacional, ao governo ou ao Ministro do Ultramar, salvo as que restritamente lhe sejam outorgadas, por quem de direito para determinados assuntos, em circunstâncias excepcionais".

por escrito para que o processo relativo à mesma ficasse suspenso e a publicação só seria feita quando o Ministro reconsiderasse a sua posição ou, depois da sua substituição, se o novo titular da pasta não levantasse objecções ao articulado da lei.

Esta investigação não contemplou, pelo menos de um modo sistemático, a acção de um quarto elemento cuja intervenção também poderia ser considerada fundamental em todo o processo. Refiro-me à figura dos Embaixadores – os modernos *missi dominici* – que, como olhos e ouvidos do detentor do Poder, se encarregavam de lhe transmitir as informações recolhidas nos principais centros de decisão ou junto das potências regionais ou locais das zonas por onde se espraiava o Império, recorrendo, eles próprios, a informadores a quem confiavam missões que permitiam a Portugal acompanhar o evoluir da conjuntura mundial[18].

O limite físico da obra desaconselhou a abordagem – tão interessante como complexa – da sua acção diplomática. A História aconselha a que se aprofunde a temática até para que se possa conhecer e reconhecer a missão destes representantes de Portugal no estrangeiro, numa fase em que a política portuguesa era objecto de vivas críticas e, pontualmente, dava lugar a perplexidades como aquela que se verificou quando o Secretário-Geral do Ministério dos Negócios Estrangeiros, Teixeira de Sampaio, ordenou que se colocasse a bandeira nacional a meia haste devido à morte de Hitler porque se tratava de um Chefe de Estado[19].

Voltando à hierarquia, e sem adiantar conclusões, pode, desde já, afirmar-se que, durante todo o Estado Novo, apesar de "não poucas vezes, a administração [se ter visto] na obrigação de pôr termo aos mandatos destas autoridades, que se deixavam inebriar pelo excesso de poder" (Henriques, 1999, p. 235), só uma vez a mesma foi fortemente questionada.

---

[18] Por exemplo, na pasta 13 de AOS/CO/GR – 1 C consta uma informação sobre a possível invasão da Península Ibérica pelas tropas alemãs concentradas no sul de França. O autor da informação foi o tenente Eduardo Luís de Sousa Gentil Beça e a mesma foi enviada, em 5 de Agosto de 1941, ao Embaixador de Portugal.

[19] Perante as reacções de protesto da comunidade internacional, Salazar aconselhou os embaixadores portugueses a manterem a calma porque, como lhes disse ao telefone, «hora a hora Deus melhora», provérbio que deixa transparecer a origem rural do Presidente do Conselho.

Aconteceu quando o Governador-Geral de Angola, Venâncio Deslandes, movido pela vertigem do Poder e auto-proclamando-se comandante do maior exército português de sempre, se permitiu desafiar o Ministro do Ultramar – de quem dependia enquanto Governador – e o Presidente do Conselho – perante o qual respondia na qualidade de Comandante-Chefe, pois Salazar acumulava a função de Presidente do Conselho com a de Ministro da Defesa[20].

A forma como esse problema foi resolvido já mereceu narração detalhada[21] e como não surgiram elementos que se atrevessem a colocá-la em causa, não necessita de ser recontada, limitando-me a acrescentar um pormenor, que se prende com o facto de, na pasta 17 de AOS/CO/UL – 39, constar um telegrama proveniente de Sá da Bandeira a solicitar ao Presidente da República que formasse um "governo [que] represente eficaz unidade nacional [em] ordem [a] garantir [a] honrosa sobrevivência [de] todos [os] portugueses [de] Angola e [a] imediata atribuição [de] amplos poderes [ao] Governador-Geral [com o] fim [de] solucionar [os] problemas internos".

A lista de assinaturas era muito longa, encabeçada por um advogado, um médico, um jornalista e incluía representantes da vida local, designadamente, funcionários, gerentes, industriais, empregados de comércio e desempregados.

Como os signatários exigiam plenos poderes para o Governador-Geral talvez este telegrama não estivesse desligado do seu projecto de uma independência branca de Angola.

Porém, o destino da petição estava antecipadamente traçado, pois se o Império português foi – como Adelino Torres provou – mais imaginário que real, o centralismo administrativo desse Império foi bem real e, sempre que houve quebras de solidariedade, a corrente, como decorre da experiência, partiu pelo elo mais fraco – o Governador – mesmo que este julgasse dispor de um enorme efectivo militar.

---

[20] Para compreender aquilo que designo como vertigem do Poder, deve ler-se a obra *Angola: dia a dia de um embaixador, 1983-1989*, da autoria de António Pinto da França, editado pela Prefácio em 2004.

[21] Refiro-me à minha obra *Adriano Moreira: uma intervenção humanista* e ao livro *A espuma do tempo: memórias do tempo de vésperas* da autoria de Adriano Moreira.

Por isso, mesmo nas situações verificadas no Ultramar e que podiam ser consideradas como de calamidade, o Governador seguiu as ordens que recebia da capital do Império. Não espanta, assim, que enquanto os cabo-verdianos morriam de fome no início da década de 1940[22], o Governo português e, como era previsível, o Governador de Cabo Verde, recusassem as ofertas de auxílio que lhes eram feitas por cabo-verdianos residentes nos Estados Unidos, com o receio que essa ajuda se inscrevesse numa acção expansionista norte-americana[23].

Estranha forma de fazer valer ou garantir a soberania nacional sem ter em conta a dignidade das populações, embora se deva reconhecer que essa prática não era exclusiva de Portugal porque as formas de desempenho do quadro administrativo, em cada território colonial, "sem diferença para qualquer das soberanias europeias imperiais da época, não correspondem ao modelo do constitucionalismo liberal, porque o seu tipo normativo era herdeiro da concentração de poderes anterior às revoluções que impuseram a evolução democrática" (Moreira, 2005, p. 10).

No que concerne a Portugal, as excepções à dita normalidade foram muito escassas e, por isso, na conjuntura actual em que se enaltece – tão justa como tardiamente – o altruísmo de Aristides de Sousa Mendes e o elevado preço que pagou pela salvação de vários milhares de judeus, talvez mereça ser recordado o Governador de

---

[22] Nessa altura, em Cabo Verde, a fome foi responsável por quase 25 000 mortos, mais precisamente, 24 463, entre 1941 e 1943. Telo (1991, p. 29) refere que, de acordo com o Cônsul americano, "numa só ilha de 14 000 habitantes [houve] cerca de 2 600 vítimas".

[23] No entanto, esta posição oficial não implicava que o Governador não informasse o Ministro da real gravidade da situação. De facto, o telegrama n.º 176 CIF de 25 de Novembro de 1941, nas suas quatro páginas constitui uma prova disso mesmo, pois o Governador falava de um "inevitável [e] impressionante aumento [da] mortalidade" e revelava que não tinha "ilusões" que a solução por si proposta pudesse "ser boa mas tão somente como é possível". Aliás, o Governador considerava "oportuno [e] eficaz preparar [com] urgência [uma] volumosa emigração tanto [quanto] possível [de] famílias [para o] Brasil [de] preferência e [para a] Guiné" até porque a "São Tomé deve convir contratar gente [para] trabalhar mas de certo se mostrarão desinteressados [do] assunto". De facto, apesar das medidas que poderiam ser tomadas localmente, o Governador considerava a "emigração [em] massa [e com] urgência [a] melhor forma [de] combater [os] efeitos [da] crise mesmo política". A pertinência deste telegrama levou o Ministro a reencaminhá-lo para o Presidente do Conselho.

Para uma cabal compreensão das medidas tomadas ou apenas ponderadas importa ler os telegramas constantes na pasta 14 de AOS/CO/UL – 10, que contém os documentos numerados a lápis desde 425 a 450.

Macau, António José Bernardes de Miranda, que foi exonerado porque quis "adaptar o palacete de Santa Sancha a hospital de mulheres e crianças, assim como a maternidade local, medidas que o Ministério das Colónias desaprovou"[24] (Serrão, 2000, p. 373).

Como se vê, o Império nem sempre aceitou e raramente condecorou o altruísmo, mas fez sempre questão de mostrar a sede do Poder, mesmo quando o conhecimento indirecto que detinha de realidades tão afastadas não augurava boas decisões.

Na verdade, parece lógico que a opção por uma administração directa e centralizada mas assente num conhecimento indirecto não pode ser classificada como a estratégia mais adequada.

Ora, essa foi a norma do Império português porque, já no século XVI, o soldado de Diogo do Couto denunciava o facto de "os reis não serem sabedores de muitas cousas importantes ao bom governo de seu Reino, assi polas não verem, porque não pode ser verem tudo, como polas não praticarem com quem as tratou, viu e apalpou; porque o que mais falta aos reis é quem lhe fale verdade nestas cousas" (Couto, 1980, p. 27).

Por isso, quando o Ministro do Ultramar, Adriano Moreira, foi a Angola em 1961, no início daquela que seria a mais longa das três guerras que Portugal enfrentaria em África, o telegrama que enviou ao Presidente do Conselho sobre a dureza da realidade observada não se coadunava com a retórica oficial. Nesse texto de autenticidade, o Ministro denunciava que "a verdadeira situação é que não exercemos o poder no distrito mantendo-se apenas pequenas ilhas isoladas [...] todos os postos indicados estão praticamente sitiados e a circulação por terra é impossível"[25].

Na Metrópole ecoava o slogan *Angola é nossa,* uma marca da inculcação ideologia que fizera de cada português o dono de um Império imaginário, tão distante no espaço como na posse ou propriedade, mas que se encarregaria de reclamar o seu quinhão naquilo que cada ser tem de verdadeiramente importante – a vida.

---

[24] No texto serão apontadas ainda outras causas dos desencontros entre o Ministro e o Governador.

[25] Telegrama enviado pelo Ministro do Ultramar ao Presidente do Conselho em 7 de Maio de 1961 e constante do Arquivo Salazar AOS/CO/UL-8I (Cont), telegramas do Ministério do Ultramar, Governo- Geral de Angola 1961-1966, 1 sub P1, 5V.

No mesmo telegrama, o Ministro referia que "que o plano estabelecido pelo Comandante-Chefe é de utilizar os dois mil soldados chegados para protecção de Luanda que considera objectivo principal do inimigo".

Em Lisboa, Salazar garantia *para África rapidamente e em força*. Por esclarecer, melhor, por quantificar, ficava a segunda parte da frase.

A História encarregar-se-ia de fazer esse levantamento ao proceder ao inventário do recrutamento na Metrópole e nas colónias, ao registar o número de mortos, não apenas em combate, e daqueles que regressaram com deficiências, embora talvez já fosse oportuno proceder a um estudo mais complexo envolvendo todas as variáveis de forma a permitir quantificar o custo efectivo da guerra colonial.

O presente estudo, mesmo não pretendendo historiar as várias frentes da guerra colonial, não poderá olvidar a acção dos movimentos nacionalistas, "des formations sociales radicalement nouvelles, jamais rencontrées auparavant et qui surgissent sur la scène internationale – en majeure partie – après la Deuxième Guerre mondiale" (Ziegler, 1983, p. 16).

São situações como as referidas que a presente investigação procurará levantar e colocar à disposição daqueles que desejam construir um modelo explicativo do encerramento do ciclo colonial português.

Para tal, recorreu-se à consulta, não apenas da legislação e do acervo bibliográfico publicado mas, sobretudo, de fontes menos conhecidas, como os telegramas trocados entre os três elementos considerados e que se encontram no Arquivo Salazar na Torre do Tombo, as informações secretas enviadas pela PIDE[26] e que também estão guardadas na Torre do Tombo e os decalques secretos guardados no

---

[26] As informações secretas enviadas pela PIDE, ao serem cruzadas com os telegramas enviados pelos Governadores, permitem tirar ilações sobre a forma como estes desempenhavam o cargo e sobre o conhecimento que detinham, tanto da conjunturas interna como da regional. A PIDE foi a sucessora da Polícia de Vigilância e Defesa do Estado. De notar que a Portaria n.º 8 003 de 11 de Fevereiro de 1935 mandou publicar nos *Boletins Oficiais* das colónias o Decreto-Lei n.º 24 112 de 29 de Junho de 1934 que tinha criado uma secção de Polícia de Vigilância e Defesa do Estado, à qual competiria "prover ao sustento, manutenção, guarda e transporte dos presos por delitos políticos ou sociais, quer se encontrem em prisão preventiva, quer já tenham sido condenados".

Arquivo Histórico Ultramarino sobre a correspondência entre o Gabinete de Negócios Políticos e os Governadores das várias possessões[27].

Estas fontes directas, isto é, produzidas por intervenientes nos actos, foram assim usadas como fontes secundárias e com uma finalidade bem diferente daquela para que tinham sido produzidas.

É o preço que as Ciências Sociais fazem questão de cobrar a todos aqueles que assumiram cargos com visibilidade na gestão da *res publica,* embora, no caso presente, lhes tivesse sido reconhecido o direito a um período, digamos, de quarentena ou sigilo, durante o qual a consulta pública esteve interdita.

Na verdade, se nada nem ninguém parece capaz de apagar totalmente as acções – sobretudo as mais marcantes, tanto positiva como negativamente – que cada personagem realiza ao longo da sua vida pública, não deixa de ser da mais elementar justiça não confundir a acção com a pessoa. Por isso, se aconselha a existência desse período como forma de evitar juízos de valor formulados antes do necessário distanciamento temporal.

Aliás, este procedimento é antigo, pois Diogo do Couto já o experimentara porque o seu soldado, ao mesmo tempo que se servia da História para fazer a apologia do segredo, não se coibia de quebrar esse mesmo segredo ao denunciar ao Despachador o passivo da acção dos portugueses no Oriente. Só que o soldado era velho e a denúncia testemunhada por um fidalgo que fora Governador da Índia, ou seja, o distanciamento temporal entre os factos e a sua narração estava acautelado.

---

[27] Devido à especificidade do texto dos telegramas, foi necessário proceder a pequenas alterações para que a estrutura frásica obedecesse à norma. Assim, todos os elementos acrescentados – sobretudo partículas de ligação – foram colocados dentro de parênteses rectos e os erros ortográficos, muitos deles resultantes da evolução gráfica das palavras, (govêrno, fôrça, atrazado, expontaneamente, trez, acionista, empreza, mixta, creatura, creação, creanças, têem, socego, socêgo, socegadamente, gaz, senegalez, macissa, rectaguarda, quási, êsse, êrro, paralização, ultrage, moralisei, sôb, defeza, êste, tôdo, expôr, ver, japoneza, inglezes, gaz óleo, gazolina, quadjuvação, tam, prepositadamente, bijagóz, suíssa, emprezas, logar, apezar, inglez, atravez, freguezia, assucar,...) foram corrigidos. Finalmente, os nomes das personalidades, lugares e instituições – excepto no caso das siglas – que figuram, quase sempre, totalmente em maiúsculas passaram a ter maiúscula apenas no início, embora não se tivesse procedido à sua correcção (Marcello, Tomaz, Ruy, Luiz, Cêrco, Teophilo ...).

A circunstância de muitas das fontes consultadas terem sido classificadas como secretas ou confidenciais[28] assegura um grau de autenticidade dos respectivos conteúdos que esteve longe de constituir a regra da informação em Portugal.

Na realidade, a existência de censura prévia – cuja função ou necessidade estava explicitada no artigo 3.º da Constituição de 1933, embora já fosse praticada desde a Monarquia e a I República também tivesse recorrido a ela[29] – permitiu constantes manipulações daquilo que deveria ser ou constituir a informação.

---

[28] Estes telegramas eram enviados codificados ou cifrados, embora Salazar nunca tivesse disposto de cifra própria e, por isso, se visse obrigado a recorrer à cifra do Ministério do Ultramar para enviar os seus telegramas secretos ou confidenciais destinados aos Governadores das províncias ultramarinas ou à do Ministério dos Negócios Estrangeiros sempre que o destinatário pertencia ao Corpo Diplomático. Em cada telegrama são referidas as iniciais do decifrador do mesmo.

Na pasta 9 de AOS/CO/NE – 11 A está uma informação que indica que a "Secção da Cifra tem prontas 400 páginas do dicionário mas devido às férias do pessoal tipográfico aquele está impresso só até páginas 40 e há provas até páginas 176". O trabalho estava a cargo do "Adido António de Lucena com quem trabalhou o Secretário João Affra, instruindo-o e julgando-o inteiramente capaz".

[29] A existência de censura em Portugal é um fenómeno antigo, com origem na primeira dinastia, pois foi o rei D. Fernando que solicitou ao Papa Gregório XI a introdução em Portugal da Censura do Ordinário, da responsabilidade dos bispos. No entanto, foi necessário esperar pela segunda dinastia para que D. Afonso V, através do Alvará Régio de 18 de Agosto de 1451, mandasse queimar as primeiras obras censuradas e que eram da autoria de dois reformadores religiosos precursores da reforma protestante: o inglês John Wycliffe e o seu discípulo da Boémia do Sul, Jan Hus. Ambos tiveram um destino semelhante ao das suas obras porque foram excomungados pela Igreja Católica e, enquanto Hus foi queimado vivo, os restos mortais do seu mestre foram exumados e queimados. No que se refere à Censura do Ordinário, talvez faça sentido recordar a tese de Adriano Moreira que aponta no sentido de Salazar, na parte relativa ao Ordinário do Lugar, defender o Código do Direito Canónico.

Numa carta de Quirino da Fonseca destinada a Salazar e datada do final de1931 ou início de 1932, dizia-se que "a censura é hoje um obstáculo à crítica construtiva. A pretexto de se eliminar a crítica demolidora e mal dizente matou-se a crítica fiscalizadora". Salazar não parece ter tido em conta a advertência e cumpriu a regra enunciada por Maquiavel de não dar ouvidos a conselhos ou opiniões que não solicitara. Sobre esta questão há que distinguir o tipo de censura sistemática da censura derivada de conjunturas especiais, como um conflito mundial. Aliás, na pasta 19 de AOS/CO/GR – 1 C estão dois documentos sobre a censura à correspondência diplomática, datados de Agosto de 1943, porque as malas diplomáticas estavam isentas de censura, mas "a correspondência destinada àquele consulado [do Brasil no Funchal] está sendo aberta", bem como aquela que era dirigida ao queixoso. Daí a queixa apresentada junto do embaixador Teixeira de Sampaio.

Como forma de aquilatar da importância que o Estado Novo atribuía à censura, basta ter presente o exemplo da censura à imprensa em Angola a qual, no período de 1959 a 1973, ocupa 29 pastas do Arquivo Histórico Ultramarino[30].

Aliás, o exercício da censura é prática de todos os regimes autoritários, qualquer que seja a sua ideologia, pois não se deve esquecer que Lenine, mal tomou o poder, publicou um decreto para controlar a imprensa, pois era "impossível abandonar esta arma, actualmente tão perigosa como as baionetas e as metralhadoras nas mãos da burguesia" (Moreira, 2005, p. 23).

Salazar recorreria a termos menos belicistas para explicar a sua opção e limitar-se-ia a considerar que não podia conceder a liberdade àqueles que tinham sido responsáveis pela anarquia a que o país chegara e que pretendiam o regresso à mesma. Aliás, para ele, os inimigos da estabilidade não eram apenas internos, como se prova pela expulsão, em 22 de Julho de 1946, de um jornalista norte--americano da revista *Time*[31].

Não havendo uma cor para traduzir a verdade, parece que o papel branco destinado à correspondência expedida, a cor azul da correspondência recebida, o tom amarelo para as comunicações particulares[32] e, sobretudo, o vermelho para a documentação secreta[33] podem constituir uma paleta que permita chegar ao conhecimento da realidade ultramarina portuguesa durante a vigência do Estado Novo.

Aliás, no que concerne ao secretismo, o Estado Novo fez do mesmo uma imagem de marca, mesmo no que às despesas diz res-

---

Não se inserem no âmbito da censura situações como a que está relatada na pasta 9 de AOS/CO/UL – 42 e que dá conta de um dos funcionários dos Correios, António Esteves Borges, não ter aceitado um telegrama de Salazar para Winston Churchill porque algumas palavras eram "duvidosas pela letra" e "houve duas palavras, no final, que a nenhum foi possível interpretar, mesmo por sequência do assunto".

A censura também podia assumir uma forma "voluntária", como aconteceu quando V. Vernier Contrepied enviou a Salazar, em 10 de Março de 1956, as provas do livro *Charme et sagesse du Portugal*, solicitando "votre appréciation et vos bienveillantes corrections" – pasta 19 de AOS/CO/PC – 42.

[30] A referência destas pastas é SR.119.

[31] Na versão em língua inglesa, a capa apresenta um grande plano de Salazar e o artigo intitula-se "Portugal. How bad is the best?". O conteúdo do artigo levou Salazar a proibir a venda da revista em Portugal durante seis anos.

[32] Regra utilizada em AOS/CO/UL – 8 G, de 20 de Maio de 1930 a 2 de Maio de 1946.

peito, porque as despesas de serviço vinham acompanhadas de despesas reservadas e de despesas confidenciais[34].

Quanto à indicação do Gabinete de Negócios Políticos – órgão na dependência do Ministro do Ultramar – entre as fontes, a mesma aponta para a existência de uma estrutura do Ministério do Ultramar que, como se pode comprovar em rodapé, evidenciava a centralização que constituiu a regra da administração colonial portuguesa[35].

Aliás, um dos aspectos que não é do domínio público mas que alimenta a curiosidade geral prende-se com a forma como o Ministro do Ultramar tomava as decisões.

Ora, segundo Adriano Moreira[36], na altura em que exerceu o cargo e a exemplo do que se verificou com todos os outros Ministros do Ultramar, o apoio dos Ministros não tinha a composição de assessorias de que dispõe na actualidade. Havia a definição do Gabinete com um Chefe de Gabinete, um Oficial às ordens – que era memória do tempo em que o Ministro do Ultramar tinha autoridade sobre o exército colonial – e um Secretário.

---

[33] Nas 22 subdivisões da pasta 2 do AOS/CO/UL – 8 J o vermelho perdeu o tom e tornou-se rosa ou creme.

[34] Em AOS/CO/NE – 11 A constam muitos documentos sobre esta questão. Por exemplo, na pasta 1 da 3.ª sbd. está uma lista das despesas da Secretaria-Geral do Ministério dos Negócios Estrangeiros entre 23 de Janeiro e 25 de Agosto, no valor de 132 517$00, mas apenas duas verbas – ambas de 20 000$00 – são respeitantes a despesas ditas de serviço.

[35] Em 1974, na fase final do império, o Ministério do Ultramar compreendia para além do Ministro e de dois Secretários de Estado – da Administração e do Fomento –, 14 serviços centrais: Gabinete do Ministro; Gabinete Militar e de Marinha; Gabinete de Negócios Políticos; Gabinete de Planeamento e Integração Económica; Secretaria-Geral do Ministério; Direcção-Geral da Administração Civil; Inspecção Superior de Administração Ultramarina; Direcção-Geral da Fazenda; Direcção-Geral da Economia; Direcção-Geral de Obras Públicas e Comunicações; Inspecção Superior das Alfândegas do Ultramar; Direcção-Geral de Educação; Direcção-Geral de Justiça e Direcção-Geral de Saúde e Assistência, 4 organismos consultivos mas permanentes: Conselho Ultramarino; Conselho Superior de Disciplina do Ultramar; Conselho Superior de Fomento Ultramarino e Conselho Superior Técnico Aduaneiro, 2 organismos consultivos mas de carácter não permanente: Conferência dos Governadores Ultramarinos e Conferência Económica do Ultramar, para além de ter 8 organismos dependentes: Agência-Geral do Ultramar, Arquivo Histórico Ultramarino, Hospital do Ultramar, Instituto Superior de Ciências Sociais e Política Ultramarina, Instituto Ultramarino, Escola Nacional de Saúde Pública e Medicina Tropical, Junta de Investigações do Ultramar e o Jardim e Museu Agrícola do Ultramar.

[36] Depoimento concedido na Academia de Ciências no dia 21 de Maio de 2009.

Assim sendo, o Ministro apoiava-se nos Serviços do Ministério. Havia o Conselho Ultramarino – que era importantíssimo e que, com o Supremo Tribunal Militar, era o organismo mais antigo da Administração Portuguesa porque tinha atravessado todos os regimes e tinha sido sempre escutado – e as Direcções-Gerais.

Importa realçar que os Directores-Gerais tinham uma competência enorme e alguns eram de alta qualidade, como o Director-Geral do Ensino que apoiou Adriano Moreira, membro efectivo da Academia das Ciências que fazia as Directivas relacionadas com o ensino para todas as possessões ultramarinas portuguesas.

Também o Director-Geral da Administração Civil, que era o Secretário-Geral do Ministério, tinha muita importância e responsabilidade e, quando ia a despacho, levava uma montanha de processos que o Ministro não tinha, obviamente, tempo para ler e, por isso, cada processo era acompanha de uma informação sintética e o Ministro, como confiava na seriedade do Director, «apenas» tinha de tomar a decisão.

Havia, assim, uma confiança total e os Directores-Gerais tinham responsabilidades de que, na actualidade, os Secretários de Estado parecem não dispor.

A juntar a estes dois serviços, havia um terceiro também muito importante – a Inspecção – porque o lugar de Inspector Superior do Ultramar era uma posição altamente prestigiada, embora o Director--Geral tivesse uma categoria um pouco superior. No entanto, o Inspector Superior não desempenhava actividades de carácter burocrático e as inspecções que fazia eram rodeadas de um prestígio da função que o fazia depender directamente do Ministro e tinha direito a flâmula própria.

Era esse o aparelho que apoiava o Ministro do Ultramar e, como não era regra haver *outsourcing*, toda a legislação que o Ministro considerava pertinente era feita com o apoio do Conselho Ultramarino e das Direcções-Gerais. As excepções a esta vida habitual eram reduzidas, embora, por vezes, o Ministro pudesse recorrer a especialistas exteriores, quase sempre professores universitários, que, nesse tempo, tinham enorme prestígio e autoridade.

Convirá, ainda, referir um pormenor adicional e que se prende com as despesas do Ministério, nomeadamente, as despesas de representação.

Na realidade, sendo conhecida a forma rigorosa e quase somítica como o Presidente do Conselho abria os cofres do erário público, não admira que as verbas destinadas à representação fossem extremamente limitadas.

Salazar sabia bem que, como Maquiavel advertira, era preferível ter fama de somítico do que esbanjar os recursos do país em manifestações de uma pretensa liberalidade e, na conjuntura de então, "não podendo usar da virtude da liberalidade em dose suficiente para que seja reconhecida sem o prejudicar, um [governante] prudente não se deve preocupar se lhe chamarem somítico, pois com o tempo será gradualmente considerado liberal quando virem que, graças à sua economia, os seus rendimentos lhe chegam" (Maquiavel, 2000, pp. 85-86).

A História de Portugal encarrega-se de mostrar que a parte final da frase – agora como no passado – continua a ser de difícil concretização, situação que mais justifica a parcimónia, nem sempre respeitada, nos gastos públicos.

Retomando o fio à meada, importa afirmar que o Presidente do Conselho raramente abandonava São Bento e, talvez por isso, não via necessidade de enviar grandes embaixadas aos diferentes lugares do Império ou aos locais no estrangeiro onde parecia forçoso ou conveniente que Portugal estivesse representado.

Naquela conjuntura não era ocasião para enormes e dispendiosas embaixadas – como aquela que o rei D. Manuel I enviara ao Papa Leão X em 1513, em sinal de obediência, mas também como forma de conseguir a nomeação do primeiro bispo negro[37] – nem para comitivas, igualmente numerosas e pagas pelos contribuintes, de que, por vezes, os órgãos de soberania da II República se fazem acompanhar nas suas visitas oficiais ao estrangeiro.

Nos países em desenvolvimento – eufemismo que encobre o simples facto de muitos desses países serem cada vez menos desenvolvidos e mais dependentes – os detentores do Poder, sempre que visitam oficialmente outro país, fazem-se acompanhar de numerosa comitiva como forma de garantir que regressarão e na condição em que partiram.

---

[37] Este bispo foi o príncipe do Congo, D. Henrique, e a sua elevação à dignidade de bispo foi feita em 1518 através da bula *In partibus*.

Nos países desenvolvidos – um qualificativo pretensioso em bastantes casos – as comitivas são numerosas, segundo a versão oficial, com a intenção de na mesma estarem representados os vários sectores de actividade nacional, pois a visita poderá potencializar o estabelecimento de relações susceptíveis de contribuírem para o progresso do país.

No que concerne a Portugal, julgo que ainda está por fazer o balanço desse pretenso investimento, pois não parece que o discurso oficial com que a visita se encerra disponha de distanciamento temporal para ir além de uma simples declaração de intenções prospectivas.

Voltando à conjuntura que a obra pretende estudar, no que concerne à forma como o Ministro recrutava o reduzido número dos seus colaboradores directos, Adriano Moreira confessou que apenas indicara o Chefe do Gabinete – um seu condiscípulo que era filho de um amigo de seu pai também da polícia – o que constitui mais um exemplo da solidariedade resultante de uma verdadeira convivência. Quanto aos restantes membros conservou todos aqueles que tinham estado ao serviço do Gabinete de Lopes Alves, até porque Adriano Moreira já os conhecia porque tinha sido Subsecretário de Estado da Administração Ultramarina.

Também ainda estavam algo longe os tempos em que a mudança do titular da pasta implica a reconstrução ou redecoração – física, humana e sempre dispendiosa – do Ministério.

Num trabalho desta natureza não poderiam ser esquecidos aspectos jurídicos – como os que decorrem da Carta Orgânica das Colónias de 15 de Novembro de 1933 que viria a completar o Acto Colonial ou Decreto n.º 18 570 de 8 de Julho de 1930 –, aspectos económicos – nomeadamente os Planos de Fomento, os planos específicos para Angola e as pautas aduaneiras – e aspectos políticos – como os aliados que permitiram a manutenção do Império, e aspectos humanitários – como a aprovação, pelo Decreto-Lei n.º 39 666 de 20 de Maio de 1954, e posterior revogação, através do Decreto-Lei n.º 43 893 de 6 de Setembro de 1961, do Estatuto dos Indígenas das Províncias da Guiné, Angola e Moçambique.

Serão, igualmente, mencionados pormenores que, por não se enquadrarem totalmente no sistema, acabam por assumir a condição de *pormaiores*. Foi o que aconteceu, por exemplo, em 13 de Dezembro de 1941, quando um dos membros do Conselho do Império Colonial fez uma declaração de voto sobre a situação dos funcionários da Direcção-Geral de Fomento Ultramarino que, desde 1936, tinham sido mantidos nos seus lugares do Ministério apesar de nunca terem estado nas colónias. O Conselheiro considerava que era de presumir que os mesmos tivessem mostrado possuir condições para o bom desempenho dos cargos e "portanto melhores funcionários se tornarão quando tomarem conhecimento directo e *in loco* dos problemas concernentes ao Ultramar"[38].

Além desses aspectos, a investigação não poderá olvidar os principais órgãos que, na Metrópole e no Ultramar, faziam a gestão do Império, até como forma de perceber as relações e o grau de autonomia reservado às possessões portuguesas.

O trabalho inicia-se pelo estudo diacrónico que permitirá ficar a conhecer não apenas os nomes dos Ministros que passaram pela pasta das Colónias e do Ultramar, mas também, a duração e alguns dos momentos marcantes de cada um dos mandatos destas personalidades intermédias – e, por vezes, quase simples intermediárias – entre o Presidente do Conselho e os Governadores. Situação que, aliás, não estava contemplada na Constituição de 1933 porque "suprimido o posto de alto-comissário, o Ministro das Colónias concentrava entre as suas mãos o essencial dos poderes regulamentares e financeiros, intervindo directamente de modo crescente nas questões internas das colónias" (Léonard, 1999, p. 21).

De facto, sendo "reconhecida e alegada [a] ignorância dos parlamentares na área das questões da colonização" e conhecendo-se, também, "a falta de vocação dos restantes órgãos para alargarem as suas competências a questões sem equivalente nos territórios europeus" (Moreira, 2005, p. 113) era ao Ministro do Ultramar que ficava reservada, quase monopolisticamente, a competência legislativa sobre os territórios que excediam largamente o rectângulo onde se concentrava a sede do Poder.

Só que a personalidade e a presença de Salazar constituíram a imagem de marca do Estado Novo e a figura do Ministro das Colónias ou do Ultramar conheceu, com demasiada frequência, uma visibilidade aquém daquela que a lei lhe conferia.

---

[38] O Processo de Consulta tem o n.º 273 da 3.ª secção e o Parecer do Conselho é o n.º 283 da 4.ª secção. O documento está na pasta 14 de AOS/CO/UL – 1D.

Como Moreira (2005, p. 108) se encarregaria de sistematizar, "a hierarquia formal do Estado não correspondia à hierarquia real, porque de facto a sede do Poder estava no Presidente do Conselho", o mesmo que, numa fase tardia, não conseguiu calar o desabafo de que também devia ter tomado conta da pasta do Ultramar.

Esta centralização do poder numa única personalidade explica a razão do Estado Novo ser frequentemente identificado como um regime – o salazarismo – que, sob o ponto de vista ideológico e como o nome indica, é um produto de um só homem.

De facto, Salazar permitia-se indicar, claramente, a linha de rumo sempre que lhe parecia que a mesma indiciava o mínimo desvio. Não admira, por isso, que tenha enviado um documento secreto aos Governadores de Angola, Moçambique, Cabo Verde, Guiné e São Tomé e Príncipe sobre um "mau hábito nacional" que se prendia com alguma ingenuidade no relacionamento desses responsáveis com os estrangeiros que visitavam o Ultramar português[39], avisando-os que "o egoísmo nacional e o pudor aconselham a maior discrição reservando-se maior franqueza para [as] relações internas especialmente com [o] governo [da] metrópole"[40].

Felizmente, para os Governadores e para o Império, havia alguém que se apercebia dessas imprudentes ingenuidades.

Afinal, havia muitas *crianças grandes* no Portugal de então!

---

[39] Esse documento, que não está datado e só contém uma folha, encontra-se em AOS/CO/UL – 8 I, pt.11.

[40] Salazar considerava que "só o Estado português, e nenhum Estado estrangeiro, se importará ou defenderá os interesses portugueses". Por isso, o "conhecimento [das] nossas fraquezas é arma na mão dos estrangeiros para defenderem contra nós [os] seus interesses".

CAPÍTULO I
Os Ministros das Colónias ou do Ultramar durante o Estado Novo

No período compreendido entre 5 de Julho de 1932 e 27 de Setembro de 1968, ou seja, na fase que correspondeu aos governos chefiados por Salazar, no período da Ditadura Militar e do Estado Novo[41], houve onze Ministros que chefiaram a pasta do Ministério das Colónias ou do Ultramar, designação que passou a ser usada a partir de 15 de Junho de 1951 por força do Decreto-Lei n.º 38 300[42], como forma de Portugal tentar contornar a política de descolonização emanada da ONU.

Como se verifica, a permanência de Salazar no Poder foi longa, embora, no que concerne à duração de um Governo, possam ser tidos em conta dois aspectos, melhor, dois critérios: a permanência

---

[41] A promulgação e consequente entrada em vigor da Constituição Política da República Portuguesa marcam o fim do período de transição – a Ditadura Militar – e o início do novo regime – o Estado Novo.

[42] Como se pode ler na pasta dos Decalques Secretos SR 11 – 1 S, relativos a 1960, existente no Arquivo Histórico Ultramarino, uma nota do Gabinete dos Negócios Políticos de 14 de Dezembro de 1960, processo 15 009 696, para os Governadores das oito províncias ultramarinas, alertava para que "apesar da palavra colónia ter sido banida há nove anos dos textos legais e documentos oficiais, ainda se encontram sobrevivências do anterior condicionalismo que podem constituir perturbação para a nossa posição no conceito internacional [...] tendo chegado ao conhecimento deste Gabinete que, em algumas províncias ainda circulam moedas onde se lê a palavra "colónia", tenho a honra de solicitar a Vossa Excelência se digne providenciar para que elas sejam o mais rápida e discretamente possível retiradas da circulação".

Do Estado da Índia chegou, logo em 25 de Junho de 1951, o telegrama n.º 159 a manifestar o agradecimento das "Câmaras e Comissões Municipais [do] Estado [da] Índia" pela publicação do decreto e pela revisão [da] constituição e o "regozijo de toda a população por tão nobres medidas que só honram e engrandecem [a] nossa querida pátria".

do Primeiro-Ministro no cargo e a permanência dos Ministros nos cargos para que foram, inicialmente, nomeados.

Assim, de acordo com o primeiro critério, como a designação de Presidente do Conselho evoluiria para Primeiro-Ministro, poder-se-á afirmar que, durante 36 anos, Portugal só teve um Governo.

Aceitando o segundo critério, o número de Governos, como é óbvio, aumenta, embora as remodelações governamentais tivessem sido escassas e englobassem um reduzido número de personalidades, sendo frequentes as trocas de cargo das mesmas, ou seja, a sua manutenção no Governo, mas com outras funções.

De facto, como Adriano Moreira indica, as reuniões para as remodelações governamentais eram informais convocadas por Salazar e envolvendo um reduzido número de personalidades da sua confiança pessoal e política cujas opiniões escutava, embora, numa demonstração da intemporalidade de Maquiavel, decidisse por si e à sua maneira.

Retomando a questão relativa ao segundo critério, um estudo de Campinos, citado por Georgel (1985, p. 138), sobre a permanência média dos titulares nos respectivos cargos aponta que "a maior longevidade (4,7 anos) é do ministro da Agricultura, seguido do ministro das Finanças (4,3), do ministro da Justiça (3), do ministro dos Negócios Estrangeiros (2,8) e, por fim, do ministro do Ultramar (2,3), enquanto os do Interior e da Educação (2,2) se situam na cauda".

Depois, durante os 6 anos em que Marcello Caetano liderou o país, apenas surgiu um novo nome para o Ministério do Ultramar – Baltasar Rebelo de Sousa –, uma vez que, aquando da tomada de posse, Marcello fizera questão de reconduzir no cargo Silva Cunha que já detinha as rédeas – a escolha do vocábulo não é inocente e remete para o regresso ao centralismo – da pasta do Ultramar.

No Capítulo III serão aduzidos os argumentos que apoiam o juízo de valor que aqui se emite. Por agora, interessa fazer o estudo cronológico das personalidades que dirigiram, a nível do Poder Central, os destinos do Ultramar.

Assim, ainda na fase que antecedeu a entrada em vigor da Constituição de 1933 e, por conseguinte, o Estado Novo, a chefia do Ministério das Colónias foi atribuída, em 31 de Janeiro de 1931, a

Armindo Rodrigues Monteiro[43], catedrático da Faculdade de Direito de Lisboa, antigo Subsecretário de Estado das Finanças[44], fundador do Instituto Nacional de Estatística e um dos maiores responsáveis, juntamente com António Ferro[45], da propaganda colonial – que bem poderia ser designada como imperial, uma vez que, segundo ele, Portugal estava face a uma dicotomia em que era necessário optar entre limitar-se a ser uma nação com colónias ou assumir-se como um Império[46] – e figura muito próxima de Salazar de quem era considerado "discípulo político e administrativo e um dos homens de confiança" (Nogueira, 1977, p. 107).[47]

No entanto, Salazar, na solidão do Poder, não se revelava muito predisposto a ter confidentes – Ricardo Espírito Santo e a esposa de

---

[43] O Decreto n.º 19 297 de 31 de Janeiro de 1931, constante do *Diário do Governo* n.º 107, I Série, exonerava Eduardo Augusto Marques do cargo de Ministro das Colónias e nomeava Armindo Monteiro para a pasta.

[44] Nessa qualidade, Armindo Monteiro deslocou-se a Luanda e o Ministro das Colónias enviou-lhe um telegrama a solicitar a obtenção "até onde lhe seja possível" de "quadros relativamente à gerência de cada um dos Altos Comissários, das receitas e despesas por classes e dos empréstimos, créditos e dívidas novas, designando obras feitas e especialmente os quilómetros de estradas construídas e suas despesas de construção na correspondente gerência" – pasta 12 de AOS/CO/UL – 1 B.

[45] António Ferro saiu do Secretariado Nacional de Informação (SNI) - anteriormente designado como SPN – e foi nomeado Ministro plenipotenciário em Roma em 7 de Novembro de 1949.

[46] Esta mística imperial foi objecto de uma inculcação ideológica sobretudo promovida pela Federação Nacional para a Alegria no Trabalho nos programas denominados «serões para trabalhadores» que, em regra, contavam com a presença de grupos musicais oriundos do Ultramar português ao lado de conjuntos continentais e dos principais nomes da Emissora Nacional. Quem, como nós, vivia no mundo rural de então, pode testemunhar que o horário do programa era religiosamente respeitado e quase todos os ouvidos ficavam colados aos sons que a telefonia fazia entrar nas tabernas ou nas casas dos mais afortunados que já se podiam dar ao luxo de adquirir, quase sempre a prestações, uma Philips, uma Schaub Lourenz, uma General Electric, ou uma Grundig. Também a duração das pilhas da telefonia era rigorosamente gerida de forma a acautelar a audição do programa. Numa altura em que ainda não se faziam estudos de audiência relativos aos programas e às estações radiofónicas, talvez só os relatos dos desafios de futebol e de hóquei em patins, as mensagens de Natal dos militares em serviço no Ultramar e os programas de «discos pedidos» se mostrassem à altura de rivalizar como os «serões para trabalhadores» em termos do número de ouvintes.

[47] Parece pertinente referir que também o autor da citação – Franco Nogueira – se identificou "de tal modo com o pensamento do Chefe do Governo que lhe repetia as expressões. Adoptava o tom e a atitude" (Moreira, 2009, p. 188).

Franco Nogueira constituíam duas das raras excepções –, mesmo quem ao tomar posse do cargo decidiu homenageá-lo, imitando – para não dizer repetindo – o discurso proferido por Salazar aquando da tomada de posse, em 1928, como Ministro das Finanças.

No seu discurso, Monteiro afirmou: "sei muito bem o que quero e para onde vou. Aceitei-o porque adquiri a convicção de que, tendo estudado com independência certos problemas coloniais, tendo chegado a definir no meu espírito, sobre eles, uma orientação clara, a minha acção neste Ministério poderia ser útil. Entro aqui sabendo ao que venho e o que quero" (Monteiro, 1933, p. 7).

Aquando da tomada de posse como Ministro das Finanças, em 27 de Abril de 1928, Salazar afirmara, na sala do Conselho de Estado, dirigindo-se ao então Presidente do Ministério, General Vicente de Freitas: "Agradeço a V. Exa. o convite que me fez para sobraçar a pasta das Finanças, firmado no voto unânime do Conselho de Ministros, e as palavras amáveis que me dirigiu. Não tem que agradecer-me ter aceitado o encargo, porque representa para mim tão grande sacrifício que por favor ou amabilidade o não faria a ninguém. Faço-o ao meu País como dever de consciência, friamente, serenamente cumprido. [...] Sei muito bem o que quero e para onde vou, mas não se me exija que chegue ao fim em poucos meses".

Da análise comparativa dos excertos dos dois discursos não restam dúvidas de dois elementos: Monteiro lera Salazar e ambos estavam convictos de que sabiam bem aquilo que queriam. Um terceiro elemento comum poderia, ainda, ser aduzido – o grau de missão com que aceitavam a nomeação para o exercício do cargo.

À espreita, estava o providencialismo com que a ideologia oficial se encarregaria de dourar a figura de Salazar.

Durante o período em que Armindo Monteiro cumpriu o seu mandato, foi aprovada, através de plebiscito, a Constituição de 1933 que, no que concerne ao Ultramar, confirmou o Acto Colonial, ou seja, o Decreto n.º 18 570 de 8 de Julho de 1930, o qual estipulava, embora com o voto contrário do conselheiro João Baptista de Almeida Arez[48], que a designação dos territórios ultramarinos portugueses deveria ser «colónias».

---

[48] Era, juntamente com o Coronel Vasco Freire Temudo, desde 28 de Março de 1936, vogal da Comissão das Colónias – pasta 29 de AOS/CO/UL – 1 B.

Armindo Monteiro organizou a I Exposição Colonial Portuguesa, que se realizou no Porto, entre Junho e Setembro de 1934, e manteve-se no cargo até 11 de Maio de 1935[49], altura em que ocupou o cargo de Ministro dos Negócios Estrangeiros e foi substituído por José Silvestre Ferreira Bossa no Ministério das Colónias.

Talvez valha a pena recordar que Armindo Monteiro ainda desempenharia funções como Embaixador em Londres, de 1937 a 1943, ou seja, num período que coincidiu, ainda que parcialmente, com a II Guerra Mundial.

A colocação de Armindo Monteiro na Embaixada do principal aliado histórico de Portugal[50], numa fase em que, como se indicou em nota de rodapé, a dita neutralidade colaborante de Portugal estava a ser objecto de críticas por parte de Inglaterra, não poderá deixar de ser vista como uma demonstração de reconhecimento do seu valor, da sua capacidade diplomática e da sua lealdade para com o Presidente do Conselho. Aliás, Salazar fez questão de escrever a Armindo Monteiro lembrando que "Londres continua abandonada: é urgente preencher a embaixada e é da maior necessidade confiá-la a quem possa desempenhar com a maior eficácia as respectivas funções"[51].

No entanto, os méritos de Monteiro não foram suficientes para que Salazar o considerasse como um dos dois melhores funcionários de que Portugal dispunha[52], mas, de qualquer forma, os dados referidos não permitem dúvidas sobre o valor que Salazar reconhecia a Armindo Monteiro, embora Mesquita (2007, p.254) afirme que, durante a embaixada de Monteiro em Londres, "a ruptura entre os dois homens [Salazar e Monteiro] ficará consumada".

---

[49] A exoneração de Armindo Monteiro consta do Decreto n.º 25 312 e figura no *Diário do Governo* n.º 107, I Série de 11 de Maio de 1935. No mesmo *Diário do Governo* está o Decreto n.º 25 313, que exonera Ferreira Bossa de Sub-Secretário de Estado das Colónias, e o Decreto n.º 25 314, que nomeia, em simultâneo, Armindo Monteiro para Ministro dos Negócios Estrangeiros e Ferreira Bossa para Ministro das Colónias.

[50] A nomeação foi feita através de Decreto de 7 de Dezembro de 1936 e a plena posse, ou seja, a entrega de credenciais ao rei da Grã-Bretanha, aconteceu a 4 de Fevereiro de 1937.

[51] Cf. Rosas, F; Barros, J.L. & Oliveira, P. (1996). *Armindo Monteiro e Oliveira Salazar. Correspondência política. 1926-1955*.

[52] A identificação desses funcionários consta na mais recente obra de Adriano Moreira na página 240. Para Salazar os dois melhores funcionários eram o Dr. João de Almeida, Director-Geral do Ensino Superior e Belas Artes do Ministério da Educação e o Embaixador António de Faria.

O autor não esclarece o sentido da afirmação, mas talvez se esteja a referir à aproximação de Armindo Monteiro a Marcello Caetano, que, no entanto, só aconteceria na década de 50, quando, segundo Rosas (1999, pp. 30-31), ambos lideraram "o ponto de vista prudentemente descentralizador da Câmara Corporativa, contrário à incorporação do texto do Acto Colonial na Constituição" e defenderam a "exploração até onde fosse possível de uma política de diálogo e contactos com a União Indiana" para resolver a questão da Índia portuguesa.

Como é óbvio, esta aproximação, devido à conjuntura em que se verificou, não foi do agrado de Salazar

Que Armindo Monteiro tinha muitos inimigos pode constatar-se por uma carta manuscrita, datada de 28 de Junho de 1935 e endereçada a Salazar, na qual se dá conta de uma outra carta recebida do Lobito na qual se afirmava: "têm-lhe aqui um ódio tremendo. Chamam-lhe o «Sinistro das Colónias» e o «Acrídio Monteiro» porque os "gafanhotos pertencem à família dos acrídios e como eles devastam tudo, acharam bem aplicado o nome na pessoa do Armindo" porque "há aqui empregados da alfândega que não recebem os seus vencimentos desde Outubro do ano passado e muitos que têm direito a férias em Portugal e que estão impossibilitados de ir porque o estado não lhes dá passagem porque não há dinheiro nos cofres da Fazenda"[53].

No capítulo seguinte, no ponto relativo à administração de Angola durante o Ministério de Armindo Monteiro, perceber-se-á a razão desta chamada dos gafanhotos ao palco da *pequena política*.

O autor da carta enviada a Salazar aconselhava a que se fizesse uma averiguação dos factos no Lobito porque o "pobre do Armindo" podia estar a ser vítima de injustiça. No entanto, assim como não é possível identificar o autor da carta, também fica a dúvida sobre as verdadeiras intenções do seu autor porque tanto se pode estar perante uma estratégia destinada a denegrir a imagem de Armindo Monteiro como a tentar salvaguardar o seu bom nome.

Armindo Monteiro também pareceu perceber que a sua actividade como político exigia uma interrupção e, por isso, em Janeiro de

---

[53] Carta encontrada em AOS/CO/UL – 8 B, pt.16.

1942, escreveu uma carta, melhor, um requerimento ao Ministro dos Negócios Estrangeiros afirmando que "não desejaria ser confirmado no cargo de Embaixador de Portugal em Londres por não querer abandonar o seu lugar de Professor Catedrático da Faculdade de Direito da Universidade de Lisboa"[54].

O desinteresse altruísta da tomada de posse dera lugar ao realismo de não desejar "ser prejudicado nos direitos que nesta qualidade [catedrático] lhe pertencem".

Em oposição aos inimigos que Armindo Monteiro fizera na vida política, um relatório de escuta da pasta 4 de AOS/CO/NE – 11A refere que "nos círculos diplomáticos britânicos" a reacção tinha sido "de pena pela partida" de Monteiro, embora tivessem recebido com "prazer" a indicação que o lugar seria ocupado por D. Domingos de Sousa Holstein Beck, conde da Póvoa e duque de Palmela e, além do mais, uma personalidade educada em Inglaterra.

Retomando a sucessão ministerial, constata-se que José Silvestre Ferreira Bossa não chegou a permanecer um ano no cargo, pois na sequência da reorganização ministerial 7 de Janeiro de 1936 – o mesmo dia em que foi feita a Reforma do Ministério das Colónias pelo Decreto n.º 26 180 – acabaria por ceder o lugar a Francisco José Vieira Machado, que já fora Subsecretário de Estado das Colónias[55].

Na verdade, tratou-se de uma "troca", pois a exoneração de Vieira Machado de Subsecretário de Estado das Colónias, cargo que exerceu "com zelo, inteligência e acentuado patriotismo"[56] destinou-se à sua posterior passagem para Ministro das Colónias e José Silvestre Ferreira Bossa, o Ministro das Colónias cessante, tinha sido nomeado nesse mesmo dia – 16 de Fevereiro de 1935 – para o cargo de Subsecretário de Estado das Colónias.

---

[54] Este documento figura na pasta 3 de AOS/CO/NE – 11 A.

[55] No sumário do *Diário do Governo*, I Série, n.º 15 de 18 de Janeiro de 1936, não consta qualquer referência à exoneração ou tomada de posse do Ministro das Colónias. Nesse mesmo *Diário*, os Decretos n.º 26 224 e 26 225 exoneram Salazar de Presidente do Conselho e do Ministério da Presidência e os Decretos n.º 26 227 e 26228 nomeiam Salazar para os cargos de que acabava de ser exonerado. No entanto, uma leitura mais atenta permite verificar que Ferreira Bossa foi exonerado pelo Decreto n.º 26 225 e novo Ministro das Colónias, Vieira Machado, foi nomeado pelo Decreto n.º 26 228, ambos de 18 de Janeiro de 1936. Trata-se de um erro no conteúdo do sumário.

[56] *Suplemento do Diário do Governo n.º 38* de 16 de Fevereiro de 1935.

Só a forma como Salazar dirigia o Conselho parece justificar esta troca, ou seja, que Bossa substituísse Machado no cargo de Subsecretário de Estado das Colónias e fosse por ele substituído nas funções de Ministro das Colónias.

Neste ponto, impõe-se uma breve reflexão sobre um elemento que vai ser possível constatar várias vezes ao longo da investigação. De facto, vai ser habitual que um mesmo elemento acabe por ocupar vários cargos – nem sempre em sentido ascendente como se acabou de verificar – na área do Ministério das Colónias ou com ela relacionados. Assim, por exemplo, Ferreira Bossa, antes de tutelar a pasta, já fora Inspector-Geral da Administração Colonial e, depois de cessar funções como Ministro, viria a ser Subsecretário de Estado das Colónias, Director-Geral da Administração Política e Civil do Ministério das Colónias e Governador de S. Tomé e Príncipe de 1946 a 1947.

Também Vieira Machado já fora, como foi dito, Subsecretário de Estado das Colónias entre 20 de Janeiro de 1934[57] e 18 de Janeiro de 1936 e, depois de sair do Governo, assumiu o cargo de Director do Banco Nacional Ultramarino em 1951.

Aliás, esta situação de permanecer nos corredores do Poder não foi um exclusivo do Estado Novo porque já na I República "entre Junho de 1915 e Dezembro de 1917 passaram pelo poder cinco governos [mas] as pastas fundamentais permaneceram nas mesmas mãos: o pelouro da Guerra pertenceu sempre ao General Norton de Matos, o dos Estrangeiros a Augusto Soares e o das Finanças, entre Novembro de 1915 e Dezembro de 1917, a Afonso Costa" (Ramos, 2001, p. 407).

Assim, a única diferença assenta na circunstância de, na vigência do Estado Novo, a mesma personalidade desempenhar diferentes cargos numa mesma área, enquanto na I República as personalidades que ocupavam as pastas-chave da governação revelavam uma tendência para a continuidade nos postos, mesmo em conjunturas de instabilidade governativa que, diga-se, constituíam a regra e não a excepção.

Foi este apego ao Poder que levou a que Afonso Costa tivesse sido várias vezes comparado a João Franco que, enquanto Presidente do Conselho com a Pasta do Reino, dissolvera o Parlamento em Abril

---

[57] A nomeação consta do Decreto n.º 23 471 de 19 de Janeiro de 1934 e figura no *Diário do Governo*, I Série, n.º 16.

de 1907, e acusado de ter "as suas «carrapatas», isto é, todos os grupos radicais a que se agarrara para subir ao governo" (Ramos, 2001, p.411).

Durante o seu mandato, Vieira Machado deslocou-se ao Ultramar porque, apesar da atitude dita neutral de Portugal durante a II Guerra Mundial, ou por força dessa neutralidade, as colónias portuguesas, sobretudo Angola e Moçambique, voltaram a correr riscos muito semelhantes àqueles que se tinham verificado na fase final da vigência do regime monárquico, embora com alguma alteração no que concerne aos países que manifestavam o desejo de ocupar as possessões.

Foi Vieira Machado que, em Luanda, negociou com o Cônsul--Geral dos EUA, Linell, para tentar resolver o grave problema da falta e da carestia de produtos no Ultramar. Assim, Portugal autorizava os EUA a "utilizar o caminho de ferro de Benguela para transportar todo o género de produtos (inclusive armas de forma disfarçada) para as zonas do interior, recebiam borracha e outras matérias-primas e, em troca, forneciam pneus, peças para o caminho de ferro e aviões comerciais, sem o que os transportes internos da colónia paralisariam" (Telo, 1991, pp. 35-26).

Numa conjuntura em que os acordos e as alianças secretas voltavam a ser habituais e, frequentemente, contraditórios em função dos parceiros e interesses envolvidos, Portugal também se permitia avisar a União Sul-Africana para o perigo da entrada dos interesses americanos em África, mas proceder de forma perfeitamente antagónica em relação ao verbo.

Quanto aos termos do acordo, revelam, inequivocamente, que eram estabelecidos entre o centro – os Estados Unidos – e a semi--periferia – Portugal.

Esta viagem a Angola ficou também marcada pelo extremar das posições do Ministro e do Governador-Geral no que concerne à forma de administração da colónia, assunto que será analisado no Capítulo III.

Vieira Machado viu-se, com alguma frequência, obrigado a endereçar correspondência para Salazar no sentido de lhe pedir orientações sobre assuntos pertinentes para a política ultramarina e que o levavam a sentir não "estar numa posição airosa"[58], como, por exemplo,

---

[58] Documento confidencial n.º 1 630 do processo n.º 4/208 de 18 de Outubro de 1940.

não sabia o que responder ao Ministro do Japão sobre a compra de material de guerra para defesa das colónias.

Esta solicitação era feita não apenas por uma questão de hierarquia, mas também, porque havia a questão das verbas e era fundamental saber se Salazar queria "emprestar às colónias estas importâncias", que, neste caso equivaliam a um total de 74 098 640$00[59].

Talvez não seja de fácil explicação o facto de numa fase em que a II Guerra Mundial se inclinava para a vitória dos aliados, Portugal, para além de comprar material bélico ao Japão, também negociasse com a Alemanha um contrato "para a aquisição de 129 obuses de campanha ligeiros de 10,5 cm L/28 com pertences – sobresselentes e munições"[60].

Retomando a sucessão ministerial, constata-se que Vieira Machado, em 6 de Setembro de 1944[61], foi substituído por Marcello Caetano, que tutelou a pasta até Fevereiro de 1947[62].

Foi uma passagem curta daquele que, desde há muito – pelo menos desde 1939, nas palavras de Adriano Moreira – era visto como o sucessor natural de Salazar e que permaneceria nos corredores do Poder, embora com alguns períodos de ausência, durante quase meio século, "quer participasse no governo ou nos aparelhos políticos de sustentação do poder"[63], antes de chegar, serodiamente, à cadeira mais alta de Presidente do Conselho, ainda que por força da acção involuntária de outra cadeira.

De facto, Marcello Caetano, antes de ser nomeado Presidente do Conselho, já fora Ministro das Colónias, Presidente da Comissão Executiva da União Nacional, Comissário Nacional da Mocidade

---

[59] O Ministro queixou-se, ainda, da forma como o Subsecretário de Estado da Guerra lhe respondera "agastadamente" sobre o material a comprar e do facto de não o ter visto "disposto a aceder" ao pedido para que respondesse ao ofício do Ministro sobre a questão.

[60] O esboço da minuta do acordo pode ser consultado na pasta 18 de AOS/CO/GR – 1 C.

[61] A exoneração de Vieira Machado foi feita pelo Decreto n.º 33 926 e a nomeação de Marcello Caetano pelo Decreto n.º 33 928, que constam do *Diário do Governo*, n.º 198, I Série, de 6 de Setembro de 1944.

[62] O nome do sucessor de Marcello Caetano, Teófilo Duarte, surge, pela primeira vez, no *Diário do Governo*, n.º 28, I Série, de 4 de Fevereiro de 1947, tendo a respectiva nomeação sido feita pelo Decreto n.º 36 128.

[63] Citação feita a partir de um manuscrito de uma Conferência cedido por Adriano Moreira e intitulado «Sobre o último Presidente do Conselho da Constituição Portuguesa de 1933».

Portuguesa, redactor da *Revista Ordem Nova* e Ministro da Presidência, cargo que deixara desgostoso quando, por força da oposição que mantinha com o Ministro da Defesa, Santos Costa, viu Salazar proceder à sua exoneração e substituí-lo por Teotónio Pereira sem se dignar mencionar o nome do Ministro que cessava funções.

Aliás, esta oposição entre a denominada ala reformista de Caetano e a ala conservadora de Santos Costa era antiga e já levara esta última, por altura da remodelação governamental de 4 de Fevereiro de 1947, na qual "pela primeira vez, Salazar não recompõe a sua equipa como quer, mas como tem de ser, como lhe é ditado pela necessidade de equilibrar as pressões dos diferentes grupos de interesses e de correntes dentro da situação" (Rosas, 1994, p. 404), a contrariar a nomeação de Supico Pinto, que era uma escolha de Salazar, para a pasta do Ministério dos Negócios Estrangeiros.

Voltando à mágoa sentida por Caetano, a mesma levou, segundo Adriano Moreira, a que o seu afastamento da vida política fosse quase completo, ao ponto de recusar o convite para participar no Plenário do Conselho Ultramarino em 1962 "alegando o desgostoso corte com a governação", embora tivesse surgido na reunião de um documento, não assinado mas em papel com o seu timbre, no qual, "desenvolvia o tosco de um modelo federal"[64].

A exoneração de Marcello Caetano, por outro lado, constitui mais uma prova da maneira como Salazar centrava em si o aspecto decisório, pois raramente tinha em conta opiniões, qualquer que fosse a sua proveniência. Por isso, situações como aquela que foi indicada relativamente a Supico Pinto constituíram as excepções com que a regra – a vida habitual – aceitou condescender.

Não admira, assim, que na reunião destinada a promover a remodelação ministerial, enquanto os presentes pretendiam a manutenção de Marcello Caetano e a substituição de Santos Costa, Salazar, no estilo de quem lera atentamente Maquiavel, tomou a decisão que *o Príncipe* não enjeitaria tomar, como forma de mostrar que quem tem Poder usa-o e decide de acordo com a sua conveniência que, neste caso, seria, certamente, a de não afrontar os militares.

---

[64] Citações feitas a partir do manuscrito indicado na nota de rodapé anterior.

Entre um Professor de Direito, mesmo que muito prestigiado, e um General que parecia em condições de assegurar a subordinação dos militares ao Poder instituído, Salazar optou pela solução que melhor servia os interesses do regime e garantia a sua permanência à frente do Conselho.

Na verdade, os vinte e dois anos durante os quais Santos Costa se manteve no Governo constituem mais uma prova de que o regime da Constituição de 33 assentava no apoio dos militares.

Marcello Caetano foi substituído por Teófilo Duarte que, a exemplo do seu antecessor, não chegou a permanecer três anos no cargo e, a 2 de Agosto de 1950[65], numa revisão governamental na qual Salazar deixou a pasta da Defesa a Santos Costa e foram empossados novos Ministros para as pastas da Presidência, do Interior, dos Negócios Estrangeiros, das Colónias, da Economia e das Corporações, cedeu a pasta a Sarmento Rodrigues[66].

Aliás, no que concerne a Teófilo Duarte, o mesmo já estava habituado a experimentar o ciclo dos alcatruzes da nora da vida, pois já tinha estado no alto – Governador de Cabo Verde e de Timor e Alto-Comissário no distrito de Castelo Branco – e na parte baixa – a prisão por duas vezes, em ambos os casos por participar em tentativas de revoltas militares, e a demissão do exército em 1920, embora viesse a ser reintegrado na sequência do golpe de 28 de Maio de 1926.

Depois da saída do Governo, com a entrega da pasta a Sarmento Rodrigues, acabou por ser recompensado com a direcção da Companhia de Moçambique, da Companhia dos Caminhos de Ferro de Benguela e do Banco Nacional Ultramarino.

Ainda no que se refere ao Ministério de Teófilo Duarte, não se pode esquecer que o ano de 1950 foi marcado pela proposta apresentada oficialmente pela União Indiana a Portugal, nos termos da qual o Estado da Índia seria integrado na União Indiana.

Essa proposta foi feita em 27 de Fevereiro de 1950 e, como era de esperar, foi liminarmente recusada por Portugal, numa conjuntura

---

[65] O capitão de cavalaria Teófilo Duarte foi exonerado pelo Decreto n.º 37 928 de 2 de Agosto de 1950, que consta do *Diário do Governo*, n.º 153, I Série, de 2 de Agosto de 1950.

[66] O capitão-de-fragata Sarmento Rodrigues foi nomeado Ministro das Colónias através do Decreto n.º 37 930, que figura no *Diário do Governo*, n.º 153, I Série, de 2 de Agosto de 1950.

em que a onda descolonizadora estava em marcha – a própria União Indiana era um exemplo desse movimento autonomista – mas na qual Portugal ainda dispunha de aliados e tinha conseguido estar entre os treze membros fundadores da NATO[67].

Aliás, o Ministro que se seguiu, Sarmento Rodrigues, seria obrigado a enfrentar nova forma de pressão por parte da União Indiana que, em Dezembro de 1953, iniciaria um bloqueio naval a Goa, ao mesmo tempo que continuava o confronto político-jurídico nos *fora* internacionais e recorria, quase diariamente, à *resistência passiva* criada e vivida por Mohandas Karamchand Gandhi, mais conhecido como Mahatma Gandhi,[68] e que foi seguida, numa primeira fase, pelo então pacifista Nehru[69].

No que diz respeito a Sarmento Rodrigues, a sua permanência na pasta também não foi muito demorada, pois, como parece lógico, "um dos dinamizadores da acelerada descentralização e desconcentração de poderes, com acesso das populações locais à gestão política" (Moreira, 2005, p. 108) não podia agradar aos interesses instalados. Por isso, em 7 de Julho de 1955, Sarmento Rodrigues cedeu o lugar, então já designado como Ministro do Ultramar, a Raul Ventura que, segundo Moreira (2009, p. 150) era "uma das inteligências mais rápidas que conheci, primeiro Subsecretário do Almirante e depois Ministro"[70].

---

[67] A NATO foi criada em Washington, no dia 4 de Abril de 1949, através da assinatura do Protocolo do Pacto do Atlântico.

[68] No texto surgirão os termos Satyagraha e Satyagrahis, ambos com mais do que uma grafia. A partir da análise etimológica da palavra Satyagraha constata-se que significa «firmeza na verdade», pois, em sânscrito, «satya» significa verdade e «agraha» quer dizer firmeza. Os Satyagrahis eram as pessoas que executavam as acções de resistência passiva, como, por exemplo, atravessar a fronteira pacificamente sabendo que seriam presos e, em seguida, libertados e colocados na fronteira porque o Poder não "está preparado para enfrentar senão a desobediência ocasional" (Moreira, 2001, p. 188).

[69] Nehru, oficialmente, abdicaria da *resistência passiva* devido aos conflitos com o Paquistão, iniciados em 1965, e derivados da questão de Kashmir. No entanto, para que esta questão seja completamente esclarecida há que ter em conta o destino de oito milhões de Nagas que foram confiados a Nehru pelos ingleses aquando da independência da Índia.

[70] A exoneração do Capitão-de-Mar-e-Guerra Sarmento Rodrigues foi feita pelo Decreto n.º 40 247 de 7 de Julho de 1955. Quanto a Raul Ventura, que fora nomeado Subsecretário de Estado Ultramar pelo Decreto n.º 39 115 de 26 de Fevereiro de 1953 e que figura no *Diário do Governo* n.º 37, foi exonerado do cargo pelo Decreto n.º 40 248 e nomeado Ministro do Ultramar pelo Decreto n.º 40 249. Estes elementos constam do *Diário do Governo*, n.º 149, I Série, de 7 de Julho de 1955.

Como se depreende da citação anterior, esta sucessão foi mais um caso em que o posto de Subsecretário serviu como escola e trampolim para atingir o posto cimeiro do Ministério do Ultramar, sem que houvesse quebra de solidariedade entre o anterior e o novo detentor da pasta.

No entanto, importa referir alguns elementos muito importantes para a compreensão da política ultramarina portuguesa e que ocorreram ainda na fase do Ministério de Sarmento Rodrigues: a revogação do Acto Colonial e a revisão constitucional de 11 de Junho de 1951, a nova Lei Orgânica do Ultramar, Lei nº 2066 de 27 de Julho de 1953, a entrada em vigor do Decreto-Lei n.º 39 666 de 20 de Maio de 1954 e da Lei n.º 2 058 de 29 de Dezembro de 1952.

A revisão constitucional de 1951 procedeu a alterações – sobretudo semânticas – que levaram à afirmação do integrismo colonial e que, no que concerne à problemática em estudo, podem ser traduzidas pelo surgimento do «Ultramar Português» em lugar do «Império Colonial Português» e pelo reaparecimento das «províncias ultramarinas» em detrimento das «colónias».

Como Moreira (1956, p. 289) afirmou: "a escolha teve na base mais a preocupação de tomar uma atitude perante as tendências internacionais do que exprimir um novo sentido da política".

A Lei n.º 2066, a exemplo do que se passou com a revisão constitucional, representou uma tentativa de contornar o Artigo 73.º da Carta da ONU.

No que concerne ao Decreto-Lei n.º 39 66 – o *Estatuto dos Indígenas das Províncias da Guiné, Angola e Moçambique* –, que se constituiria como um dos motivos para a condenação internacional da política ultramarina portuguesa, convém referir que no preâmbulo do Decreto-Lei n.º 43 893 de 6 de Setembro de 1961 – precisamente aquele que revogaria o Estatuto – Adriano Moreira fez questão de explicitar que "tal diploma nem sempre tem sido entendido de modo a fazer-se justiça às razões e intenções que o determinaram". Razões que, como veremos mais à frente, já não justificariam a sua manutenção em 1961.

O último elemento prende-se com a aprovação da Lei n.º 2 058, de 29 de Dezembro de 1952, que criou o I Plano de Fomento destinado ao período de 1953-1958 e que previa investimentos no Ultramar, embora, como Marques (1988, p. 18) afirma, esse Plano evidenciasse dois erros: "ausência de uma explicitação precisa e sistemática dos objectivos, incluindo a quantificação destes nos seus aspectos económicos [...] falta de fundamentação clara e rigorosa das acções previstas no plano, quer envolvam investimentos, quer não".

Aliás, em 1951, também se verificou um facto que poderia ter influenciado toda a política interna e externa de Portugal. Refiro-me à morte, em 18 de Abril de 1951, do Marechal Carmona que exercia o cargo de Presidente da República desde 1928 e que, portanto, tinha acompanhado toda a acção governativa de Salazar.

De facto, alguns sectores ditos modernizadores da União Nacional consideraram que Salazar deveria deixar a Presidência do Conselho e passar a ocupar a Presidência da República. Só que Salazar sabia bem o nível de intervenção que lhe estaria destinado no cargo de Presidente da República e, por isso, optou por se manter no cargo de Presidente do Conselho e Craveiro Lopes foi eleito Presidente da República.

Mesmo sabendo que a História não perde tempo a responder a hipóteses, não deixo de questionar o que aconteceria se Salazar tivesse deixado a Presidência do Conselho.

Será que Salazar aceitaria a subalternidade a que *condenara* Carmona? Será que a política ultramarina portuguesa evolucionaria numa nova direcção?

No campo das respostas, tenho como altamente provável que Salazar não aceitaria ser uma figura meramente decorativo-simbólica, situação que colocaria em causa a estabilidade político-institucional que se verificou no Estado Novo, e que os interesses instalados se sentiriam mais confortáveis no que concerne à sua influência sobre a política colonial.

Mas as questões não podem ficar por aqui porque tão importante como questionar a eventual acção de Salazar enquanto Presidente da República seria saber quem é que ocuparia a Presidência do Conselho.

Marcello Caetano, nos escritos do exílio, deixou perpassar a ideia que se encontrava em condições de, nessa conjuntura, proceder às mudanças a que, efectivamente, não viria a proceder quando chegou ao lugar.

O acervo por si publicado, sobretudo no que se prendia com o trabalho e os direitos do indígena e com a função ou finalidade das colónias, bem como a forma como não conseguiu enfrentar os interesses instalados quando acabou por ocupar o cargo, ele que foi "por dezenas de anos candidato natural dos poderes paralelos e dos aparelhos administrativos" (Moreira, 2005, p. 49), parecem apontar noutro sentido.

Aliás, os discursos que pronunciou durante as visitas à parte do Ultramar onde se desenrolava a guerra colonial e ao Brasil e, sobretudo, na Assembleia Nacional, não abonam no sentido da existência de um projecto de mudança e, no caso do discurso pronunciado em 2 de Dezembro de 1970, pode mesmo colocar-se em dúvida a existência de um projecto – quaisquer que fossem os seus objectivos – face à falta de clareza da exposição marcada por indefinições e contradições.

De facto, Caetano, ao defender a renovação na continuidade, estava, simplesmente, a negar a mudança e a mostrar as dificuldades que sentia para cumprir aquilo a que se comprometera e, por isso, o discurso não saia fluente e lógico.

Felizmente, o povo, na sua benevolente compreensão resultante do distanciamento temporal, já se habituou a conceder o necessário desconto às razões invocadas pelos políticos na fase de justificação que se segue à saída do Poder.

Caetano, apesar de, por vontade própria, nunca mais ter regressado a Portugal, também teve direito a essa benesse, sobretudo no meio rural onde os mais velhos não esquecem a quem "devem" a entrada para a Caixa de Previdência e da sua Faculdade que fez questão de separar o docente do político.

Retomando a cronologia dos Ministros, Raul Ventura ocuparia a pasta até 14 de Agosto de 1958, data em que foi substituído pelo então Comodoro Lopes Alves[71].

Talvez convenha recordar que 1957 foi marcado pela primeira condenação na ONU da política colonial portuguesa, pois a Assembleia-Geral entendeu que o artigo 73.º se aplicava a Portugal e que, em 1958, ocorreu a eleição do Almirante Américo Tomaz para Presidente da República, numa eleição em que Salazar teve de enfrentar dois problemas. O primeiro prendeu-se com a escolha do candidato

---

[71] Raul Ventura foi exonerado pelo Decreto n.º 41 826 e Lopes Alves foi nomeado pelo Decreto n.º 41 828, ambos de 14 de Agosto de 1958 e constando no *Diário do Governo*, n.º 178, I Série.

do regime pois Craveiro Lopes foi preterido devido às conotações de esquerda que lhe eram atribuídas pela ala mais conservadora do Estado Novo. O segundo ficou a dever-se ao facto de Américo Tomás se ter visto obrigado a enfrentar o General Humberto Delgado, pois este, numa atitude pouco habitual entre os opositores ao Estado Novo, levou o processo até ao fim ou, como diz o povo, foi a votos.

Ainda em 1958, mais exactamente no primeiro dia desse ano, também se realizou no Cairo a I Conferência Afro-Asiática que, a exemplo do que aconteceria na II Conferência Afro-Asiática de Conacry, iniciada em 15 de Abril de 1960, decidiria apoiar a libertação dos povos e territórios ainda sob domínio colonial. No mesmo sentido se inseriu a Declaração da Assembleia-Geral da ONU de 14 de Dezembro de 1960, a Declaração sobre a outorga da independência aos territórios e aos povos coloniais, também conhecida como *Magna Carta* ou *Carta Magna da Descolonização* porque alterou o critério inicialmente definido e recusou que o atraso – qualquer que fosse a sua dimensão – não poderia constituir motivo para que um país mantivesse a soberania colonial sobre um território.

Por isso, a parte final do Ministério de Lopes Alves foi difícil porque o seu estado de saúde inspirava sérios cuidados e a UPA iniciou, em 15 de Março de 1961, uma rebelião de uma enorme violência no Norte de Angola contra a presença portuguesa. No entanto, é de enaltecer a atitude do Ministro que, apesar de desaconselhado pelos médicos, se deslocou novamente a Angola onde desembarcou em 21 de Março de 1961 para se inteirar da situação e tomar providências que pudessem devolver segurança às populações.

Importa referir que quando o Ministro do Ultramar se ausentava da Metrópole para visitar as províncias ultramarinas, era substituído, interinamente, por decisão do Presidente da República, de acordo com o n.º 1 do Art. 81.º da Constituição. Foi o que se passou, por exemplo, quando, através do Decreto n.º 42 315, o Contra-Almirante Fernando Quintanilha Mendonça Dias substituiu interinamente Vasco Lopes Alves durante a sua visita oficial a Moçambique e Angola[72]. Com o regresso do Ministro a Lisboa, o Decreto n.º 42 405 de 23 de Julho de 1959 exonerou aquele que detinha interinamente o cargo.

---

[72] Cf. *Diário do Governo, I Série, n.º 135* de 16 de Junho de 1959, p. 692.

Aquando da derradeira visita oficial de Lopes Alves a Angola, não foi possível identificar o seu substituto e, no mês seguinte, na sequência da tentativa de golpe constitucional protagonizada pelo Ministro Botelho Moniz, Lopes Alves viria a ser substituído por Adriano Moreira, em 13 de Abril de 1961[73], e, como já historiei em publicação anterior[74], o novo Ministro apresentou a sua demissão e foi substituído por Peixoto Correia em 4 de Dezembro de 1962[75].

A passagem de Adriano Moreira pelo Ministério ocorreu numa fase em que a subida aos extremos entre os dois blocos foi substituída ou mitigada pela construção do Muro de Berlim[76] e constituiu um momento chave da administração colonial portuguesa porque não só permitiu constatar o peso que os interesses económicos metropolitanos, sobretudo centralizados em Lisboa e no Porto, exerciam na política portuguesa, como também serviu para colocar em prática uma estratégia que, caso tivesse sido continuada, teria evitado o drama – com frequentes marcas de tragédia – que viria a constituir o encerramento do ciclo imperial português.

Três elementos deverão ser analisados para confirmar a afirmação anterior.

O primeiro prende-se com o discurso que o então Governador-Geral de Moçambique, Sarmento Rodrigues, fez na reunião extraordinária do Conselho Legislativo, em 27 de Abril de 1961, durante a visita do Ministro a Moçambique.

Na sua alocução, Sarmento Rodrigues disse: "confesso, senhor ministro, que, apesar de pela minha já velha experiência ser levado a formular reservas sobre soluções inovadoras que não tenham sido objecto de antigos e repetidos estudos, também, eu próprio, no íntimo, espero da sua iniciativa, estudo e preparação de planos para novas

---

[73] A exoneração do Contra-Almirante Lopes Alves foi feita através do Decreto 43 590 e Adriano Moreira foi exonerado de Subsecretário de Estado da Administração Ultramarina pelo Decreto 43 591 e nomeado Ministro do Ultramar pelo Decreto 43 592.

[74] Este acto foi analisado detalhadamente na obra *Adriano Moreira – uma intervenção humanista*, publicada pela Editora Almedina em 2007.

[75] A exoneração de Adriano Moreira consta do Decreto n.º 44 753 e a nomeação do Capitão-de-Fragata Peixoto Correia foi feita pelo Decreto n.º 44 756.

[76] A construção do Muro foi levada a cabo durante a noite e a madrugada de 13 de Agosto de 1961 como forma de pôr fim ao êxodo que, sobretudo desde 1950, tinha levado cerca de 3,5 milhões de pessoas a fugir para o lado ocidental.

reformas, que abram novos caminhos a toda a administração portuguesa em relação ao Ultramar"[77].

Estas palavras, vindas de um amigo, um antigo superior hierárquico que aceitou assumir um cargo dependente daquele a quem trouxera para o estudo da questão ultramarina[78], não podem deixar de ser vistas como um duplo reconhecimento: da urgência de reformas face ao fracasso das anteriormente experimentadas e das capacidades do novo Ministro.

Spence (1963, p.28) encarregar-se-ia, a partir da realidade por si observada em Moçambique[79], de indicar essas mudanças – "1961 has been a year of radical changes" – mas sem atingir o seu completo sentido – "not so much in basic policy, as in its developmnent to conform to modern trends".

De facto, a mudança era profunda porque implicava uma reformulação de toda a política ultramarina portuguesa, como já demonstrei em obra anterior[80].

O segundo elemento tem a ver com a política de autenticidade levada a cabo pelo novo Ministro. Na realidade, não se tratava de uma política de fingimento para tentar calar a condenação internacional e fazer valer a posição defendida pelo regime. Era uma política alicerçada em valores e com objectivos bem definidos e não um conjunto de medidas avulsas tomadas ao sabor de interesses particulares e de conjunturas transitórias.

Por isso, se aconselha a leitura do acervo legislativo publicado por Adriano Moreira, recomendando-se a leitura cuidada dos preâmbulos como forma de compreender os fundamentos da mudança detectável, por exemplo, no Decreto n.º 44 309, de 27 de Abril de 1962, o Código do Trabalho Rural nas províncias de Cabo Verde,

---

[77] Cf. *Boletim geral do ultramar, n.º 436,437,438, Vol. XXXVII*, p. 45.

[78] Foi Sarmento Rodrigues que convidou Adriano Moreira para proceder ao estudo ou levantamento que se pretendia servir de base para a reforma prisional do Ultramar. No entanto, a reforma que deveria levar o nome do Ministro não chegou a ser implementada.

[79] Spence, embora de origem britânica, era um industrial moçambicano. No Arquivo Salazar está uma informação que cita Spence como afirmando que Salazar tinha um conhecimento profundo do Ultramar, mas uma visão pouco reformista e que se manifestava na recusa de negociações com os movimentos nacionalistas.

[80] Refiro-me ao livro *Adriano Moreira: uma intervenção humanista*, editado pela Almedina.

Guiné, S. Tomé e Príncipe, Angola, Moçambique e Timor e que revogava o Código do Trabalho Indígena, aprovado pelo Decreto n.º 16 199 e os regulamentos, portarias e demais diplomas publicados nas províncias para complementar esse código.

Na verdade, sendo conhecida a frágil posição portuguesa na conjuntura internacional de então, merece reflexão o facto de o relatório do BIT explicitar que o Código representava a legislação laboral mais adiantada em África e que estava, efectivamente, a ser posto em prática[81].

Outros documentos legislativos, ambos de 6 de Setembro de 1961, que não poderão ser esquecidos são o Decreto-Lei n.º 43 894 – sobre o regime das terras – e o já mencionado Decreto-Lei n.º 43 893, que acabou com as disposições que deveriam ter sido protectoras dos indígenas – a forma como foram aplicadas funcionou em sentido oposto ao preconizado – porque já não faziam sentido.

Aliás, na conjuntura actual em que, no que à Lusofonia diz respeito, se começa a falar da necessidade da criação de um Estatuto

---

[81] Este relatório pode ser consultado no *Official bulletin* do BIT, volume 45, n.º 2, suplemento II, de Abril de 1962. Como elemento comparativo e forma de compreender o alcance da mudança, aconselha-se a consulta dos outros relatórios do mesmo organismo sobre as condições de trabalho no Ultramar português. No Arquivo Histórico Ultramarino, nos decalques secretos SR 11 – 2 S consta a "queixa contra Portugal apresentada na Organização Internacional do Trabalho pelo Governo de Ghana acerca da convenção (n.º 105) sobre a abolição do trabalho forçado" e a informação 321/10/3 do Gabinete dos Negócios Políticos para o Ministro, datada de 21 de Junho de 1961, e na qual se apontavam as hipóteses para tratar a queixa do Ghana: "O Conselho de Administração do BIT na sua 149.ª sessão em 2 e 3 de Junho teve de pronunciar-se acerca do seguimento a dar à queixa. Três alternativas se apresentavam:

a) A queixa era pura e simplesmente arquivada por se considerar "inepta a petição inicial de Ghana;

b) A queixa de Ghana e a resposta de Portugal eram presentes, para a discussão ao Concelho de Administração do BIT;

c) A constituição de uma comissão com carácter jurisdicional, que examinaria a queixa, a resposta portuguesa e colheria quaisquer outros elementos para formar o seu juízo; essa comissão elaboraria um relatório que seria submetido à apreciação do Conselho de Administração.

Depois de demoradas conversações optou-se pela última hipótese já que o Conselho de Administração do BIT e os altos funcionários da Organização não desejavam a "politização" de um debate que consigo traria sérias e graves consequências para a Organização Internacional do Trabalho".

de Cidadão da CPLP e se questiona os pesos relativos a atribuir ao *jus solis* e ao *jus sanguinis* no que concerne à atribuição da nacionalidade, talvez seja conveniente, embora tendo em conta as diferenças conjunturais, consultar o acervo legislativo publicado da responsabilidade de Adriano Moreira sobre o *jus communicationes*, mesmo que num Império[82].

Finalmente, o terceiro elemento a ter em conta refere-se à conversa entre Salazar e Adriano Moreira que teve lugar na sequência da reunião de 1962 do Conselho Ultramarino.

Salazar, perante uma política que apontava, inequivocamente, para uma descentralização administrativa e a consequente e inevitável autonomia do Ultramar – a forma de materialização dessa autonomia dependeria da vontade das populações – sentiu que se impunha uma mudança de política, até como forma de ele próprio se manter no cargo.

Dito de outra forma, os interesses coloniais metropolitanos conseguiram falar ao ouvido do Poder e não aceitaram as medidas, que consideravam revolucionárias ou esquerdistas, de Adriano Moreira.

Perante este aviso e até como forma de respeitar a hierarquia, mas sem abdicar das convicções que considerava correctas, Adriano Moreira apresentou a demissão e não aceitou "ocupar o Ministério da Educação [porque] não podia ficar num governo a ver executar a política ultramarina com que não concordava" (Moreira, 2009, p. 282).

A pedido de Salazar, sugeriu-lhe que encontrasse um substituto entre os membros do Conselho Ultramarino, sendo certo que qualquer um serviria se a política preconizada fosse a de não proceder a reformas de fundo ou estruturais.

Salazar informá-lo-ia, posteriormente, que a escolha recaíra no Governador da Guiné, Peixoto Correia, porque Adriano Moreira lhe dissera que se tratava de um bom funcionário.

Só que a distância que vai entre governar uma província – que além de pequena não era vista como de povoamento – e a responsabilidade pela política relativa a todo o Ultramar é muito grande!

Na conjuntura de então, Tenreiro (1961, p. 194), embora referindo-se a São Tomé e Príncipe, considerava que o arquipélago fun-

---

[82] Trata-se do Decreto-Lei n.º 44 016, de 8 de Novembro de 1961, e do Decreto n.º 44 171, de 1 de Fevereiro de 1962.

cionava como trampolim para os portugueses, desde "o engenheiro ao simples capataz de obras públicas", que iam "para São Tomé com o fito de iniciar carreira, que se espera mais próspera noutras paragens de África".

Numa época em que o totobola acabava de entrar em campo[83] e o primeiro prémio da lotaria alimentava os sonhos de uma população pobre, Peixoto Correia parecia ter recebido a sorte grande, mas, efectivamente, ficara-se por pouco mais que a terminação, pois não ocuparia o cargo por muito tempo.

Na realidade, em 19 de Março de 1965, foi exonerado[84] e a pasta entregue a Silva Cunha[85], que transitou da Subsecretaria de Estado da Administração Ultramarina, entretanto ocupada por Rui Patrício.

Ainda durante o Ministério de Peixoto Correia, em Julho de 1963, através da Resolução S/5380, o Conselho de Segurança da ONU rejeitou a designação de «províncias ultramarinas» para os territórios ultramarinos sob soberania portuguesa e reconheceu o direito desses povos à autodeterminação.

Esta Resolução, apesar da abstenção de três membros do Conselho – Estados Unidos, Inglaterra e França –, que, no entanto, não usaram o direito de veto que lhes assistia, mostra que a comunidade internacional tinha compreendido que a substituição de Adriano Moreira representava mais do que a simples troca de Ministros e que a política reformista cedera lugar ao conformismo da vida habitual.

Aliás, durante o Ministério de Adriano Moreira, a França tinha-se oposto à ONU e o seu representante junto da organização considerou que a ONU não tinha direito de se ingerir num assunto que era da exclusiva responsabilidade de Portugal.

Nessa altura, Portugal já enfrentava uma guerra colonial e a ONU, através da Resolução 1742 de 30 de Janeiro de 1962 da Assembleia-Geral, condenava a política colonial portuguesa e apelava – porque não podia exigir – ao direito à autodeterminação dos territórios colonizados por Portugal.

---

[83] O primeiro concurso do totobola foi em 24 de Setembro de 1961.
[84] Decreto 46 237.
[85] Decreto 46 240.

No entanto, a França, que se preparava para referendar o fim do seu Império, acreditava nas reformas do Ministro Adriano Moreira e concedia a Portugal o direito de ser ele a promover as mudanças.

No que à Inglaterra diz respeito, mais do que condenar a teimosia na manutenção do Império por parte de Portugal, limitava-se a constatar que Portugal não soubera seguir o seu exemplo de que a edição do *Times* do já distante dia 15 de Setembro de 1943 constitui prova inequívoca ao escrever: "é dever do capitalista inglês fixar-se nas colónias, não com o intuito de enriquecer por bamburrios, como antigamente, mas para assegurar um rendimento razoável ao seu capital"[86].

Afinal, não se tratava de uma tomada de posição de cariz ideológico, mas sim, de uma forma de fazer valer ou salvaguardar os interesses próprios.

Retomando a sucessão ministerial, constata-se que Silva Cunha se manteve no cargo enquanto Salazar chefiou o Conselho e depois da substituição deste por Marcello Caetano[87] e foi durante o seu mandato que a Assembleia Geral da ONU aprovou uma moção em que apelava ao apoio aos movimentos que se opunham à soberania portuguesa nos vários territórios e, inclusivamente, oferecia a esses movimentos a colaboração de organismos dependentes da ONU[88].

Silva Cunha resistiria à remodelação ministerial de 14 de Janeiro de 1970 e só em 7 de Novembro de 1973, passaria a desempenhar o cargo de Ministro da Defesa[89] e a pasta do Ultramar seria confiada a Baltasar Leite Rebelo de Sousa, o último Ministro do Ultramar que, depois de ser Governador-Geral em Moçambique, aceitara o convite

---

[86] Correspondência enviada por Francisco Machado – acompanhada de um cartão pessoal – para Salazar e que se encontra na pasta 41 de AOS/CO/UL – 1 B.

[87] Os primeiros sinais ou indícios de desconexão mental de Salazar ocorreram a 4 de Setembro de 1968 na sequência da queda de uma cadeira no mês anterior no Forte de Santo António da Barra no Estoril. No entanto, só em 26 de Setembro, o Presidente da República, Américo Tomaz daria posse ao Governo chefiado por Marcello Caetano, depois de Salazar ter sido operado a 6 de Setembro e ter sofrido uma trombose a 16 do mesmo mês, factos que levaram à reunião, em 17 de Setembro, do Conselho de Estado que tomou a decisão de se proceder à escolha de um novo Presidente do Conselho.

[88] Nesta votação só os Estados Unidos, a Inglaterra, a França, a África do Sul – ainda do *apartheid* – e, como é óbvio, Portugal, votaram contra a moção.

[89] Decreto n.º 589/73 para as duas nomeações.

de Marcello Caetano – de quem fora Secretário na fase em que este ocupou a pasta das Colónias – para assumir a pasta das Corporações e Saúde, antes de transitar para o Ministério do Ultramar.

O Império, a exemplo de todas as construções humanas, apesar das malhas que teceu – com fios nem sempre de qualidade –, acabaria por desmoronar e por dar lugar ao Ministério da Coordenação Interterritorial na sequência do 25 de Abril de 1974, mas essa é outra conjuntura que já foi por nós analisada[90].

A forma como o Império caiu quase imediatamente após a substituição de Salazar aponta para um facto que decorre da História que se seguiu ao fim do absolutismo e que talvez se possa resumir na frase: o Poder, quando personalizado, é de impossível transferência.

Marcello Caetano, enquanto Presidente do Conselho, foi justificando a necessidade de manter o Ultramar a partir de pressupostos tão variáveis como a falta de preparação dos indígenas para tomarem a seu cargo a administração dos territórios[91], a manutenção da acção religiosa ou evangelizadora[92] para, finalmente, encontrar nos colonos portugueses residentes em África a razão para a continuação do esforço de guerra[93].

Afinal, a forma serôdia e desorganizada como foi encerrado o ciclo colonial não permitiria salvaguardar os valores – não apenas materiais – desses colonos, muitos dos quais se viriam forçados ao exílio, pois foram forçados a abandonar a terra onde tinham nascido e à qual julgavam e queriam pertencer.

Como Adriano Moreira (1977, p. 54) afirma, "as Nações não se escolhem, acontecem a cada um de nós", mas ficar representa uma escolha pessoal.

Ora, foi o direito a essa escolha ou decisão que os novos detentores do Poder e aqueles que procederam à entrega do mesmo não quiseram ou não puderam reconhecer a esses *colonos*.

Se já seria questionável recusar que a terra também pertencia a muitos daqueles que foram forçados a partir, menos aceitável se

---

[90] Cf. Pinto, J.F. (2004). *Do império colonial à comunidade dos países de língua portuguesa: continuidades e descontinuidades.* Lisboa: Instituto Diplomático.
[91] Discurso na Assembleia Nacional em 21 de Fevereiro de 1970.
[92] Sentido que emana do discurso feito no Rio de Janeiro durante a visita ao Brasil em 1969.
[93] Discurso feito na Assembleia Nacional em 27 de Setembro de 1970.

torna o acto de negação do direito a pertencer à única terra que conheciam.

Retornando à conjuntura em estudo – aqui a forma verbal faz bem mais sentido do que chamar *retornados* às vítimas do processo anterior – parece pertinente fazer o inventário dos órgãos que, na Metrópole e no Ultramar, faziam a gestão de um Império que, como já foi referido, primava pelo centralismo do Terreiro do Paço, uma forma estranha de macrocefalismo político-administrativo, uma vez que a cabeça representava um ponto diminuto em comparação com o corpo por onde se espalhava o Império.

De facto, não se pode afirmar que esse Império se tivesse constituído como um espaço no qual "les membres d' une communauté épistémique partagent des compréhensions intersubjectives, une manière de raisonner et construisent un project politique fondé sur les mêmes valeurs (Grossman & Saurugger, 2006, p. 76).

Seria necessário o fim do Império para que, passada a fase traumática resultante de uma chamada descolonização que esteve longe de ser exemplar, se iniciasse – ainda que com passos pouco seguros e determinados – a construção de uma comunidade lusófona.

CAPÍTULO II
O Ultramar e a Administração do Império

2.1. Os Órgãos de Administração Colonial no Ultramar

As colónias ou províncias ultramarinas, apesar de integradas no nome colectivo de Ultramar, não apresentavam realidades semelhantes e não eram vistas pela Metrópole de acordo com um mesmo critério de importância, embora a retórica oficial que apregoava um Portugal uno e indivisível do Minho a Timor não apontasse no mesmo sentido que os factos.

Era um claro exemplo de uma situação em que, como Habermas haveria de sintetizar, a pobre realidade não se enquadrava na teoria.

Esta constatação não implica que, pontualmente, não tivessem surgido opiniões que contrariavam a retórica oficial, nomeadamente, uma proposta de Franco Nogueira e que poderia ser vista como uma tentativa de *deitar fora os anéis que fazem sombra aos dedos*.

Essa proposta intitulada "Notas sobre a Política Externa Portuguesa"[94] pretendia garantir a soberania portuguesa sobre as possessões que considerava mais importantes para Portugal, ou seja, Angola Moçambique e Cabo Verde. A troco dessa manutenção, Portugal entregaria Macau à China, Timor à Indonésia e encetaria negociações destinadas a conceder a independência à Guiné e a São Tomé e Príncipe.

A proposta não foi aceite por Salazar e, retomando a questão em estudo, constata-se que realidades tão díspares a vários níveis: dimensão territorial, recursos e tipos de populações indígenas, eram

---

[94] O documento, datado de 12 de Janeiro de 1962, faz parte do Arquivo Salazar que está na Torre do Tombo. É um documento de 18 páginas e está na pasta relativa às conversas que Franco Nogueira manteve com Salazar e com os Embaixadores acreditados em Lisboa. O período abrangido é constituído pelo ano de 1962 e o início de 1963.

objecto de um mesmo tratamento político-administrativo decretado pela Metrópole e no qual as populações nativas não participavam, a exemplo, aliás, do que se passava com uma parte considerável da população branca que residia no Ultramar. De facto, a maioria dos elementos que participavam na administração era nomeada tendo em conta os interesses metropolitanos.

Aliás, como Moreira (1956, pp. 28-33) indica, a classificação política das colónias contemplava vários níveis: colónias de administração directa, protectorados – que podiam ser de simples controle, com representação e coloniais –, esferas de influência – também com três subdivisões –, cessões por arrendamento, cessões por administração e *settlements*.

Ora, com excepção de Macau, que era uma cessão, todos os outros territórios sob administração portuguesa eram colónias de administração directa porque, aquando da chegada dos portugueses, ou eram desabitados e, como é lógico, não existia um poder político originário, ou, nos casos em que as terras estavam já povoadas, os povos aí residentes não exibiam "qualquer elemento apreciável de civilização".

Como forma de demonstrar a exactidão da afirmação anterior, apresenta-se a estrutura político-administrativa das várias possessões, a qual possibilita verificar que eram "os agentes do Estado colonizador quem desempenha todas as tarefas da administração e detêm o poder" (Moreira, 1956, p. 29).

Assim, aquela que era tida como a província mais importante – Angola – estava dividida em 13 distritos que se subdividiam em municípios, intendências ou circunscrições, havendo, ainda, os postos administrativos. Em cada distrito havia um Governador, em cada município, um administrador e, nos postos administrativos, simples funcionários. Na capital, Luanda, estava o Governador-Geral "assistido por um Conselho Legislativo, um Conselho de Governo (órgão consultivo), dois secretários provinciais e um secretário-geral" (Castro, 1980, p. 90).

Em 1964, o total de vogais a eleger para o Conselho Legislativo era de trinta e quatro que "na generalidade não merecem qualquer reparo", embora surgisse um candidato – Venâncio Sobrinho de Sá da Bandeira – que não era de confiança, embora fosse "menos prejudicial no Conselho do que fora dele", uma vez que "se comprometeu com o Governador-Geral a não levantar dificuldades"[95]

A forma de administração em Angola não andaria muito longe daquela que Newitt (1997, p. 410) indica para Moçambique, isto é, "no dia a dia, o Governador-Geral exercia o seu cargo através do *Conselho do Governo*, constituído por secretários provinciais, os comandantes naval, aéreo e militar, o Procurador-Geral da República, o Ministro das Finanças e dois membros da Assembleia Legislativa"[96].

Assim, em Moçambique – a segunda possessão mais extensa e mais importante – a estrutura político-administrativa dos seus nove distritos – Lourenço Marques, Gaza, Inhambane, Manica e Sofala, Tete, Zambézia, Moçambique, Niassa e Cabo Delgado – era, como foi dito, semelhante à de Angola, embora houvesse "uma Curadoria dos Negócios Indígenas" (Castro, 1980, p. 264).

De facto, isso mesmo é corroborado por Spence (1963, p. 28) ao afirmar que "under these Governors and within their Districts, come in descending scale, the Intendents, Administrators, Chiefs of Post and finally the African Chiefs who deal directly with the African population".

Esses distritos subdividiam-se em sessenta e um *concelhos* e trinta e uma *circunscrições*" (Newitt, 1997, p. 410).

Depois, na década de 1950, com as alterações ditadas pela conjuntura internacional, "o Conselho Legislativo foi alargado para vinte e nove membros[97], dezasseis dos quais eram eleitos – nove destes

---

[95] Documento existente na 3.ª subd, pt. 8, AOS/CO/UL – 41.

[96] No que se refere a Moçambique, Spence (1963, p. 29) faz uma descrição mais pormenorizada dos organismos que assistiam o Governador-Geral e das suas funções. Assim, "the Governor-General has a Secretary-General covering administrative affairs, and four Provincial Secretaries of his own choice, to relieve him in the control of various Departments, such as Agriculture and Forestry, Survey, Customs, Economy and Statistics, Geology and Mines, Education, Public Works and Transport, Health and Hygiene, Veterinary Services and African Affairs, each under a Director with his own complete organizations. Some Departments, however, such as the Treasury, he deals with directly himself".

[97] Spence (1963, p. 29) apresenta uma composição ligeiramente diferente para o Conselho Legislativo nessa altura, pois fala de "twenty four members, sixteen of whom are elected and eight nominated by him. Of the sixteen elected members, six are from various economic, cultural and other bodies, one by citizens paying income tax of Esc. 10,000$00 or over, and nine by citizens registered on the common roll". Também Georgel (1985, p. 368) indica valores diferentes "trinta e quatro em Angola, vinte e sete em Moçambique", embora tenha em conta a Lei Orgânica de 24 de Junho de 1963.

por sufrágio directo da população com direito de voto"[98] (Newitt, 1997, p. 410).

O problema residia na última parte da frase porque, a exemplo do que acontecia na Metrópole, o voto estava longe de ser universal, pois, em 1964, o Governador-Geral estimava que os eleitores passariam de 30 000 para 60 000, mas a população da província era de cerca de 6 000 000 de habitantes.

Por isso, falar de democracia numa possessão de um país onde esse regime não vigorava parece, claramente abusivo, embora Newitt (1997, p. 410) afirme que "a democracia local revestia apenas a forma de conselhos municipais com 500 eleitores ou mais".

Ainda nos anos 50, mais concretamente em 6 de Junho de 1951, no *Diário do Governo* n.º 113 constava o Decreto-Lei n.º 38 286 que estipulava que a "prorrogação do período de exercício de funções dos actuais vogais dos conselhos de governo de todas as colónias, ordenada pelo Decreto-Lei n.º 37 871 de 30 de Junho de 1950, manter-se-á até que se realizem eleições nos termos da lei". Esta situação ficava a dever-se ao facto de "na última sessão legislativa" a Assembleia Nacional ter efectuado " a revisão da Constituição Política da República Portuguesa, da qual, na parte relativa ao Ultramar, podem resultar alterações quanto aos conselhos de governo".

A consulta da 2.ª sbd. da pasta 6 de AOS/CO/UL – 41 permite saber mais um pouco sobre as funções do Conselho Legislativo porque a Associação do Fomento Agrícola e Industrial de Moçambique enviou um memorial sobre o crédito agrário ou agrícola, referindo que tinha sido presente ao Conselho "o projecto de criação de um Instituto de Crédito Agrário", mas o mesmo reconheceu a sua "incompetência [...] para a sua apreciação" e, por isso, o projecto foi "remetido ao Ministério do Ultramar".

É claro que, por força do centralismo, a Associação se queixava que "apesar do longo tempo decorrido, ainda nada se soube sobre informação ou despacho que tivesse merecido".

No final da década, em 1959, seria criado um novo órgão relacionado com os aspectos económicos: o Conselho de Coordenação

---

[98] De acordo com o documento enviado pelo Ministro do Ultramar a Salazar, em 21 de Fevereiro de 1964, em Moçambique "o total de vogais a eleger é de 27" e entre os candidatos havia "cinco naturais de cor e cinco naturais brancos".

Económica que "was formed to study and make recommendations on all proposals put forward, so that the Legislative Council could have all data available before being called into session" (Spence, 1963, p. 29).

Este Conselho era presidido pelo Governador e constituído por "four Provincial Secretaries, Directors of all Government Departments including that of Scientific Investigation, the Presidents of the Board of Trade and Exchange Council, the Government Insurance Inspector, and eleven representatives from commerce, industry, banking, agriculture, insurance, transport, and employer and employee organizations" (Spence, 1963, p. 29).

Em Cabo-Verde, a administração metropolitana era tida como modelo, pois existiam município e freguesias[99]. Na capital residia o Governador que era assistido pelo Conselho de Governo.

Um documento datado de 21 de Fevereiro de 1964 e enviado pelo Ministro a Salazar, dava conta que já tinham sido comunicadas ao Ministério as listas de Cabo Verde – círculo de Sotavento – para o Conselho Legislativo, mas não diz mais nada sobre o assunto[100].

Em S. Tomé e Príncipe havia um município em cada uma das duas ilhas, sendo que no município da ilha principal havia onze freguesias e no município do Príncipe apenas uma. O Governador também era assistido por um Conselho de Governo "constituído exclusivamente por representantes da população europeia ou assimilada" (Castro, 1980, p. 221). Dos onze representantes do Conselho de Governo, apenas quatro eram eleitos porque cinco eram funcionários em serviço e dois eram designados pelo Governador[101].

A referida informação datada de 21 de Fevereiro de 1964 permite saber que São Tomé e Príncipe dispunha, nessa altura, de um Conselho Legislativo de "dez vogais" e que na lista para o mesmo, "dos dez candidatos, três são naturais de cor e um caboverdeano". Nessa

---

[99] Parece interessante constatar que, na actualidade, Cabo Verde não tem freguesias como órgãos do poder local ou autárquico e optou por aumentar o número de municípios. De facto, apesar de existirem freguesias em Cabo Verde as mesmas não dispõem das competências que são reconhecidas às freguesias em Portugal.

[100] Documento existente na pasta 8 de AOS/CO/UL – 41.

[101] Este facto de quatro dos conselheiros serem eleitos não poderá deixar de ser visto à luz da realidade portuguesa – metropolitana e colonial – então vigente e que não permitia a existência de partidos ou formações partidárias para além da União Nacional.

altura, os eleitores eram "3 745" e os naturais da província "cerca de 40 000", o que prova que os naturais – na sua larga maioria – não tinham o direito nem de eleger nem de ser eleitos.

Na Guiné, possessão que nunca foi encarada por Portugal como colónia de povoamento, o Governador estava em Bissau e era "assistido por um Conselho de Governo, mais ou menos decorativo, no qual, aliás, não entra nenhum guinéu" (Castro, 1980, p. 221). Na verdade, a posição mais elevada a que os guinéus conseguiam ascender era a de sipaio ou guarda, isto é, o auxiliar dos funcionários europeus que administravam os postos em que os 11 municípios ou circunscrições estavam divididos, sendo que cada município tinha a sua administração entregue a um funcionário colonial.

A consulta de um telegrama secreto, datado de 23 de Março de 1964, e constante em AOS/CO/UL – 8 I (cont), p. 2 1.ª subd., permite saber que tinha havido eleições para o Conselho Legislativo e que as mesmas tinham contemplado: contribuintes, autarquias, autoridades regedorias, interesses morais e culturais e sufrágio directo.

No que concerne às autoridades das regedorias a eleição processou-se em Bissau "tendo votado os 24 regedores anteriormente designados pelos seus colegas [em] cada concelho".

Seria preciso esperar pela chegada do General Spínola ao cargo de Governador para que fossem criados os denominados *Conselhos do Povo*, os quais, aliás, na fase que se seguiu ao 25 de Abril, Spínola desejava que fossem chamados a proclamar a independência ao lado do PAIGC.

Como a conjuntura deixava adivinhar, tratou-se de um desejo tão impossível de realizar como a ordem, igualmente de Spínola, de que 20 000 fotografias suas, em traje oficial de Presidente, fossem distribuídas pelos guineenses.

De facto, já não era tempo de reatar a chama da lusitanidade entre os guinéus.

Há ainda um aspecto que importa analisar e que se prende com o facto de o Governador poder ser o Comandante-Chefe, situação que levava a que a mesma personalidade respondesse perante duas instituições do Governo da Metrópole, uma vez que, enquanto Governador, dependia do Ministro do Ultramar e, na qualidade de Comandante-Chefe, respondia perante o Ministro da Defesa.

No entanto, nem sempre essa situação aconteceu porque, por exemplo, Silvino Silvério Marques foi Governador-Geral de Angola e não podia ser Comandante-Chefe porque, na altura em que exerceu o cargo, não era oficial General. Como facilmente se compreende, em épocas de crise – Portugal estava em três frentes de combate – as Forças Armadas não aceitariam que o seu Comandante-Chefe não fosse um oficial General. Por isso, em telegrama secreto n.º 5 V, datado de 7 de Maio de 1961, Adriano Moreira informava Salazar que "vou publicar [um] diploma que concentre na mesma pessoa os poderes do Governo Civil e do Comando Militar".

Em Macau, a partir de um telegrama enviado pelo Governador, datado de 2 de Abril de 1964, podem ser identificados vários órgãos pois o texto refere que o "Conselho Legislativo reunido [em] sessão inaugural com [a] presença [do] Inspector Superior [da] Fazenda, [do] Reverendíssimo Bispo, [do] meritíssimo Juiz, [do] Comandante Militar e [de] Defesa Marítima, [da] Comissão Provincial [da] União Nacional, [dos] Chefes [dos] Serviços [do] Leal Senado, [das] Câmara [das] Ilhas e [dos] antigos vogais [do] Conselho [de] Governo" pediam ao Ministro do Ultramar que transmitisse ao Presidente do Conselho o "entusiástico apoio [pela] inspirada política ultramarina constante [da] oportuna reforma [da] lei orgânica [do] Ultramar".

No que se refere a Timor, ou melhor, à parte da ilha de Timor que coube a Portugal na sequência da partilha da mesma entre Portugal e a Holanda em 1661, Portugal encontrou uma organização política e administrativa "qui se définit à trois niveaux: le village, géré par le territoire princier *(suco),* lui-même dirigé par le royaume *(liurai)*" (Borda d'Água, 2007, p. 16) .

Depois, já no século XX, Portugal, que desde 1701 passara a enviar um Governador para Timor, resolveu proceder a uma alteração administrativa do território com um objectivo duplo: por um lado, enfraquecer as autoridades tradicionais e, por outro, construir uma estrutura que respeitasse ou seguisse o modelo anteriormente apontado como exemplo da administração portuguesa no Ultramar.

Assim, para além do Governador, surgiu a figura dos Administradores que dirigiam os Concelhos, sendo que cada Concelho abrangia vários Postos e estes eram compostos por Sucos.

Em 1964, Timor já contava com Conselho Legislativo que elegia "onze vogais", com a curiosidade de pertencerem a grupos muito diferentes, pois, "sete dos candidatos são nativos ou descendentes de nativos, um é goês e outro macaísta".

No que se refere ao número de eleitores, Timor não escapava às malhas do crivo muito apertado do Estado Novo. De facto, só tinha 5 000 eleitores para uma população de cerca de "500 000 habitantes"[102], o que significa que apenas 1 em cada 100 habitantes gozava, efectivamente, de direitos políticos.

Na Índia, a entrada em vigor do *Acto Colonial* representou um retrocesso em relação à situação criada em 1917 e reposta em 1920 da existência de um Conselho do Governo composto por sete membros nomeados pelo Governo – nos quais se incluía o Governador--Geral – e por onze membros eleitos.

De facto, com o *Acto Colonial,* deixou de haver vogais eleitos e a política centralizadora de Lisboa acentuou-se.

Mais tarde, quando a Índia passou a ser considerada Estado, de acordo com o estatuto de 1954, a administração de Goa era composta por três elementos: o Governador-Geral, o Conselho do Governador e o Conselho Legislativo.

O Governador-Geral, o órgão individual executivo, continuava a ser o mais alto representante do Governo e da Nação Portuguesa e, por isso, a autoridade à qual todos os elementos civis e militares estavam subordinados. Aliás, só ele tinha competência para suprimir taxas ou impostos que estivessem em vigor.

O Conselho do Governador era composto por um Secretário--Geral, um Comandante Militar, um Procurador da República, um Director de Serviço das Finanças e dois advogados escolhidos pelo Governador-Geral de entre os membros do Conselho Legislativo.

No que se refere ao Conselho Legislativo, o órgão que tinha como competência discutir e votar o orçamento e cujas decisões eram tomadas por unanimidade, a sua composição foi reduzida de 32 para 16 membros, uma vez que era o órgão no qual a sociedade goesa, principalmente a sua elite, podia exercer a sua influência, uma vez que havia membros – 6 – que eram eleitos por sufrágio directo dos cidadãos inscritos no recenseamento geral.

---

[102] Pasta 8 de AOS/CO/UL – 41.

Para além destes membros eleitos, o Governador-Geral nomeava outros cinco: um magistrado de segunda instância, dois directores de serviços e dois indivíduos de reconhecida idoneidade moral que, pelos seus comprovados méritos, dessem garantia de uma boa cooperação ou colaboração ao Governador-Geral.

Os restantes cinco membros eram eleitos, cada um, por cinco grupos diferentes: portugueses que pagavam um imposto mínimo, organismos corporativos e associações de interesses económicos, instituições religiosas, comunidades locais ou aldeias e corpos administrativos.

O Governador-Geral podia dissolver o Conselho Legislativo sempre que o entendesse.

No que diz respeito ao Império como um todo, há ainda um outro elemento que deverá ser tido em conta e que se prende com o número de eleitores no Ultramar.

De facto, um telegrama do Governador-Geral de Moçambique, Sarmento Rodrigues, datado de 6 de Fevereiro de1964 e cujo número foi, posteriormente, apagado, mostrava a preocupação do Governador-Geral porque tinha sabido pelo Embaixador Garin que "Angola vai ter [nas] próximas eleições mais do que 250 mil eleitores enquanto consta que Moçambique terá muito menos", ou seja, cerca de 60 000, número que, no entanto, representava o dobro do número de eleitores em relação às eleições anteriores.

Esta situação podia "merecer críticas" e, apesar de considerar que ainda se poderia "aumentar aqui [o] número [de] eleitores entre aqueles [que] sabem ler [e] escrever", esse aumento nunca permitiria os "números citados para Angola". Aliás, Sarmento Rodrigues não sabia quais tinham sido os critérios seguidos por Angola para ter tantos eleitores.

O Ministro recusaria responsabilidades na situação porque a "diferença [de] critérios adoptados [para as] duas províncias resultou [das] considerações apresentadas [pelos] respectivos Governos"[103].

Retomando a questão dos Conselhos Legislativos, não se pode deixar de referir a forma diferente como os cabo-verdianos eram vistos pelo Estado Novo. De facto, em 1964, os Vice-Presidentes dos

---

[103] Telegrama não numerado e datado de 6 de Fevereiro de 1964, constante em AOS/CO/UL – 8 I (cont.), 8.ª sbd pt.2.

Conselhos Legislativos de São Tomé e Príncipe e de Angola eram dois cabo-verdianos, Óscar Pires Ortet e Manuel Arrobas Ferro[104].

Finalmente, existe um aspecto que se prende com a forma como o regime procedia à organização corporativa nas colónias.

Na pasta 6 de AOS/CO/UL – 1 D figura um projecto de Decreto para tal finalidade e datado – ainda que incompletamente – de Junho de 1939. No entanto, o processo está assinalado como pendente, talvez porque, como se pode ler na página 9 do projecto, "nas colónias a constituição dos organismos do modelo metropolitano, quando não impossível, suscita grandes dificuldades".

Ora, se o modelo dito corporativo demorou a estruturar-se na Metrópole, onde foi apenas uma tese e nunca uma hipótese, a situação, como parece evidente, ainda se apresentava mais difícil nas colónias.

Um último elemento que merece ser tido em conta prende-se com a capacidade – ou falta dela – para o sistema aceitar ser avaliado.

Assim, o Ministro do Ultramar, em 1959, consultou o Centro de Estudos Políticos Ultramarinos, presidido por Adriano Moreira, sobre a conjuntura política africana em geral.[105]

O Conselho Orientador considerou que o relatório pedido deveria ser antecedido "de um pequeno trabalho do próprio Conselho em plenário, que, pelo seu carácter estritamente confidencial, permitisse um depoimento completo, na sua sinceridade e franqueza, sobre aqueles assuntos"[106].

Trata-se de um documento muito importante, desde logo, pela competência dos Conselheiros: Adriano Moreira, Sarmento Rodrigues, Manuel António Fernandes, António Jorge Dias, Silva Cunha, António Maria Godinho, Henrique Martins de Carvalho, Franco Nogueira, Ribeiro da Cunha, José Manuel Fragoso e João da Costa Freitas. Além disso, dado o seu carácter confidencial não precisava de escamotear a verdade e, por isso, abordava "primeiramente os aspectos gerais relacionados com o problema, que tocam necessariamente problemas políticos de fundo", ou seja, o Conselho não deixava

---

[104] Cf. 9.ª subd. da pasta 8 de AOS/CO/UL -41.

[105] O Ministro, para além da conjuntura política africana em geral, estava, ainda, interessado na opinião do Centro sobre a questão das seitas e do associativismo em África.

[106] Excerto de uma carta do Ministro da Saúde e Assistência para Salazar e que consta na pasta 21 de AOS/CO/UL – 61.

de chamar a atenção para a "situação nova existente nos territórios ultramarinos portugueses, sobretudo em Angola e Moçambique, que corresponde a um clima de tensão social".

No que a este ponto diz respeito, importa registar que o Conselho considerou que "a crescente complexidade dos problemas não se coaduna já com a concentração da responsabilidade governativa apenas nos cargos de um Governador-Geral, um Secretário-Geral e dois Secretários Provinciais".

Era uma forma de pôr a nu as insuficiências da administração portuguesa, apontando para "uma desconcentração" de forma a "habilitar os altos funcionários da Província para a acção directa sobre os problemas políticos e administrativos essenciais" e reconhecendo que "os lugares superiores da escala administrativa [eram] por via de regra, ocupados por pessoas estranhas à carreira que, por definição, deveria fornecer os funcionários mais habilitados para ocuparem os cargos de Governadores provinciais e distritais".

O Conselho aconselhava a realização, ao longo da carreira, de "provas de selecção que tenham por objectivo dar acesso mais rápido aos candidatos mais qualificados".

Além disso, os Conselheiros alertavam para a forma como Portugal estava a tratar as autoridades tradicionais africanas e referiam que "o nosso desinteresse pela sobrevivência, futuro e dignificação das autoridades nativas poderá levar à designação destas em alheamento e até em oposição à administração portuguesa".

O Conselho apresentou, depois, sugestões para alterar a situação, mas o regime não as teve em devida conta ou, então, não conseguiu encontrar uma resposta adequada para as mesmas.

2.2. A Participação do Ultramar na Administração do Império

Numa administração tão centralizada, interessa, ainda, ver qual o papel que estava reservado às diferentes possessões no Governo do Império. De facto, como os vários órgãos de soberania estavam em Lisboa, importa saber se os interesses das várias províncias ultramarinas estavam, efectivamente, representados a nível do Poder Central e, em caso afirmativo, de que forma era feita essa representação.

Assim, nas décadas de 1950 e 1960, Moçambique "era representado em Lisboa por 2 dos 185 membros que constituíam a Câmara Corporativa, dois representantes no Conselho Ultramarino e sete eleitos da Assembleia Nacional" (Newitt, 1997, p.410).

Importa, por isso, historiar a composição e as funções destes três órgãos: Assembleia Nacional, Câmara Corporativa e Conselho Ultramarino como forma de aquilatar a importância que a Metrópole reconhecia ao Ultramar na definição – ou pelo menos no acompanhamento – da política nacional.

2.2.1. A Assembleia Nacional

A Assembleia Nacional deveria ser o órgão titular do poder legislativo. No entanto, durante o Estado Novo, essa competência esteve longe de ser da sua exclusiva competência e, por isso, para compreender a composição e as funções da Assembleia Nacional importa fazer um estudo que permita uma visão completa tendo em conta a variável tempo.

Assim, no *Diário do Governo* n.º 83 de 11 de Abril de 1933, a acta da Assembleia-Geral de apuramento dos resultados do Plebiscito Nacional de 19 de Março de 1933 sobre a Constituição Política da República Portuguesa, dava conta que o número de eleitores inscritos "em todo o continente, ilhas adjacentes e colónias" tinha sido "um milhão trezentos e trinta mil duzentos e cinquenta e oito". No ponto 2.º informava que o "número de votos que aprovaram o Projecto de Constituição Política da República Portuguesa [foi] um milhão, duzentos e noventa e dois mil oitocentos e sessenta e quatro" e, no ponto 3.º, que o "número de votos que reprovaram o mesmo Projecto [foi] seis mil cento e noventa". Quanto aos votos nulos, o ponto 4.º indicava "seiscentos e sessenta e seis", havendo, de acordo com o ponto 5.º, "trinta mil quinhentos e trinta e oito" eleitores "que não intervieram no Plebiscito ou relativamente aos quais faltam comunicações".

Entre esses estavam todas as colónias, com excepção de S. Tomé e Príncipe porque, como consta da Acta, não tinha havido nenhuma comunicação "relativamente às colónias de Cabo Verde, Guiné, Angola, Moçambique, Macau e Timor".

Convém referir que a Constituição, melhor, o Projecto de Constituição já tinha sido promulgado pelo Decreto n.º 22 241 que figura no suplemento do *Diário do Governo* n.º 43 de 22 de Fevereiro de 1933.

Aí, no Título III, Capítulo I, que tratava da constituição da Assembleia Nacional estipulava-se que a mesma era "composta de noventa deputados eleitos por sufrágio directo dos cidadãos eleitores, durando o seu mandato quatro anos". No entanto, nada consta sobre o número de deputados a eleger em cada colónia.

A revisão constitucional de 1945 foi objecto da Lei 2009 de 17 de Setembro de 1945, publicada por despacho do Conselho no *Diário do Governo* n.º 271 – I Série de 6 de Dezembro de 1945. Nessa Lei, estipula-se, no Título III, que trata da Assembleia da Republica, no Capítulo I Art. 85.º, que "a Assembleia Nacional é composta de cento e vinte Deputados, eleitos por sufrágio directo dos cidadãos eleitores, e o seu mandato terá a duração de quatro anos".

Mais tarde, em 17 de Abril de 1959, a Presidência da República promulgou uma resolução da Assembleia Nacional que indicava que a mesma tinha resolvido antecipar a revisão constitucional e assumir, desde logo, poderes constituintes[107]. Seria na sequência desse acto que o número de deputados passou para 130.

As alterações seriam publicadas no *Diário do Governo* n.º 198, I Série, de 29 de Agosto de 1959 na Lei n.º 2100.

Esta Lei estipulava, no Art. 16.º, que o corpo do Art. 85.º era substituído pelo seguinte "a Assembleia Nacional é composta de cento e trinta Deputados, eleitos por sufrágio directo dos cidadãos eleitores, e o seu mandato terá a duração de quatro anos improrrogáveis, salvo o caso de acontecimentos que tornem impossível a realização do acto eleitoral".

Quanto à participação ou peso do Ultramar nessa composição, a Lei nada estipulava, embora a consulta de Spence (1963, p. 28) permita saber que Moçambique tinha três representantes[108].

---

[107] Cf. *Diário do Governo*, I Série, n.º 87, de 17 de Abril de 1959, p. 417.
[108] De acordo com Spence (1963, p. 28), "Moçambique previously being represented by three delegates though the number has now been increased to seven". A alteração resultou da aplicação do Decreto-Lei n.º 43 901.

Porém, mais tarde, o Decreto-Lei n.º 43 901, de 8 de Setembro de 1961, promulgado no *Diário do Governo* n.º 209, I Série, alterava algumas disposições do Decreto-Lei n.º 37 570, que promulgava a nova lei eleitoral e indicava qual iria ser a participação do Ultramar na Assembleia.

Assim, no que se referia à numeração dos círculos, as províncias ultramarinas, colocadas por ordem alfabética, ocupavam a cauda da lista, ou seja, os lugares a partir da 23.ª posição. No que se refere ao número de deputados, Angola elegia 7, Cabo Verde 2, a Índia 3, a Guiné 1, Macau 1, Moçambique 7, S. Tomé e Príncipe 1 e Timor 1[109].

Convém, ainda, referir que o Art. 35.º estipulava que cada província ultramarina constituía um círculo eleitoral, abrangendo toda a área do seu território.

Que algumas dessas províncias ocupassem uma extensão territorial várias vezes superiores à da Metrópole – no caso de Angola catorze era o número de vezes que a Metrópole cabia na colónia – não parecia incomodar os legisladores.

Finalmente, a Lei n.º 3/71, publicada no Suplemento ao *Diário do Governo* n.º 192, de 17 de Agosto de 1971, procedeu à última revisão da Constituição de 1933.

Nessa Lei, o Art. 85.º, estipulava que "A Assembleia Nacional é composta de cento e cinquenta Deputados, eleitos por sufrágio directo dos cidadãos eleitores, e o seu mandato terá a duração de quatro anos improrrogáveis, salvo o caso de acontecimentos que tornem impossível a realização do acto eleitoral".

Quanto ao peso do Ultramar nessa representação não era mencionado. Aliás, apesar do Título VII tratar, em exclusivo, das províncias ultramarinas e de o Art. 135.º compreender 7 alíneas sobre a autonomia das mesmas, não é menos verdade que no Art. 93.º, no parágrafo 2, se indicava que "a iniciativa das leis que respeitem especialmente ao Ultramar cabe em exclusivo ao Governo" e no Art. 109.º, parágrafo 8.º, que "a nomeação dos Governadores das províncias ultramarinas é feita em Conselho de Ministros".

Além disso, o Art. 136.º, como forma de garantir que "o exercício da autonomia das províncias ultramarinas não afectará a unidade

---

[109] Por isso o Ministro Silva Cunha referia que as províncias ultramarinas tinham 23 deputados na Assembleia Nacional – pasta 1 da 5.ª subd. AOS/CO/UL - 52

da Nação, a solidariedade entre todas as parcelas do território português, nem a integridade da soberania do Estado", entregou aos órgãos de soberania da República – leia-se Poder Central – a representação interna e externa de "toda a Nação, não podendo as províncias manter relações diplomáticas ou consulares com países estrangeiros, nem celebrar, separadamente, acordos ou convenções com esses países ou neles contrair empréstimos" – alínea a) do Art. 136.º.

Face ao exposto, parece que a legislação tem um sentido inverso àquele que se pretendia estudar neste ponto.

Na verdade, em vez de permitir constatar o peso que o Ultramar detinha na administração, acaba por definir, prioritariamente, a dimensão que a administração central exercia sobre o Ultramar.

Estranha forma de garantir a autonomia do Ultramar através de uma *descentralização centralizada*.

No entanto, a leitura de Godinho (1973) permite encontrar resposta para a participação do Ultramar na Assembleia Nacional.

Assim, dos cento e cinquenta Deputados, cento e seis representavam Portugal continental, dez as ilhas adjacentes e trinta e quatro o Ultramar.

Também a leitura dos telegramas trocados entre o Ministro do Ultramar e os Governadores possibilita saber a forma como os deputados provenientes do Ultramar eram escolhidos.

Assim, em 20 de Setembro de 1965, o Ministro informava o Encarregado do Governo de Macau que tinham terminado os trabalhos para a constituição das listas de candidatos da União Nacional às próximas eleições e que "o nome escolhido [para] representante [de] essa Província [foi o] Dr. Alberto Jorge. [O] convite será feito [por] intermédio [da] União Nacional. Agradeço [a] Vexa não dar publicidade. Sexa [o] Governador tem conhecimento e dá o seu acordo".

O Governador, em 7 de Outubro de 1965, informava o Ministro, ao abrigo do "art.º 3.º [do] decreto-lei 43 901 de 8 de Setembro 1961, [que] Alberto Pacheco Jorge [é o] único candidato deputado [à] Assembleia Nacional [pelo] círculo [de] Macau".

Como se constata, a participação das populações das províncias na escolha não existia, com a particularidade de o Governador transmitir a informação sobre o nome do escolhido a quem lhe indicara a escolha.

Tal como Salazar fez quando chegou ao nome de Venâncio Deslandes na escolha para Governador-Geral de Angola, fiquemo-nos por aqui no que concerne aos exemplos da política de falta de autenticidade!

No que diz respeito às funções da Assembleia Nacional, importa ter presente que "em trinta e cinco anos, de 1935 a 1970, a Assembleia votou duzentos e setenta e uma leis, o que representa uma média de sete por ano" (Georgel, 1985, p. 158), pois este dado permite concluir que a actividade legislativa – afinal aquela que devia ser a função da Assembleia – estava nas mãos do Governo.

De facto, o número de Decretos-Lei e de Decretos publicados apenas durante um ano, ou seja, a legislação emanada do Governo, chegava a ser muito superior ao conjunto de todas leis provenientes da Assembleia[110].

Junto da Assembleia Nacional funcionava, como órgão consultivo, a Câmara Corporativa cuja função e composição serão objecto de análise no ponto seguinte.

2.2.2. A Câmara Corporativa

A Câmara Corporativa estava prevista no Capítulo V, Art. 102.º tanto do Projecto, como da Constituição de 1933, no qual se estipulava que "junto da Assembleia Nacional funciona uma Câmara Corporativa composta de representantes de autarquias locais e dos interesses sociais, considerados estes nos seus ramos fundamentais de ordem administrativa, moral, cultural e económica, designando a lei aqueles a quem incumbe tal representação ou o modo como são escolhidos e a duração do seu mandato"[111].

Significa, isto, que a Constituição remetia a composição da Câmara Corporativa para uma lei a ser aprovada posteriormente.

---

[110] Georgel (1985, p. 158) fala de "mais de seiscentos decretos-leis e decretos por ano nos últimos anos do regime, e até setecentos e onze em 1967".

[111] Trata-se do Decreto n.º 22 241 de 22 de Fevereiro de 1933 e que entrou em vigor a 11 de Março de 1933 quando a acta referente aos resultados do plebiscito foi publicada no *Dário do Governo*.

Essa lei seria, ainda, antecedida do Decreto-Lei 24 362, de 15 de Agosto de 1934, que criaria o Conselho Corporativo, como consta do *Diário do Governo* n.º 191, embora tivesse havido alterações na composição da Câmara Corporativa, como se comprova pelo Decreto-Lei n.º 24 834 de 2 de Janeiro de 1935, através do qual a Presidência do Conselho criou a 24.ª secção – Finanças – com 2 membros e reduziu para 3 o número de membros da 18.ª secção – Política e Administração Geral[112].

A composição da Câmara Corporativa da primeira legislatura da Assembleia Nacional foi estabelecida pelo Decreto-Lei n.º 24 683 de 27 de Novembro de 1934. Este Decreto seria promulgado nos *Boletins Oficiais* das colónias por força da Portaria n.º 7 993 de 2 de Fevereiro de 1935.

No entanto, só teve a sua primeira Lei Orgânica aprovada em 1938, pelo Decreto-Lei 29 111 de 12 de Novembro e a Lei seria, posteriormente, objecto de várias revisões: 1953, 1960, 1968 e 1969.

No que se refere às corporações – a cúpula do sistema – a sua constituição arrastou-se durante 9 anos porque o processo foi desencadeado em 1957 e só ficou concluído em 1966, quando começaram a funcionar as corporações relativas às ciências, letras e artes, à assistência e à educação física e desportos.

O Decreto-Lei 48 618, publicado na série I do *Diário do Governo* n.º 239, de 10 de Outubro de 1968, encarregar-se-ia de proceder à organização definitiva da Câmara Corporativa, em volta de cinco interesses:

1. De ordem espiritual e moral;
2. De ordem cultural (com quatro subsecções);
3. De ordem económica (com 32 subsecções)[113];
4. De ordem administrativa (com 7 subsecções);
5. Interesses locais.

---

[112] Suplemento do *Diário do Governo* n.º 1 de 2 de Janeiro de 1935.

[113] Estas 32 subsecções resultavam dos múltiplos interesses representados. A distribuição das subsecções era a seguinte: Lavoura – 6, Comércio – 4, Indústria – 9, Pescas e Conservas – 2, Transportes e Turismo – 3, Imprensa e Artes Gráficas – 3, Espectáculos – 3 e Crédito e Seguros – 2.

Há um aspecto teórico-doutrinário que merece ser analisado antes de se proceder ao estudo do peso relativo dos procuradores e dos interesses do Ultramar na composição da Câmara Corporativa.

De facto, a criação da Câmara Corporativa com órgão consultivo não parece estar de acordo com a designação do regime do Estado Novo, ou seja, o Corporativismo.

Na verdade, a subordinação da Câmara Corporativa à Assembleia Nacional demonstra que não se estava perante um corporativismo puro, até porque, como foi dito, o processo de organização dos interesses nacionais em corporações foi demorado, apesar de destinado quase apenas a nível interno[114].

Esta subordinação, que Caetano, depois de a defender, acabaria por classificar como ilógica e demonstrativa de que o corporativismo português não era uma realidade, mas uma intenção, demonstra a ambiguidade da criação e aponta para a dificuldade de o Estado conseguir um ponto de equilíbrio entre os fortes interesses em jogo.

Moreira (2005, p. 108) com a facilidade que se lhe reconhece para criar imagens elucidativas ou clarificadoras, sintetizou o modelo na frase: "o Estado corporativo foi uma tese constitucional mas nunca foi uma hipótese".

Mesquita (2007, p. 148) considera que essa dificuldade na construção do modelo corporativo foi intencional porque "Salazar não gostava da iniciativa individual e confiava pouco na sociedade" e, por isso, servia-se do corporativismo "na medida em que as «corporações» constituíssem um meio para o alargamento da sua própria influência".

Também Rosas (1994, p. 255) deixa no ar essa intenção ao afirmar, "a organização corporativa nos anos 30 fala pelo que foi e pelo que não foi, ou seja, é tão significativa tanto no que organizou como no que deixou de organizar".

Historiado o processo de formação e referido este pormenor teórico-doutrinário, interessa verificar o papel que a Lei reconhece explicitamente ao Ultramar na Câmara Corporativa.

---

[114] Os organismos corporativos não se podiam filiar em organizações internacionais ou participar em congressos internacionais sem a prévia autorização do Governo.

Ora, começando desta vez no sentido oposto ao da ordem cronológica, a análise do Decreto-Lei 48 618 permite constatar que não é feita qualquer referência ao Ultramar, uma vez que apenas se reconhece que "em todos os países a necessidade de um órgão consultivo que assista assiduamente o Governo na elaboração dos diplomas legislativos da sua competência ou que ele deva propor às assembleias políticas" e se denuncia que "toda a orgânica desta [Câmara Corporativa] não tem permitido a consulta regular como seria desejável.

Por isso, o Art. 1.º, define que "haverá na Câmara Corporativa uma secção permanente composta pelo Presidente da Câmara e por oito Procuradores designados por este de entre os membros da secção de Interesses de ordem administrativa"[115] e o Art. 3.º estipula a composição do Conselho da Presidência da Câmara Corporativa "antigos Presidentes da Câmara que sejam procuradores, pelos Vice-Presidentes da Mesa, pelos presidentes das corporações e por quatro Procuradores escolhidos pelo Presidente de entre antigos membros do Governo".

Quanto aos auditores e técnicos de 1.ª classe que passariam a integrar a Secretaria-Geral da Assembleia Nacional para prestarem serviço na Câmara Corporativa, o Art. 4.º só exige que sejam licenciados em Direito ou em Economia.

Como se constata, no documento final não é feita qualquer alusão à participação de representantes do Ultramar. Importa verificar se essa alusão existe nos documentos anteriores.

Ora, o Decreto-Lei 24 362, de 15 de Agosto de 1934, que consta do *Diário do Governo* n.º 191, depois de justificar "a necessidade de criar um organismo que tenha a seu cargo a orientação superior da organização corporativa nacional", no Art.º 1.º, determina a criação do Conselho Corporativo. Porém, no que se refere aos membros permanentes – Art.º 2.º - não há qualquer referência aos representantes do Ultramar, a exemplo do que se verifica no parágrafo 1.º do citado artigo, que se refere aos membros não permanentes.

---

[115] De acordo com o Decreto-Lei 48 618 na Câmara Corporativa existiam 12 secções especializadas, muitas delas divididas em subsecções, que se debruçavam sobre os vários sectores da sociedade: interesses de ordem especial e moral; interesses de ordem cultural; lavoura; comércio; indústria; pescas e conservas; transportes e turismo; imprensa e artes gráficas; espectáculos; crédito e seguros; autarquias locais e interesses de ordem administrativa.

No que se refere ao Decreto-Lei 29 111 de 12 de Novembro de 1938, publicado na I Série do *Diário do Governo* n.º 263, o artigo 11.º refere, na alínea a) os representantes dos "municípios de Lisboa e Porto"; na alínea b) os representantes dos "municípios urbanos do continente"; na alínea c) "os municípios rurais do continente" e na alínea d) os representantes dos "municípios dos Arquipélagos da Madeira e dos Açores".

Como se pode verificar, o Ultramar não é citado no documento, situação que parece permitir constatar que o Ultramar não se integrava ou não era abrangida pela lei, ou seja, não fazia parte das "autarquias locais e das corporações morais, culturais e económicas [...] e dos interesses sociais e de ordem administrativa"[116]

Em 1953, a nova revisão deveria ter sido feita porque, através da Lei n.º 2066 de 27 de Junho de 1953, foi promulgada a Lei Orgânica do Ultramar Português, que consta na I série do *Diário do Governo* n.º 135.

No entanto, nessa Lei estipulava-se a forma como o Ultramar deveria ser administrado e não a forma como o Ultramar seria chamado a colaborar na administração conjunta, isto apesar de o Capítulo II, na base II, ponto I, explicitar que "as províncias ultramarinas, como parte integrante do Estado Português, são solidárias entre si e com a metrópole".

Só que essa solidariedade assentava nos deveres mais que nos direitos.

No entanto, a consulta do *Arquivo Salazar* permitiu fazer luz sobre o assunto. De facto, num telegrama enviado a todas as províncias pelo Ministro do Ultramar, em 23 de Julho de 1964, os Governadores[117] eram informados que "foi enviado [para o] Diário Governo [o] decreto-lei regulando [a] representação [das] Províncias [na] Câmara Corporativa cabendo [a] cada Província [de] Governo Geral designar dois procuradores e cada Província [de] Governo simples um".

O Ministro não se esqueceu de alertar para o facto de a "escolha tem ser feita muito cuidadosamente [com o] fim [de] assegurar [a]

---

[116] Cf. Art. 2.º do Decreto-Lei n.º 29 111 de 12 de Novembro de 1938.

[117] No caso de Cabo Verde o telegrama não está numerado – o número 1366 colocado a lápis resulta de uma numeração posterior feita na Torre do Tombo – e consta do Arquivo AOS/CO/UL – 8 I (cont) de 1363 a 1384 fl.

digna representação [do] Ultramar e [a] possibilidade [de] distribuição [dos] procuradores ultramarinos [pelas] várias secções [da] Câmara". Por isso, importava que os Governadores informassem o Ministro sobre "a preparação profissional e funções" dos nomes que sugerissem.

Como parece óbvio, face à tardia introdução do Ensino Superior no Ultramar, mais concretamente, em duas das possessões ultramarinas – Angola e Moçambique –, o número de candidatos que obedeciam às exigências da Lei era diminuto.

Vivia-se, ainda, numa conjuntura em que do Ultramar pouco se sabia na Metrópole "as Faculdades de Direito tinham uma cadeira – em geral era de um semestre – sobre administração colonial; a Agronomia tinha também uma cadeira sobre a agricultura tropical e nas escolas de Economia não era muito vasto o leque de matérias sobre esta área"[118] e a presença na Câmara Corporativa de representantes do Ultramar seria útil para dar a conhecer e defender os interesses ultramarinos.

Aliás, por vezes o desconhecimento era demasiado exagerado. De facto, num documento existente na pasta 1 da 5.ª subd, de AOS/CO/UL – 52 o Ministro Silva Cunha rasurou à mão e rubricou uma parte da Base II da Lei Orgânica do Ultramar Português, de forma a corrigir para 11 o número de procuradores na Câmara Corporativa e 11 vogais no Conselho Ultramarino.

A Câmara Corporativa dispunha, inicialmente, de apenas oitenta membros, ou seja, um valor muito próximo daquele – noventa deputados – que se verificava na Assembleia Nacional.

Há ainda um aspecto que deverá ser referido e que se prende com a origem do recrutamento dos membros da Câmara. Assim, segundo Lucena (1984, p. 438), "ao todo, 52 % dos procuradores da primeira Câmara Corporativa trabalhavam, «de um modo ou de outro», para o Estado".

Não parece bom sinal que alguém que mantém relações laborais com o Estado possa integrar a composição de um órgão destinado a dar pareceres que podem condicionar a actividade do mesmo Estado, uma vez que, embora Finer tenha criado a designação de «grupos de

---

[118] Entrevista concedida por Adriano Moreira à Agência Eclésia por ocasião da cerimónia durante a qual recebeu, em Fátima, o prémio de cultura "padre Manuel Antunes".

influência» para amenizar a de «grupos de pressão», a verdade é que os procuradores poderiam assumir o papel de juízes em causa própria.

Um último elemento que parece oportuno salientar prende-se com o facto de em 1959 a Câmara Corporativa passar a fazer parte do colégio eleitoral do Presidente da República.

Só que, esta decisão, mais uma vez, obedecia à intenção de conservar a vida habitual e de evitar problemas ao regime aquando da escolha do Presidente da República.

Para sobressalto já bastara o atrevimento do General Humberto Delgado que, ao assumir a candidatura até ao fim, obrigara à necessidade de anular votos que lhe tinham sido atribuídos mas cujas dimensões foram consideradas não regulamentares.

2.2.3. O Conselho Ultramarino

O Conselho Ultramarino era o mais antigo órgão da Administração Pública, pois a sua criação remontava ao reinado de D. João IV, mais concretamente a 14 de Julho de 1643, embora Caetano (1967, p. 39) indique uma outra data, ao defender que "o Regimento anexo a esse decreto está copiado com data de 14 de Julho de 1642 em todos os registos autênticos, o *Registo da Chancelaria do Reino*, hoje liv.º 4 de leis e regimentos existentes no ANTT em cujos fls. 139-142 se encontra, e os registos privativos do Conselho Ultramarino".

Como as duas datas estão separadas exactamente por um ano, é bem possível que esse tivesse sido o tempo que mediou entre o despacho da criação e a sua instituição ou entrada em funções.

O Conselho Ultramarino "surgiu como desdobramento do Conselho da Fazenda. O seu presidente era o vedor da Fazenda da Repartição da Índia e secretário o escrivão da Fazenda da mesma Repartição"[119]

O Conselho teve a sua última Lei Orgânica aprovada pelo Decreto-Lei n.º 39 602 de 3 de Abril de 1954 e que vigorou até à entrada em vigor do Decreto-Lei n.º 49 146, aprovado em Conselho

---

[119] Excerto da proposta de reforma do Ministério das Colónias relativa a 1935 e constante na 3.ª sub. da pasta 3 de AOS/CO/UL – 1 B.

de Ministros[120] e promulgado em 7 de Julho de 1969 para entrar em vigor a 1 de Outubro de 1969.

A importância deste órgão era de tal ordem que Moreira (2005, p. 76) considera que "não está bem informado quem discorrer sobre a evolução do ultramar português sem consultar os seus acórdãos e pareceres", aviso que terei em conta.

No decreto real sobre o regimento do Conselho Ultramarino é possível verificar as razões que levaram o monarca à sua criação: "pelo estado em que se achaõ as couzas da Índia; Brazil, e Angola e mais Conquistas do Reyno, e pelo muito que importa conservar, e dilatar o que nellas possuo antes que os damnos, que alî tem padecido esta coroa passem adiante, prover de remédio com toda a aplicaçaõ, e por todos os meyos justos, e possíveis me rezolvî a nomear Tribunal separado em que particularmente se tratem os negócios daquellas partes que the' gora corriaõ por Ministros obrigados a outras ocupações".

A sua competência era enorme e a Secção III, Art. 17.º, ponto 1 do Decreto-Lei continha 10 alíneas nas quais eram definidas as competências do órgão e que apontavam para a emissão e elaboração de pareceres submetidos ou por incumbência do Ministro do Ultramar e julgar "os incidentes de inconstitucionalidade orgânica ou formal de diplomas dimanados dos governos provinciais" – Art. 17.º, ponto 1, alínea c) – ou "os recursos interpostos dos actos definitivos e executórios dos Governadores-Gerais ou Governadores de província, ou dos agentes que decidirem por delegação destes, arguidos de incompetência, usurpação ou desvio de poder, vício de forma ou violação da lei, regulamento ou contrato administrativo" – Art. 17.º, ponto 1, alínea d).

Para compreender, ainda melhor, a importância da função deste órgão talvez convenha saber que sempre que a legislação promulgada pelo Ministro do Ultramar não tinha em conta, ou melhor, contrariava o parecer do Conselho Ultramarino, era obrigatório anexar esse parecer à legislação.

---

[120] Neste Conselho de Ministros, à boa maneira de Salazar e que Caetano seguiu, só estiveram presentes três Ministros: Marcello Caetano, João Augusto Dias Rosas e Joaquim Moreira da Silva Cunha.

A análise do articulado do novo Decreto-Lei permite constatar que os Governadores-Gerais e os Governadores de província eram vogais natos do Plenário do Conselho Ultramarino – Art. 4.º, ponto 1 –, mas só exerciam as suas funções quando se encontrassem na Metrópole ou quando fossem especialmente convocados – Art. 4.º, ponto 2.

No que concerne aos vogais efectivos, de acordo com a alínea e) do ponto 1 do Art. 5.º, dezanove eram eleitos pelos Conselhos Legislativos das províncias ultramarinas.

A forma de escolher estes dezanove vogais era estipulada pelo ponto 2 do Art. 5.º que indicava que "os conselhos legislativos de cada província de governo-geral elegerão três vogais e os de cada uma das províncias de governo simples dois".

Assim, e tendo em conta o Decreto-Lei n.º 39 602, o novo documento aumentava o número de vogais, pois Moçambique passou a ocupar três lugares e não os dois que tinham sido indicados por Newitt. Só que a Lei também indicava os requisitos a que teriam de obedecer esses vogais que eram "eleitos entre pessoas que tenham desempenhado elevados cargos na administração, no ensino ou na justiça ou se hajam distinguido no exercício de actividades económicas, sociais ou culturais" – Art. 9.º, ponto 2.

Não parece difícil inferir que os habitantes das províncias ultramarinas – e não apenas os naturais porque muitos colonos brancos viviam em condições bastante semelhantes, ao ponto da população nativa classificar os colonatos como *chibalos para brancos* – não reuniam, com demasiada frequência, os requisitos exigidos pela Lei, situação que, aliás, também já foi referida aquando do estudo da composição da Câmara Corporativa.

Aliás, de acordo com telegramas secretos enviados pelo Ministro do Ultramar, em 10 de Outubro de 1963, para todos os Governadores[121], os mesmos eram informados que no projecto de decreto para a

---

[121] Os telegramas foram os seguintes: 45 SEC – Cabo Verde; 170 SEC – Guiné; 40 SEC – São Tomé e Príncipe; 375 SEC – Angola; 180 SEC – Moçambique; 43 SEC – Macau e 40 SEC – Timor. De facto, era habitual haver orientações que se destinavam a todas as províncias, como aconteceu com um concurso literário internacional para a paz destinado à juventude e lançado em 1966 pelo Club Lions mas com normas "estabelecidas pela sede norte-americana" e que tinha chegado ao conhecimento do Ministro através do Governador-Geral de Moçambique. O Ministro, em telegrama enviado para Cabo Verde em 30 de Agosto de 1966, considerava que não deveria "ser autorizada" e que a "mesma

eleição dos vogais do Conselho Ultramarino se tinha mantido a "linha essencial [do] sistema actualmente [em] vigor. Inovações contêm-se [nos] artigos 3.º, 4.º e 5.º que dizem quem pode ser eleitor".

Além disso, convém referir que "dos vogais eleitos pelos conselhos legislativos um, pelo menos, terá residência em Lisboa" – Art. 5.º, ponto 3.

Aliás, era este vogal residente na Metrópole que representava a província ultramarina nas secções consultivas, embora, no que se refere ao plenário, houvesse necessidade de proceder a um curioso *jogo de escolha*.

De facto, o Art. 5.º, no seu ponto 5, estipulava que "no plenário cada província de governo-geral será representada pelos respectivos vogais eleitos; Macau e Timor serão representadas não só pelos respectivos vogais de residência metropolitana, mas ainda, alternada e anualmente, por um dos vogais com residência no Ultramar por elas eleitos; às províncias de Cabo Verde, Guiné e S. Tomé e Príncipe aplicar-se-á esta regra, de maneira que, no conjunto, a representação das províncias de governo simples fique sempre assegurada, a par do vogal residente na metrópole, por um vogal residente no Ultramar, de cada grupo".

Do articulado do Decreto-Lei não se pode acusar o Poder Central de delapidar o erário público para pagar as viagens dos vogais.

Aliás, na Secção IV, Art. 27.º, o Decreto-Lei estipulava que "as despesas do Conselho Ultramarino e da sua secretaria constituem encargo privativo das províncias ultramarinas, a distribuir proporcionalmente entre elas".

A Inglaterra, aquando da descolonização do seu Império teve uma visão mais ampla porque foi às prisões onde tinha encerrado os líderes nacionalistas – que representavam uma elite –, libertou-os e «entregou-lhes» os novos países, tendo o cuidado de garantir, através da *Commonwealth*, a defesa dos interesses ingleses.

Portugal, incapaz de traçar um projecto que caminhasse para uma autonomia irreversível dos seus territórios ultramarinos, teimava em manter um Império, mesmo que tal manutenção exigisse um

---

orientação [devia ser] seguida [em] todo [o] território nacional". Depois, deu conhecimento da decisão através dos telegramas: 32 SEC para Bissau, 15 SEC para S.Tomé, 248 SEC para Luanda, 39 SEC para Macau, 12 SEC para Díli e 19 SEC para a Praia.

enorme esforço humano e financeiro porque o facto de a Lei transferir para as províncias ultramarinas as despesas do Conselho Ultramarino e da sua secretaria não significava que estas procedessem, efectivamente, ao pagamento desse encargo.

Ainda no que ao Conselho Ultramarino diz respeito, não se pode esquecer o último plenário, realizado em Outubro de 1962, por convocação do Ministro do Ultramar, Adriano Moreira, e ao qual assistiu, na qualidade de convidado, o Governador-Geral de Moçambique, Almirante Sarmento Rodrigues.

Na verdade, a intervenção de Sarmento Rodrigues no plenário já deixava adivinhar aquilo que acabaria por propor no Conselho de Ministros restrito, ou seja, que os Governadores passassem a ter assento permanente no Conselho.

Como a demissão do Ministro deixa perceber, a proposta reformista – com a qual concordava – não podia colher o apoio dos interesses instalados.

De facto, transformar o Ministério do Ultramar numa espécie de Ministério Interterritorial não estava no horizonte das forças conservadoras do regime e foi preciso esperar pelo fim do regime para que o Ministério passasse a ter uma designação muito semelhante.

CAPÍTULO III
A Acção dos Governadores do Ultramar nos Ministérios do Estado Novo

Antes de se iniciar o estudo cronológico da temática, importa referir que se a omnipresença de Salazar condicionava a acção do Ministro que tutelava a pasta das Colónias ou do Ultramar, não é menos verdade que o desaparecimento da figura do Alto-Comissário levou a que os Governadores e os Governadores-Gerais fossem, na opinião de Léonard (1999, p. 21), "transformados em simples correias de transmissão do executivo, só dispunham de prerrogativas reduzidas, quase não podendo tomar qualquer iniciativa sem previamente a referir às autoridades de Lisboa".

Existiu, assim, uma cadeia de comando, organizada de cima para baixo, em que o Presidente do Conselho surgia no vértice superior e que não admitia desconfianças sobre a solidariedade institucional.

Poder-se-á argumentar que essa foi a regra de todos os sistemas coloniais. No entanto, como decorre da História, não é menos verdade que o grau de autonomia daqueles que ocupam posições intermédias ou da parte inferior da pirâmide depende – e muito – do grau de centralismo do sistema.

Sendo certo que, como Moreira afirma, nenhuma das potências coloniais onde existia um regime democrático exportou para o seu Império a democracia vigente a nível interno, não é menos verdade que cada potência tinha uma forma própria de pensar a colonização ou o colonialismo.

Ora, no que concerne a Portugal, a confusão – propositada ou intencional – da Nação com o Estado apenas se destinou a promover a submissão quase absoluta dos níveis baixo e intermédio ao topo.

A propaganda oficial defendia que a Nação não se discutia, mas, de facto, o que se pretendia enfatizar era que as ordens do Estado – que não convém confundir com a autoridade que é reconhecida e não necessita de ser imposta – eram para cumprir sem a veleidade de as colocar em causa.

Não assumindo por inteiro as características de um totalitarismo, restam poucas dúvidas de que, na administração ultramarina, se foi além de um absolutismo burocrático, servindo o adjectivo para qualificar os excessos de centralismo e a proliferação de comissões e juntas que mais não faziam que reduzir a já muito diminuta autonomia local porque "o Governador-Geral era um funcionário público muito categorizado e chefe do executivo [mas] com pouca iniciativa ao nível da definição de políticas [e] era coadjuvado por um conselho formado por burocratas" (Newitt, 1997, p. 395).

No entanto, para as populações das colónias a questão tinha uma outra leitura porque "habituadas, pela sua tradição, ao poder indiviso, encontravam nele [Governador] o detentor de todas as faculdades da soberania, ao mesmo tempo ocupante e protector, ignorando as limitações que existiam derivadas dos conselhos, ou dos trâmites processuais que mal conheciam" (Moreira, 2005, pp. 114-115).

Dito de outra forma, para as populações toda a vida da colónia girava à volta do Governador e nenhuma cerimónia – para merecer tal designação – podia dispensar a sua presença.

No que concerne à Metodologia seguida nesta investigação para o estudo da acção dos vários Governadores, a mesma podia assumir várias formas, nomeadamente, por ordem cronológica colónia a colónia, ou, salvaguardando ainda o aspecto cronológico, através dos vários Ministros que ocuparam a pasta das Colónias ou do Ultramar.

A segunda opção pareceu mais correcta, uma vez que possibilita uma melhor ou mais rápida correspondência entre o Ministro e o Governador, embora convenha advertir que houve Governadores que dependeram de mais do que de um Ministro e Ministros que nomearam mais de um Governador para uma mesma possessão.

Interessa, igualmente referir que, por vezes, as colónias ou províncias foram governadas por um Encarregado de Negócios ou por um Governador Interino que representaram soluções temporárias antes da tomada de posse de um novo Governador ou do regresso do anterior.

3.1. Ministério de Armindo Rodrigues Monteiro: 11 de Abril de 1933 a 11 de Maio de 1935

Armindo Monteiro era um defensor do modelo imperial e, por isso, quando a Casa de Portugal em Antuérpia tomou a seu cargo a representação das colónias na Exposição Internacional de Bruxelas, autorizou que as colónias abrissem créditos a favor da Agência Geral das Colónias nos seguintes valores: Cabo Verde – 1 565$50, Guiné – 1 740$00, São Tomé e Príncipe – 653$00, Angola – 12 229$50, Moçambique – 24 416$00, Índia – 3 735$00, Macau – 4 626$0 e Timor – 1 035$00.

Por outro lado, o seu rigor no que concerne às contas era grande – talvez mais uma forma de seguir o seu modelo – e, por isso, uma das últimas medidas tomada dois dias antes de passar a pasta foi o Decreto n.º 25 306 de 9 de Maio de 1935 para determinar que os anos económicos a que era referida a contabilidade pública das colónias passassem a coincidir com os anos civis a partir de 1 de Janeiro de 1937, situação que obrigou a aprovar, ainda que com alterações, os orçamentos de todas as colónias para um ano económico de dezoito meses de forma a acertar as contas.

Foi um trabalho aturado porque só os mapas relativos às alterações vão da página 611 à 633 do *Diário do Governo* n.º 105 e os erros detectados são apontados e, de imediato, corrigidos.

Completada a apresentação do Ministro, é tempo de ver a forma como se relacionou com os representantes do Poder nas colónias.

3.1.1. Angola – 11 de Abril de 1933 a 11 de Maio de 1935

Em Angola, o Ministro nomeado por Salazar para ocupar a pasta das colónias, manteve em funções até 23 de Novembro de 1934 Eduardo Ferreira Viana, que tinha sido, desde 4 de Setembro de 1931, Encarregado de Governo e, mais tarde, Governador interino, cargo para o qual tinha sido nomeado por Decreto de 31 de Dezembro de 1931 tendo tomado posse em 4 de Janeiro de 1934.

Foi durante o seu mandato que, em Junho de 1933, foi apresentado o Relatório e Projecto da Reorganização Financeira, Económica e Administrativa da Companhia Geral de Angola S.A.R.L. elaborados em conformidade com o Decreto n.º 21 376 de 20 de Junho de 1932 e que indicavam um activo de 190.025.351$00[122].

Depois, para o período entre 28 de Novembro de 1934 e 10 de Fevereiro de 1935, nomeou como Encarregado de Governo Júlio Garcês de Lencastre.

O Governador-Geral que se seguiu, o coronel de infantaria António Lopes Mateus, foi nomeado por Decreto de 31 de Dezembro de 1934, tomou posse em 10 de Fevereiro de 1935 e só entregou o Governo em 7 de Janeiro de 1939 e, por conseguinte, esteve na dependência de mais do que um Ministro das Colónias, embora a proposta para a sua nomeação tivesse sido da responsabilidade de Armindo Monteiro no final de 1934.

Convirá dizer que apesar de só ter terminado a sua comissão em Janeiro de 1939, Lopes Mateus passara à reserva no final de 1937. Foi, portanto, Lopes Mateus que recebeu, na qualidade de Governador, a primeira visita que um Presidente da República – no caso o General Carmona – fez a Angola em 31 de Julho de 1938.

A permanência no cargo depois da passagem à reserva aponta para um aspecto da administração colonial portuguesa e que se prende com o facto de muitos dos Governadores serem oficiais das Forças Armadas que exerciam o cargo em comissão de serviço, facto que confirma a afirmação feita por Mouzinho de Albuquerque, no século anterior, segundo a qual o reino era obra de soldados.

Assim sendo, terminada a comissão de serviço, havia a hipótese de serem reconduzidos ou substituídos de acordo com critérios que podiam passar pela vontade do próprio, que poderia não desejar continuar ou, por motivos de carreira, precisava de abandonar para satisfazer os requisitos da carreira[123] e tinha de regressar às fileiras,

---

[122] Esse Relatório pode ser consultado no Arquivo Salazar. Aliás, também a correspondência com as grandes companhias instaladas no Ultramar e com os serviços que controlavam infra-estruturas, como os portos, é muito abundante.

[123] Os requisitos de carreira podem ser comprovados pelo facto de uma mesma personalidade, quando militar, não ser tratada nesta obra sempre com a mesma patente. Esses requisitos não se aplicavam apenas aos Governadores porque, de acordo com uma informação constante na página 21 de AOS/CO/GR – 1 C, os oficiais e sargentos do Q.P. eram "obrigados a 3 anos de serviço expedicionários (os milicianos a 2). A informação tem a data de 14 de Agosto de 1944.

mas também por motivos políticos, pois não havia um critério geral para escolher um Governador.

Certo é que a confiança do Poder Central constituía um elemento fundamental para o desempenho do cargo e, uma vez retirada, implicava a imediata destituição ou exoneração, mesmo que no *Diário do Governo* ficasse registado que a exoneração do Governador se processava "a seu pedido".

Aliás, na conjuntura presente, essa expressão continua a não evidenciar a fadiga dos metais, como se pode comprovar pelos agradecimentos que acompanham alguém sempre que é forçado a abandonar um cargo.

De facto, sempre que a saída não se verifica por motivos de aposentação por limite de idade ou doença ou é devida a uma promoção pessoal, o louvor soa a falso, um som semelhante àquele que ecoa quando se oferece a um Ministro uma outra pasta sabendo, antecipadamente, que o mesmo, por sentir que se trata de um presente envenenado, a recusará.

É saber antigo que quem não se respeita a si mesmo não poderá esperar ser respeitado.

No que concerne às trocas comerciais entre a Metrópole e o Ultramar, nomeadamente no que diz respeito às pautas e direitos aduaneiros das colónias[124], a pasta 23 de AOS/CO/UL – 1 B constitui um elemento de consulta obrigatória para uma cabal caracterização desse assunto, numa altura em que se pretendia rever as pautas de forma "a garantir a expansão comercial dos produtos da metrópole e os das colónias entre si".

Assim, relativamente a Angola, em 24 de Novembro de 1933, entre as mercadorias cujos direitos de importação eram inferiores à taxa projectada constavam as seguintes: carvão mineral, cimento, embarcações, vasilhame de madeira, fitas cinematográficas, construções completas de ferro, insecticidas, material para caminhos de ferro,

---

[124] Os direitos de exportação dos géneros exportados das colónias para a Metrópole, quer para o consumo no país quer para reexportação, eram cobrados nas alfândegas da Metrópole. Quanto aos direitos de importação na Metrópole sobre produtos como o café, o arroz, o algodão, o trigo e as sementes oleaginosas deviam ser estabelecidos de forma a que estes produtos tivessem "o mercado da Metrópole absolutamente garantido a um preço considerado remunerador".

tambores e arcos de ferro, rede de arame, aeronaves, docas flutuantes e dragas, papel para uso telegráfico, aparelhos rádio eléctricos e telefónicos, correias de transmissão, máquinas e aparelhos industriais e agrícolas, tules de algodão para mosquiteiros, adubos químicos, ardósias, frutas frescas e hortaliças, plantas e sementes para cultura.

As mercadorias isentas de direitos de importação eram os metais preciosos em barra, as moedas, os livros, folhetos e catálogos e os modelos de aparelhos.

Convirá referir que o Ministro considerava importante a criação de um Crédito Agrícola Colonial "exclusivamente destinado a fomentar o rápido desenvolvimento das culturas nas colónias, principalmente as que mais interessarem ao mercado da metrópole".

Era o assumir de uma solidariedade mas de sentido trocado, ou seja, feita no interesse do mais forte.

Aliás, sobre esta questão, na pasta 26 de AOS/CO/UL – 1B está uma carta enviada de Benguela – a Terra mais portuguesa de Angola, como se pode ler no rodapé da carta – em 24 de Janeiro de 1935 por Germano Antunes do Amaral para "Salazar, velho e querido amigo".

O assunto prende-se com uma praga de gafanhotos cuja acção é documentada através de três fotografias.

Na carta, o autor considera que "dez mil contos são quantia maior do que esperava esta pobre Angola – convencida como estava, de que para aqui nem mais um centavo viria da Metrópole". Porém, os mesmos dez mil contos não eram nada "para a desgraça que as fotografias juntas demonstram".

Depois de uma súplica bíblica – "Senhor, salva-nos que padecemos" –, o autor da missiva alertava para que "dentro de um ano, ninguém o duvide, não teremos em Angola uma folha verde".

Esta carta proveniente de alguém muito próximo de Salazar deixa claro que a política até então seguida pela Metrópole relativamente a Angola estava longe de satisfazer os colonos europeus residentes na colónia.

No entanto, também aponta para uma forma de messianismo ou providencialismo centralizado na figura de Salazar.

Voltando aos acrídios, importa referir que Armindo Monteiro, afinal tinha sido o responsável pela Portaria n.º 7 960 de 2 de Janeiro de 1935, que determinava que fosse publicado no *Boletim Oficial* da colónia de Angola, a fim de ter a devida execução, o Decreto-Lei n.º 24 794, que mandava inscrever no orçamento a importância concedida como empréstimo gratuito à mesma colónia para atenuar os efeitos da devastação produzida pelos acrídios em 1934, ou seja, os mencionados 10 000 contos.

Aliás, o Ministro fora ainda mais longe e, através da Portaria n.º 7 965 de 5 de Janeiro de 1935 – que consta do *Diário do Governo* n.º 4 – autorizou "o governador geral de Angola a abrir imediatamente um crédito especial da importância de $10 000 000,00" para combater os efeitos da praga dos gafanhotos, pois, só com a compra dos ovos de gafanhotos gastava-se 400 000$00.

Foi, certamente, a situação de atraso em que vivia a colónia que levou o Ministro a promulgar o Decreto-lei n.º 24 891 de 9 de Janeiro de 1935 que autorizava o Banco de Angola a contratar com quaisquer corpos ou corporações administrativas, associações, corporações, e ainda com quaisquer colectividades com fins de utilidade pública, empréstimos destinados a melhoramentos locais, construções e obras de reconhecida necessidade[125].

Armindo Monteiro também se preocupou com a colonização de Angola e, por isso, promulgou o Decreto n.º 25 027 de 9 de Fevereiro de 1935, segundo o qual o Governo-Geral podia demarcar na zona de influência do caminho de ferro de Benguela, de acordo com a respectiva companhia, para a fixação de colonos europeus, um ou mais lotes de terreno próprio para cultura e pastagem com superfície não inferior a 400 hectares.

De notar que a Companhia era obrigada a comprar no 1.º e no 2.º ano toda a produção das searas produzidas nas fazendas "pelos preços da cotação local, desde que os colonos não encontrem fácil colocação para tais produtos e declarem que pretendem aproveitar-se dessa regalia". Depois, no 3.º e no 4.º ano, o valor descia para três quartos da produção, no 5.º e no 6.º ano, para metade da produção e, a partir daí e até ao fim da concessão, para um quarto da produção.

Em contrapartida, o colono era obrigado a entregar à Companhia as seguintes percentagens das colheitas: 1.º ano – 5%; 2.º ano – 7%; 3.º ano – 8%; 4.º ano e seguintes até final da concessão – 10%.

---

[125] *Diário do Governo n.º 7* de 9 de Janeiro de 1935.

A esta distância, parece que os termos do acordo favoreciam mais os interesses dos colonos que da Companhia[126].

No que se refere às relações do Ministro com o Governador-Geral, pode dizer-se que Lisboa estava atenta ao cumprimento da lei e, por isso, o Ministro, através da Portaria n.º 8 006 de 12 de Fevereiro de 1935, anulou a Portaria n.º 1 555 de 15 de Dezembro de 1934 do Governo-Geral que estabelecia o desconto para a reforma militar de forma diversa da indicada no artigo 21.º e seu parágrafo único do Decreto n.º 23 941. Não se tratou de um desentendimento pessoal, mas de mostrar ao Governador-Geral que havia leis a cumprir.

3.1.2. Moçambique de 11 de Abril de 1933 a 11 de Maio de 1935

Relativamente a Moçambique, Armindo Monteiro apostou na continuidade e José Ricardo Pereira Cabral, que era Governador-Geral desde 16 de Novembro de 1926, manteve-se em funções até Abril de 1938, uma vez que "foi reconduzido em 1930 e 1934"[127], para depois passar a ocupar o cargo de Governador-Geral da Índia.

Este Governador-Geral "tomou a decisão de recusar aceitar a correspondência dirigida para Delagoa Bay, o que obrigou os anglófonos a corrigir as direcções das cartas" (Henriques, 1999, p. 260), uma vez que, até então, os mapas ingleses usavam essa designação em vez de Lourenço Marques.

A situação em Moçambique não era boa e assumia "maior perigo [com] características desnacionalisadoras" como se pode ler numa mensagem enviada por Francisco Velloso de Viana do Castelo a Salazar e na qual está uma cópia de um telegrama que Velloso enviara a Armindo Monteiro aplaudindo as "orientações afirmadas" na entrevista ao *Diário de notícias* sobre o problema em Angola[128].

---

[126] Cf. *Diário do Governo n.º 32* de 9 de Fevereiro de 1935.

[127] Cf. Zuquete, A. (Dir.). (1962). *Tratado de todos os vice-reis e governadores da Índia*. Lisboa: Editorial Enciclopédia Limitada, p. 261.

[128] Nesse documento, Francisco Velloso – que trata Salazar por tu – termina com a seguinte frase: "Como vês, eu nunca deixo de aplaudir o que mo merece, no melhor do meu patriotismo. Com o que eu não transijo é com cambadas de espada à cinta como o Freixo transmontano" – pasta 7 de AOS/CO/UL – 1B.

Quanto aos interesses locais, importa verificar que sempre que se sentiam atingidos não deixavam de mostrar o seu desagrado. Por isso, os comerciantes, industriais e proprietários de Inhambane, "reunindo [a] unanimidade [de] votos [da] população deste distrito" consideravam a escolha de "Chibuto que dista mais de trezentos quilómetros desta vila para sede da projectada província ao Sul [do] Save profundamente prejudicial aos seus interesses individuais e colectivos assim como aos do Estado".

Os motivos invocados eram a "enorme desvalorização [de] todos os bens públicos e particulares existentes" e a "deslocação de serviços que tendo aqui instalações adequadas exigirão outras dispendiosas [para a] nova sede"[129].

É claro que as "antiquíssimas [e] nobres tradições" e os prejuízos derivados da medida também eram indicados.

No que concerne às pautas aduaneiras, interessa referir que Moçambique não representava um todo, pois havia territórios de directa administração do Estado e territórios sob administração da Companhia de Moçambique.

Importa, igualmente, afirmar que o número de mercadorias com direitos inferiores à taxa projectada era maior nos territórios sob directa administração do Estado. No entanto, as mercadorias isentas de direitos eram muito mais numerosas nos territórios sob a administração da Companhia de Moçambique.

Relativamente à conjuntura regional, o Governador-Geral enviou ao Ministro um telegrama[130] a dar conta de um ofício do Presidente da Delegação da União a sugerir "novo adiamento" sobre as "propostas [dos] Caminhos de Ferro".

O Governador-Geral suspeitava que estavam como o "propósito [de] pôr [de] parte [a] questão principal [da] divisão [do] tráfego [da] importação" e que também havia razões da "política interna" porque

---

A ligação de Velloso a Salazar era antiga, uma vez que ambos tinham integrado, em 1912, a direcção do jornal *O imparcial*, juntamente com Gonçalves Cerejeira, Diogo Pacheco de Amorim, Diniz da Fonseca e José Nazolini. Além disso, ainda durante a I República, tinham estado juntos na reorganização do campo católico e no I Congresso da Federação das Juventudes Católicas Portuguesas, realizado em Coimbra em 1913.

[129] Pasta 22 de AOS/CO/UL – 1 B.
[130] Telegrama n.º 268 de 30 de Julho de 1934.

"todos [os] Ministros [estavam] pessoalmente ocupados [com os] congressos [dos] dois partidos", atendendo a que na reunião de Agosto iam decidir sobre a "fusão que está provocando grande agitação [e] oposição dentro [dos] próprios partidos".

Face ao exposto, o Governador-Geral considerava que se impunha uma "resposta [do] Governo [para] fixar [a] data improrrogável" de forma a fazer ressaltar a importância portuguesa na região.

No que respeita à administração da colónia, o Ministro, em 8 de Janeiro de 1935, promulgou o Decreto n.º 24 867 que alterou o Decreto n.º 24 621 de 31 de Outubro de 1934 emendando "as somas de secretários de circunscrição para 77 e de chefes de posto para 104"[131].

Depois, pelo Decreto n.º 24 969 de 24 de Janeiro de 1935 fixou os vencimentos anuais dos intendentes de distrito da colónia de Moçambique em 60 000$ sendo 15 114$ de categoria e 44 886$ de exercício e através do Decreto n.º 24 938 de 10 de Janeiro de 1935, regulou a intervenção e fiscalização do Estado junto da Companhia de Moçambique.

No que respeita aos interesses estrangeiros na colónia, a Portaria n.º 8 080 de 18 de Abril de 1935 mandou publicar no *Boletim Oficial* o Decreto-Lei n.º 23 091 que autorizava a companhia *The Central Africa Railway*, com sede em Londres, a emitir obrigações ao juro de 5%, até à importância de 1 700 000 libras destinada à construção de uma ponte sobre o rio Zambeze

Também a *Trans-Zambezian Railway Company Limited*, igualmente com sede em Londres, foi autorizada a emitir obrigações até à importância de 2 100 000 libras (incluindo 1 400 000 já emitidas) para o prolongamento da linha do caminho de ferro transzambeziano até à ponte sobre o Zambeze e à aquisição de material circundante – Decreto n.º 25 284 de 23 de Abril de 1935.

---

[131] *Diário do Governo n.º 6* de 8 de Janeiro de 1935.

3.1.3. Cabo Verde 11 de Abril de 1933 a 11 de Maio de 1935

Em Cabo Verde, o Governador Amadeu Gomes de Figueiredo[132], que estava em funções desde 13 de Janeiro de 1931, manteve-se no cargo até 1941, razão pela qual esteve na dependência de vários Ministros das Colónias.

No que diz respeito à correspondência para e de Cabo Verde, convém, no entanto, proceder a uma curta analepse para perceber que a colónia sentia dificuldade em cobrar receitas que a lei previa, situação que agudizava a crise que o arquipélago vivia e que se arrastava há anos como se comprova pelo relatório elaborado pelo Governador Amadeu Gomes de Figueiredo e datado de 1 de Setembro de 1932[133].

Assim, a consulta da pasta 1 de AOS/CO/UL – 10 permite constatar que, em 1929, Cabo Verde não estava a receber as taxas terminais e de trânsito dos telegramas transmitidos pelos cabos submarinos amarrados na colónia e que as mesmas eram "entregues à Administração Geral dos Correios e Telégrafos, sem base legal que justifique esse procedimento", num processo que já se arrastava há muito – pelo menos desde 1914, ano das leis n.º 277 e 278 sobre a Autonomia Administrativa e Financeira das Colónias – e que já fora objecto de vários Decretos[134].

---

[132] Na página II de um relatório elaborado por Henrique Galvão e que será analisado noutro ponto, pois diz respeito ao ano de 1942 e, por conseguinte, a outro Ministério, o Inspector refere-se em termos pouco elogiosos a Amadeu de Figueiredo, ao afirmar que "talvez porque é uma excelente pessoa, talvez porque gostava de viver em paz com os grandes da terra e o Terreiro do Paço – e certamente por indolência de feitio que se nota desoladamente em doze anos de absoluta improdutividade, pois da sua passagem pela colónia não se vêem vestígios senão da sua inacção – não buliu nas liberdades nem nos desmandos dos grandes comerciantes".

[133] Este relatório está na pasta 4 de AOS/CO/UL – 10 e é muito desenvolvido, pois só a primeira parte engloba 32 páginas. Como o período contemplado – de 1931 a 1932 – está fora do âmbito temporal desta investigação, não se procede à respectiva análise que, no entanto, se aconselha.

[134] Decreto n.º 7 008 de 9 de Outubro de 1920, Decreto com força de lei n.º 12 401 de 29 de Setembro de 1926 e Decreto n.º 15 241 de 24 de Março de 1928. No entanto, a questão ainda era mais antiga e derivava do facto de a "superintendência nos serviços telegráficos tanto da Metrópole como das colónias, [se achar] anteriormente ao ano de 1892 dada à antiga Direcção Geral dos Correios e Telégrafos; neste ano, porém, a parte relativa às colónias transitou para este Ministério [das colónias]".

No entanto, a leitura da correspondência prova que a questão não era pacífica com a colónia a reclamar não 50% mas a totalidade do valor e a Administração a recusar esse direito. Por isso, em 5 de Março de 1927, o Ministro tinha sentido necessidade de comunicar que "o decreto n.º 12 401 de 29-9-926 é para ser cumprido sem mais discussão seja por parte de quem for".

Esta questão teria ligação com outra que é abordada na pasta 5 da mesma caixa e que diz respeito a um empréstimo de 15 000 contos contraído pelo Governo de Cabo Verde junto da Caixa Geral de Depósitos, sendo que serviria "de garantia de pagamento dos juros e amortização do empréstimo a importância anualmente a cobrar pela Colónia, de taxas de trânsito dos telegramas"[135].

Ligado às crises que pareciam fazer parte do quotidiano de Cabo Verde surge o telegrama enviado em 8 de Junho de 1934 para o Presidente do Conselho e no qual o Governador dava conta que continuava a "exaltação [de] espíritos", embora tivesse conseguido que "cessassem [os] assaltos sob garantia [que] serão tomadas medidas imediatas [e] providencias [para a] assistência [à] população faminta". O Governador alertava para a necessidade dessas medidas serem "conhecidas até [às] 16 [horas de] hoje", pois temia que, se tal não se verificasse, as consequências pudessem ser "desastrosas".

No que se referia aos assaltos, o Governador informou que o "valor [das] mercadorias roubadas durante [os] assaltos [era] muito considerável" e que o comércio continuava encerrado. Além disso, havia a lamentar "dois mortos [e] vários feridos".

O peso da diáspora cabo-verdiana far-se-ia sentir porque o Presidente do "Portugues Americano Democratic Clubbo"[136], António J. Canto, também enviou um telegrama, a partir de Jersey City, endereçado a Salazar – que era designado como "excelentíssimo Ministro dos cabo-verdianos e outros descendentes de cabo-verdianos" – para que se dignasse "dar mais coadjuvação aos povos de Cabo Verde que lamentavelmente hoje atravessam tão terrível crise".

Quanto à forma diferente como Portugal via Cabo Verde, a mesma pode ser aquilatada pelo Decreto n.º 25 205 de 1 de Abril de

---

[135] Parágrafo 1.º do Artigo 1.º do Decreto.
[136] Não se procedeu à correcção da denominação da associação.

1935, que procedeu à divisão administrativa de Cabo Verde, e que justificava essa divisão "atendendo aos interesses regionais da Colónia de Cabo Verde e à sua constituição insular, à natureza dos aglomerados da sua população civilizada e da sua população mercantil e industrial e ainda às necessidades da sua economia, de harmonia com as exigências locais da parte não urbana"[137].

3.1.4. Guiné – 11 de Abril de 1933 a 11 de Maio de 1935

Na Guiné o major Luís António de Carvalho Viegas exerceu o cargo desde 1932 a 1940 e, por isso, serviu sob as ordens de Armindo Monteiro, Ferreira Bossa e Vieira Machado.

A pasta 2 de AOS/CO/UL – 10 tem vários documentos relativos ao período de 1931 a 1935, mas o tema é sempre o mesmo: queixas contra o Governador da Guiné, sendo que as primeiras queixas não dizem respeito ao Governador Carvalho Viegas, mas ao Governador Leite Magalhães, uma vez que são datadas de Fevereiro de 1931[138].

No entanto, a nomeação do Major Carvalho Viegas não foi pacífica, como se constata por uma carta[139] que refere a ida de "um grupo de oficiais de B.M. 1" ao Ministério para "protestar junto do Chefe do gabinete contra a nomeação".

O autor da carta, apesar de "no dia 23 p.p. ali [ter ido] sozinho com o mesmo fim", recusava que esse protesto fosse obra por si orquestrada, mas não deixava de reconhecer que poderia ter tido colaboração indirecta através das afirmações que tinha proferido "acerca do Governo de Timor durante a estada do senhor Coronel César Viana naquela Colónia, na qualidade de Governador", o qual mantinha "afinidades com o seu ajudante, Senhor capitão Viegas".

---

[137] *Diário do Governo n.º 74* de 1 de Abril de 1935.

[138] Esta denúncia provém de "um dos mais modestos comerciantes e agricultores da nossa colónia da Guiné", está dirigida ao Ministro das Colónias e chega a apresentar fotografias e recortes de jornais como prova para aquilo que o denunciante considera como erros do Governador. O denunciante, na parte final da exposição, defende que "aqui não há insinuação; falam os algarismos, fazem a demonstração as fotografias".

[139] A carta de duas páginas dactilografadas tem a data de 7 de Fevereiro de 1933 e está na 2.ª subd. da pasta 2 de AOS/CO/UL -10

Por isso, considerava que "sem que a sua pessoa seja ilibada completamente, sendo certo que o Snr comandante do R. de Cav. 7 está procedendo a auto de corpo de delito"[140] contra o Governador, Carvalho Viegas não deveria ser nomeado Governador da Guiné.

No entanto, o maior libelo de acusação é um folheto[141] que "não foi escrito por políticos nem por pessoas habituadas à verrina colonial", mas sim por alguém que afirma que "sempre tem vivido à margem da chicana e dos interesses ilícitos" e considera que a Guiné estava entregue a elementos "tão incompetentes e ridículos, que estão comprometendo com os seus desatinos, não só o futuro da Colónia, como o prestígio da nação e da situação que nos governa".

Na introdução desta carta dirigida ao Ministro, o subscritor afirma que não lhe interessa que o Governador e aqueles que o rodeiam saiam ou fiquem. No entanto, adverte que "se ficarem, a responsabilidade será de quem os mantiver".

A carta, ou "romance de aventuras" como lhe chama o denunciante, traça um perfil muito negativo do Governador e vai ao ponto de recuar a Julho de 1912 para fazer um estudo comparativo de dois relatórios sobre o mesmo acontecimento – a repressão de uma revolta monárquica em Torrinha, nas proximidades de Braga – na tentativa de mostrar que desde os tempos de alferes que Carvalho Viegas tinha "traços indeléveis a vincar-lhe a personalidade".

Aliás, também o passado de Viegas como comerciante, que terminara "precisamente na época em que o comércio passava da fase desvergonhada do após-guerra para a fase moralizadora da actualidade" e a sua opção por "ser somente militar quando passou esse tempo negro" e numa fase em que os lugares ultramarinos ainda deixavam "coisa de jeito", não abonavam em favor do Governador.

Para esta obra, interessam, sobretudo três aspectos. O primeiro prende-se com a sua nomeação para o cargo do Governador da Guiné porque a carta refere que se tratou de "puro favoritismo, implorado por várias pessoas, entre as quais o general Garcia Rosado

---

[140] Na carta refere-se a questão relativa à morte de um deportado em Timor – Bela-Kun – e que, segundo informações recolhidas pelo autor da carta, então em serviço em Timor, tinha morrido por "insuficiência de alimentação".

[141] O folheto está na 3.ª subd da pasta 2 de AOS/CO/UL – 10, está datado de Fevereiro de 1935 e contém 27 páginas.

[...] e concedido a muito custo (façamos a justiça de o dizer) pelo ministro das Colónias, Dr. Armindo Monteiro, que só ao cabo de dois anos cedeu perante a pedincha persistente e insistente dos amigos de «Cavalarias»" – alcunha pela qual o Governador é tratado. Aliás, Garcia Rosado tinha vindo "propositadamente de Londres a Lisboa para decidir o ministro teimoso".

O segundo tem a ver com a forma como o Governador estava a desempenhar o cargo. Sobre esse aspecto, a carta, para além de nomear os vícios próprios e dos que o acompanhavam, enuncia as 43 medidas legislativas tomadas pelo Governador para concluir que "aquela obra não é bem a obra mas a estrutura da obra".

Porém, o pormenor mais grave prende-se com a forma como tentou resolver o problema da rebeldia dos indígenas de Canhabaque que eram "da raça de bijagós". Ora, como os "piores inimigos dos bijagós são os fulas [que] são mais valentes e mais guerreiros do que os seus rivais das ilhas, e onde quer que os encontrem atiram-se logo a eles e só se não podem é que não lhes cortam as cabeças", o Governador decidira que a "maneira de dominar Canhabaque é mandar para lá uns tantos fulas. O resultado será rápido", embora tudo tivesse de "ser feito em segredo, por causa da Sociedade das Nações".

Como se constata, na política de falta de autenticidade, o mais importante era salvar as aparências.

O último elemento tem a ver com a decisão do Ministro sobre a manutenção ou substituição do Governador. Na verdade, Armindo Monteiro, a quem, de acordo com a carta de denúncia, Viegas, antes de ser nomeado Governador, acusava de ser "um aldrabão, um trocatintas, que prometia tudo e que não fazia nada, que aspirava a ser um grande ministro quando não passava de um pigmeu, por nada perceber da vida colonial", abandonaria a pasta três meses depois de receber a carta e não procederia à substituição do Governador que, como já foi dito, ainda iria servir no tempo de mais do que um Ministro.

Este caso permite constatar que nem sempre as denúncias foram suficientes para quebrar a confiança que o Poder Central depositava nos Governadores.

3.1.5. S. Tomé e Príncipe – 11 de Abril de 1933 a 11 de Maio de 1935

Em S. Tomé e Príncipe, o Governador Luís Augusto Vieira Fernandes, que tinha iniciado funções em 31 de Agosto de 1929, manteve-se até 1933, data em que foi substituído pelo capitão de artilharia Ricardo Vaz Monteiro que permaneceu no cargo até 8 de Maio de 1941, ou seja, só foi substituído por ordem de outro Ministro das Colónias.

A correspondência trocada e a produção legislativa foram de pouca monta, sendo que esta raramente individualizava São Tomé e Príncipe. Assim, a Portaria n.º 8 067 de 3 de Abril de 1935 fixou o encargo das colónias no ano económico de 1935-1936 com as despesas resultantes de convenções e acordos internacionais acerca dos serviços postais, telegráficos e radiotelegráficos e definiu que a São Tomé e Príncipe competia inscrever no orçamento a verba de 3 265$00 do total de 250 000$00.

Depois, o Decreto n.º 25 221 de 4 de Abril de 1935 autorizou o Governador a abrir um crédito de 18 000$ para pagar os salários dos auxiliares da contabilidade e a Portaria n.º 8 085 de 25 de Abril de 1935 mandou anular a portaria do Governador que extinguia o depósito de adidos "por ser contrária ao disposto no n.º 7.º do parágrafo 1.º do artigo 10.º da referida Carta Orgânica"[142].

3.1.6. Índia – 11 de Abril de 1933 a 11 de Maio de 1935

Na Índia, o General João Carlos Craveiro Lopes, que tinha nomeado em 15 de Junho de 1929, tomou posse em 25 de Agosto de 1929 e manter-se-ia no cargo de Governador-Geral até 16 de Setembro de 1936, uma vez que fora reconduzido no cargo em 8 de Junho de 1933.

Durante a sua vinda à Conferência dos Governadores Coloniais de 1933, foi substituído, entre Abril e Setembro, pelo Director dos Serviços de Administração Civil, Alfredo Rodrigues "que igualmente

---

[142] *Diário do Governo n.º 94* de 25 de Abril de 1935.

o substituiu quando o Governador visitou os distritos de Damão e Diu (10 a 29 de Dezembro de 1934)"[143].

Este Governador ficou conhecido pela sua atitude proteccionista porque foi dele que partiu a denúncia sobre as grandes quantidades de gasolina que eram importadas, situação que, como decorre do *Diário do Governo,* I Série, n.º 41, de 20 de Fevereiro de 1935, levou o Ministro das Colónias a autorizar o lançamento de uma sobretaxa sobre esse produto.

No entanto, a leitura do *Diário do Governo* mostra que o Poder Central não confiava muito na aplicação que a Oriente se fazia do articulado da lei.

De facto, o Ministro, através da Portaria n.º 7 988 de 25 de Janeiro de 1935, anulou a Portaria n.º 2 225 do encarregado do Governo-Geral do Estado da Índia, inserta no *Boletim Oficial* n.º 102 de 21 de Dezembro de 1934 "por ser contrária às disposições do parágrafo 1.º e seu n.º 2 do artigo 10.º da referida Carta Orgânica"[144].

Depois, pela Portaria n.º 8 009 de 18 de Fevereiro de 1935, rejeitou o artigo 11.º do diploma legislativo n.º 651 do Estado da Índia que pôs em vigor o Código das Comunidades.

Convém referir que, em ambos os casos, o Ministro tomou a decisão depois de solicitar o parecer do Conselho Superior das Colónias.

3.1.7. Timor – 11 de Abril de 1933 a 11 de Maio de 1935

Também em Timor o Governador António Baptista Justo, nomeado em 1930, se manteve em funções até 1933, ano em que foi substituído por Raul de Antas Manso Preto Mendes Cruz que governou até 1936.

Foi Mendes da Cruz que propôs ao Ministro o aumento dos vencimentos do juiz de Direito e do Delegado do Procurador da República na comarca de Timor.

O Ministro, depois de ouvir o Conselho Supremo das Colónias, concordou com a proposta do Governador e, pelo Decreto n.º 25 005

---

[143] Cf. Zuquete, A. (Dir.). (1962). *Tratado de todos os vice-reis e governadores da Índia.* Lisboa: Editorial Enciclopédia Limitada, p. 259.

[144] *Diário do Governo n.º 20* de 25 de Janeiro de 1935.

de 5 de Fevereiro de 1935, elevou os vencimentos dos titulares desses cargos. Assim, o Juiz passava a ganhar 3 370$00 de vencimento de exercício, o que, em conjunto com o "vencimento de categoria de $6 630,00, perfazia $8 000,00". O delegado recebia o total de $6 000,00, sendo "$4 352,00 de categoria e $1 648,00 de exercício"[145].

Aliás, este Governador solicitava bastante a intervenção do Ministro, como aconteceu, por exemplo, sobre a questão da circulação de moeda estrangeira em Timor.

O Ministro, face ao exposto pelo Governador, promulgou a Portaria n.º 7 999 de 6 de Fevereiro de 1935 – inserta no *Diário do Governo* n.º 29 – a qual determinava que só podiam circular na colónia de Timor a pataca ou o dólar mexicano

A esta distância temporal, não se consegue explicar a razão de ser da circulação da segunda destas moedas porque, apesar da proximidade física entre o México e os Estados Unidos na qual, aliás, estes últimos não estão muito interessados conforme o muro da fronteira de Tijuana – San Diego[146] se encarrega de provar, a distância entre as moedas dos dois países é enorme, quase tão grande como as discrepâncias na atitude de um país que saúda a queda do Muro de Berlim e, cinco anos depois, se empenha na edificação de outra barreira tão ideológica como a estrutura derrubada.

3.1.8. Macau – 11 de Abril de 1933 a 11 de Maio de 1935

Em Macau, em 21 de Junho de 1932, o tenente-coronel de artilharia António José Bernardes de Miranda tomou posse como Governador mas, como se disse na introdução, pagou um preço elevado por uma medida altruísta.

No que se refere a um aspecto que se prendia com a escolha de um elemento militar – o adjunto da 1.ª repartição do Quartel General das forças do exército da colónia de Macau – o Decreto n.º 24 964 de 23 de Janeiro de 1935, estabeleceu que o mesmo fosse um oficial subalterno do exército metropolitano de qualquer arma ou serviço,

---

[145] *Diário do Governo n.º 28* de 5 de Fevereiro de 1935.

[146] O muro começou a ser construído em 1994 para combater a emigração clandestina para os Estados Unidos – *Operation Gatekeeper*.

ou do extinto quadro privativo das forças coloniais, que cumulativamente exercerá o cargo de Promotor de Justiça junto do Tribunal Militar Territorial.

Historiada a fase que correspondeu ao Ministério de Armindo Monteiro, período sobre o qual o acervo de telegramas secretos e confidenciais não é significativo, pode afirmar-se que, durante a sua permanência na pasta das Colónias, se alternaram situações de manutenção dos Governadores com outras de substituição e que as intrigas relacionadas com as nomeações e com o exercício dos cargos constituíam uma constante.

3.2. Ministério de José Silvestre Ferreira Bossa: 11 de Maio de 1935 a 7 de Janeiro de 1936

No reduzido tempo em que foi Ministro das Colónias, Ferreira Bossa manteve todos os Governadores que encontrou quando tomou conta da pasta. Foi assim em Angola, com Lopes Mateus, em Moçambique, com Pereira Cabral, em Cabo Verde, com Gomes de Figueiredo, na Guiné, com Carvalho Viegas, em S. Tomé e Príncipe, onde se manteve Vaz Monteiro, em Timor, com Mendes Cruz e em Macau, com Bernardes de Miranda.

No Estado da Índia, a sucessão assumiu um carácter quase hereditário, pois o Governador João Carlos Craveiro Lopes solicitou a exoneração do cargo, sendo substituído pelo seu filho, o futuro Presidente da República e então major de aeronáutica Francisco Higino Craveiro Lopes que tomou posse em 17 de Setembro de 1936 e se manteria no cargo até 12 de Julho de 1938, embora haja autores, como Ventura (1994, p. 119), que traçam uma versão mais aprofundada e afirmam que Francisco Craveiro Lopes foi "chefe do Gabinete do Governador-Geral a partir de 28 de Fevereiro de 1933, Governador interino do distrito de Damão e depois efectivo com funções de intendente, para além de presidente da Câmara Municipal de Goa. Foi ainda por duas vezes encarregado, interinamente, do Governo-Geral do Estado da Índia".

O *Tratado de todos os vice-reis e governadores da Índia* menciona que Francisco Higino Craveiro Lopes, o futuro 123.º Governador (interino) da Índia, substituiu o pai durante a vinda deste à Conferência dos Governadores Coloniais de 1936, a partir de "31 de Março [...] sendo exonerado do governo de Damão e voltando em Junho às de chefe de gabinete do governo e sendo de novo, em Setembro, encarregado deste Governo"[147].

A permanência relativamente curta do Ministro explica a escassa correspondência encontrada, embora não se possa olvidar que Ferreira Bossa, depois de abandonar o cargo, continuou ligado à administração ultramarina e, por isso, o seu nome surgirá referido em momentos posteriores.

No entanto, um Ministério curto não significa que o Poder Central não fizesse questão de marcar a sua posição decisória ou centralista,

Assim, pelo Decreto n.º 25 622 de 16 de Julho de 1935, o Ministro autorizou os Governos das colónias de Cabo Verde, Guiné, S. Tomé e Príncipe, Estado da Índia, Macau e Timor a proceder à abertura de créditos especiais "necessários para ocorrer ao pagamento dos vencimentos e mais abonos que competirem aos inspectores administrativos que, em exercício das suas funções, sejam mandados às referidas colónias"[148].

Aliás, convém não esquecer que foi durante este Ministério que foi feita a nova publicação do Acto Colonial com as alterações constantes da Lei n.º 1 900 de 21 de Maio de 1935.

Ora, se o art.º 44 estipulava que "a metrópole presta assistência financeira às colónias, mediante as garantias necessárias", o art.º 45 declarava que "as colónias não podem contrair empréstimos em países estrangeiros"[149], ou seja, cabia ao Terreiro do Paço o papel decisor.

No seu mandato foi promulgada, em 23 de Maio de 1935, a Lei n.º 1 913 a qual, no entanto, ainda está assinada pelo Ministro anterior.

Esta Lei destinava-se a criar as bases do Conselho do Império Colonial, um órgão superior da governação pública com as atribuições deliberativas e consultivas designadas na lei e que desempenhava as funções de Supremo Tribunal Administrativo em relação ao Império Colonial Português.

---

[147] Cf. Zuquete, A. (Dir.). (1962). *Tratado de todos os vice-reis e governadores da Índia*. Lisboa: Editorial Enciclopédia Limitada, p. 260.
[148] *Diário do Governo n.º 162* de 16 de Julho de 1935.

No entanto, já foi Ferreira Bossa que criou, em Lisboa, através da Lei n.º 1 920 de 29 de Maio de 1935, o Instituto de Medicina Tropical.

Na conjuntura presente em que a investigação está na ordem do dia convirá ler – na Base III – as seis competências que estavam atribuídas ao Instituto.

Uma das provas que o Ministro, apesar da conjuntura internacional apontar a quase inevitabilidade de novo conflito mundial, não estava acima da lei pode ser encontrada no Decreto-Lei n.º 25 551 de 27 de Junho de 1935, que o autorizava, pela Direcção-Geral Militar, a importar temporariamente, com isenção de direitos, armas, munições, aviões e seus sobressalentes, e qualquer outro material de guerra ou artigos militares destinados às forças militares, de polícia e de fiscalização das colónias.

3.2.1. Angola – 11 de Maio de 1935 a 7 de Janeiro de 1936

Foi durante a sua tutela que, por sugestão do Governador de Angola, o Coronel de Infantaria Lopes Mateus, e por Decreto do anterior Ministro, se incrementou a criação de colonatos brancos[150] na área servida pelo caminho-de-ferro de Benguela, tendo sido desanexados "um ou mais lotes de terreno naquela zona, recebendo cada colono um mínimo de 400 hectares para aldeamentos, pastagens, explorações agrícolas e florestais" (Serrão, 2000, Vol. XIV, p. 351).

Como no anterior Ministério já foram explicados os direitos e deveres dos colonos e da Companhia, importa, apenas, referir que este fornecimento de infra-estruturas era uma forma de evitar "muitas ciladas dos anteriores programas governamentais, como a concessão

---

[149] *Diário do Governo n.º 176* de 1 de Agosto de 1935.

[150] Sobre esta tentativa de povoamento branco, o Estado Novo foi mais selectivo que a Monarquia que entregou a «campanha publicitária» relativa aos colonatos aos Governadores Civis que, por sua vez, a delegaram nos administradores dos concelhos e estes, seguindo a escala administrativa, encarregaram os regedores de proceder à selecção dos colonos. Por isso, como Nascimento (1912, p.6) narra, "um preto, desertor de um navio mercante, apanhado a flanar pelas ruas do Funchal [...] foi contratado como colono com o fim de reproduzir a raça branca".

de subsídios financeiros aos colonos" (Bender, 1980, p. 155), embora os efeitos práticos não fossem os desejados, pois, "entre 1935 e 1949, a Companhia conseguiu atrair um total de dezanove colonos, dos quais só nove se mantinham em 1949" (Bender, 1980, p. 155)[151].

No que concerne às trocas comerciais entre Angola e a Metrópole, existe um dado que aponta para um dos problemas de Angola no que concerne à erradicação das doenças animais.

De facto, as reses provenientes de Angola e abatidas no matadouro de Lisboa, em 1935, até 15 de Dezembro, dividiam-se por "1.ª qualidade – 4430, 2.ª qualidade – 3006 e 3.ª qualidade – 394". No entanto, "das 258 reses rejeitadas, menos de 5% o foram por traumatismo ou outras causas atribuíveis à viagem e mais de 95% foram devidas a tuberculose e cistycercose, certamente originárias"[152].

A duração da viagem normal entre Mossâmedes e Lisboa era de 25 dias, mas era "insignificante, na média, a percentagem de mortalidade de gado na viagem, imputável às condições de penso e alojamento, como é insignificante a percentagem de rejeições no matadouro, atribuível às mesmas causas"[153].

Angola necessitava de grandes mudanças, tanto no que diz respeito aos serviços como às infra-estruturas. Por isso, se justificou o Decreto n.º 25 899 de 4 de Outubro de 1935, destinado a prestar

---

[151] Este dado permite constatar que o Estado Novo só parcialmente tinha aprendido com os erros praticados pela Monarquia aquando da criação dos colonatos de Benguela e de Huíla. Então, o subsídio de embarque de 30 000 réis, acrescido de mais 5 000 réis por cada pessoa do agregado familiar, os transportes gratuitos desde a origem até ao colonato, os cinco hectares de terra, as sementes para as culturas do primeiro ano, o subsídio de 200 réis por pessoa – os serviçais que podiam ir até 5 só davam direito a 100 réis de subsídio –, a casa e os instrumentos de trabalho e de defesa não se revelaram suficientes para fixar o colono à terra. De facto, enquanto durava o subsídio, os colonos pouco trabalhavam a terra e, terminado tempo de permanência obrigatória no colonato – que era de dez anos –, os colonos faziam valer o direito que lhes assistia de disporem de passagens de regresso e regressavam à Metrópole, não sem antes da partida procederem à venda da terra que lhes fora concedida. A situação não era muito diferente em Moçambique porque o Ministro do Ultramar, aquando da visita à província em Julho de 1959, enviou a Salazar o telegrama n.º 23 V de 11 de Julho de 1959 a dar conta que tinha visitado o vale Limpopo e o Colonato "onde se colhe a impressão de que [os] resultados obtidos são por enquanto proporcionalmente inferiores [aos] gastos efectuados".

[152] Documentos existentes na pasta 30 de AOS/CO/UL – 1B.

[153] O relatório, datado de 3 de Abril de 1936, é da responsabilidade do Comissário do Governo junto da Companhia Nacional de Navegação.

assistência médica aos indígenas e ao combate à doença do sono num total de 2 041 340,00 e a Portaria n.º 8 236 de 9 de Outubro de 1935, que autorizou o Governador-Geral a isentar de direitos aduaneiros o material destinado à instalação da rede de distribuição de energia eléctrica à cidade de Nova Lisboa e para a montagem de uma central e rede de distribuição eléctrica na vila de Dalantado

Foi, também, durante o seu curto Ministério que se procedeu à alteração, através do Decreto n.º 25 626 de 17 de Julho de 1937 – que consta no *Diário do Governo* n.º 163 –, do regulamento do depósito de degredados de Angola, o qual já era muito antigo pois fora aprovado ainda no tempo da Monarquia pelo Decreto de 26 de Dezembro de 1907.

No que concerne às infra-estruturas da colónia, o Decreto n.º 25 885 de 1 de Outubro de 1935 concedeu um crédito de 700 000$00 para pagamento das despesas da reconstrução do caminho-de-ferro de Luanda.

3.2.2. Moçambique 11de Maio de 1935 a 7 de Janeiro de 1936

José Ricardo Pereira Cabral manteve-se no cargo de Governador-Geral e as despesas extraordinárias continuaram a fazer parte da vida da colónia. Assim, o Decreto n.º 25 878 de 28 de Setembro de 1935 autorizou o Governador-Geral a abrir um crédito de 15 000$00 para pagamento dos vencimentos de um aspirante do extinto quadro dos negócios indígenas na situação de adido fora do serviço. Como a verba é tão reduzida pode parecer estranho que justificasse a publicação de um Decreto, mas como era uma verba extraordinária havia que cumprir a lei. Aliás, o mesmo se passou relativamente ao Decreto n.º 25 884 de 1 de Outubro destinado a autorizar ao Governador--Geral a abertura de um crédito – no *Diário do Governo* não consta o montante – para o pagamento dos vencimentos atribuídos ao pessoal em serviço no Liceu 5 de Outubro de Lourenço Marques.

Durante este Ministério foi promulgado o Decreto n.º 25 473 de 6 de Junho de 1935 que extinguiu um tribunal militar privativo, o Tribunal Militar no território sob a administração da Companhia de Moçambique, o qual havia sido estabelecido, ainda no tempo da Monarquia, pelo Decreto de 5 de Julho de 1894.

Talvez convenha reparar que não era a primeira vez que o Ministro revogava legislação do século XIX e que a I República, no corrupio das reformas pensadas, executadas e adiadas, mantivera em vigor, pois era bem mais fácil culpar os Braganças pelo abandono a que tinham votado o Ultramar do que proceder ao seu efectivo desenvolvimento.

No que concerne ao referido tribunal privado, segundo o novo decreto, não se justificava a sua existência, pois era necessário garantir a "uniformidade na aplicação da lei e porque o Governador-Geral é, pela lei vigente, o único ordenador da justiça militar na colónia"[154].

Para compreender o relacionamento que as colónias mantinham entre si, convirá atentar no Decreto n.º 26 134 de 6 de Dezembro de 1935 que autorizou o Governador-Geral a abrir um crédito especial de 1 349 483$17 para pagar uma dívida a Cabo Verde.

3.2.3. Cabo Verde 11de Maio de 1935 a 7 de Janeiro de 1936

O Governador Amadeu Gomes de Figueiredo apresentou ao Ministro uma exposição sobre as dificuldades sentidas no arquipélago e este, através da Portaria n.º 8 188 de 1 de Agosto de 1935 – publicada no *Diário do Governo n.º 176* – autorizou o Governador a abrir um crédito de 500 000$00 a fim de efectuar trabalhos públicos que atenuassem a grave crise agrícola e de desemprego existente em algumas ilhas do arquipélago.

Era um *New Deal* adaptado à dimensão da realidade portuguesa.

Aliás, não se ficaria por aqui a acção do Ministro porque, depois de ouvir o Governador, promulgou o Decreto n.º 25 823 de 5 de Setembro de 1935 destinado a reduzir os direitos de importação que incidiam sobre os combustíveis de que se abastecia a navegação que passava pelo arquipélago.

Trata-se de um Decreto que importa ler porque traçava um estudo da evolução do Porto Grande de São Vicente no qual se dava conta da sua situação geográfica privilegiada, pois ocupava "uma posição intermédia, a meio caminho e sem sensível desvio, entre três

---

[154] *Diário do Governo n.º 129* de 6 de Junho de 1935.

continentes", se historiava o tráfego do porto e a crise derivada da estagnação do mesmo enquanto "outros portos estrangeiros não distantes de Cabo Verde, se foram preparando para a luta de concorrência, suprindo com obras de moderno apetrechamento económico o desfavor das suas condições".

De facto, o Ministro tinha consciência que as condições naturais não eram suficientes para que o Porto Grande garantisse a função de porto de escala e abastecedor dos navios das numerosas linhas de navegação que cruzavam o Atlântico Sul.

É o problema, que ainda subsiste em Portugal, de uma aposta pouco convicta nos elementos indispensáveis para fazer face à concorrência.

Entretanto o Ministro, pelo Decreto n.º 25 661 de 24 de Julho de 1935, estabeleceu a nova divisão judicial da colónia de Cabo Verde, a qual ficou dividida em duas comarcas: a de Sotavento, com sede na cidade da Praia, e a de Barlavento, com sede na cidade de Mindelo.

No entanto, o parágrafo único do Art.º 1.º estipulava que "estas duas comarcas continuam pertencendo, para todos os efeitos de administração de justiça, ao distrito judicial de Lisboa"[155], elemento que não deixa dúvidas sobre a forma centralizada – até na justiça – da política ultramarina portuguesa.

3.2.4. Guiné – 11 de Maio de 1935 a 7 de Janeiro de 1936

A Guiné viveu "desde o fim do século XIX e até 1936 em guerra" (Henriques, 1999, p. 217) e, por isso, não admira que a correspondência estivesse relacionada, directa ou indirectamente, com situações de conflito.

Assim, em 14 de Dezembro de 1935, o Ministro enviou a Salazar o ofício n.º 1 204[156] que acompanhava uma cópia do "ofício confidencial que, sob o n.º 1 902" enviara ao Governador da Guiné.

O ofício enviado para a Guiné referia-se a um dos assuntos já mencionados no Ministério anterior – a revolta dos indígenas de

---

[155] *Diário do Governo n.º 169* de 24 de Julho de 1935.
[156] Este ofício pode ser consultado em AOS/CO/UL – 10, p. 7.

Canhabaque – e representa a resposta do Ministro Ferreira Bossa à denúncia que tinha sido feita no final do Ministério de Armindo Monteiro.

Trata-se de um ofício de quatro páginas no qual o Ministro, apoiando-se "em muitos anos de contacto com a vida colonial" resolveu dar, confidencialmente, conselhos ao Governador sobre a forma de lidar com os indígenas, pois "no estado actual da nossa administração ultramarina, depois de séculos de penetração e domínio, [era] inadmissível que ainda [houvesse] revoltas indígenas com o carácter da actual", até porque, na conjuntura de então, "os problemas de África [ocupavam] o primeiro plano das discussões das chancelarias".

A análise das causas das "numerosas" revoltas na Guiné mostrava que "no fundo de muitas delas havia um acto de prepotência ou de injustiça de alguma das nossas autoridades mais em contacto com as populações nativas", até porque os nativos não eram "movidos por ideais políticos".

Por isso, o Ministro não compreendia que "depois da revolta dos felupes, já durante o governo de V. Ex.ª", surgisse a dos canhabaques, que se recusavam a "pagar o imposto e a trabalhar na estrada, praticando depois o ataque ao posto militar".

Além disso, apesar de considerar que o Governador dispunha de meios para resolver o problema, o Ministro colocou em causa a forma como estava a lidar com as populações, pois considerava-a "uma concepção do passado"[157], que pressupunha "um estado de guerra que desmentiria a posse efectiva e a ocupação pacífica em que temos e desejamos continuar a ter todos os nossos territórios ultramarinos".

O Ministro reprovava, por exemplo, "a apreensão de todo o gado dos indígenas [...] efectuada na ilha de João Vieira" porque se

---

[157] O Ministro baseia essa opinião nos telegramas do Governador e nos relatórios sobre a revolta dos felupes. Anos mais tarde, em 1959, o problema ainda subsistia porque o Conselho do Centro de Estudos Políticos Ultramarinos fez chegar ao Ministro um documento no qual se podia ler que "o Conselho entende também não dever passar em claro o problema da repressão das explorações de que o indígena africano é vítima, não só por parte de alguns patrões como dos comerciantes do mato" ou que havia europeus nas províncias ultramarinas que estavam "inclinados para a ideia de que a única orientação aconselhável na condução das relações com os indígenas será uma política de dureza" – pasta 21 de AOS/CO/UL – 61.

tratava de "uma represália de guerra própria de velhos tempos, mas hoje condenada pelos princípios morais e legais que estão na base da nossa acção colonizadora".

Como alternativa, Ferreira Bossa propunha "a ocupação efectiva da ilha" e a instalação na mesma de uma "administração tão completamente quanto for preciso, pondo à sua frente funcionários, cuidadosamente escolhidos, que saibam compreender a nobreza da sua missão civilizadora e executar junto das populações indígenas uma política de atracção, de paz e de justiça".

Tendo em conta que o Governador considerava que todos os funcionários que encontrara na Guiné "eram de baixa categoria moral e intelectual, mal educados e de uma instrução pouco mais ou menos de primária"[158], não se afigurava fácil dar cumprimento às sugestões, melhor, às pretensões do Ministro.

A acção do Governador seria ainda objecto de um relatório que apresentava na capa a informação "Lisboa – 1936" e que foi feito "a convite do snr. Dr. José Bossa"[159].

Este relatório teve em consideração o trabalho de um jornalista, António Lopes, um "situacionista" e o documento produzido pelo "ex-director dos Serviços de Administração Civil da Guiné, Dr. Ponces de Carvalho", que "além de situacionista [era] funcionário público".

Trata-se de um relatório muito pormenorizado – vai desde a folha 212 à 251, embora inclua a exposição de António Lopes – e constitui um elemento condenatório da acção do Governador que foi acusado de não dispor de um programa governativo pelo facto de não dispor de "competência" para o elaborar. Aliás, sobre as capacidades do Governador, o relatório denunciava que Carvalho Viegas chegara ao ponto de ler "na Conferência Imperial um discurso feito pelo sr. dr. Marques Mano".

Além disso, o Governador era acusado de praticar uma tirania oficial, pois, "impotente e incompetente para governar, o sr. governador persegue. Persegue tudo e todos [...] em toda a parte procura

---

[158] Excerto da denúncia que consta em AOS/CO/UL – 10, p. 2 sobre as actividades do "Cavalarias".

[159] O relatório pode ser consultado na p. 8 de AOS/CO/UL – 10.

roubos e vê ladrões, em todos os cantos encontra anomalias, desleixos, esbanjamentos, maus funcionários".

O documento indicava abundantes exemplos de perseguições a funcionários e de demonstração da incompetência do Governador[160].

No entanto, todas estas acusações não foram suficientes para o Ministro proceder à substituição de Luís António de Carvalho Viegas que, como já foi dito, resistiu até 1940.

Porém, deve ter sido este descontentamento com a acção do Governador que levou o Ministro a promulgar o Decreto n.º 25 759 que autorizava o Governador a abrir um crédito para pagamento dos vencimentos do Inspector Superior da Fazenda em consequência de trabalhos já realizados e de outros a realizar no ano económico de 1935-1936.

No Decreto realçava-se que se tratava de um caso de urgência mas não se indicava a verba em causa.

Regressando aos conflitos, constata-se que o Decreto n.º 26 132 de 5 de Dezembro de 1935 autorizou o Governador a abrir um crédito extraordinário de 500 000$00 para despesas inadiáveis com a manutenção da ordem pública.

Neste Decreto merece ainda atenção o facto de a verba de 500 000$00 ser proveniente dos saldos positivos das contas de exercício da colónia em 1914-1915 e 1933-1934, ou seja, foi necessário recorrer a um saldo de exercício da I República para obter uma verba para aplicar em 1935!

3.2.5. S. Tomé e Príncipe – 11 de Maio de 1935 a 7 de Janeiro de 1936

Durante o Ministério de Ferreira Bossa verificaram-se em S. Tomé e Príncipe, dois acontecimentos que apontam para uma das insuficiências ou limitações da administração colonial portuguesa – as reduzidas verbas que eram afectadas às colónias ou províncias.

---

[160] Na página 31 do relatório, o Governador também é designado por "Cavalarias" e volta a ser acusado de plágio "as entrevistas concedidas aos jornais foram também copiadas do relatório de Caetano de Sá, director da Alfandega".

O primeiro aconteceu quando o Governador Vaz Monteiro teve de fazer sentir "ao Ministério das Colónias a urgência que havia em se liquidarem os vencimentos, relativos ao ano económico de 1934- -1935, de diversos funcionários que se encontravam na situação de adidos fora do serviço" (Serrão, 2000, Vol. XIV, p. 345).

O montante envolvido – 68 310$11 – e os funcionários abrangidos – 1 médico veterinário, 3 enfermeiros, 4 ajudantes de enfermeiro indígenas, 1 primeiro-oficial da repartição dos serviços aduaneiros, 1 apontador da secção de obras públicas e 1 escrivão da capitania dos portos[161] – constituem, mesmo tendo em conta a época e o facto de S. Tomé e Príncipe não ser uma colónia muito importante para a Metrópole, prova da «ligeireza» da administração portuguesa. Demonstram, igualmente, as más condições económicas do arquipélago que perdera a autonomia financeira e vira o vencimento do Governador ser reduzido pelo Decreto n.º 22 793 de 30 de Junho de 1933, situações que só seriam resolvidas em 1937[162].

O segundo ocorreu durante a visita do Presidente da República, General Óscar Carmona, a S. Tomé, porque o Governador teve de pedir autorização para a compra de dois automóveis para o serviço público.

Era a miséria dourada de um Império que nem a si próprio se bastava, situação que, aliás, se arrastava desde o momento inicial da expansão, pois o ataque a Ceuta foi realizado com barcos alugados na Flandres na convicção que os proveitos da conquista seriam suficientes para pagar o aluguer.

Como no caso de S. Tomé não parecia aceitável transportar o Presidente da República num automóvel de aluguer, a compra foi autorizada.

3.2.6. Índia – 11 de Maio de 1935 a 7 de Janeiro de 1936

O General João Carlos Craveiro Lopes continuou no cargo de Governador, embora o seu filho Francisco Higino Craveiro Lopes já fosse Chefe de Gabinete.

---

[161] Cf. Decreto n.º 25 642 de 20 de Julho de 1935, publicado no *Diário do Governo*, I Série, n.º 166, p. 1042.

[162] Decreto n.º 28 104 publicado no *Diário do Governo*, I Série, n.º 246 de 21 de Outubro de 1937, pp. 1099-1100.

Pela Portaria n.º 8 218 de 4 de Setembro de 1935, o Ministro concedeu a "necessária autorização para que do fundo de reserva do Estado da Índia seja retirada a quantia de 81.935:10:05, a fim de servir de contrapartida a parte do crédito especial para legalização de despesas pagas na metrópole e outras colónias que constituem encargo de exercícios findos"[163].

O *Diário do Governo* não permite identificar essas despesas.

Mais tarde, em 22 de Outubro de 1935, o Decreto n.º 25 967 regulou o serviço de leitura diurna e nocturna na Biblioteca Nacional Vasco da Gama de Nova Goa, excepto aos domingos e feriados, dias em que a reduzida utilização desaconselhava que a biblioteca permanecesse aberta.

Do articulado do decreto ressalta que o conservador da biblioteca recebia duas rupias por cada dia útil de trabalho nocturno só que era "obrigado a prestar serviço nocturno".

Era mais um exemplo da política da cenoura – as rupias – e do chicote – a obrigação ou imposição de trabalho nocturno.

3.2.7. Timor – 11 de Maio de 1935 a 7 de Janeiro de 1936

Raul de Antas Manso Preto Mendes Cruz governou até 1936 uma colónia que parecia esquecida por Portugal, tal a escassez de correspondência e de legislação específicas para Timor.

De facto, apenas se assinala o Decreto n.º 25 451 de 3 de Junho de 1935, que determinou que sempre que o café da variedade «arábica» produzido em Timor tivesse nos mercados externos cotação inferior ao equivalente a 32 patacas, os direitos de exportação fossem 35% *ad valorem*.

Compreende-se o alcance da medida. Constata-se o esquecimento a que Timor parecia condenado.

---

[163] *Diário do Governo n.º 205* de 4 de Setembro de 1935.

3.2.8. Macau – 11 de Maio de 1935 a 7 de Janeiro de 1936

A análise da correspondência trocada entre o Governador e o Ministro revela que o mandato não estava a correr conforme o Poder Central desejava. De facto, o Governador António José Bernardes de Miranda, através do telegrama n.º 12 CIF de 25 de Agosto de 1935, informava o Ministro que talvez não fosse necessária a sua "ida [a] Lisboa tão perto [do] fim [da] comissão" porque poderia "excitar novamente [o] ambiente já calmo".

Aliás, essa viagem a acontecer seria definitiva porque "não convém nem ao estado nem a mim o meu regresso a Macau para uma estada de quatro meses". Depois, explicava as razões que o levavam a esta posição, afirmando que o "ambiente moral [da] Colónia" já estava "calmo" porque a questão do ópio tinha "sido tratada com todo [o] cuidado sob [os] pontos de vista internacional e financeiro".

Neste telegrama o Governador dava conta que se sentia "fatigado e desgostoso com [os] trabalhos [da] Governação", devido aos "boatos e intrigas" que chegaram a atingir o seu nome, apesar de sempre ter procedido "de acordo com [as] ordens [de] Vexa e [as] indicações dos organismos competentes" e informava que as 205 acusações "entregues contra [o] engenheiro Ferreira Silva" eram "todas falsas" como tinha sido provado num "inquérito feito por Dr. Damas Mora".

O Ministro, em 30 de Novembro de 1935, enviaria este telegrama a Salazar, acompanhado de uma carta na qual já dava conta da conversa que mantivera com o Governador aquando da sua chegada a Lisboa e afirmava que não lhe restavam "dúvidas que pediu a demissão, mas se porventura ele está arrependido de ter proporcionado essa forma, mais airosa para ele, de solucionar o seu caso", o Ministro não tinha dúvidas em seguir o outro caminho" porque tinha elementos, que julgava "bastantes para o Conselho de Ministros lhe dar a demissão".

O Governador escreveria a Salazar, mas já na vigência do Ministro seguinte, uma carta datada de Agosto de 1936 e com a indicação de ter sido enviada de Lisboa, embora tivesse sido escrita "a bordo do «Baloeran» em "Outubro de 1935" a narrar o que tinha sido feito em Macau desde "21 de Junho de 1932".

É uma carta longa – 63 páginas – na qual o Governador dez o balanço da sua acção no âmbito da política externa, das relações com a Metrópole e com as outras colónias, na política interna, na residência do Governo, nos serviços de administração civil, na saúde e higiene, nos serviços económicos, nos serviços militares, nos serviços de marinha, na concessão de terras e na fazenda.

O Governador considerava que a exposição mostraria "como e até que ponto foi cumprido o programa" por si apresentado "no pequeno discurso que em 21 de Junho de 1932", dia da sua chegada a Macau, pronunciara "na sala nobre do Leal Senado" e, como é óbvio, tudo parecia ter sido cumprido.

Afinal, se Dulles[164] afirmara que nunca lera um relatório dos seus agentes em que algum deles admitisse não ter ganho os diálogos em que participara, não era de esperar que o Governador tivesse posição diferente e assumisse a *mea culpa*.

Regressando àquilo que desagradava ao Poder Central, constata-se que este não teve dúvidas em desautorizar o Governador.

De facto, através da Portaria n.º 8 172 de 17 de Julho de 1935, o Ministro anulou a Portaria do Governo de Macau n.º 1 757 porque os missionários e auxiliares das Missões "gozam dos benefícios e das vantagens concedidas ao funcionalismo público, mas não são funcionários do Estado". Além disso, "aos prelados compete nomear, colocar, transferir, exonerar e mandar apresentar à junta de saúde o pessoal das missões, conceder-lhes licenças e determinar todo o seu movimento" e como "nenhuma lei posterior passou estas atribuições para o governador", a Portaria da responsabilidade do Governador era "ilegal"[165].

Um último aspecto a ter em conta em Macau durante este Ministério prende-se com a eleição do Presidente da República.

Assim, o Ministro, pela Portaria n.º 8 233 de 27 de Setembro de 1935, estipulou que nos recenseamentos eleitorais para a Presidência da República só fossem inscritos os naturais da colónia de Macau

---

[164] John Foster Dulles foi um diplomata do Partido Republicano, que ocupou o cargo de Secretário de Estado dos Estados Unidos da América a partir de 21 de Janeiro de 1953, ou seja, numa conjuntura mundial marcada pela política de blocos e pela *guerra fria*.

[165] *Diário do Governo n.º 163* de 17 de Julho de 1935.

que soubessem ler e escrever português e que provassem a nacionalidade portuguesa.

No Portugal de então, marcadamente analfabeto, se os dois critérios iniciais fossem aplicados, o Presidente da República seria sufragado por uma elite talvez ainda mais reduzida do que aquela que garantia a sua eleição.

Finalmente, interessa narrar a forma como, por vezes, se transferiam as verbas dentro dos orçamentos das colónias.

Assim, o Decreto n.º 26 172 de 31 de Dezembro de 1935 restabeleceu uma verba de $10 000,00 para se continuar a reconstrução do Colégio de Santa Rosa de Lima, embora à conta de uma verba que estava destinada ao "subsídio para passagens aos alunos europeus que pretendam frequentar o Seminário de Macau"[166].

3.3. Ministério de Francisco José Vieira Machado: 16 de Fevereiro de 1936 a 6 de Setembro de 1944[167]

Durante os oito anos que chefiou o Ministério das Colónias, um período sensível porque coincidiu com a conjuntura que conduziu e que coexistiu com a II Guerra Mundial, Vieira Machado manteve, inicialmente, vários Governadores, mas, depois, viu-se obrigado a proceder a muitas alterações, algumas delas ditadas pelos interesses antagónicos que se enfrentavam a nível mundial.

Era uma fase em que Salazar sentiu necessidade de, em nome da consciência nacional, reafirmar que "alheios a todos os conluios, não vendemos, não cedemos, não arrendamos, não partilhamos as nossas colónias"[168] (Salazar, 1966, p. 267), embora houvesse interessados não na compra mas na ocupação. De facto, e a título de exemplo, "os belgas iniciaram contactos com a União [Sul-africana] para a divisão de Angola, sem consultar Londres" (Telo, 1991, p. 27).

---

[166] *Diário do Governo n.º 304* de 31 de Dezembro de 1935.

[167] Os telegramas relativos a este mandato podem ser consultados, salvo indicação em contrário, na caixa AOS/CO/UL – 8 G.

[168] Esta frase é quase uma citação do Acto Colonial que, no Art. 7.º, estipulava que "o Estado não aliena, por nenhum modo, qualquer dos territórios e direitos coloniais de Portugal".

Foi no seu Ministério que se realizou a I.ª Conferência Económica do Império Colonial Português, em 6 de Junho de 1936. Aliás, um telegrama constante na 1.ª subd, de p.1 de AOS/CO/UL – 1 D, enviado pelo Vice-Presidente da Conferência, coronel Vicente Ferreira, a Salazar dá conta que a mesma "na última sessão plenária de trabalhos resolveu por unanimidade saudar V.ª Ex.ª como supremo orientador da política da nação e manifestar agradecimento pelo interesse [com que] V.ª Ex.ª seguiu [os] nossos trabalhos".

Salazar agradeceria em carta datada de 22 de Junho de 1936, reafirmando que mantinha "a confiança manifestada de princípio" nos resultados da Conferência.

A questão das pautas coloniais, mais precisamente o bónus de reexportação, foi objecto de um relatório elaborado por Carlos Teodoro da Costa, António dos Santos Fernandes e Marino da Fonseca, em 15 de Junho de 1936, no qual a comissão chegou à conclusão que "para chegar a resultados úteis, ver-se-ia compelida a ultrapassar as funções que lhe foram cometidas porque teria de refundir as pautas coloniais". Por isso, se decidia pelo "alvitre de manutenção do *status quo*", isto é, que Lisboa fosse "o porto de concentração, no maior volume possível, das importações e exportações coloniais"[169].

Foi durante o seu Ministério que o regime corporativo se tornou extensivo às colónias através do Decreto-Lei n.º 24 362 de 5 de Março de 1937.

Há, ainda, um aspecto decorrente do aproximar da II Guerra Mundial e que se prende com a possibilidade de fixar judeus alemães nas colónias portuguesas. O ante-projecto foi apresentado por Jacques Politis[170] ao Ministro que o enviou a Salazar acompanhado de uma carta, datada de 2 de Dezembro de 1938, na qual perguntava se seriam "os judeus assimiláveis" e dava conta de se tratar de uma proposta que tinha "aspectos evidentemente vantajosos", embora se devesse "espalhá-los por mais de uma colónia (Angola, Moçambique, Timor), impor-lhes a naturalização portuguesa ao fim de cinco anos e aceitar não só agricultores mas também alguns técnicos

---

[169] O relatório consta em AOS/CO/UL – 1 D, p. 2, 1.ª sb.
[170] Trata-se de um advogado francês com escritório no n.º 17 da Rue Auguste Vacquerie em Passy.

(agrónomos, engenheiros químicos, analistas, etc) e finalmente dar execução a uma mais intensa emigração portuguesa"[171].

Salazar, na sua costumada sagacidade, aconselhou o Ministro a "ver se se informa de quem são as ou algumas das altas personalidades israelitas que estão por trás de Politis" antes de tomar uma decisão.

Já no decurso da guerra, o Ministro deu provas de saber antecipar a conjuntura, indicando de forma quase absoluta o desfecho do conflito ao referir o elevado grau de probabilidade da vitória aliada.

Além disso, porque acreditava que "em plena guerra é necessário prever a paz"[172] e, apesar da "neutralidade benevolente", receava "que o regime que a conferência de Berlim estabeleceu para a bacia convencional do Congo se alargue a toda a África", sugeria as medidas a tomar para que os interesses portugueses fossem acautelados.

Assim, defendia que Portugal não poderia "deixar de participar na conferência de paz, se para tanto for convidado, como potência colonial" e que tentasse obter "o estabelecimento de um regime como o da Conferência de Berlim, mas mitigado com a reserva para a indústria nacional de uma parte do mercado de cada colónia".

À guisa de conclusão, o Ministro defendia que "a industrialização das colónias é uma evolução fatal, que a metrópole pode retardar mas não pode impedir" e, por isso, ousava perguntar a Salazar se não conviria "acelerar esta evolução".

É de crer que a resposta tenha sido positiva porque o Ministro elaborou um pormenorizado projecto para a industrialização do Ultramar.

No entanto, as ideias ainda não estavam bem definidas como se pode comprovar pelo elevado número de rasuras que o documento contém, pois há muitos elementos riscados e outros interlinhados à mão, a exemplo do que se passou com a proposta para a criação da Repartição Militar das Colónias em substituição da Direcção-Geral Militar do Ministério das Colónias[173], no qual até o verso das páginas serviu para fazer anotações. Aliás, esta característica não era exclusiva do Ministério das Colónias, uma vez que o mesmo se passou com a

---

[171] A carta do Ministro, o ante-projecto – em francês – e uma nota de Salazar estão na pasta 4 de AOS/CO/UL – 1 D.

[172] As citações referentes à industrialização das colónias foram feitas a partir da pasta 7 de AOS/CO/UL – 1D. O ofício do Ministro para Salazar está datado de 4 de Março de 1940.

[173] Documento existente na pasta 10 de AOS/CO/UL -1D.

regulamentação da superintendência técnica, administrativa e fiscalizadora do Ministério da Guerra sobre as forças expedicionárias do exército metropolitano destacadas para as colónias no período de 1939 a 1945[174]

Finalmente, é de notar que o Ministro conhecia bem a força dos interesses instalados e a forma como se faziam sentir sempre que se sentiam incomodados porque fez questão de frisar que não emitia "uma opinião pessoal" e se limitava "a pedir a Vossa Excelência directrizes".

3.3.1. Angola – 16 de Fevereiro de 1936 a 6 de Setembro de 1944

Antes de entrar na indicação dos Governadores-Gerais, importa referir que, durante o mandato de Vieira Machado, este solicitou ao Ministro que o antecedera, José Bossa, que "estudasse e redigisse um projecto de decreto acerca da colonização portuguesa de Angola, a tempo de ser publicado antes da próxima viagem presidencial"[175].

Na carta que escreveu a Salazar a mencionar este pedido, o autor do projecto afirmou que o mesmo tinha sido "redigido à pressa" mas que considerava seu dever enviá-lo, também, a Salazar "como simples homenagem ao autor do Acto Colonial de 1930".

O referido estudo consta de 40 páginas dactilografadas e está dividido em quatro capítulos.

No que concerne à correspondência enviada pelos Governadores, em 2 de Fevereiro de 1938, o Governador-Geral, António Lopes Mateus enviou ao Ministro das Colónias o ofício confidencial n.º 29-28, que constitui um aditamento ao telegrama n.º 3 CIF de 10 de Janeiro de 1938, sendo que o oficio e o telegrama respondiam ao ofício confidencial enviado pelo Ministro em 28 de Dezembro de 1937 sobre o recrutamento de indígenas de Angola para trabalharem em São Tomé e Príncipe.

Era um documento de 10 páginas que refutava a "fuga em massa dos indígenas para as Colónias limítrofes", embora reconhe-

---

[174] O projecto de regulamentação pode ser consultado na pasta 10 de AOS/CO/GR – 1 C.
[175] A carta para Salazar está em AOS/CO/UL – 8 G, p. 7 e o Projecto de Decreto-Lei sobre a colonização portuguesa em Angola em AOS/CO/UL – 8 G, pt.4.

cesse que algumas famílias pudessem ter fugido devido ao facto de "uma ou outra autoridade da fronteira" não ter uma boa "compreensão da política indígena".

Além disso, dava conta de uma boato segundo o qual "alguns recrutadores clandestinos angariam mão de obra para as minas da Rodésia, onde os indígenas são bem remunerados", mas nada "fora do normal" porque "os pretos atravessam a fronteira, voltando com as importâncias necessárias ao pagamento do seu imposto", embora alguns pudessem "ficar por lá e outros inutilizarem-se pela natureza do serviço das minas".

A forma verbal "inutilizarem-se" retrata bem que os trabalhadores indígenas eram vistos apenas como peças do processo de produção.

A carta refere, ainda, a inspecção feita por Henrique Galvão em "tempo reduzido" e alerta para o facto de o mesmo ter ouvido "muita gente cuja idoneidade não pôde verificar" e, por isso, "foi portador de muitos documentos cuja veracidade não pôde constatar" e que eram produto de "todos os falhados e incompetentes".

Esta inspecção não dizia apenas respeito a Angola porque o inspector tinha ido averiguar a questão do recrutamento em Angola de mão-de-obra para São Tomé e Príncipe, situação que condenava por "razões de ordem moral e política e no próprio interesse de Angola".

O Governador-Geral acreditava que faria "desaparecer o horror por S. Tomé, confiado que a acção decisiva, inteligente e patriótica do Senhor Capitão Vaz Monteiro, seu ilustre Governador, saberá intervir no bom tratamento dos serviçais e na observância dos seus contratos".

Depois da saída do Governador António Lopes Mateus, Manuel da Cunha e Costa Marques Mano foi nomeado Governador-Geral por Decreto de 18 de Fevereiro de 1939 e tomou posse em 30 de Maio de 1939.

Durante o seu Governo-Geral, houve necessidade de nomear dois encarregados de governo, Vasco Lopes Alves, no período de 24 de Setembro de 1936 a 24 de Janeiro de 1937, e José Ferreira Martins, de 11 de Novembro de 1938 a 30 de Maio de 1939.

O Governador-Geral Marques Mano receberia, em 14 de Novembro de 1939, o telegrama Extra CIF n.º 10 do Ministro a pedir esclarecimentos sobre as "informações particulares [que] dizem [que os]

Cuanhamas dão sinais [de] insubmissão como mandarem parar [as] camionetas [dos] brancos e outros actos reveladores [de] intenções pouco pacíficas".

O Ministro, que pôs Salazar ao corrente do problema, informou o Governador-Geral que "precisando [de] qualquer expedição [da] metrópole mesmo [que] apenas [com] efeitos preventivos" bastava solicitá-la porque era "indispensável assegurar [a] ordem [em] toda a colónia". Era devido a isso que o Ministro aconselhava Salazar a "uma demonstração de força" e lembrava que "se Angola tivesse aeroplanos com raio de acção suficiente aconselharia o Sr. Governador a mandar sobrevoar a região". Além disso, como conhecedor da região, informava que seria fácil a construção de uma pista para esses aeroplanos.

O Governador-Geral respondeu a dizer que não havia "fundamento sério" na referida revolta e que "em caso algum se deve pensar [numa] expedição metropolitana que não é preciso [para] manter [a] ordem [na] colónia". No entanto, pedia para "realizar [uma] nova organização militar [da] colónia bastante para prevenir qualquer eventualidade".

O Ministro transcreveria esta resposta para o Presidente do Conselho, concordaria com a proposta, mas, como pelos seus cálculos seria necessária a verba de "6 500 contos a inscrever anualmente no orçamento da Colónia" e como Angola não tinha "recursos bastantes para arcar com este peso", pedia a Salazar "o favor" de lhe "indicar qual o caminho a seguir"[176].

No Arquivo não consta a resposta de Salazar. Assim, só é possível saber que o Governador-Geral foi chamado à Metrópole e exonerado por Decreto de 29 de Dezembro de 1941 e, por isso, Abel de Abreu Sotto Mayor foi nomeado Encarregado do Governo. Aliás, Abel Sotto Mayor exerceu esse cargo em dois períodos: de 9 de Março de 1941 a 24 de Agosto de 1941 e de 27 de Novembro de 1941 a 9 de Maio de 1942 porque o novo Governador-Geral, o capitão Álvaro de Freitas Morna, que fora nomeado por Decreto de 23 de Fevereiro de 1942, só tomou posse em 9 de Maio de 1942.[177]

---

[176] Carta datada de 20 de Novembro de 1939 e constante em AOS/CO/UL – 8 G, p.2.

[177] Segundo Campbell, a Inglaterra não se teria de preocupar com o novo Governador, Álvaro Morna, porque era um simplório e não tinha grande espírito político, limitando-se a dizer e a fazer o que lhe era superiormente indicado.

Durante o Governo de Marques Mano, o Ministro recebeu o telegrama extra secreto n.º 12 de 14 de Maio de 1940, no qual o Governador-Geral o informou sobre "vagas actividades [dos] alemães" das quais suspeitava porque podiam ter a intenção de "levantar [o] comando [da] revolta indígena" o que representaria uma "situação gravíssima dado [o] ambiente indígena provocado [pela] cotação [do] milho".

O Ministro respondeu mostrando a sua "mais profunda admiração" porque não via "interesse neste momento" para que os alemães fomentassem "desordens [em] Angola", embora admitisse "perfeitamente [que] o tentem fazer pois isso está nos seus processos"[178]. Por isso, aconselhava o Governador-Geral a ter a "certeza ou convicção plena [dos] manejos [dos] alemães" e, nesse caso, a proceder com a "máxima energia ou fixando residência [...] ou até prendendo-os".[179]

Na parte final do telegrama o Ministro abordava a questão do preço do milho e manifestava-se admirado que os "pretos cultivadores [de] milho [no] planalto [de] Benguela [estivessem] descontente ao ponto [que] Vexa indica e nada ser dito [sobre os] pretos [da] região [do] café onde [os] salários baixaram e [a] situação [dos] cultivadores brancos é aflitiva"[180].

---

[178] Telegrama extra secreto de 20 de Maio de 1940.
[179] Telegrama extra secreto de 20 de Maio de 1940.
[180] A questão do milho seria objecto de outros telegramas. Assim, no telegrama n.º 162 CIF de 3 de Junho de 1940, o Ministro informou o Governador-Geral que o problema tinha sido examinado por si, por Salazar e pelo Ministro da Agricultura e que tinham chegado à conclusão que a "Metrópole não poderá absorver mais de 100 000 toneladas e é mesmo muito duvidoso atingir-se essa cifra". Como a produção prevista era de 150 000 toneladas o Governo estava a tentar colocar em Espanha as 50 000 toneladas remanescentes porque os "principais mercados [de] milho Bélgica, Holanda e Alemanha estão fechados e possivelmente [a] Inglaterra não comprará". No entanto, apesar da acção instigadora dos alemães, o Ministro considerava, no telegrama extra secreto n.º 4 de 4 de Junho de 1940, que a "solução [para] esse problema não está em aumentar [os] preços [dos] géneros porque, naturalmente a novos aumentos se sucederiam novas reclamações enquanto [a] acção instigadora persistir", mas que era "necessário eliminar a causa, isto é, a acção dos próprios alemães". Em 6 de Agosto de 1941, o telegrama n.º 217 CIF do Governador-Geral de Angola questionava o Ministro sobre a posição inglesa que dizia "não conceder *navicerts* [para] exportar milho em nome de Junta só pode passar em nome de comerciantes individualmente [a] fim [de] evitar [a] exportação [de] milho adquirido [por] comerciantes incluídos [na] lista [de] firmas impedidas pelo Governo Inglês [de] exportar com *navicerts*".

O Governador-Geral deu esclarecimentos no telegrama Extra-CIF n.º 13 de 25 de Maio de 1940 – repleto de omissões e que se torna de difícil descodificação – mas que permite perceber a defesa do Governador-Geral que, na sua opinião, não queria alarmar mas apenas mostrar "espírito [de] previsão" porque a "actividade [dos] germanos [era] evidentemente suspeita" mas não se sabia "quando e contra quem querem agir" porque Portugal não dispunha de "polícia adequada e [a] própria língua nos [é] desconhecida".

O Ministro, por sua vez, informaria o Governador-Geral que o "Governador [do] Congo Belga [revelava] preocupações análogas"[181] e, como estava "muito preocupado [com os] alemães", queria estar ao corrente de tudo o que o Governador-Geral fosse "fazendo". Aliás, até não via "inconveniente [em] chamar [o] conde Staholberg" para que os alemães não tivessem a ideia que "estamos inteiramente descuidados"[182].

Era a II Guerra Mundial a fazer-se sentir na África portuguesa e, por isso, o Ministro considerava "prudente reforçar [os] postos militares das regiões em que habite maior número [de] alemães, com homens e material adequado para jugular rapidamente qualquer actividade subversiva"[183].

Não era, porém, uma situação nova porque, por exemplo, já em 5 de Setembro de 1939, o Governador-Geral tinha informado o Ministro que estavam no "Lobito seis barcos alemães", embora lhe parecesse que tinha "ali forças supostas bastantes [para] dominar [qualquer] tentativa hostil"[184].

De facto, o Ministro receava a acção dos alemães, talvez mais daqueles que não residiam na colónia porque, no mesmo telegrama, aconselhava a que "tendo em atenção a técnica conhecida de ocupação [de] pontos vitais a saber, pontes, túneis, estações instalações eléctricas ou abastecedoras de água, é indispensável não descurar a defesa dos mesmos". Para tal propunha a formação de uma "milícia formada pelos colonos portugueses, como extensão às colónias da Legião Portuguesa".

---

[181] Telegrama extra secreto n.º 2 de 27 de Maio de 1940.
[182] Telegrama extra secreto n.º 3 de 31 de Maio de 1940.
[183] Telegrama extra secreto n.º 4 de 4 de Junho de 1940.
[184] Telegrama n.º 182 CIF de 5 de Setembro de 1939.

Ora, o número reduzido de alemães que estavam estabelecidos em Angola não parecia susceptível de levar a cabo as operações referidas.

Aliás, este receio era perceptível no telegrama extra secreto n.º 14 de 8 de Junho de 1940 que não foi passível de uma completa decifração. Aliás, num dos telegramas foi referido que "neste momento [foi] interrompido cifra nova [do] telegrama meu para [os] decifradores"[185].

Durante a primeira permanência de Abel de Abreu Sotto Mayor como Encarregado de Governo, o tema dos possíveis reflexos do conflito mundial em Angola foi tratado no telegrama n.º 81 CIF de 27 de Março de 1941, repleto de frases incompletas e no qual o papel dos "alemães residentes [no] sudoeste africano" voltou a ser mencionado.

Sotto Mayor prometia o "emprego [da] força [para] neutralizar qualquer foco [de] desordem e reintegrar [a] soberania onde seja atingida" e pedia um "crédito suplementar [de] cerca [de] trinta mil e cem contos de reis [a] fim [de] fazer face aos encargos", nomeadamente àqueles que eram inerentes às praças indígenas, à "instalação e funcionamento [da] escola [de] quadros e oficiais milicianos em maior escala", à "preparação sumária [da] instalação [da] tropa [nos] campos [de] instrução e [à] concentração [de] forças [e] adquirir material [de] transmissões" e viaturas para "transporte [de] armas pesadas e infantaria".

A resposta do Ministro não foi certamente aquela que o Encarregado esperava porque, no telegrama n.º 6 SEC de 2 de Abril de 1941, afirmou: "não creio [que os] alemães [em] Angola não possam ser rapidamente dominados [pelas] forças existentes [na] colónia. Se há nacionais indesejáveis, o que não creio, a ponto [de] auxiliarem [os] alemães contra [a] soberania nacional expulse-os imediatamente [da] colónia desde [que] tenha elementos suficientes [dessa] convicção".

De facto, o Ministro não duvidava da "perfeita boa fé" do Encarregado de Governo, só que, como este "não diz [a] fonte [da] informação", o Ministro receava que estivesse iludido por informações

---

[185] Telegrama extra secreto n.º 16 de 11 de Julho de 1940. Este telegrama remete para a alteração periódica da cifra que, por ser muito artesanal, corria o risco de ser descodificada com alguma facilidade.

do Congo Belga "onde parece não terem mais que fazer do que preocuparem-se [com] Angola".

O Ministro repetiu algumas perguntas sobre os alemães em Angola, nomeadamente se possuíam armas ou davam "instrução militar [aos] indígenas [nas] suas plantações" e informou o Encarregado de Governo que as respostas que até então lhe tinham sido dadas a estas questões tinham sido negativas[186].

Aliás, quando a tabuleta de latão que estava à porta do consulado alemão foi "manchada com ácido cáustico", o Ministro apressou-se a perguntar se o "consulado não tem polícia à porta"[187] e, no telegrama extra secreto n.º 9 de 9 de Junho de 1941, rogou ao Encarregado que garantisse a "protecção contra tais insultos dirigidos contra [o] representante [do] Governo Alemão em Angola".

De facto, nessa conjuntura, o desfecho do conflito mundial ainda era incerto e, face à neutralidade assumida por Portugal, não convinha afrontar os nacionais de uma potência que parecia poder sair vencedora da guerra.

No entanto, não eram apenas os alemães que preocupavam o Encarregado porque acabava de ser descoberta pela polícia uma "associação secreta denominada organização socialista [de] Angola com sede [em] Nova Lisboa e delegações em Bié, Vila Luzo, Ganda Benguela [e] Sá da Bandeira [...] que tinha fins separatistas em regime [de] comunismo [...] dirigida [pelo] professor Constantino Augusto em contacto [com] vultos políticos [de] Angola"[188].

De realçar que entre os membros havia "muitos rapazes [de] dezanove a vinte e cinco anos [do] Caminho [de] Ferro [de] Benguela, graduados [da] Mocidade Portuguesa naturais (?) estudantes [do] sexto [e] sétimo ano [do] liceu [e] colégios particulares. Também informava que tinha sido preso "em flagrante delito" um administrativo, "Álvaro Reis Cláudio expulso [de] Moçambique".

O Ministro queria ser informado sobre "tudo [o que] se passar bem como [das] declarações importantes [que os] presos façam"[189],

---

[186] No telegrama o Ministro refere o Encarregado de Governo Ferreira Martins como tendo negado a posse de armas por parte dos alemães.
[187] Telegrama extra secreto n.º 8 de 12 de Junho de 1941.
[188] Telegrama n.º 10 SEC de 3 de Julho de 1941.
[189] Telegrama n.º 12 SEC de 5 de Julho de 1941.

especialmente se havia "ligações [a] quaisquer elementos [de] Moçambique" ou se o movimento era "financiado por qualquer entidade e qual ela era, como vinha [o] dinheiro por quem e como era distribuído".

Eram muitas informações às quais ainda se juntava a necessidade de saber se o "movimento dispunha [de] armamento, qual ele é e onde está".

Como é óbvio, o Ministro exigiu que a "censura impeça [os] jornais [de] publicarem quaisquer notícias".

A resposta viria a 10 de Julho de 1941 no telegrama n.º 13 SEC para indicar que tudo apontava para "comprometimento [de] este [movimento] com Moçambique" e que tudo estava a decorrer "sem causar alarme", apesar de já terem sido "efectuadas mais prisões, mandada encerrar [a] Associação Comercial [de] Nova Lisboa [e] irradiados [os] graduados [da] Mocidade Portuguesa comprometidos".

Porém, o telegrama n.º 15 SEC de 15 de Julho de 1941 seria muito mais explícito porque já indicava os nomes, profissões e motivações dos detidos e fornecia dados provenientes dos interrogatórios. Por isso, já não deixava dúvidas sobre o facto de os "partidários [da] organização pretenderem tornar [a] colónia independente" até porque os "empregos públicos [eram] ocupados [por] metropolitanos", ou como o estudante Alexandre Daskalos denunciava, "sendo natural [de] Angola [era de] concluir [a] impossibilidade de [num] futuro próximo arranjar colocação".

Depois, em 25 de Julho de 1941, daria mais informações sobre as averiguações que decorriam "já [há] cerca de 20 dias" e para "evitar especulações, acalmar [o] espírito" tinha dado ordem "para [a] polícia não conservar presos sem bastantes provas [de] tentativa [de] desagregar [o] Império"[190].

No entanto, existem neste telegrama dois pormenores que não podem passar em claro. O primeiro prende-se com a ideia de criar na colónia uma "companhia disciplinar género companhia [de] Penamacor" para os jovens filiados na organização socialista receberem "instrução militar [e serem] sujeitos [à] disciplina conveniente [a uma] educação moral [e] cívica". O segundo elemento prende-se

---

[190] Telegrama Extra CIF Secreto n.º 21 de 25 de Julho de 1941.

com a necessidade de "preparar desde já [a] modificação social [da] colónia", nomeadamente a nível da educação com a criação de "escolas técnicas elementares para formação profissional habilitada [para o] trabalho [do] campo [e das] oficinas e não letrado", devido a "um mau desenvolvimento dado [à] colónia [pela] instrução secundária", ou seja, o Encarregado de Governo considerava que o ensino liceal só tinha servido para alimentar um sentimento que apontaria para o desmembrar do Império.

No que concerne às possíveis ameaças, para além dos alemães e dos já referidos partidários do comunismo, também as forças belgas, como um "efectivo de 3 000 homens"[191] se tinham concentrado na fronteira do Congo Belga entre Cuango e Noqui[192].

No entanto, em relação aos alemães residentes em Angola, o que se constatava era que os "agricultores alemães mostram impossibilidade [de] pagar contribuição [em] virtude [das] firmas portuguesas e [da] Junta [do] Café só adquirirem produtos acompanhados [de] *navicerts* inglês, condição impraticável [no] seu caso'"[193].

Para tentar resolver o problema, o Governador-Geral pretendia que a "fazenda mande suspender [o] andamento [dos] processos executivos [para] termos posteriores [de] penhora [dos] agricultores alemães até modificação [das] suas condições económicas"[194].

Os interesses alemães em Angola voltariam a ser questionados no telegrama n.º 154 de 28 de Outubro de 1942, até porque, numa conjuntura em que as tropas americanas estavam "desembarcando [no] Cabo e [no] Congo Belga" o Cônsul da Alemanha lhe tinha dito que "por indicação [do] seu governo deve chegar [a] Angola brevemente [transporte] aéreo alemão [do] tipo comercial [para] conduzir [os] súbditos alemães [para a] Europa"[195]. O Governador-Geral temia que se tratasse de um "acto [de] ligação [à] guerra, possível espionagem

---

[191] Telegrama n.º 14 SEC de 12 de Julho de 1941.
[192] Em 21 de Novembro de 1941, o telegrama n.º 341 CIF voltava ao assunto e indicava que, para além dos belgas a norte, também havia "concentração [de] tropas sul-africanas [na] região fronteiriça [do] baixo Cunene onde há cinco campos [de] instrução perto [da] fronteira procurando alistar indígenas nossos". Por isso, o Governador-Geral pedia reforços.
[193] Telegrama n.º 225 CIF de 12 de Agosto de 1941.
[194] Telegrama n.º 225 CIF de 12 de Agosto de 1941.
[195] Telegrama n.º 394 CIF de 28 de Outubro de 1942.

[em] virtude sobretudo [da] situação [de] Angola [estar] rodeada [de] colónias [dos] países beligerantes inimigos [da] Alemanha".

Entretanto também os interesses dos aliados – como os ingleses – se começavam a fazer sentir, como se comprova por um documento escrito em inglês sobre as possibilidades de produção de borracha nas colónias portuguesas, sobretudo em Angola, e que consta na pasta 11 de AOS/CO/UL – 1 D.

Retomando a questão das divergências entre o Ministro e o Governador-Geral, na 4.ª sd. da pasta 6 de AOS/CO/UL – 8 G, as mesmas voltam a ser evidentes porque existe uma carta do Ministro para o Presidente do Conselho e que é acompanhada por cópias de telegramas do Governador-Geral para o Ministro. Segundo a carta, o Governador-Geral pedia "mais delegações e mais poderes, aliás desnecessários" e, por isso, o Ministro perguntava a Salazar "o que devo responder e o que quer que faça".

Como se vê, a palavra do Presidente do Conselho era de ouro, tanto mais que convinha destrinçar as ameaças dos boatos que assumiam a forma de denúncia, frequentemente, classificada como muito "convincente" mas que, na realidade, estavam longe de o ser como aquela que dava conta que "rebentará [um] movimento talvez dentro [de] algumas horas" e que só poderia "ser evitado se colocarmos [os] ingleses [do] nosso lado"[196].

Apesar de o Governador-Geral continuar a insistir na necessidade de uma resposta do Ministro, esta não chegou e, em 4 de Novembro de 1941, o Governador-Geral enviou o telegrama Extra-CIF secreto n.º 27 a dizer que apesar dos seus "24 e 25 e 307 CIF ainda sem resposta" a situação lhe parecia "esclarecida". Afinal, tudo não passara de uma tentativa de um grupo da "velha guarda angolana", que se quisera organizar em "um pequeno grupo destinado [a] ataques pessoais" e onde era nítida a influência do padre Cunha e do major "Joaviano Lopes cuja loucura acabará a ponto [de] causar um grave desastre". Como os culpados eram "os mesmos de sempre", o regresso do Comandante Militar e do Sub-Chefe do Estado Maior, que tinham ido ao Sul da colónia, permitiu o reforço da "solidez militar" e a ordem ficou "assegurada".

---

[196] Telegrama extra CIF secreto n.º 24 de 27 de Outubro de 1941.

Os posicionamentos que o Ministro vinha assumindo face às constantes informações provenientes de Angola já deixavam antever que o Governador-Geral não se manteria por muito tempo, tanto mais que o Ministro lhe enviou o telegrama n.º 24 SEC a informá-lo que o Governo decidira antecipar a ida do Ministro a África "para verificar *de visu* [a] situação [e] poder remediar [com a] sua presença [as] dificuldades provindas [da] demora [e] irregularidade [do] correio e exercer [uma] acção mais directa [na] política [de] administração".

De facto, apesar de o Governador-Geral se dizer "senhor [da] situação", verificava-se um "mal-estar [de] espírito para que Vexa me transmita tão frequentemente ameaças [de] alteração [à] ordem e elas sejam possíveis [nas] circunstâncias actuais"

Adivinhando o final anunciado, o Governador-Geral, que estava convencido que todos os seus "actos praticados aqui foram orientados no mais profundo ponderado e útil sentido [do] bem [ao] serviço [da] Nação e do seu Chefe", antecipou-se e, no telegrama urgentíssimo Extra-CIF n.º 28 SEC, apresentou o seu pedido de exoneração do cargo, ao mesmo tempo que entrava no âmbito da justificação para alguma inacção da sua parte ao denunciar que "não me foram fornecidos [os] elementos [de] prevenção por Vexa mesmo prometidos em Lisboa".

O Ministro, no telegrama n.º 25 SEC de 22 de Novembro de 1941, não reagiu a esta afirmação e preferiu ser politicamente correcto e reconhecer o patriotismo e boas intenções do Governador-Geral. Mais o informou que, depois de ouvir o Governo sobre a questão, aceitara "deferir [o] pedido [de] demissão" e pediu que o Governador-Geral embarcasse para Lisboa em "um dos primeiros transportes [que] passe [por] Luanda" a "fim [de] conferenciar" com o Ministro que indicou que os poderes passariam para o "Comandante Militar Brigadeiro Sotto Mayor que ficará encarregado [do] Governo".

Na verdade, foi um final de mandato muito atribulado como se pode comprovar pela enorme quantidade de telegramas enviados pelo Governador-Geral para Lisboa e nos quais para além de ir dando conta que "economicamente [a] situação é frizante"[197] nos vários sectores de actividades, o Governador-Geral reportava todas as possíveis ameaças internas e externas que iam chegando ao seu conhecimento.

---

[197] Telegrama n.º 155 CIF de 12 de Junho de 1940.

A antecipação da ida – que convém não confundir com visita – do Ministro a Angola[198] representou o culminar da desconfiança, já várias vezes manifestada, do Poder Central na acção do Governador-Geral.

Aliás, esta situação não seria a única em Angola durante este Ministério.

De facto, também o Governador-Geral Freitas Morna viria a ser exonerado, por Decreto de 28 de Agosto de 1943, quando se encontrava na metrópole onde regressara por motivo de doença, sendo o seu lugar ocupado por José Ferreira Rodrigues de Figueiredo dos Santos, que foi Encarregado do Governo em dois períodos: de 23 de Março a 29 de Abril de 1943 e de 26 de Junho a 17 de Setembro de 1943.

Porém, ao contrário do que se passou com a exoneração do Governador-Geral Marques Mano, a consulta do Arquivo Salazar, mais concretamente AOS/CO/UL – 8 G, pt. 6, permite saber, com muito detalhe, a razão da exoneração de Freitas Morna.

Na realidade, nessa pasta existe abundante correspondência sobre os incidentes entre o Ministro das Colónias, Vieira Machado, e o Governador-Geral, Freitas Morna. Salazar, como é natural, era o árbitro neste diferendo e foi o destinatário de uma missiva na qual o Governador-Geral expôs, pormenorizadamente, as suas razões porque, em 22 de Março de 1943, o Governador-Geral escreveria a Salazar uma carta de 24 páginas dactilografadas a lembrar as razões que o tinham levado, numa primeira deliberação, "a declinar a honra de governar Angola" entre as quais figurava o mau "estado de relações pessoais com o Senhor Ministro das Colónias" e a garantir "sem receio de errar", que tinha em volta de si "os melhores valores de todos os sectores da vida de Angola e até mais, mesmo os mais exigentes".

A estrutura da carta pode ser dividida em três partes. Assim, ao longo das primeiras vinte páginas, Freitas Morna, depois de fazer a introdução apresentada no parágrafo anterior, dava conta das acções

---

[198] Durante essa ausência o Ministro das Colónias interino foi Francisco José Caeiro. Foi ele que, por exemplo, enviou ao Presidente do Conselho e ao Ministro dos Negócios Estrangeiros, em 10 de Novembro de 1942, o ofício n.º 2911 sobre o peço do sisal.

feitas no terreno nos vários sectores, mesmo em problemas que até então nunca tinham sido "encarados de frente", como as "correntes de emigração entre os indígenas", falava da situação financeira que classificava como "óptima" porque o saldo de gerência de 1942 deveria atingir "entre 40 a 50 000 contos" e considerava que "moralizei e disciplinei a vida de Administração dos Municípios da Colónia".

A seguir, o Governador-Geral atacava a acção do Ministro, recordando o comportamento que este tivera durante a visita a Angola porque "era corrente chamar Chefes de Serviço, tratar com eles, dar ordens e despachos sem eu estar presente, sem sequer muitas vezes me ouvir, o que merecia críticas dos próprios subordinados" e considerava que tinha suportado tudo sem "lhe fazer sentir o meu desgosto pelo mal que isso me acarretava, não pessoalmente, mas ao prestígio da função".

No entanto, segundo ele, o Ministro "desde que chegou a Lisboa" continuou a dar "constantes razões de agravo" e, por isso, se queixava porque precisava "de sossego de espírito" e de "muito do tempo para trabalhar, não podendo perdê-lo com questões desta natureza".

Na parte final da carta, como forma de provar o último argumento, Freitas Mona remetia para os telegramas trocados com o Ministro e que figuram na mesma pasta.

A análise dos telegramas mostra que as relações entre o Ministro e o Governador-Geral estavam longe de ser boas e chegavam a ultrapassar os limites da razoabilidade. Por exemplo, o Governador-Geral considerava, no telegrama n.º 205 CIF de 8 de Março de 1943, "inconveniente [a] permanência [na] Colónia [do] Procurador da República Santos Silva" e propunha Mota Carneiro para o substituir, aliás, como lhe tinha sido solicitado no telegrama n.º 176 CIF de 5 de Março. O Ministro, no telegrama n.º 211 CIF de 15 de Março de 1943, informaria que "acedendo [aos] desejos de Vexa" já tinha sido publicado no *Diário* o "despacho [de] transferência [do] Juiz Mota Carneiro para Lourenço Marques".

Escritas a lápis azul surgem no telegrama três questões, duas das quais são: "Há lógica? É razão aceitável?"

O Governador-Geral reagiria no dia 17 de Março, através do telegrama n.º 251 CIF, explicando as razões da sua proposta e, face aos desenvolvimentos da situação, pedindo a "subida fineza" de lhe ser permitido o "completo desinteresse por este assunto"[199], posição que o Ministro não aceitou[200], o que motivou uma nova resposta do Governador-Geral que se dizia "muito agradecido, mas não convencido"[201], razão pela qual, servindo-se de outros exemplos, não via "motivo para não ser anulada essa portaria, por se tratar de funções completamente diferentes, uma normal outra acidental".

O lápis azul voltaria a colocar dúvidas: "fica Sexa [o] Ministro bem colocado ouvindo estas verdades?"

O estudo deste difícil relacionamento dá, por si só, motivo para uma investigação e, por isso e até como forma de motivação para esse estudo, limito-me a enumerar mais duas das achas que foram lançadas para a fogueira.

A primeira tem a ver com os procedimentos que deveriam ser acautelados para a substituição de pessoal técnico.

Assim, no telegrama n.º 122 CIF de 8 de Fevereiro de 1943, o Governador-Geral julgava conveniente a substituição de três engenheiros porque a "Colónia [está] pessimamente servida com os técnicos, três engenheiros em serviço [nas] Obras Publicas além do Director". O Ministro concordaria, mas avisaria que a " única forma [de] substituir [os] engenheiros [que] Vexa entender menos competentes zelosos [é] instaurar [um] processo disciplinar"[202].

O Governador-Geral, que poderia dar continuidade ao processo acatando a informação do Ministro, não o fez e, através do telegrama n.º 154 CIF de 19 de Fevereiro de 1943, discordou do procedimento legal proposto pelo Ministro ao afirmar que "salvo o devido respeito pela esclarecida opinião o processo disciplinar não é a única forma de substituir os engenheiros" e sugeriu "uma outra forma ou seja aquela que Vossa Excelência há pouco adoptou a respeito do engenheiro Sá Nogueira que foi criteriosamente transferido por Vossa

---

[199] A lápis azul está escrito, provavelmente por Salazar, no telegrama: "Fica Sexa [o] Ministro bem colocado com esta resposta? Não podia tê-la evitado?"

[200] No telegrama n.º 237 CIF de 19 de Março de 1943, o Ministro pedia ao Governador-Geral o "favor [de] indicar outro Juiz [para a] Colónia". O lápis azul volta a questionar: "Para que insiste?"".

[201] Telegrama n.º 277 CIF de 22 de Março de 1943.

[202] Telegrama n.º 121 CIF de 17 de Fevereiro de 1943.

Excelência desta Colónia sem necessidade de nenhum processo disciplinar"[203].

Esta forma de contrariar a proposta do Ministro servindo-se de decisões anteriores do mesmo terá de ser vista como uma forma subtil de desobediência na qual os elogios assumem uma condição depreciativa da acção do Ministro.

A segunda tem a ver com a forma de redacção do texto dos telegramas.

De facto, no telegrama n.º 229 CIF de 19 de Março de 1943, o Ministro afirmou: com "referência [ao] seu 249 CIF forneça visto [a] União não querer englobando fornecimento as 3 200 toneladas [ao] Grémio [do] milho que estavam para ir [para a] África [do] Sul".

A lápis azul está escrito no telegrama: "é forma de Sexa o Ministro pôr a questão ao governador geral? Não costumo usar o imperativo nem para os meus próprios criados"[204] e a palavra «forneça» aparece sublinhada com a mesma cor.

Aliás, foi o recurso a esta forma verbal que fez com que a hipocrisia irónica continuasse e o Governador-Geral, no telegrama n.º 276 CIF de 22 de Março, escrevesse que em "referência [ao] 229 CIF creio Vexa alheio [aos] termos em que [o] citado telegrama foi redigido, devendo tê-lo sido por pessoa sem conceito devido da correcção e respeito que mutuamente nos devemos".

Aliás, o Ministro também estranharia a "insólita forma [como o] seu 401 CIF está redigido, que só posso explicar e atribuir [ao] seu estado [de] saúde"[205].

Como é saber antigo, o elo mais fraco quebrou e o Governador-Geral viria a ser exonerado por Salazar. No entanto, o processo voltou a ser conturbado porque o Governador, no telegrama n.º 71 CIF de 25 de Janeiro, apresentou a demissão e solicitou ao Ministro a indicação da "pessoa a quem devo fazer [a] entrega do Governo para seguir [para a] Metrópole [no] primeiro paquete" uma vez que se

---

[203] Nova anotação a lápis azul: "Ficou Sexa o Ministro bem colocado com esta resposta? O serviço lucra alguma coisa com critérios desta natureza?"

[204] No original está escrito «creados».

[205] Telegrama n.º 11 SEC de 14 de Junho de 1943. A doença também é utilizada como justificação noutros telegramas, nomeadamente no 428 CIF de 8 de Junho de 1943, no qual o Ministro considerava "menos curial eu saber pelos jornais o que se passou".

sentia desrespeitado face ao silêncio do Ministro que não lhe respondera a telegramas urgentes e urgentíssimos, designadamente sobre a questão do subsídio de família numa altura em que já atingiam "milhares de contos [as] dívidas [dos] funcionários aos estabelecimentos de Luanda" e se chegava a ver "nas cidades quatro e cinco pessoas [de uma] família a comerem de um único termo ido de hotel ou hospedaria"[206].

O Ministro respondeu confessando-se "muito surpreendido" e entendendo que já tinha respondido e, por isso, "não há razão [para] considerar [o] seu pedido [de] demissão"[207], embora o lápis azul voltasse a questionar: "surpreendido? Que outra sequência lógica poderia ter o assunto?"

Para conclusão do assunto, refira-se a existência da cópia de uma carta e de um cartão pessoal de Freitas Morna[208] para dar conhecimento a Salazar da mensagem que enviara ao Ministro em 21 de Agosto de 1943.

O tom da carta para o Ministro era revelador dos desencontros entre as duas personalidades e o Governador-Geral não se coibiu de afirmar que aceitara o cargo "para satisfazer, não os desejos de V. Ex.ª a quem nenhumas obrigações me ligavam e que suficientemente conhecia para que os factos que V. Ex.ª mais tarde havia de provocar na vigência do meu governo não pudessem constituir surpresa".

Na parte final, volta a considerar que a situação foi criada pelo Ministro e, assim, o Governador não autorizava "que no diploma da minha exoneração se mencione que fui eu a solicitá-la"

Antes da chegada do novo Governador-Geral ainda haveria outro Encarregado de Governo, Manuel Pereira Figueira, que supriu ao Governo de 17 de Setembro a 1 de Outubro de 1943.

Vasco Lopes Alves seria o próximo Governador-Geral, nomeado por Decreto de 28 de Agosto de 1943, tendo tomado posse a 1 de Outubro de 1943. Foi ele que restabeleceu o antigo cargo de Secretário-Geral do Governo.

A existência de vários Encarregados do Governo-Geral em Angola explica-se, segundo Serrão (2000, p. 357), pela necessidade de "não

---

[206] Telegrama n.º 71 CIF urgentíssimo.
[207] Telegrama n.º 69 CIF de 29 de Janeiro de 1943.
[208] Constantes na pasta 3 de AOS/CO/UL – 8 G.

se produzir qualquer vacatura efectiva na sua autoridade suprema", mesmo quando o Governador-Geral apenas se deslocava a uma Conferência, como aconteceu quando Lopes Mateus esteve presente na Conferência Pan-Africana e foi substituído por Vasco Lopes Alves que, como consta no parágrafo anterior, depois de Governador da província de Malanje e da província de Luanda, viria a ser Governador-Geral de Angola e Ministro do Ultramar. Aliás, a importância de Angola para o Império pode ser verificada pela existência de um plano específico para o seu desenvolvimento económico datado de 1938.

Na verdade, a ocupação de Timor levaria Salazar a temer que o mesmo se passasse noutras colónias e, por isso, "começa por demitir o Governador de Angola e dá ao seu substituto [Álvaro Morna] instruções estritas para manter relações com o poderoso vizinho" (Telo, 1991, p. 30).

Ainda no que à exoneração dos Governadores-Gerais diz respeito, interessa verificar que a mesma decorreu, por vezes, da incompatibilidade entre os interesses locais e a política de Lisboa. De facto, em 26 de Agosto de 1935, um telegrama enviado a Salazar pelos "representantes [de] todas [as] associações comerciais [de] Angola e [pelos] empregados [de] comércio reunidos [em] Luanda", para além de felicitarem o Presidente do Conselho pelas medidas tomadas tendentes a melhorar a situação económica e financeira de Angola, manifesta o "seu júbilo [pelo] regresso [do] Doutor Marques Mano cujo Governo orientado [pela] salutar política [do] Estado Novo assegura prosperidade [a] Angola"[209].

Ora, como já foi dito, o Governador-Geral foi exonerado.

Lopes Alves teve de lutar com a acção dita subversiva, que não era exclusiva de Angola como se comprova pelo facto de o Governo do Congo Belga pedir a "extradição [da] quadrilha [de] negros [que] exerceram ali acção subversiva [e] que depois vieram exercer [em] Angola conjuntamente [com] negros nacionais"[210]. O Governador-Geral, que já resolvera o problema com os negros nacionais depor-

---

[209] Este telegrama encontra-se em AOS/CO/UL -8B, pt. 25 e indicado como relativo a 1941 o que, face ao período do mandato do Governador-Geral em causa, constitui um erro de datação.

[210] Telegrama n.º 96 CIF de 23 de Fevereiro de 1944.

tando-os para São Tomé, pretendia expulsar os outros para o Congo Belga "desde [que] seja garantido [que] não serão condenados [à] morte por delitos".

Depois, em 6 de Março de 1944, dava conta que estavam "revoltados três regimentos indígenas" em "Luabo alto [no] Congo Belga", havendo "dez oficiais do exército europeu [dos quais] três [tinham sido] presos"[211]. O telegrama seguinte acrescentava pormenores com origem em informações do "Intendente [de] Sazaite" e apontava que tudo poderia "ter sido provocado [por] agentes [da] Alemanha", embora pudesse ter "ligação com [o] movimento [da] missão [dos] negros"[212].

Nesse telegrama, o Governador-Geral afirmou esperar que a "revolta não tenha qualquer repercussão [na] colónia todavia [o] comandante militar foi avisado [a] fim [de] tomar [as] precauções convenientes".

Aliás, em 20 de Março de 1944, o Governador-Geral voltou a temer a influência nefasta da conjuntura regional porque tinha havido uma "sublevação " em Lulua Buego " a 100 quilómetros a Norte do canto nordeste de Angola" e, como tinham fugido "cerca [de] 250 soldados", admitia a "possibilidade [de] alguns tentarem-se refugiar [em] Angola"[213].

Neste telegrama há um aspecto muito importante para perceber as relações entre a conjuntura regional e a conjuntura mundial.

De facto, afirma-se que os "belgas receiam muito que [no] fim da guerra quando regressarem [as] tropas indígenas [da] Campanha [do] Egipto e [da] Palestina haja insubmissões em grande escala".

Ora, como a História provou, a previsão estava correcta, apesar de o desembarque do "primeiro contingente [das] tropas indígenas belgas [de] regresso [do] Egipto acompanhadas [por] 12 oficiais brancos"[214] ter decorrido dentro da normalidade.

Na realidade, o regresso das tropas indígenas iria ser acompanhado da chamada das tropas europeias espalhadas pelos impérios às respectivas metrópoles. Só Portugal, tão rápido a enviar a guia de marcha, tardou a emitir o bilhete de retorno.

---

[211] Telegrama n.º 7 SEC de 6 de Março de 1944.
[212] Telegrama n.º 8 SEC de 7 de Março de 1944.
[213] Telegrama n.º 11 SEC de 20 de Março de 1944.
[214] Telegrama n.º 40 SEC de 3 de Novembro de 1944.

No que concerne às comunicações – temática que será abordada por várias vezes ao longo da exposição – na pasta 2 de AOS/CO/UL – 8 H encontra-se uma proposta dos Serviços Aéreos Portugueses, Lda. «SAP» para a exploração das linhas aéreas de Angola, datada de 8 de Outubro de 1938, dirigida ao Ministro das Colónias e envolvendo "um empate de capital, aproximadamente igual ao crédito de cerca de 5 000 contos, com que a Província de Angola acaba de ser dotada para a criação dos Serviços Aéreos".

A SAP, apoiada pela "Lufthansa", considerava que podia "explorar muito mais economicamente aquelas linhas do que qualquer pequena empresa sem aquele ou idêntico apoio".

O último elemento relativo a este Ministério é um parecer, datado de 1 de Agosto de 1944 e assinado pelo consultor jurídico, Raul Antero Correia, sobre a anulação da concessão de terrenos à Companhia de Cabinda[215] porque "uma sociedade estrangeira ou mesmo uma sociedade portuguesa, mas com capitais estrangeiros, só pode obter concessão de terrenos em África Continental se metade do capital social tiver sido subscrito por portugueses de origem e for representado por acções nominativas".

O despacho considerou que a Companhia de Cabinda, que estava adstrita a obrigações de natureza legal e de natureza contratual, "faltou ao cumprimento da obrigação de aproveitamento dos terrenos [...] porque dos 128 765 3001 de terrenos concedidos somente 6 810 hectares estão aproveitados [...] tem apenas 1 médico em serviço na concessão em vez de 2 a que o contrato a obrigava [...] não tem [...] em estado satisfatório a conservação das estradas e a limpeza dos rios, designadamente o Chiloango, a Luali e o Loango".

Face ao incumprimento por parte da Companhia, o Estado podia sentir-se "desobrigado", mas não queria "usar do direito assegurado" e só anulava a concessão de terrenos feitos à Companhia pela "portaria do A.C. de 18 de Fevereiro de 1929 na parte relativa aos terrenos desaproveitados". Para isso, o Governador-Geral mandaria "delimitar pelos serviços de agrimensura os terrenos que ficam na posse da Companhia".

---

[215] Documentos disponíveis na pasta 23 de AOS/CO/UL – 1 D.

Era uma nova versão da Lei das Sesmarias, vários séculos passados depois da tentativa de D. Fernando na Metrópole e dos reis da dinastia de Avis nalgumas das terras encontradas desabitadas, como Cabo Verde.

3.3.2. Moçambique – 16 de Fevereiro de 1936 a 6 de Setembro de 1944

No que concerne a Moçambique, José Nicolau Nunes de Oliveira foi nomeado Governador em 1938 e cessou funções em 1941, sendo substituído por João Tristão de Bettencourt[216] que governou até1946 e teve de aplicar uma política muito austera no que concerne a um dos principais produtos da colónia – o algodão. De facto, foi durante a vigência do seu Governo que se atribuíram "quotas às aldeias, que tinham de ser cumpridas, e nomeavam-se *capatazes*" (Newitt, 1997, p. 397), situação que levou a que, de acordo com o mesmo autor, em 1944 houvesse cerca de 791 000 camponeses moçambicanos envolvidos no cultivo do algodão.

Durante o governo de Nunes Oliveira, o Presidente Carmona permaneceu três semanas em Moçambique, onde inaugurou a linha telefónica com Lisboa que teve como primeiros utilizadores o Presidente da República e o Presidente do Conselho.

As manifestações de júbilo das populações que o primeiro não deixou de transmitir ao segundo apontam para a inexistência, nessa altura, de uma resistência à presença portuguesa em Moçambique por parte das populações autóctones. O mesmo não se viria a passar, durante o mandato do Governador seguinte, embora por força de interesses não africanos.

De facto, o eclodir e, sobretudo, os desenvolvimentos em África da II Guerra Mundial, forçaram o Governador João Tristão de

---

[216] Newitt (1997, p. 397) apresenta datas diferentes porque afirma que a "nomeação de José Tristão de Bettencourt para Governador-Geral [foi] em 1940". Esta situação pode ser explicada pelo facto de a data de nomeação não coincidir com aquela em que se processou a efectiva tomada de posse do cargo. O mesmo se aplica para o final do mandato, pois vários Governadores terminaram a comissão de serviço, mas mantiveram-se em funções até à chegada do novo titular do cargo.

Bettencourt a solicitar à União Sul-Africana armas para defender a colónia, principalmente a capital, porque receava um ataque dos japoneses, embora o Embaixador português em Pretória enviasse informações que apontavam num sentido que Salazar há muito vinha defendendo, ou seja, que o perigo para Angola e Moçambique vinha mais dos aliados, sobretudo dos EUA, do que dos japoneses.

Na verdade, mesmo tendo em conta que a antecipação representa uma mais-valia em tempo de conflito, ainda seria necessário esperar pela queda de Singapura e de Rangoon para o perigo nipónico passar a ser real.

Na pasta 3 de AOS/CO/UL – 1 D, está uma carta enviada pelo Ministro a Salazar, datada de 20 de Abril de 1938, sobre a liquidação dos créditos coloniais pelo serviço de vales ultramarinos. Nessa missiva, o Ministro informou que Moçambique "pagou toda a dívida à Metrópole" no valor de "21 415 contos", a que se devia acrescentar o pagamento de "12 066 contos" dos "sinistrados da Guerra (Art. 7.º do dec. n.º 27 983)".

A questão dos vencimentos mensais recebidos por sargentos e praças europeias e indígenas em serviço no Ultramar levou o Governador-Geral a enviar o telegrama n.º S.B. 65 de 7 de Setembro de 1940, no qual considerava que havia "sintomas de descontentamento entre cabos e soldados do Batalhão Expedicionário" que consideravam que recebiam menos que as praças indígenas. O Governador-Geral também referia que o artigo 4.º do Decreto-Lei n.º 30 583 deveria ser anulado, apesar de tal significar um aumento de despesa para a Colónia de "cerca de 200 contos mensais".

Como o Ministro reencaminhou o telegrama para Salazar, este respondeu ao Ministro numa carta de 3 páginas – com várias rasuras – e na qual demonstrou todo o seu pragmatismo e rigor[217].

Assim, Salazar não compreendia a "existência de cabos ganhando 1 233$56 e soldados com o vencimento de 1 100$33, quando aos indígenas se pode pagar 175$00 e 157$58", sendo que estes até apresentavam "melhores condições para o serviço nas colónias". Por isso, a decisão era fácil: "uma razoável organização militar nas colónias" aconselhava "a utilização de apenas cabos e soldados indígenas e

---

[217] A carta está na pasta 8 de AOS/CO/UL – 1 D.

que parece ser de boa prática administrativa e até de boa medida militar a transformação do actual Esquadrão de Dragões de Lourenço Marques em unidade indígena de mais segura e eficiente aplicação na defesa da Colónia".

O Governador-Geral e os militares, ao contrário de Salazar, tinham-se esquecido que "o pré, a subvenção de campanha e ainda as despesas feitas com a limpeza e lavagem de roupa das praças" corriam "por conta do Estado"[218].

O Governador-Geral também parecia não conhecer o centralismo do comércio no Império português, como se comprova pelo facto de ter enviado para o Ministério um telegrama a pedir autorização para exportar sisal para o Brasil.

Na pasta 1 de AOS/CO/UL – 41 está um telegrama que serve para mostrar que, por vezes, a existência de problemas não se verificava entre o Poder Central e os Governadores, mas entre estes e os Governadores das províncias ou dos distritos.

De facto, o Governador-Geral pedia ao Ministro para chamar a Lisboa o Governador de Niassa porque não podia "governar [a] colónia sem [que os] governadores [de] província tenham [a] minha confiança"[219].

A causa recente do diferendo prendia-se com uma "nota absolutamente incorrecta na qual faz insinuações injustificáveis [ao] meu chefe [de] gabinete [a] propósito [de] uma nota confidencial [que] ele assinou mas que foi redigida inteiramente por mim". No entanto, as desavenças vinham desde a visita que o Governador-Geral fizera à província de Niassa.

---

[218] Na França, assistia-se a um fenómeno de sentido inverso porque, de acordo com um relatório secreto datado de 18 de Janeiro de 1946 e enviado de Paris, era o General De Gaulle que fazia questão de lembrar que o exército soviético tinha 7 000 000 homens em armas para solicitar mais créditos militares no orçamento. Esse relatório pode ser consultado na pt. 26 de AOS/CO/GR/ 1C.

[219] Telegrama n.º 24 SEC de 5 de Maio de 1942.

3.3.3. Cabo Verde – 16 de Fevereiro de 1936 a 6 de Setembro de 1944

Em Cabo Verde, que nessa altura passava "por uma das piores fomes de sempre, provocada por anos de intensa seca, a que se soma a falta de importações, devida à posição internacional de Portugal" (Telo, 1991, p. 29), apenas se verificou uma substituição, em 1943, e o novo Governador, João de Figueiredo, ocupou o cargo até 1949. Convirá, no entanto, referir que a posição estratégica do arquipélago não passara despercebida aos Aliados e "os EUA ficaram com a responsabilidade pela ocupação de Cabo Verde numa emergência" (Telo, 1991, p. 28).

Felizmente para Portugal – para Cabo Verde não seja tão segura a utilização do advérbio – essa emergência não surgiu.

A crise do arquipélago levou a que Cabo Verde não conseguisse pagar toda a dívida relativa aos vales e só procedesse a uma amortização no valor de 5 000 contos.

Outro elemento que não poderá deixar de ser tido em conta, até pela sua importância para o estudo da oposição ao Estado Novo, prende-se com a criação em Cabo Verde, mais concretamente no Tarrafal, na ilha de Santiago, de uma espécie de campo de concentração – uma colónia penal – destinada aos presos políticos e sociais. No entanto, convém frisar que a colónia penal do Tarrafal não resultou da vontade do Governador, mas sim do Poder Central, como se comprova pelo facto de a sua criação ter resultado do Decreto-Lei n.º 25 539 de 23 de Abril de 1936.

A morte causada pela miséria seria objecto de vários telegramas. Assim, o n.º 13 SEC de 16 de Outubro de 1941 dava conta que a "mortalidade subiu [no] Fogo [e em] S. Nicolau [durante] Julho Agosto Setembro devido [em] parte [à] fraqueza da população, principalmente febre, diarreia, gripe", apesar de também ter morrido uma "pessoa abastada".

Porém, o Governador afirmava que já tinham acabado os pedintes e não sabia a "origem [ou] responsabilidade [da] expedição [do] telegrama [de] 29 [de] Setembro" a dar conta de mortes causadas pela fome, embora pudesse assegurar que "não foi [do] Fogo onde [era] desconhecido [a] morte [de] oito pessoas"[220]. Depois, em 23 de Agosto de 1941[221], contradisse esta afirmação e reconheceu que havia "realmente fome atingindo [uma] massa importante [da] população", apesar de haver elementos que não podiam ser desvalorizados, nomeadamente, a "tradição [de] crises e [a] estranha índole [dos] nativos fatalistas e muito indolentes [para] suportar fome clamando e pedindo mas fugindo [do] trabalho".

O Ministro mostrou-se preocupado, sobretudo, com a repercussão internacional do problema porque lhe chegara por pessoa de "confiança" a informação que o "cônsul [da] América desenvolvia propaganda anti-portuguesa dizendo [que] se [o] arquipélago fosse americano não havia [as] dificuldades actuais"[222]. Por isso queria saber se o Cônsul também afirmara o mesmo na Brava.

O Governador respondeu que lhe parecia que o "Cônsul americano ainda não foi [à] Brava"[223], mas o telegrama estava de tal forma ilegível que o Ministro solicitou a repetição do seu envio[224].

Mais tarde, em 20 de Setembro de 1941, chegavam as boas notícias: "o banco já comprou dólares, [foi] normalizado [o] correio. [Começou a] chover bem se bem que tarde [com] bom efeito [no] moral", ao lado da constatação dos efeitos da crise: "aumento [da] mortalidade especialmente [em] S. Nicolau [e] Fogo também" e "dois anos agrícolas péssimos precedidos [de] dois [de] grave epidemia [de] malária"[225]. Além disso, havia tentativas de aproveitamento político da situação: "mandaram fotografar [um] faminto [em] S. Nicolau para [enviar para a] América". O Governador dava ainda conta da sua acção: "mandei distribuir assistência [a] crianças e impossibilitados [de] trabalhar [...] resultado desapareceram [os] famintos".

Depois começaram as notícias sobre movimentações militares: "foi visto [em] frente [à] ilha [do] Sal [um] submarino pairando

---

[220] Este telegrama está de tal forma mal decifrado que não se compreende bem o seu conteúdo, embora pareça possível verificar que algumas famílias pediram apoio a familiares emigrantes na América, que era "difícil aguentar a crise" e que tinha sido "dada nova ordem de censura", como se o esconder da situação resolvesse o problema.

[221] Telegrama n.º 183 CIF.
[222] Telegrama n.º 67 CIF de 24 de Maio de 1941.
[223] Telegrama n.º Extra SEC n.º 3 de 29 de Maio de 1941.
[224] Telegrama n.º 2 SEC de 31 de Maio de 1941.
[225] Telegrama n.º 151 CIF de 20 de Setembro de 1941.

durante dez minutos e duas vezes [no] intervalo [de] poucos dias [...] também [um] torpedeiro inglês próximo [de] S. Vicente"[226]; "navio couraçado desconhecido próximo [do] Sal"[227], "bimotor [à] volta [do] Sal [...] Loked [de] construção americana"[228] e "voltaram [a] aparecer dois submarinos [na] Ribeira [do] Inferno perto [da] Praia"[229].

Convém, no entanto, referir que esta situação já era antiga, pois vinha da fase que antecedera o segundo conflito mundial, como se constata pelo telegrama no qual o Governador informava que "não estão fundeados [na] colónia navios alemães. Em S. Vicente desde 29 [de] Agosto [está o] navio Tongue Promethis arvorando bandeira [do] Panamá mas sendo [a] sua tripulação composta de 36 alemães"[230]. Aliás, esses alemães pretendiam "desembarcar para ficar [em] S. Vicente de Cabo Verde"[231], mas o Governador tinha recusado e solicitava directrizes ao Ministro.

No Arquivo não consta a resposta do Ministro. No entanto, o telegrama de 27 de Maio de 1940 dá conta do desembarque de 36 alemães, "4 oficiais [e] 32 marítimos" que tinham "reuniões com italianos e com [o] engenheiro alemão da companhia [das] Águas e com alguns judeus alemães" para além de procurarem "relações com nacionais principalmente estudantes trabalhadores [e] funcionários [do] telegrafo".

O Governador desconfiava das suas intenções e não estava isolado nessa desconfiança porque também a "companhia [do] telegrafo inglês [estava] preocupada com receio [de] qualquer atentado contra [a] estação". Por isso, o Governador julgava "necessário convocar 60 praças [da] guarnição militar [com o] fim [de] auxiliar a polícia".

Aliás, o mesmo se passava com os italianos que, de acordo com o relatório do "Comandante do aviso de 2.ª classe «Pedro Nunes», relativo à entrega do Comando, referido a 26 de Setembro de 1939" e com o telegrama n.º 29 a CIF de 24 de Setembro de 1939 do Governador, estavam a descarregar muitas toneladas de material,

---

[226] Telegrama n.º 87 CIF de 10 de Junho de 1941.
[227] Telegrama n.º 88 CIF de 11 de Junho de 1941.
[228] Telegrama Extra SEC n.º 9 de 31de Junho de 1941.
[229] Telegrama n.º 290/A de 8 de Outubro de 1941.
[230] Telegrama n.º 615 CIF de 8 de Setembro de 1939.
[231] Telegrama n.º 22 A CIF de 16 de Setembro de 1939.

incluindo "casas desmontáveis, armazéns, hangars, central eléctrica" tudo com o pretexto de "arranjarem um campo de aterragem para os aviões da «Alla Littoria» e já estavam a "utilizar [a] sua TSF para comunicação variada o que lhes foi proibido"

No mesmo sentido se insere o telegrama n.º 39 CIF de 15 de Junho de 1940, no qual o Governador dava conta que "seis italianos tripulantes [de um] navio" tinham desembarcado em São Vicente "a pedido do agente consular italiano" e que tivera de dar autorização visto não ter "fundamento legal para o negar".

O Governador receava esta acumulação de italianos até porque o "agente [da] companhia [de] navegação [viera] informar esperar mais italianos vindos [em] navios neutros [da] América Sul"[232]

O Ministro[233] sentiu necessidade de saber o que se estava a passar com os italianos da ilha do Sal porque tinha sido informado que estes utilizavam o "posto emissor para emitirem telegramas em cifra". Por isso, queria saber da veracidade da informação e se o "radiotelegrafista português conhece [a] cifra" porque, se tal não sucedesse, o Governador deveria proibir "terminantemente [a] expedição [de] telegramas cifrados".

Convém não esquecer a participação italiana na II Guerra Mundial porque era ela que justificava esta inquietação do Ministro e a sua ordem para que o "vapor 28 Maio [que] tem transportado gasolina [para os] italianos" deixasse de o fazer.

Neste telegrama há um aspecto administrativo que merece referência. De facto, o Ministro exigia que o Administrador do Sal, um "caboverdeano [com] pouco senso [e que] recebe presentes [dos] italianos" fosse substituído por um "administrador competente"[234].

Afinal, a corrupção tem uma longa tradição!

Retomando a questão da influência da conjuntura internacional na vida do arquipélago, importa dizer que o Governador informou o Ministro de uma ingerência inglesa na vida interna portuguesa porque desde "fim [de] Julho deste ano [o] Cônsul inglês alegando instruções recebidas comunicou [à] agência de vapores [que] todas [as]

---

[232] Telegrama n.º 40 CIF de 17 de Junho de 1940.
[233] Telegrama secreto de 16 de Outubro de 1941.
[234] No telegrama Extra CIF Sec de 14 de Maio de 1941, o Governador informou que ia "substituir [o] comandante [do] destacamento [do] Sal [por] falta [de] idoneidade".

listas [de] passageiros teriam [de] ser-lhe submetidas [com] antecedência acrescentando [que] não podiam embarcar pessoas com possível ligação [a] inimigos [de] Inglaterra"[235] e já se tinham verificado casos de recusa de emissão de passagem.

O Governador considerava "inaceitável" esta imposição inglesa, pois era "impossível recusar [o] fornecimento [de] passagem [a um] cidadão português [num] navio dum [porto] para outro porto português", mas receava que "qualquer diligência" que pudesse fazer acabasse por "chocar [a] coacção comercial [e] ameaçar [o] agente ou mesmo [a] companhias [de] navegação".

No Arquivo ainda consta um relatório de 27 páginas, com um anexo de mais 5, enviado por Henrique Galvão ao Ministro das Colónias sobre a situação na colónia e datado de 30 de Setembro de 1942.

É um documento que procura elucidar sobre o "movimento de hostilidade de alguns grandes comerciantes de Cabo Verde contra as medidas tomadas pelos Governos da metrópole e da colónia para debelar a crise" que se abatia sobre o arquipélago.

Este grupo gozava de "todas as liberdades (mesmo a de exercer violências sobre o próximo" e tinha "na mão, por via da sua influência, a sorte dos Governadores" e, por isso, "não fizeram longa carreira aqueles que de alguma forma tentaram ir-lhes à mão".

Henrique Galvão faz questão de referir que esse movimento ficara muito contente com a abertura da inspecção porque havia "quem supusesse ou fizesse supor que eu vinha para lhes dar satisfação e queimar vivo o Governador da Colónia".

No entanto, a acção do Governador ficaria marcada pelas palavras que, na sequência da fome de 1944, dirigiu aos três bispos e aos padres do arquipélago que se tinham dirigido ao palácio do Governador, na Praia, para lhe solicitar a ajuda que Salazar prometera num discurso transmitido para Cabo Verde. As suas palavras foram: "l'aide n'arrivera pas, agrandissez les cimetières" (Ziegler, 1983, p. 182).

Sem dúvida que, na ausência da ajuda, a segunda medida se mostrava inevitável!

---

[235] Telegrama n.º 18 Sec de 26 de Novembro de 1942.

3.3.4. Guiné – 16 de Fevereiro de 1936 a 6 de Setembro de 1944

Na Guiné, o Governador manteve-se inicialmente e a vida económica da colónia permitiu-lhe pagar "toda a dívida à Metrópole", no valor de "6 400 contos" e "toda a dívida por vales ultramarinos", que ascendia a "2 816 contos"[236].

Talvez este relativo desafogo explique que, quando o posto de Governador ficou vago, tivessem surgido candidatos ao lugar e um deles, o Major João Teixeira Pinto, escreveu mesmo a Salazar, em 13 de Fevereiro de 1941, pedindo-lhe a nomeação para o cargo[237].

Como justificação para tal pretensão invocou o "esforço admirável" e a "total pacificação da Colónia" que o seu pai realizara na Guiné "de 1912 a 1915" e "o ambiente especialíssimo que se [lhe] ofereceu quando foi a Bissau assistir à inauguração da estátua de homenagem" a seu pai.

Como era politicamente correcto, fez questão de declarar que a pretensão não era "movida por interesse de qualquer espécie", pois a sua vida corria "normal e desafogada", mas sim, pelo "mesmo sentimento que levou os meus antepassados a contribuírem para a manutenção e prestígio do nosso Império Colonial".

Infelizmente para o próprio, Salazar não se mostrou susceptível ao pedido e, assim, Ricardo Vaz Monteiro foi Governador de 1941 a 1945 e, em 25 de Abril de 1945, Manuel Maria Sarmento Rodrigues ocuparia o cargo de Governador até 1950. Esta estabilidade governativa não significa que a Guiné não fosse, também, considerada como uma zona estratégica a ocupar pelos aliados. Só que os mesmos tinham conhecimento de que não se tratava de uma colónia de povoamento e, por isso, a sua ocupação seria rápida e fácil: seis aviões *Bombay* para transportarem as tropas e um *flight* de caças para as escoltarem e demoverem qualquer resistência por parte das forças portuguesas ou, até, de Dakar.

O plano, da responsabilidade de Inglaterra, nunca seria levado a cabo, uma vez que, a exemplo do que aconteceu em Cabo Verde, os Aliados não sentiram necessidade da sua implementação.

---

[236] Pasta 3 de AOS/CO/UL – 1 D.
[237] A carta manuscrita está em AOS/CO/UL – 10, p. 18 e corresponde ao documento 496.

De qualquer forma, o telegrama confidencial e secreto n.º 159 de 28 de Agosto de 1939 dava conta que a "companhia alemã Bugzque Bijagoz tem comprado gasóleo [em] quantidade superior [ao] normal causando-me apreensão face [à] situação internacional". Por isso, o Governador tinha tomado um conjunto de sete decisões, entre as quais, a de "não permitir sob qualquer pretexto em absoluto [o] desembarque [de] quaiquer alemães muito menos armados", embora também alertasse que as "autoridades militares francesas pensam ocupar [a] nossa costa caso haja qualquer ataque [à] colónia visto [as] nossas forças serem diminutas", ou seja, a situação da Guiné dependia da tomada de iniciativa por parte de um dos beligerantes, pois essa acção desencadearia a resposta de um opositor. Portugal limitava-se a aguardar na esperança que não fosse dado o primeiro passo.

Entretanto, a ameaça da II Guerra Mundial levava as "casas comerciais a elevarem [em] 50% [os] artigos existentes [em] armazém aguardando altos preços"[238].

Os telegramas seguintes foram dando conta da chegada de navios e de um avião e estas referências mostravam que o Governador receava, efectivamente, que, mal a guerra rebentasse na Europa, a Guiné fosse ocupada. Depois do início do segundo conflito mundial, o Governador continuou a informar sobre essas movimentações e, por isso, deu conta de um boato corrente, segundo o qual os "franceses invadirão [a] Gâmbia e outras colónias dentro [de] 15 dias"[239] e "durante [a] semana próxima Dakar"[240]. Também relatou que "patrulhas [de] aviões sobrevoam constantemente [o] arquipélago [dos] Bijagós [...] mas não aterrando"[241] e que nos "dias 13 e 21 [um] avião francês parece que comercial passou sobre Bissau e Bolama"[242]. No entanto, era notória a sua dificuldade em transmitir dados rigorosos, mesmo relativamente a aspectos tão importantes como os apoios que a Alemanha e a França dispunham na região porque, como assumia, as "notícias apresentam-se bastante confusas"[243]

---

[238] Telegrama n.º 174 CIF de 1 de Setembro de 1939.
[239] Telegrama sec. n.º 2 de 18 de Julho de 1940.
[240] Telegrama Extra-Cif, sec. n.º 8 de 22 de Dezembro de 1940.
[241] Telegrama n.º 34 CIF de 8 de Abril de 1941.
[242] Telegrama n.º 37 CIF de 24 de Abril de 1941.
[243] Telegrama n.º 1 CIF Sec de 15 de Maio de 1941.

Por sua vez, o Ministro pediu ao Governador informações sobre Cabo Verde porque lhe tinha constado que a "Etablissement Peyrissac tinha interesses [na] sociedade exploradora [das] salinas [na] ilha [do] Sal [em] Cabo Verde que venderam [aos] italianos"[244].

O Governador respondeu, mas não deixou de afirmar que "melhor que eu poderá informar [o] governador [de] Cabo Verde"[245], embora se aprestasse a completar a informação sobre as compras feitas pela Casa Peyrissac em Cabo Verde[246].

Mais tarde, em 14 de Junho de 1941, o Ministro procurou saber se na Ilha dos Pássaros havia "guano [que] possa ser utilizado imediatamente [na] agricultura nacional"[247], o preço do mesmo e a forma de o fazer chegar à Metrópole.

O Governador informou que não havia guano nem na Ilha dos Pássaros nem nos ilhéus do arquipélago dos Bijagós[248]. A resposta demorou quase um mês porque foi necessário proceder a "várias pesquisas".

Entretanto o Ministro foi à Guiné e informou Salazar sobre todos os passos e objectivos da visita, referindo, nomeadamente, que "em Bafatá verei [a] quantidade [de] géneros [que é] possível enviar desde já [para] Cabo Verde" e que visitaria "Farim [com o] fim [de] ver [a] possibilidade [do] estabelecimento [de] cabo verdeanos"[249].

No entanto é o telegrama n.º 3 CIF que constitui uma marca indelével da política ultramarina portuguesa de então.

De facto, o Ministro pediu autorização a Salazar para comprar à Companhia Fabril da Guiné "400 tambores [de] óleo refinado [com] acidez 5 graus [que] pode servir [como] azeite [para a] população [de] Cabo Verde". A dúvida do Ministro nada tinha a ver com a passagem do óleo a azeite mas com a nacionalidade – alemã – dos fornecedores, uma vez que estava em curso a II Guerra Mundial. Aliás, ainda sobre o problema alimentar, na falta do milho, "se a população de Cabo Verde consumir mancarra grande parte [fica] resolvido".

---

[244] Telegrama n.º 10 CIF de 2 de Fevereiro de 1940.
[245] Telegrama n.º 11 CIF de 4 de Fevereiro de 1940.
[246] Telegrama n.º 14 CIF de 5 de Fevereiro de 1940.
[247] Telegrama n.º 44 CIF de 14 de Junho de 1941.
[248] Telegrama n.º 55 CIF de 12 de Julho de 1941.
[249] Telegrama n.º 2 CIF de 17 de Dezembro de 1941.

Depois, já em Cabo Verde, o Ministro mostrava-se preocupado com a situação em Timor e temia "por Macau" e, por isso, pedia a opinião de Salazar sobre se deveria seguir o programa estabelecido ou se deveria ir "apenas [a] S. Vicente [o] tempo indispensável"[250].

Na pasta não consta a resposta porque os restantes telegramas voltaram a ser emitidos pelo Governador e a abordar a presença de barcos, aviões e novos boatos, designadamente, sobre possíveis "hipóteses [de] breves operações [de] guerra [na] África Francesa" devido à "actual situação internacional", situação que poderia provocar a "fuga [de] população civil para [o] nosso território"[251].

Para além disso, os representantes diplomáticos dos beligerantes na II Guerra Mundial vigiavam-se mutuamente, como foi o caso do Vice-Cônsul inglês em Bissau que suspeitava que os "alemães da Companhia [Agrícola Fabril da Guiné] faziam abastecimento [ao] submarino" e, por isso, "levou binóculo, máquina fotográfica e tirou fotografias [à] fábrica"[252].

Aliás, no documento secreto n.º 2 enviado pelo Governador Ricardo Vaz Monteiro ao Ministro, em 31 de Agosto de 1942, era dado conhecimento ao Poder Central das informações transmitidas, confidencialmente, pelo Pro-Cônsul inglês, John Golding, sobre as actividades de um português – o advogado Cunha Costa – a favor da Alemanha, nomeadamente uma missão na Guiné "de que fora encarregado pelo Ministro da Alemanha em Lisboa pelo preço de dezoito contos mensais". Por isso, os ingleses pretendiam "prendê-lo [no] alto mar"[253], antes de entrar na Guiné.

O Ministro, para evitar "reclamação diplomática" enviou um telegrama ao Governador de Cabo Verde[254] a solicitar a sua intervenção para que o advogado desembarcasse nessa "colónia de onde terá [de] regressar [a] Lisboa [no] primeiro transporte"[255].

---

[250] Telegrama n.º 6 CIF de 19 de Dezembro de 1941.
[251] Telegrama n.º 5 Se de 13 de Maio de 1942.
[252] Telegrama n.º 13 Secreto de 17 de Julho de 1942.
[253] Telegrama n.º 16 Se de 16 de Setembro de 1942.
[254] Telegrama n.º 10 Sec de 18 de Setembro de 1942.
[255] Este assunto ainda seria tratado em vários telegramas, até pelo receio manifestado por Cunha Costa, mas o Ministro decidiria salomonicamente que não via "nenhum inconveniente [no] regresso [do] advogado Cunha Costa [no] primeiro transporte assim devendo fazer" – telegrama n.º 11 Sec de 28 de Setembro de 1942.

Ainda na Guiné, importa dizer que o Ministro Vieira Machado procedeu à reforma administrativa desta colónia através do decreto n.º 27 554 de 6 de Março de 1937, dividindo a colónia em 2 concelhos e 8 circunscrições civis.

No que concerne às populações nativas, o Governador visitou "S. Domingos e Susana" e constatou que "os nossos indígenas Felupes" estavam em "completo sossego" e até tinham entregado "160 espingardas antigas [de] vários tipos e muitas centenas [de] zagaias manifestando assim [uma] atitude [de] paz [e] submissão", facto que seria confirmado com a realização de uma "missa campal [em] Cassolol assistindo eu [as] nossas forças e todos [os] chefes indígenas com [a] sua gente"[256].

O Governador também informou, com grande clareza e em telegrama aberto, sobre as passagens do vapor "28 de Maio" pela Guiné desde 1937 até à altura, 22 de Fevereiro de 1943, e sobre o regresso das forças a Bissau, depois de o "Coronel Sajous ter informado [terem] terminado [as] operações [em] território francês e não haver [no] nosso território razão para continuar [com] forças [na] fronteira"[257].

No entanto, a zona ainda não estava calma porque "continuam [a] passar quase diariamente [sobre a] Guiné [na] direcção Sul para Norte muitos aviões"[258] e a "Autoridade Administrativa Francesa [de] Zeguichor vem pedindo particularmente [a] entrega [de] sete refugiados indígenas considerados criminosos" e, oficialmente, pediu ao Administrador de S. Domingos que lhe desse "conhecimento [de] todos [os] refugiados calculados em 300 indígenas"[259], situação que levava o Governador a solicitar "instruções" para um e outro caso.

3.3.5. S. Tomé e Príncipe – 7 de Janeiro de 1936 a 6 de Setembro de 1944

Em S. Tomé e Príncipe, desde 8 de Maio de 1941 a 5 de Abril de 1945, o Governador foi Amadeu Gomes de Figueiredo, elemento

---

[256] Telegrama n.º 9 Se de 10 de Fevereiro de 1943.
[257] Telegrama n.º 10 Se de 24 de Fevereiro de 1943.
[258] Telegrama n.º 123 CIF de 22 de Maio de 1943.
[259] Telegrama n.º 133 CIF de 8 de Junho de 1943.

que demonstra que, no início do mandato, o Ministro manteve o Governador que estava em funções, ou seja, Ricardo Vaz Monteiro.

Por isso, foi este Governador que foi visado pela carta que Adelino Ribeiro Tristão, um colono de 45 anos, 20 dos quais passados em São Tomé, enviou de Mangualde a Salazar, em 9 de Abril de 1937.

Trata-se de uma exposição sobre um processo que levara à expulsão de Tristão de São Tomé, sendo que, depois de entregue à polícia internacional e ao Governo Civil, o arguido tinha sido ouvido no Tribunal Militar Especial que o despronunciou e o pôs em liberdade.

No entanto, o requerimento que endereçou ao Ministro das Colónias para regressar a São Tomé necessitava de "ser informado pelo governador, que, nessa altura se encontrava na metrópole".

Ora, como o Governador não procedeu de acordo com os interesses do requerente, uma vez que iria haver um inquérito ordenado pelo Ministro das Colónias sobre a passagem por São Tomé de "uma missão qualquer estrangeira" relacionada com "as queixas que recebera sobre a escravatura", Tristão escreveu a Salazar para lhe dar conta do caso e para reafirmar críticas já feitas sobre a acção do Governador[260].

Na carta, referia-se que "não há memória dum governo tão conflituoso e é edificante, nesse sentido, a lista dos funcionários que foram afastados da colónia", quase todos "funcionários de elevada competência, de inexcedível zelo e de dignidade irrepreensível", enquanto o Governador só contava com " a simpatia de quase todos os roceiros da ilha".

Para além de exemplos dos erros do Governador – entre os quais figurava a publicação nas oficinas da Imprensa Nacional de um jornal *O trabalho* "dirigido por um grupo de bolcheviques" – o Governador era acusado de ter "uma política indefinida" e as suas acções "não afirmam boa fé nacionalista, nem qualidades de autoridade que prestigiem o Estado Novo".

Em AOS/CO/UL – 10, p. 9, pode ser consultada uma Conferência realizada em 16 de Janeiro de 1937, na Sociedade de Geografia de Lisboa, pelo regente agrícola António Maria da Rocha sobre os problemas agrícolas de São Tomé e Príncipe.

---

[260] Na carta, Tristão fala de um "trabalho de referência ao governo da colónia" e que "foi tão honesto o meu propósito que enviei a V. Ex.ª uma cópia do meu trabalho, juntamente com uma carta, tudo sob registo".

É um documento importante porque foi produzido por alguém que tinha passado "cerca de uma vintena de anos" no terreno onde tinha constatado que "as plantações económicas, mormente as de cacau, continuaram num grau baixo de produtividade em relação ao seu bom estado vegetativo".

Ora, quando foi necessário apontar as causas, o orador sem esquecer as condições naturais e as pragas, fez questão de referir o elemento humano: "o nosso mal, por vezes, é a «enciclopediomania» tanto mais diversificada quanto mais julgamos saber o que não é da nossa competência". Por isso, um enfermeiro se considerava capaz de produzir numa roça de São Tomé a água de Vidago que se esgotara, uma vez que "conhecendo-se a composição, é uma questão de termos os preparativos, como sucede na fabricação do vinagre e do vinho"[261].

No que diz respeito à participação do arquipélago na política nacional, o décimo terceiro aniversário da "Revolução Nacional" foi comemorado com uma "extraordinária exaltação patriótica [de] toda [a] assistência brancos e pretos de pé cheios [da] maior comoção e vibrante entusiasmo" quando foi lida a "mensagem pessoal [de] Chamberlain endereçada [a] Salazar"[262] e, no que concerne ao acto eleitoral de 1942, o mesmo constituiu mais uma demonstração da vida habitual e, por isso, decorreu com o "maior entusiasmo [e] fé patriótica", pois havia 2 379 recenseados e as "listas entradas [nas] urnas [foram] 2 296 [uma] percentagem 96,5"[263].

No acervo relativo a este período há um conjunto de três telegramas sobre um pedido de "subsídio e indemnização" feito por Josué Aguiar a Salazar porque tinha "estado deportado [na] Ilha [do] Príncipe", uma vez que estivera ligado ao "incitamento [da] população [de] S. Tomé [na] revolta contra [o] pagamento [do] imposto"[264].

Curiosa esta forma de reivindicar que, como era de esperar, não levou a "nenhuma decisão"[265], apesar da insistência do queixoso.

---

[261] Página 21 da Conferência.
[262] Telegrama n.º 57 CIF de 29 de Maio de 1939.
[263] Telegrama n.º 146 CIF de 2 de Novembro de 1942.
[264] Telegrama n.º 79 CIF de 11 de Dezembro de 1940.
[265] Telegrama n.º 64 CIF de 4 de Dezembro de 1940.

Depois, o Governador pediu para que o Ministro o chamasse a Lisboa, pois o seu estado de saúde tinha-se "agravado ultimamente" e precisava de "tratamento"[266]. De viagem, mas em sentido contrário, estava o Ministro que foi a São Tomé e teve "calorosa recepção [da] população constituída por milhares pessoas vindas [de] todos [os] pontos [da] Ilha e por todo [o] elemento oficial e todas [as] pessoas [de] maior representação social"[267].

Foi uma visita rápida, com chegada às 12 horas e partida às 20 horas do mesmo dia. Não se percebe, por isso, como entre a recepção no acto do desembarque, a sessão na Câmara Municipal, o almoço e o regresso a bordo, o Ministro tivesse tido tempo de conferenciar "largamente com [o] Governador [e o] chefe [de] serviço com quem tratou assuntos [do] maior interesse".

3.3.6. Índia – 7 de Janeiro de 1936 a 6 de Setembro de 1944

No Estado da Índia, como já foi referido, Francisco Higino Craveiro Lopes foi Governador-Geral interino de 16 de Setembro de 1936 a 12 de Julho de 1938, depois de seu pai, o General João Craveiro Lopes, ter vindo a Lisboa participar na I Conferência do Império Colonial e ter pedido a exoneração do cargo[268], e João Ricardo Pereira Cabral exerceu o cargo de Governador-Geral desde 12 de Julho de 1938[269] até à sua exoneração em 5 de Dezembro de 1945, uma vez que beneficiou de uma recondução. No entanto, como foi chamado à Metrópole em "2 de Maio de 1945, entregou o governo ao então tenente-coronel Paulo Bérnard Guedes, chefe do Estado-Maior, que veio a ser o 127.º Governador"[270], ou seja, só exerceu, efectivamente, o cargo até 2 de Maio de 1945.

---

[266] Telegrama n.º 28 CIF de 2 de Março de 1942.
[267] Telegrama n.º 58 CIF de 19 de Junho de 1942.
[268] Esta «sucessão hereditária» no cargo talvez encontre explicação na «sonoridade» do apelido Craveiro Lopes.
[269] Foi nomeado por Decreto de 6 de Junho de 1938.
[270] Cf. Zuquete, A. (Dir.). (1962). *Tratado de todos os vice-reis e Governadores da Índia*. Lisboa: Editorial Enciclopédia Limitada, p. 262.

Foi João Ricardo Pereira Cabral – cujo mandato cobriu todo o período da II Guerra Mundial – que exerceu pressão "junto do Ministério das Colónias, para este autorizar a nomeação de Cônsules ingleses em vários pontos do Estado Português da Índia" (Serrão, 2000, pp. 372-373), ou seja, procurou dar um maior dinamismo às relações económicas entre a Índia portuguesa e a Índia inglesa.

Também foi este Governador que, durante o segundo conflito mundial, "procurou resolver dentro das possibilidades dos recursos locais, providenciando quanto ao abastecimento da população e reprimindo as tentativas de açambarcamento e especulação"[271].

3.3.7. Timor – 7 de Janeiro de 1936 a 6 de Setembro de 1944

Em Timor, de 1937 a 1939, o cargo de Governador foi exercido por Álvaro Eugénio Neves de Fontoura, um apaixonado pela ciência e que conseguiu uma Missão Geográfica de Investigação do Ultramar dedicada a Timor[272], que viria a ser substituído pelo Capitão de Infantaria Manuel de Abreu Ferreira de Carvalho, Governador a partir de 1940 e que estava no cargo quando as forças holandesas e australianas ocuparam o território e nomearam os seus próprios Governadores a exemplo do que viria a acontecer aquando da ocupação japonesa que se seguiu[273].

No entanto, no que concerne às tropas invasoras, não parece correcto falar de Governadores, uma vez que Ferreira de Carvalho se manteve sempre em funções e, durante a ocupação japonesa, chegou mesmo a ponderar a saída de Díli para Vila Salazar como forma de criar uma nova capital administrativa.

---

[271] Cf. Zuquete, A. (Dir.). (1962). *Tratado de todos os vice-reis e Governadores da Índia*. Lisboa: Editorial Enciclopédia Limitada, p. 262.

[272] Esta missão foi nomeada a 16 de Outubro de 1937 pelo Decreto-lei n.º 28 087, *Diário do Governo*, n.º 242, I Série e foi chefiada pelo geógrafo Jorge Castilho.

[273] Durante a ocupação pelos holandeses e australianos, de 17 de Dezembro de 1941 a 1942, William Watt Leggatt, comandante das forças australianas e Nico Leonard Willem van Straten, comandante das forças holandesas, foram os Governadores. Durante a ocupação pelos japoneses, Sadashichi Doi, também comandante das forças japonesas, tomou conta do posto.

Convém, também, explicitar que quando se fala da ocupação aliada de Timor pretende-se mostrar que o desembarque solicitado pelos comandantes das forças holandesas e australianas no escritório do Cônsul britânico em Dili, David Ross[274], representou um *ultimatum* porque o Governador Ferreira de Carvalho, cumprindo as ordens emanadas de Lisboa, recusou a autorização para o desembarque.

Aliás, isso mesmo foi reconhecido por Salazar em discurso feito na Assembleia Nacional no qual referiu, ainda, o protesto telegráfico do Governador perante o Governador-Geral das Índias Holandesas e o Primeiro-Ministro da Austrália.

De facto, Portugal só poderia aceitar esse auxílio no caso de Timor ser invadido pelo Japão, situação que ainda não se verificara. Porém, na perspectiva dos aliados, Timor deveria ser ocupado pelas suas tropas antes da invasão nipónica porque, assim, poder-se-ia evitar essa invasão ou, na eventualidade de tal não ser possível, a defesa do território tornar-se-ia mais fácil se as tropas aliadas estivessem em Timor.

Sem meios suficientes para se opor ao desembarque, que acabaria por acontecer em 17 de Dezembro de 1941, "Ferreira de Carvalho appréhende em outre la destruction des papiers et du materiel portugais [...] détruit aussi les codes de criptage" (Borda d' Água, 2007, p. 66).

Porém, devido a essa destruição, se é verdade que os documentos não caíram nas mãos dos invasores, não é menos verdade que as mensagens para o Ministério passaram a ser enviadas de forma descodificada, situação que levou o Poder Central a não comunicar com o Governador durante o período de 17 a 20 de Dezembro de 1941.

O Presidente do Conselho, como já foi referido, discursou na Assembleia Nacional para condenar o desembarque de tropas "parece australianas e holandesas" em Timor e para historiar todo o desenrolar do processo, sobretudo as negociações com a Inglaterra, tendo em vista a defesa dos interesses dos aliados e de Portugal, num nítido – ainda que não assumido – reconhecimento de que a soberania portuguesa estava dependente de factores exógenos que o país não conseguia controlar.

---

[274] No cargo a partir de 17 de Outubro de 1941.

Aliás, o facto de algumas das obras que analisam esta problemática se basearem em documentos existentes no Ministério dos Negócios Estrangeiros demonstra, inequivocamente, que, por força da II Guerra Mundial, a questão ultrapassava a conjuntura regional para se inserir na mundial.

Aquando da segunda invasão, Salazar foi informado, em 19 de Fevereiro de 1942, pelo representante do Japão em Lisboa que tropas japonesas iriam atacar Timor. No entanto, o Japão fazia saber que não estava em causa nem a soberania portuguesa sobre Timor nem a manutenção do estatuto de neutralidade de Portugal porque os japoneses só queriam expulsar os seus inimigos que tinham procedido à ocupação de Timor.

Durante a ocupação nipónica, que se verificou em 22 de Fevereiro de 1942[275], e depois da chacina de Aileu[276], Ferreira de Carvalho enviou um telegrama a Salazar a solicitar permissão para que os portugueses residentes em Timor fossem evacuados. Salazar, a exemplo do que se viria a passar aquando da anexação do Estado da Índia, enviou "uma altiva mensagem ao Governador, onde lhe diz que já vários administradores morreram nos seus postos, mas nunca os abandonaram" (Telo, 1991, p. 60).

O Governador, que, face à dificuldade das comunicações, foi várias vezes obrigado a tomar decisões por sua conta e risco, acatou a ordem do Poder Central e viveu um período – que se arrastou até ao final da II Guerra Mundial – durante o qual se esforçou por conter os excessos nipónicos, uma vez que os japoneses pretendiam governar a ilha e tentavam manipular o Governador.

---

[275] Depois da invasão feita em 20 de Fevereiro e da ocupação de Dili, houve vários bombardeamentos, sobretudo em Maio e Junho. Em Timor estavam, nessa altura, para além dos representantes de Portugal, as forças invasoras australianas e japonesas.

[276] Tratou-se de uma encenação, feita pelos japoneses, de uma revolta da população contra os militares portugueses que estavam no quartel de Aileu. A guarnição portuguesa, que era muito reduzida, pois só contava com um oficial, alguns sargentos e cabos e cerca de duas dezenas de soldados locais, foi chacinada. As tropas japonesas assistiram ao ataque dos pretensos revoltosos sem intervir porque não iam atacar as suas próprias tropas, ou seja, aquelas que estavam efectivamente a proceder ao ataque. Nada de novo se tivermos em conta que a Alemanha, de quem o Japão era aliado, tinha procedido da mesma forma para justificar a invasão da Polónia.

Convém, no entanto, referir que o Governador revelou muita coragem, recusando-se, por exemplo, a enviar para Lisboa telegramas cuja minuta lhe era apresentada – clara forma de ditado – pelos japoneses.

Nessa fase, Portugal recebia notícias de Timor de forma indirecta, ou seja, através da Austrália, dos Estados Unidos ou de exilados que tinham conseguido fugir de Timor ou através de Armindo Monteiro que fazia chegar a Lisboa as informações que obtinha em Londres.

Na realidade de nada tinha valido ao Governador passar a utilizar o sistema de codificação do seu antecessor porque, em 31 de Maio de 1942, os japoneses bombardearam a central telegráfica de Díli e ocuparam o posto emissor de Taibessi o que impedia as comunicações com Lisboa, embora os japoneses negassem essa impossibilidade, pois afirmavam que as comunicações seriam possíveis desde que fossem censuradas por si[277], o que não deixava de representar uma estranha forma de actuação de quem dizia reconhecer a soberania de Portugal sobre Timor.

A destruição das poucas infra-estruturas, a pilhagem de bens e o assassinato da população representaram outras das marcas da actuação japonesa durante os três anos em que ocuparam Timor.

O petróleo que se sabia existir nas águas de Timor – é uma infelicidade para os países pobres disporem de petróleo – e a posição estratégica de Timor para a segurança aliada na área assumiram um papel bem contrário à aposta que o Ministro Vieira Machado fazia no território com a montagem dos serviços aéreos e os contratos para a prospecção de petróleo.

Por esclarecer ficarão as consequências que adviriam para a soberania portuguesa sobre Timor se a luta aliada no Oriente tivesse passado não pelos eixos da Nova Guiné e do Pacífico Central mas por Timor.

Na Teoria dos Jogos, quando se aborda o teorema do minimax, um dos exemplos clássicos é a batalha do mar de Bismarck que opôs os japoneses e os norte-americanos, comandados por George Kenney, no início de 1943 na Nova Guiné. Na batalha qualquer um dos

---

[277] Esta censura ia ao ponto de os telegrafistas japoneses supervisionarem o envio dos telegramas. Face a esta fiscalização, acrescida do facto de os telegramas serem, obrigatoriamente, em linguagem clara, não se pode falar em telegramas secretos.

comandantes tomou a opção da qual não teria motivos para se arrepender qualquer que fosse a estratégia seguida pelo antagonista.

No caso de Timor, a ambiguidade da posição portuguesa, o nervosismo das principais forças aliadas na zona – Austrália e Holanda – as hesitações inglesas e a atitude de desrespeito dos japoneses que "tiram à população o que precisam sem se preocuparem com protestos" (Telo, 1991, p. 58) não parecem ter constituído as melhores opções para qualquer das partes. Daí a ocupação que assumiu uma forma dupla. Dito de outra forma, as potências regionais ocuparam Timor devido ao interesse que tinham no controlo desse território e com essa ocupação abriram caminho ao ataque nipónico visando a expulsão das forças aliadas da ilha.

Parece ser sina de Timor e do seu povo!

3.3.8. Macau – 7 de Janeiro de 1936 a 6 de Setembro de 1944

Em Macau, Artur Tamagnini de Sousa Barbosa foi nomeado, pela terceira vez, Governador em 11 de Abril de 1937, mas viria a falecer em 10 de Julho de 1940[278] e o cargo foi ocupado, em 29 de Outubro de 1940, pelo capitão-tenente Gabriel Maurício de Teixeira,[279] que se manteve em funções até 1946 e teve de acolher uma nova onda de refugiados, uma vez que o Japão tinha ocupado Hong--Kong. A consulta dos telegramas permite, ainda, constatar que em 6 de Maio de 1939 o Encarregado do Governo era o Comandante Coelho.

---

[278] Durante a permanência em Portugal, em 1939, Tamagnini Barbosa solicitou, por motivos de saúde, o fim do seu mandato como Governador mas o pedido não foi aceite. Será caso para dizer que foi obrigado a morrer no seu posto, um cargo que exerceu com grande dinamismo e conhecimento fruto das várias passagens pelo Governo de Macau. A passagem do Liceu de Macau a provincial e com o Curso Complementar dos Liceus, o apoio aos refugiados quando Cantão foi ocupada pelos japoneses ou a acção aquando do tufão que a 2 de Setembro de 1937 atingiu Macau, representam momentos marcantes da acção de um Governador doente mas que não fez da doença uma desculpa para a inacção. As suas dificuldades no relacionamento com o Poder Central – que serão explicadas no corpo do texto – constituem mais uma demonstração da administração centralizada do Império e da grande complexidade dos interesses instalados em Macau.

[279] Gabriel Maurício de Teixeira viria a ser capitão-de-mar-e-guerra.

Aliás, a questão dos refugiados em Macau não ficou resolvida durante o Ministério de Vieira Machado, como se comprova pela consulta das 4 subdivisões de AOS/CO/UL – 10 A1 que contêm 20 documentos desde 25 de Março de 1942 a 17 de Julho de 1963.

Parece interessante registar que "mais de três quartos [dos] refugiados são súbditos ingleses uns filhos de portugueses outros já com duas gerações de súbditos ingleses" e, por isso, o Governador, embora não tivesse "oposto objecção [à] sua vinda" e tivesse "socorridos todos igualmente pois [representa] dever [de] humanidade fornecer saída de Hong-Kong", não deixava de referir que se deveria colocar ao Governo inglês, embora com a "máxima confidência" para "evitar complicações com [os] japoneses", a possibilidade de "suportar [a] quota parte [da] despesa [que] lhe cabe"[280].

A correspondência enviada pelo primeiro Governador pode agrupar-se, no que concerne às temáticas, em dois blocos. Um deles, de longe o mais volumoso[281], aborda assuntos relativos à conjuntura interna de Macau e, sobretudo, à sua relação com a conjuntura regional. O segundo prende-se com as diferenças de opinião entre Lisboa e Macau no que concerne à condução de certos assuntos da vida da colónia.

Assim, foi Tamagnini – nome pelo qual é designado na correspondência entre o Presidente do Conselho e o Ministro – que, em 25 de Novembro de 1937, enviou o telegrama n.º 153 CIF a dar conta que o "Cônsul Inglês [de] Cantão informa [o] nosso Cônsul ali que começou [em] Inglaterra [uma] campanha favorável [ao] Japão. Jornais [de] ontem confirmaram [o] desembarque [de] forças [da] marinha japonesa junto [de] Pakai próximo [da] fronteira [da] Indo-China".

Referia, ainda, que tinham "passado próximo [da] ilha [de] Coloane duas esquadrilhas [de] vinte aviões cada que seguiram [na] direcção norte informando [os] jornais [da] noite [do] bombardeamento [de] vias férreas [de] Cantão e [da] cidade". Aliás, no mesmo dia, no telegrama n.º 154 CIF, o Governador dava conta que tinha

---

[280] Telegrama n.º 35 CIF enviado pelo Governador para o Ministro e endossado pelo Ministro a Salazar em 25 de Março de 1942, sob o número 632, processo 4/78.

[281] O acervo é de tal forma numeroso que torna impraticável o seu tratamento exaustivo na presente obra. Por isso, depois da consulta de todos os telegramas, optou-se por indicar, apenas, os elementos considerados mais importantes.

recebido "informações [de] confiança" que relatavam a chegada a Cantão de "numerosos oficiais russos" para fazerem parte do "Conselho Militar [de] defesa bem como outros [para] dirigir [o] trabalho [de] organização militar [no] distrito [de] Shoungsan ao norte [de] Macau onde [os] japoneses ameaçam desembarcar". O Governador informava o Ministro que os "postos [da] polícia foram reforçados e [a] vigilância [da] cidade aumentada" e que confiava que estas medidas "dêem garantia [de] continuação [do] sossego [na] cidade".

Depois, em 11 de Dezembro de 1937, o telegrama n.º 162 CIF voltava a dar notícias sobre esta questão, mas as várias omissões tornam muito difícil a sua compreensão. Apenas é perceptível que a França estava disposta a "não tolerar abuso ou violência de japoneses e decidida a actuar caso seja necessário", que à "Indo-China estão chegando grandes reforços [em] aviões (?) tropas africanas" e que a "Rússia não actuará directamente contra [o] Japão" mas que enviará "em abundância como está fazendo técnicos [e] material de guerra".

Aliás, a dificuldade de interpretação volta a fazer sentir-se no telegrama n.º 167 CIF de 16 de Dezembro de 1937 que trata da mesma problemática. De qualquer forma, é possível saber que o Governador recebia as informações através de um "informador seguro de Hong-Kong que é oficial do exército inglês muito considerado" e que convinha dar conhecimento do assunto à "embaixada inglesa [em] Lisboa visto [o] Cônsul inglês [em] Cantão ter-nos auxiliado bastante com o fim [de] termos melhores meios [para] resolvermos [o] caso [do] interesse [da] companhia [das] águas [de] Macau e desviarmos [da] Lapa [os] principais perturbadores [do] sossego [de] Macau e [dos] interesses ingleses aqui".

Em 23 de Outubro de 1937, o Ministro remeteu a Salazar dois telegramas enviados pelo Governador de Macau – 129 CIF e 132 CIF.

No primeiro, o Governador negava fundamento às "afirmações [do] Ministro [da] China[282] pois [os] japoneses nem sequer precisarão abastecer-se [em] Macau visto [que os] seus numerosos navios [de] apoio [à] esquadra lhes levam constantemente tudo [aquilo que] carece".

---

[282] No telegrama afirma-se, "muito confidencialmente" que o Ministro da China em Lisboa tinha "afinidade [com os] meios ultra radicais chineses".

No segundo, o Governador dava conta da visita, no dia 22, do Governador de Hong-Kong a Macau e pedia a "abertura [de um] pequeno crédito para despesas [de] recepção [ao] Governador". Informava, ainda, que o porto de Cantão continuava fechado e que "continuam [os] bombardeamentos aéreos [sobre] regiões vizinhas [de] Macau a bastante distância", frase que não é passível de uma correcta interpretação.

Depois, em 30 de Outubro de 1937, o Ministro enviaria o telegrama n.º 110 CIF que merece uma leitura muito atenta, pois mostra que, afinal, Lisboa estava bem ciente da impossibilidade de resistir à invasão de Macau pelo Japão.

De facto, o Ministro aconselhava calma que "aí parece não existir" porque o Chefe de Estado Maior estava "possuído [de] certo nervosismo" e era "natural [que] este estado de espírito contagie Vexa [...] e demais elementos civis [da] colónia".

Assim, o Ministro questionava: "é provável [um] ataque japonês e a dar-se teríamos forças para o repelir ainda que déssemos [à] colónia tudo quanto pede?".

Além disso, o Ministro lembrava que os aviões pedidos não podem "servir [de] combate [nas] esquadrilhas aéreas mas apenas [para o] serviço [de] informações" devido à neutralidade portuguesa e avisava que a "compra [de] 4 aviões e [a] sua manutenção [é] muito dispendiosa para [a] colónia que provavelmente terá de suportar encargos [que] Vexa deseja [que] estejam [a] cargo [da] metrópole".

A resposta do Governador veio através do telegrama n.º 141 CIF de 2 de Novembro de 1937 – um telegrama de 6 folhas – para explicar a razão do pedido, justificando-as através da realidade da colónia "material de guerra todo antigo e quase abandonado munições de guerra avariadas" e das ameaças "houve momentos gravíssimos [de] ameaça [de] invasão [de] tropas estranhas, houve abertura [de] trincheira contra nós ainda visíveis, houve colocação [de] peças [de] artilharia dirigidas contra nós, houve diários bombardeamentos aéreos [à] vista [de] Macau".

Por isso, o Governador agradecia o "envio [de] tropas efectivas superiores chegadas com [a] maior rapidez de que resultaram efeitos [no] moral e [no] material perante [os] beligerantes estrangeiros".

No entanto, não deixava de propor que a colónia pagasse apenas "uma companhia indígena e [os] serviços [de] aviação" e apresentava a proposta, de acordo com um estudo de José Cabral, para a instalação de um "pequeno centro com dois ou três aviões de escola e reconhecimento" e negava qualquer nervosismo por parte das autoridades civis e militares portuguesas em Macau.

A parte final do telegrama, apesar de não estar completa, constitui uma demonstração das intrigas relativas à administração do Império.

Na realidade, o Governador queixava-se que o Ministro recebia notícias falsas sobre a realidade da vida em Macau que lhe eram enviadas "por elementos deixados aqui [pelos] Governadores Pereira Barbosa e Miranda meus inimigos [sendo] este responsável [pela] desorganização [da] colónia especialmente [da] sua defesa".

Talvez como forma de fazer valer os seus argumentos, o Governador, no telegrama seguinte, dava conta dos ataques aéreos japoneses ao "posto alfandegário em Pacsiac [a] cerca [de] 3 milhas Macau [...] [e de um] grande bombardeamento [de] Cantão com granadas incendiárias"[283].

A questão da neutralidade portuguesa obrigaria o Ministro a mostrar a sua preocupação com o facto da "matrícula [de] juncos chineses como barcos portugueses" porque "será fonte [de] conflitos sem qualquer vantagem"[284], facto que foi confirmado pelo Governador que já tinha dirigido um telegrama ao "Cônsul [em] Cantão pedindo [para] reclamar providências [do] Governo [de] Cantão"[285] no sentido de dificultar a matrícula de juncos chineses enquanto durasse o conflito.

Na 2.ª subdivisão da pasta 2, do AOS/CO/UL – 10 A1 há um telegrama, datado de 10 de Julho de 1938 e considerado muito confidencial, que dá conta que "nosso agente [de] informações chegado [da] Formosa acaba [de] ser incumbido [de] tratar convencer importantes vultos políticos [da] China Tau-Chao-I e [o] general Chau-Chai-Ton [a] tomar conta [do] governo [de] Cantão [a] fim [de] evitar [aos] japoneses ir [para] Cantão. Caso [se verifique] recusa [o] avanço [dos] japoneses far-se-á".

---

[283] Telegrama n.º 57 CIF de 18 de Abril de 1938.
[284] Telegrama n.º 70 CIF de 8 de Julho de 1938.
[285] Telegrama n.º 92 CIF de 9 de Julho de 1938.

Importa registar que na reunião de Hong-Kong estariam presentes "vultos políticos e [o] Cônsul japonês [em] Hong-Kong". Esta solução interessava a Portugal porque "caso [o] governo [do] Sul [da] China seja constituído como conta com estes elementos ou outros favoráveis [ao] Japão então [a questão dos] limites [de] Macau será resolvida como desejamos".

Ainda sobre esta questão, o telegrama Extra-CIF n.º 15 SEC dava conta que o "governo [do] norte [da] China não reconhecerá nenhum tratado para obrigar [as] nações [a] reconhecer esse governo constando [que a] Alemanha Itália França e Inglaterra reconhecerão [o] governo [do] Norte. Por seu turno [o] Governo [do] Norte reconhecerá [à] Inglaterra velhos direitos [sobre o] vale [de] Jang-Tse-Kiang. [A] China dividir-se-á [em] três partes norte, centro [e] sul todas sob [a] direcção [do] governo [do] norte".

Quanto aos conflitos propriamente ditos, há a referir que a "ofensiva japonesa contra Hankow foi altamente prejudicada com [a] abertura por chineses [dos] diques [de] Jang-Tsé-Kiang" e que os "ataques aéreos [a] Cantão recomeçarão [com] grande intensidade tendo chegado ontem [às] ilhas [dos] Ladrões à vista [de] Macau mais dez navios de guerra sendo dois grandes transportes [de] aviões"[286]. Aliás, segundo o "oficial inglês Boxer" que fazia parte dos "Intelligent Service Hong-Kong" e mantinha "relações amizade desde 1915" com o Governador de Macau, os relatórios enviados de Londres permitiam verificar que os ingleses acreditavam no "bom êxito [das] operações desenvolvidas actualmente [pelos] japoneses para tomada [de] Hankow que espera seja dentro de um mês" para depois imporem à "China novas condições [de] paz sendo [a] primeira [a] saída [de] Chan Cai Chec"[287].

A questão do ópio[288] voltaria a ser tratada no telegrama n.º 23 Extra-CIF secreto que dava conta da contestação de Macau face à

---

[286] Telegrama n.º 20 Extra-CIF de 9 de Agosto de 1938.
[287] Telegrama n.º 22 Extra-CIF secreto de 15 de Agosto de 1938.
[288] A questão do ópio – que ocupa 10 subdivisões de AOS/CO/UL – 10 A1- engloba 17 documentos, 5 dos quais com anexos, num total de 83 folhas, referentes ao período entre Junho de 1938 e 30 de Agosto de 1939.

Esta questão, que merece ser objecto de um estudo aprofundado, aponta para a existência de contrabando de ópio em Macau, embora o Governador recusasse aceitar essa ideia, como se comprova pelo telegrama n.º 87 CIF de 22 de Junho de 1938, no qual, face a acusação do delegado dos Estados Unidos provando que "Macau não armazenou nenhum ópio pertencente [ao] exército japonês" e que "não deram entrada [no] Banco Ultramarino mil e cem caixas [de] ópio" porque o "Governo [do] Irão telegrafou confirmando [que] Macau [podia] importar somente 450 caixas". Além disso, referia que o "nosso informador japonês aqui partiu [para o] Japão [com o] intuito [de] mostrar [ao] governo [do] Japão [que é] destituído [o] fundamento apresentado [pelo] seu delegado Aman (?) [na] Sociedade [das] Nações [sobre o] desembarque [de] ópio [em] Macau".

As relações internacionais e as alianças foram objecto de um telegrama[289] no qual o Governador dava conta ao Ministro que o informador japonês lhe fizera chegar a informação que "se quisermos garantir [um] futuro brilhante [a] Macau na próxima guerra económica devemos quanto antes cooperar com [o] Japão e [a] China

---

um telegrama do Cônsul português em Cantão que dava conta de a Reuter ter publicado uma notícia sobre o assunto, o Governador – que também lera a notícia no "South China" – afirma a sua surpresa com "tanta falsidade e fantasia".

Não se trata de uma questão de fácil compreensão e que, resumidamente, se poderá colocar nos termos em que o Ministro a apresentou a Salazar numa carta datada de 6 de Maio de 1939.

Assim, o Governador garantia que "desde Abril de 1938 se não importou qualquer quantidade de ópio clandestino para a colónia", embora o Ministro refira que havia que distinguir o "ópio importado em contrabando para a China por particulares e ópio importado clandestinamente pela própria colónia". Por isso, as denúncias que chegavam à Sociedade das Nações até poderiam partir de "quaisquer pessoas pertencentes à parte da população que não simpatiza com o Governador [...] com o fim de tornarem forçosa a substituição daquela autoridade" e terem por base ópio "importado por particulares, em contrabando". Só que o Governador afirmava que não era "possível qualquer particular importar ópio em Macau e reexportá-lo sem conhecimento das autoridades" e apenas admitia que alguns navios desembarcassem "ópio nas proximidades de Macau, mas em águas não portuguesas".

Face à complexidade do caso – havia mesmo telegramas enviados pelo Encarregado do Governo que "são secretos e não fazem parte do arquivo e deles não tem conhecimento o Senhor Governador de Macau" – o Ministro queria saber a opinião de Salazar sobre a ida do "Dr. Bossa, que vem da Índia a caminho da Metrópole" a Macau para "proceder a rigoroso inquérito sobre a questão do ópio".

Bossa iria a Macau porque existe na 8.ª subdivisão da pasta um ofício confidencial n.º 1152 de 23 de Agosto de 1939 a acompanhar toda a documentação por si enviada a partir de Macau.

[289] Telegrama Extra CIF Confidencial reservado emitido em 7 de Setembro de 1938 e recebido a 9 de Setembro de 1938 a que, no telegrama seguinte, o Governador pedia que fosse atribuído o número 25.

num acordo sem nos preocuparmos com qualquer *complot* preparado por outra Nação".

É claro que o país visado era a Inglaterra porque "toda a população japonesa está contra [a] Inglaterra mesmo que [os] ingleses façam qualquer acordo isso não significaria alteração política [do] Império Japonês cujo objectivo é destruir todos [os] elementos anti-japoneses na China e aniquilar [o] partido comunista no Mundo estando [o] Japão preparado para [uma] longa guerra prolongada".

Certamente que a parte final das intenções japoneses colhiam o apoio de Salazar.

Neste telegrama há ainda um aspecto que é esclarecedor sobre a política portuguesa pois o Governador propunha-se "empregar diligências particulares mesmo sem [o] Governo [da] Colónia assumir responsabilidades" no caso de o Poder Central sentir essa necessidade face à assinatura de algum acordo económico entre a Inglaterra e o Japão, situação "que é muito de admitir [se se] atender [às] minhas informações anteriores".

Como se depreende as relações internacionais entre Portugal, Japão e Inglaterra eram marcadas por uma desconfiança acentuada, visível na presença "próximo [de] Macau [mas] fora [das] nossas águas [de] um grande cruzador japonês que conta retirar em breve pois esse facto e [a] maior actividade de aviões japoneses tem amedrontado [os] comerciantes [de] Macau muitos dos quais desejam retirar [para o] interior o que também procuro evitar"[290] ou pelo facto de o "Cônsul japonês em Hong-Kong por [ser] simpatizante [dos] ingleses"[291] ter sido substituído.

Neste telegrama, o Governador voltava a referir que, segundo o informador japonês, "Cantão será em Novembro [o] segundo objectivo japonês e nada os fará deter a não ser a queda do Governo chinês".

A questão da administração do Império levantava, por vezes, problemas de relacionamento entre Lisboa e as províncias ultramarinas. Assim, no Arquivo, em AOS/CO/UL – 10 A1, P. 1, 6.ª Subdivisão há uma carta manuscrita e a sua cópia enviada por Salazar ao Ministro, que estava em Luanda, sobre a situação em Macau.

---

[290] Telegrama Extra CIF SEC. n.º 26, emitido em 10 de Setembro de 1938.
[291] Telegrama n.º 123 CIF de 16 de Dezembro de 1938.

Esta carta não tem data e está arquivada como sendo de Setembro de 1938 e nela o Presidente do Conselho fala sobre a chamada a Lisboa e a possível substituição do Governador e diz que, apesar de uma consulta "que [o] mesmo governador fizera" em Macau apontar no sentido de a sua saída poder "ser causa [de] perturbações por interromper [as] imprescindíveis ligações estabelecidas não só com [os] chineses mas [também com os] japoneses e ainda [o] mau efeito produzido [por] estes meios especialmente [o] chinês e [no] próprio seio [da] Sociedade [das] Nações", teria de responder ao telegrama.

É claro que a resposta se destinava a deixar bem claro que "é [o] governo central e não [o] governo [da] colónia [o] único competente para ajuizar [o] efeito político geral proveniente [da] chamada [do] governador especialmente [na] Sociedade [das] Nações".

Salazar ainda não tinha tomado providências "acerca [da] chamada e substituição" do Governador e informava que o "problema ante [a] Sociedade [das] Nações foi posto [de] modo [a] deixar [o] Governo [em] boa situação embora reconhecendo-se algumas prováveis faltas" e Portugal até "desejava [a] colaboração [do] comité técnico [no] sentido [de] regularizar [os] serviços [da] colónia relativos [ao] ópio". Face ao exposto Salazar ficava à espera da opinião do Ministro "para se dar seguimento [à] chamada e substituição a não ser [que] prefira examinar [o] problema [em] Lisboa".

A resposta do Ministro, em 6 de Setembro de 1938, não deixa dúvidas sobre a complexidade da situação.

De facto, o Ministro acreditava que o Governador Tamagnini tinha agido em "perfeita boa fé [com] boas intenções o que não quer dizer [que] não tenha errado". Aliás, para julgar a sua acção era necessário ter em "conta dificuldades [de] toda [a] ordem presentes [de] momento [no] Oriente". De qualquer forma, a "vinda [do] Governador [à] Metrópole não [significava] necessariamente exoneração" e, por isso, o Governador deveria ser chamado.

Quanto às soluções, o Ministro apontava duas: a substituição interina do Governador por "pessoa actualmente [em] Macau", possivelmente o "bispo [que] todos me dizem pessoa muito inteligente conhecedora [do] meio mas pessoalmente não [o] conheço" ou a substituição interina do Governador por "pessoa ida [da] Metrópole que ficará Governador efectivo caso entendamos dever exonerar Tamagnini".

O Ministro defendia a primeira hipótese, pois a segunda podia dar a "impressão [ao] público nacional [e] internacional [de que o] Governador vem [para a] demissão".

Na parte final, o Ministro lembrava que tencionava mandar ao Oriente o "Inspector Superior Dr. José Bossa" e que, caso Salazar visse utilidade nisso, a inspecção poderia começar por Macau do qual José Bossa ficaria "encarregado [do] Governo ou Governador interino durante [a] ausência [de] Tamagnini [à] metrópole", até porque "caso Tamagnini devesse ser exonerado poderia ficar depois Governador efectivo", embora o Ministro não soubesse se José Bossa estaria receptivo a ocupar o cargo.

Sobre esta situação impõem-se dois esclarecimentos.

Primeiro, a inspecção foi feita como o Ministro sugeriu a Salazar e José Bossa mandaria o Encarregado de Governo enviar para Lisboa os telegramas n.º 108 CIF de 21 de Julho de 1939, n.º 111 CIF de 25 de Julho de 1939 e n.º 117 CIF de 3 de Agosto de 1939 com informações sobre os resultados da sua inspecção, sobretudo sobre a questão do ópio.

Segundo, em 6 de Maio de 1939, o Ministro das Colónias acabaria por reconhecer numa missiva enviada a Salazar que "enquanto o sr. Tamagnini esteve em Macau este problema não surgiu e noto que os japoneses mal ele voltou costas começam a criar-nos dificuldades, que antes não tinham posto"[292]

Como o povo afirma: *Depois de mim virá quem de mim bom fará!*

Entretanto o Governador – ou o Encarregado de Governo na sua ausência – ia enviando telegramas – a pasta é enorme – a informar sobre os problemas diários, como aquele que se verificou quando um "soldado chinês vindo [de] território chinês armado e com 60 cartuchos foi preso e desarmado por [um] guarda [da] polícia quando [ia a] caminho [na] direcção [das] portas do cerco", ou por "ignorância [do] soldado ou má intenção [de] outrem [para] perturbar [as] nossas relações servindo-se [do] soldado"[293].

Informava, também, sobre a evolução do conflito regional, embora nem sempre com um elevado grau de certeza ou rigor: "informo

---

[292] Nota confidencial n.º 572 de 6 de Maio de 1939.
[293] Telegrama n.º 27 Extra-CIF SEC de 19 de Setembro de 1938.

Vexa parecer certo [os] japoneses terem já estabelecido um governo provisório em Cantão [...] ignorando-se [os] nomes [dos] indivíduos [que] o constituem"²⁹⁴ e sobre as suas consequências económicas "o comércio [em] Hong-Kong baixou consideravelmente. As estatísticas publicadas em Novembro findo [mostram uma] importação [de] três milhões [e] 900 mil patacas e exportações [de] 1 milhão [e] 300 mil patacas em comparação com o mesmo mês do ano passado de 12 milhões e 14 milhões"²⁹⁵.

No entanto, o Governador também transmitia a ideia que se sentia ultrapassado pelo Poder Central em alguns casos, como quando estranhou que o "nosso Cônsul [em] Cantão telegrafou-me [nos] seguintes termos: [o] Cônsul [de] Inglaterra [tinha] informado [o] governo [de] Hong-Kong que [o] governo [de] Macau estabelecerá um acordo com [o] Japão para carreiras [entre] Macau [e] Cantão [para] transporte [e] carga [de] passageiros [por] navio de guerra japonês"²⁹⁶.

De facto, o Governador não gostou de tomar conhecimento de que tudo tinha sido decidido sem a sua participação.

A situação não era fácil de controlar até porque o Governador considerava que o Cônsul em Cantão revelava "desorientação" mas não vinha a Macau – como lhe fora solicitado pelo Governador – porque "isso impossível por agora"²⁹⁷. Em causa estava a tentativa japonesa de "fazer [uma] carreira directa [entre] Cantão [e] Macau" e a utilização de "transporte [de] guerra", pois "pode prejudicar interesses [em] futuras negociações".

Convém referir que enquanto o Ministro chamava o Governador a Lisboa, o Governador chamava o Cônsul a Macau, ou seja, nem o Ministro estava contente com o desempenho do Governador, nem era do agrado do Governador a acção do Cônsul.

No entanto, mais tarde, já na vigência do Encarregado do Governo, este daria conta que era "inconveniente estar sem Cônsul [em] Hong-Kong e constar [que o] Cônsul [em] Cantão [por] motivos [de] saúde permanece maior tempo [em] Hong-Kong sendo [os] assuntos tratados nos dois Consulados por pessoas incompetentes e sem aceitação

---

²⁹⁴ Telegrama n.º 122 CIF de 29 de Novembro de 1938.
²⁹⁵ Telegrama n.º 129 CIF de 13 de Dezembro de 1938.
²⁹⁶ Telegrama n.º 136 CIF de 20 de Dezembro de 1938.

indispensável junto [das] autoridades para tratarem [de] questões por vezes melindrosas"[298].

A leitura deste telegrama de três páginas não deixa dúvidas sobre a complexidade da situação no Oriente, marcada por informações contraditórias comprovadas pelo telegrama seguinte que dava conta que, afinal, o "transporte [de] guerra a que nosso Cônsul [em] Cantão se [estava a] referir era este vapor mercante [Hokuto]"[299].

Neste telegrama o Governador abordava, ainda, uma entrevista por si concedida a um jornalista japonês, reafirmando os assuntos sobre os quais falara: "falei sobre [a] obra [de] Salazar, [sobre a] minha visita [ao] Japão [em] 1930 [...] limitei-me [a] fazer apreciações justas principalmente [sobre a] excelente educação [das] crianças [japonesas]. Sobre [a] China disse admirar [o] valor [do] soldado chinês fazendo frente ao bem organizado exército japonês" e desmentia tudo o mais que lhe era atribuído. Aliás, ficara com a ideia que o jornalista compreendia "pouco inglês".

Ainda em 23 de Dezembro de 1938 o Governador dava conta da vinda a Macau do "major [de] aviação japonês Arubumi que devidamente uniformizado" o viera "cumprimentar em nome de general chefe [das] forças militares [de] Cantão" antes de seguir para Hong-Kong com a mesma finalidade. A mensagem de que era portador apontava para o "desejo [do] general [em] manter sempre as mais estreitas ligações com [os] portugueses" e pedindo que um oficial português fosse a Cantão para "trocar impressões sobre [um] possível avanço [das] forças japonesas [para] sul". O Governador tencionava enviar o "capitão Gorgulho" e dava conta da sua ideia de que "nada poderemos conseguir sem prévio entendimento [das] autoridades militares e navais só depois levando [o] assunto [para o] campo diplomático".

O ano de 1939 voltaria a ser um ano em que a correspondência enviada pelo Governador foi muito abundante[300] e os assuntos não sofreram grande alteração, até porque a conjuntura mundial já apon-

---

[297] Telegrama n.º 137 CIF de 22 de Dezembro de 1938.
[298] Telegrama n.º 98 CIF de 23 de Junho de 1939.
[299] Telegrama n.º 138 CIF de 23 de Dezembro de 1938.
[300] Desde Janeiro a Outubro de 1939, na 3.ª subdivisão da pasta 2 de AOS/CO/UL – 10 A 1 figuram 63 documentos.

tava para a guerra que se iniciaria nesse ano e para as alianças em vigor, mesmo que não assumidas, ou já em perspectiva. Aliás, é sintomático que "quando [o] general japonês tomou posse de seu cargo nenhum Cônsul foi assistir [com] excepção [da] Alemanha que mandou [o] vice-Cônsul"[301].

A nível regional, o "informador japonês dava como certa a "substituição [do] actual governo [de] Tokio por outro presidido [pelo] barão Iranuma" enquanto "Wang Chinwei, que abandonou agora [a] política [de] Chang Kai Chec, será nomeado presidente [do] governo central [da] China. Sua mulher veio residir agora [para] Macau confiando estar aqui [em] maior segurança"[302].

Como parece evidente, este acto representava um aspecto positivo que o Governador fazia questão de realçar porque servia para demonstrar que a forma como conduzia os destinos de Macau assegurava a segurança no território, em oposição à insegurança que o rodeava.

Quanto a Chang Kai Chec, ainda segundo o informador japonês, abandonaria a "presidência [do] governo dentro [de] poucos meses e então [as] tropas japonesas abandonarão Cantão para deixarem ali apenas polícia e um adviser[303] (?) japonês".

Também dava conta de muitas visitas a Macau de representantes das várias potências com interesses na região, como os oficiais japoneses: almirante Shengala[304], coronel Chefe do Estado Maior Fu Gimuro e major Tanimuro[305], general Tanaka[306], Chefe Estado Maior almirante Sukigara[307], coronel Ishino[308] e de outras nacionalidades, um "almirante inglês"[309].

Embora recebesse mais visitas do que aquelas que fazia, o Governador também iria a Hong-Kong[310].

---

[301] Telegrama n.º 1 CIF de 2 de Janeiro de 1939.
[302] Telegrama n.º 3 CIF de 5 de Janeiro de 1939.
[303] No telegrama consta «advisoer». Pelo sentido do texto parece possível inferir que se trata de um conselheiro.
[304] Telegrama n.º 5 CIF de 11 de Janeiro de 1939.
[305] Telegrama n.º 12 CIF de 19 de Janeiro de 1939.
[306] Telegrama n.º 31 CIF de 8 de Março de 1939.
[307] Telegrama n.º 53 CIF de 22 de Abril de 1939.
[308] Telegrama n.º 69 CIF de 6 de Maio de 1939.
[309] Telegrama n.º 28 CIF de 3 de Março de 1939.
[310] Telegrama n.º 23 CIF de 18 de Fevereiro de 1939.

Importa referir que o Almirante inglês, antes de partir no cruzador Falmouth, referiria que a sua "maior aspiração é ver resolvida [a] crise política na Europa para [a] questão [do] extremo-oriente poder tomar outra feição"[311].

Como a situação na Europa evolucionou para a guerra, a questão no Oriente acompanhou esse movimento e os conflitos regionais continuaram a ser um prenúncio do conflito mundial: "japoneses fizeram outro ataque a Kong Mon"[312]; "japoneses ocuparam definitivamente Kounum e Sanki"[313]; "chineses cortaram pontes [e] estradas entre Macau [e] Seaki"[314]; "há grande inquietação [em] Hong-Kong porque ontem [um] cruzador japonês intimou [a] parar [um] barco [de] passageiros inglês"[315]; "situação [no] Extremo Oriente [tende a] agravar-se especialmente contra [os] inglezes"[316]; "governador [do] distrito [de] Chutg-San foi exonerado [...] consta [que] Wang Chiu Wey deve brevemente presidir [ao] governo independente [do] Norte [da] China esperando nessa ocasião [os] japoneses [que] seja feita [a] paz com [o] governo central"[317]...

No entanto, a conjuntura parecia estar a mudar porque "continua [a] diminuir [a] campanha [dos] japoneses contra [os] ingleses"[318].

Em Lisboa, o Ministro das Colónias ia endossando os telegramas mais importantes sobre as actividades dos japoneses para o Presidente do Conselho e mostrava que conhecia o funcionamento dos mecanismos decisórios do Japão porque ao mesmo tempo que aconselhava Salazar a falar como o Ministro do Japão em Lisboa, avisava que "as autoridades militares não fazem grande caso do que dizem as autoridades civis japonesas e o Ministro do Japão em Lisboa só se pode entender com o seu Ministério dos Negócios Estrangeiros, que por seu turno se não entende directamente com as autoridades militares"[319].

---

[311] Telegrama n.º 28 CIF de 3 de Março de 1939.
[312] Telegrama n.º 41 CIF de 31 de Março de 1939.
[313] Telegrama n.º 47 CIF de 13 de Abril de 1939.
[314] Telegrama n.º 79 CIF de 18 de Maio de 1939.
[315] Telegrama n.º 84 CIF de 25 de Maio de 1939.
[316] Telegrama n.º 98 CIF de 23 de Junho de 1939.
[317] Telegrama n.º 100 CIF de 5 de Julho de 1939.
[318] Telegrama n.º 128 CIF de 28 de Agosto de 1939.
[319] Confronte-se a nota confidencial n.º 572 de 6 de Maio de 1939,

Talvez por isso, quando o Comandante da Polícia de Segurança, o capitão Carlos de Sousa Gorgulho, foi em missão ao Japão, o seu relatório de 20 de Março de 1939 tivesse sido enviado a Salazar por determinação do Ministro das Colónias.

Nesse relatório, Gorgulho considerou que tinha sido "recebido por todas as autoridades japonesas sem excepção com provas de tanto carinho e estima" que ficara cansado e "as exigências de toda a espécie a que estava sujeito e às quais não podia responder por não ter instruções para tal" o tinham levado a reduzir a estada e, por isso, partiu cinco dias antes da data prevista.

De facto, a lista de entidades com quem tinha conferenciado, desde Ministros e Vice-Ministros a Directores e Adjuntos, incluía vinte entidades, fora "muitos outros cuja identidade" não podia "declinar por dificuldades de tradução".

Como se trata de um relatório dactilografado, certamente que no local da palavra "declinar" deveria constar "indicar" ou "nomear".

O Ministro também dava indicações sobre as tropas a render e o material de artilharia a retirar de Macau e como estava consciente da reacção que estas medidas iriam desencadeara, no telegrama n.º 47 CIF de 6 de Maio de 1939, afirmou: "rogo dizer se julga bem" e "rogo dizer se está de acordo e não estando exponha [com] máxima franqueza [as] suas razões".

Entretanto, o Governador noticiava a chegada de "mais 96 refugiados alemães e transmitia que o "banco [manda] informar [que os] depósitos alemães [em] dinheiro [representam] mais de cem mil patacas"[320] para além de garantir a censura dos jornais chineses de Macau que pretendiam publicar artigos contra Wang Chinwei[321].

Além disso, via-se a braços com um novo problema porque tinha chegado ao conhecimento do Ministro que havia provas que os cheques "entregues [a] Boxer, certamente [destinados a] pagamento [de] serviços, terem sido endossados [a] Armando Cortesão e por este recebidos"[322]. O Ministro lembrava a gravidade política desse facto, pedia esclarecimentos e exigia a cessação dos pagamentos.

---

[320] Telegrama n.º 135 CIF de 8 de Setembro de 1939.
[321] Telegrama n.º 137 CIF de 13 de Setembro de 1939.
[322] Telegrama n.º 21 Extra-CIF de 4 de Outubro de 1939.

Provavelmente o Governador perguntou se o Ministro necessitava de ver os recibos porque este, no telegrama n.º 22 Extra-CIF de 21 de Outubro de 1939, esclareceu que "não preciso [de] recibos tanto mais [que] já circulam [em] Lisboa fotografias desses recibos certamente tirados [por] alguém [de] sua confiança [no] Gabinete". Aliás, também já circulavam fotografias das ordens de transferência assinadas por Boxer e, por isso, o Ministro mostrava-se incomodado, pois "não é admissível [que a] colónia subsidie indirectamente [um] inimigo declarado [da] situação".

O Governador aceitaria a ordem e encontraria um culpado, o "meu chefe [de] gabinete Macedo Pinto a quem atribuo [a] cedência [dos] recibos fotografados" e que entendia não dever manter ao "serviço [da] colónia". No entanto, não deixava de lamentar que aqueles que exploravam o caso e condenavam os "abonos [a] Boxer quando é certo [que na] minha ausência [da] colónia continuaram fazendo [os] mesmos abonos"[323].

Com a substituição do Governador, o cargo passou a ser exercido, desde 17 de Agosto de 1940, por Gabriel Maurício Teixeira que o ocuparia durante seis anos.

No que concerne à II Guerra Mundial, a neutralidade portuguesa não impediu incidentes como aquele que se verificou em Agosto de 1943, quando "os japoneses apresaram à força o antigo navio fluvial britânico «Sian», que se encontrava ancorado em Macau desde o princípio da guerra no Pacífico", tendo sido "mortos mais de 30 polícias e guardas portugueses, quando tentavam resistir aos japoneses"[324].

Aliás, o conflito mundial também teria, como é lógico, reflexos no abastecimento de Macau, como se comprova pela existência de duas subdivisões neste arquivo sobre o abastecimento de carvão e de arroz à província pelo vapor «Masbate». De referir que este navio era inglês, mas como a sua área de navegação estava compreendida na zona de acção dos Estados Unidos, era necessário um salvo-conduto americano para que a operação se processasse.

No entanto, é uma carta, melhor, várias passagens de uma carta, constante na 4.ª subd. da pt. 7 de AOS/CO/UL- 10 A1 que mostra um dos aspectos mais macabros derivados da guerra. De facto, uma carta

---

[323] Telegrama n.º 15 Extra-CIF de 23 de Outubro de 1939.
[324] AOS/CO/UL – 10 A1, pt. 9.

enviada de Macau por D.M. Sousa Afonso para o seu noivo, o 2.º Tenente da Marinha, Augusto Souto Silva Cruz[325], dava conta que havia em Macau, "quadrilhas que matam os descuidados que conseguem encontrar e comem-nos ou vendem-nos", situação explicada "por miséria e por ambição".

Por isso, já tinham sido encontrados "imensos abrigos cheios de ossadas humanas e, até, pelas ruas corpos meio descarnados". Segundo a autora da carta, a verdade dos factos não podia ser questionada porque "os assassinos, quando presos, confessam abertamente que comeram a carne ou a venderam".

Mais macabro ainda era o facto de, após ter realizado vários inquéritos, o Governador ter mandado prender "um dos cozinheiros do Hotel Central que confessou que desde há dois anos cozinhava carne humana e a vendia a quem a comprasse".

3.4. Ministério de Marcello Caetano: 6 de Setembro de 1944 a 4 de Fevereiro de 1947

Marcello Caetano manteve os Governadores excepto em dois casos: em S. Tomé e Príncipe para onde nomeou Carlos de Sousa Gorgulho, em 5 de Maio de 1945, Governador que se manteve em funções até Julho de 1948, e no Estado da Índia, onde Paulo Bernard Guedes foi Governador-Geral interino de 1945 a 1946 e José Silvestre Ferreira Bossa, antigo Ministro das Colónias, foi Governador-Geral, tendo a sua nomeação sido feita por Decreto de 8 de Abril de 1946.

O facto de o Ministério coincidir com a parte final da II Guerra Mundial e com a conjuntura dela resultante serve para explicar as dificuldades internas e externas que Caetano teve de enfrentar.

De facto, um regime que tinha nos militares o seu grande suporte não lhes podia desagradar, como se comprova "pela concessão do novo subsídio de 15% sobre os vencimentos e do aumento do «abono de família»" numa fase em que o Governo não conseguia "travar o

---

[325] Nesta subdivisão consta o cartão pessoal de Augusto Souto Cruz e, por isso, é fácil saber que foi ele a fonte que possibilitou o conhecimento da carta. De referir que Augusto Souto Silva Cruz chegaria a Almirante e a Chefe de Estado-Maior da Armada e seria condecorado com a Ordem Militar de Cristo em 22 de Julho de 1979.

crescente aumento do custo de vida" e, também, dos boatos que "constantemente correm da irregularidade com que funcionam os organismos encarregados de distribuir os géneros alimentícios e as matérias primas necessárias à indústria"[326].

No que se refere ao Ultramar, não se tratou de um período fácil, pois, "foi durante o governo do Dr. Ferreira Bossa que se esboçaram as primeiras tentativas de absorção pela União Indiana, com manifestações de um pretenso nacionalismo goês"[327]. Esta situação levou o Governador-Geral a escrever uma carta a Mahatma Gandhi, em Julho de 1946, a que este responderia, em 11 de Agosto, tranquilizando Portugal sobre a manutenção da sua soberania na Índia.

O tempo encarregar-se-ia de provar que a falta de autenticidade estava longe de constituir um exclusivo da política colonial portuguesa.

A sucessão de Ferreira Bossa não deixa de ser curiosa, uma vez que "entregou o governo ao capitão-de-mar-e-guerra Fernando Quintanilha e Mendonça, que veio a ser o 126.º Governador e que o exerceu até 27 de Julho de 1948. Sucedeu-lhe, o desembargador Dr. José Alves Ferreira, presidente da Relação de Goa, que o exerceu até à posse do novo Governador, o referido oficial da Armada"[328]. Assim, Fernando Quintanilha e Mendonça foi Governador-Geral da Índia entre 1948 e 1952, embora tenha existido um período de tempo em que não esteve em funções e o cargo foi desempenhado interinamente por Alves Ferreira.

No caso de Timor, recuperada a posse do território, Marcello Caetano nomeou como Governador Óscar Freire de Vasconcelos Ruas cujo mandato durou de 1946 a 1950.

A formação jurídica de Marcello Caetano permitir-lhe-ia alterar, em Junho de 1945, o projecto do anterior Ministro sobre o casamento nas colónias[329], pois, como consta do Art.º 44.º alínea 2.ª, "sem a modificação proposta, a legislação nas colónias seria mais rigorosa do que na Metrópole, o que não parece razoável".

---

[326] Informação política interna sobre oficiais constante na pt. 24 de AOS/CO/GR – 1C.

[327] Cf. Zuquete, A. (Dir.). (1962). *Tratado de todos os vice-reis e Governadores da Índia*. Lisboa: Editorial Enciclopédia Limitada, p. 262.

[328] Cf. Zuquete, A. (Dir.). (1962). *Tratado de todos os vice-reis e Governadores da Índia*. Lisboa: Editorial Enciclopédia Limitada, p. 263.

[329] Os dois projectos constam na pasta 13 de AOS/CO/UL – 1D.

A leitura da proposta permite constatar que a tolerância ao casamento cafreal tinha pouco de tolerante porque "não ficaria bem a uma nação como Portugal, que tem por missão histórica trazer povos atrasados até ao nível da civilização cristã, dar foros de cidade a casamentos celebrados em forma tão primitiva". Assim, para além de continuar a não reconhecer outras espécies de casamentos, nomeadamente, "o casamento muçulmano e protestante", Portugal procurava que não fossem promovidos "os casamentos entre indígenas com menosprezo das leis portuguesas".

No que concerne à poligamia era proibida por duas ordens de razões: "degrada a mulher indígena, sobretudo quando forçam a entrar nele [no harém] crianças que não atingiram ainda a idade da puberdade, e desmoraliza o próprio polígamo que descansa sobre o trabalho das mulheres, passando uma vida de ociosidade e embriaguez".

Finalmente, como é lógico, a poligamia dificultava "as conversões ao catolicismo".

Marcello Caetano também enfrentaria a oposição do clero porque a Nunciatura Apostólica enviou a Salazar uma exposição – datada de 11 de Dezembro de 1945 e constante na 1.ª sb. da pt. 18 de AOS/CO/UL – 1 D – para se queixar da medida do Ministro que tinha fixado para os missionários estrangeiros "o limite máximo de três quartos em relação ao número dos missionários portugueses", situação que era "contrária ao Acordo Missionário (art.º 2) e ao próprio Estatuto missionário (art.º 15) que estabelecem ser o Bispo o juiz das necessidades das Missões".

O documento fazia questão de reforçar que o Governo podia "depositar plena confiança nos Bispos Portugueses do Império" e que a medida de Caetano era "ofensiva para os missionários católicos porque deixa completamente livres os missionários protestantes que estão a invadir a África Portuguesa", pois, de acordo com D. Teotónio Clemente de Gouveia, Portugal não tinha "missionários bastantes para a evangelização do seu vasto Império".

Os dados constantes do Relatório Geral do Movimento Missionário do Império Português eram os seguintes:

Na Arquidiocese de Luanda, a população era de 1 509 979 habitantes, dos quais 414 000 eram católicos. Os padres portugueses[330] eram 43 e os estrangeiros 26.

Na Diocese de Silva Porto, havia 943 529 habitantes, dos quais 53 300 eram católicos e 63 258 protestantes. Os padres portugueses eram 24 e os estrangeiros 22.

Na Diocese de Nova Lisboa, a população era composta por 1 284 394 habitantes, dos quais 369 490 eram católicos e 90 000 protestantes. Os padres portugueses eram 35 e os estrangeiros 54.

A Prefeitura da Guiné contava com 351 089 habitantes, dos quais apenas 5344 eram católicos. Os padres portugueses eram 9 e não havia padres estrangeiros.

Na Diocese de São Tomé e Príncipe, contavam-se 60 490 habitantes, entre os quais 36 149 eram católicos e 1 214 protestantes. Os padres portugueses eram 8 e não havia padres estrangeiros.

Na Diocese de Cabo Verde, a população era constituída por 174 784 habitantes, dos quais 165 995 eram católicos. Os padres portugueses eram 18 e havia 1 padre estrangeiro.

A Arquidiocese de Lourenço Marques atingia 655 000 habitantes, os padres portugueses eram 46 e não havia estrangeiros.

Na Diocese de Nampula, a população era de 1 919 707 habitantes, dos quais 18 336 eram católicos e 15 401 protestantes. Os padres portugueses eram 18 e os estrangeiros 39.

Na Diocese da Beira havia 1 922 596 habitantes, dos quais 45032 eram católicos e 7 852 protestantes. Os padres portugueses eram 32 e havia 1 estrangeiro.

A Diocese de Macau era constituída por 5 000 000 de habitantes, dos quais só 22 000 eram católicos. Os padres portugueses eram 33 e os estrangeiros eram 43 entre chineses e europeus.

Na Diocese de Díli, a população era composta por 500 000 habitantes, dos quais 28 000 eram católicos e eram assistidos por 8 padres seculares portugueses.

---

[330] Os padres portugueses podiam ser seculares, Beneditinos, Franciscanos, de La Salette, do Coração Imaculado de Maria, da Missão, do Hospital de S. João de Deus – na Beira também se fala de 1 Padre Hospitaleiro –, Salesianos, Monfortinos, da Consolata, da Companhia de Jesus, Capuchinhos e do Espírito Santo.

Neste inventário não deixam de ser interessantes dois elementos. Em primeiro lugar, os números exactos ou redondos relativos às Dioceses do Oriente, dado que não abona no sentido do rigor da pesquisa. Em segundo lugar, a sugestão para que fosse o clero ultramarino a aconselhar o Poder Central porque "estas coisas sérias devem ser resolvidas com espírito realístico".

Ora, para perceber a seriedade do problema, nada melhor que consultar o Relatório Geral do Movimento Missionário do Império Português e os Relatórios do Movimento Protestante nas Províncias de Angola e Moçambique que figuram na mesma pasta. É que, por exemplo, em Angola já havia muitos estrangeiros protestantes: 245 missionários, 12 médicos, 3 000 auxiliares, 20 enfermeiras, para além de 1050 escolas todas dirigidas por estrangeiros protestantes e frequentadas por 47 000 portugueses.

Relativamente a Moçambique, os números eram um pouco inferiores: 90 missionários (todos estrangeiros, americanos, ingleses, suecos e suíços), 348 auxiliares (estrangeiros e portugueses), 14 missões e 35 filiais.

Na pasta também consta a defesa de Caetano relativamente a esta queixa. O Ministro refere a audiência concedida ao Auditor da Nunciatura, Mozzoni, que lhe pediu para revogar o despacho, o que Caetano recusou "secamente" e a sua manifestada disposição para ouvir as corporações missionárias das quais não recebera nenhuma "reclamação ou observação".

Da Embaixada de Portugal no Vaticano chegou, em 22 de Novembro de 1946, um telegrama a dar conta do incómodo da Santa Sé sobre a questão e pedindo para que a legislação não fosse "promulgada sem prévia discussão com [a] Santa Sé" porque tal facto "causaria [uma] impressão penosíssima [no] espírito [do] Sumo Pontífice e não deixaria [de] repercutir [na] sua disposição excepcional amistosa" para com Portugal.

A pasta não permite saber a solução para o diferendo, pois não há mais correspondência sobre o assunto. No entanto, não é de crer que se tivesse tratado de um problema de comunicações como aquele que se verificou quando houve interrupção das linhas telefónicas do Liceu Filipa de Lencastre à Emissora Nacional no dia 11 de

Novembro de 1946 e que não permitira ouvir o discurso do Ministro das Colónias entre as 22h58m e as 23h12m[331].

3.4.1. Angola – 6 de Setembro de 1944 a 4 de Fevereiro de 1947

Durante o seu mandato, Angola teve direito ao segundo plano específico de desenvolvimento, iniciado em 1945 e que só deveria ser substituído pelo terceiro plano em 1951, situação que não se verificou porque, entretanto, os planos específicos deram lugar a planos mais gerais ou abrangentes – os Planos de Fomento.

Em 1945, no dia 17 de Março, o Governador-Geral enviou ao Ministro o telegrama n.º 13 SEC a transmitir-lhe uma informação que lhe chegara através do Governador de Bié, segundo a qual um "funcionário [da] Rodhésia entrou [no] nosso território indocumentado para conversar com Sobas nossos do Moxico o que não conseguiu".

Com o fim da II Guerra Mundial era necessário proceder à normalização das relações e ao inventário das dívidas de guerra. Por isso, o Governador-Geral informou o Ministro que mandara "fazer [a] entrega [dos] arquivos e valores [do] consulado alemão ao Cônsul Geral britânico e [ao] Cônsul americano. Assistiu [o] Encarregado [do] Consulado francês que por não estar acreditado [como] Cônsul não participou [no] recebimento"[332].

Depois o Governador-Geral enviou três telegramas relacionados com a sua ida a Leopodville e a data da mesma porque entendia que não lhe competia a ele "fazer [a] primeira visita" e, por isso, alegou a "presença [em] Lisboa [em] virtude [das] próximas eleições" para declinar o convite, embora tenha manifestado todo o prazer em receber "em Luanda durante [a] minha permanência até 20 [de] Outubro [a] visita do Senhor Encarregado [do] Governo Geral [do] Congo Belga"[333].

As eleições seriam ainda notícia porque tinha "chegado [às] colónias telegramas anunciando liberdade [de] reuniões [de] propaganda eleitoral". Os Governadores de Angola e de Moçambique soli-

---

[331] Este assunto está esclarecido na pasta 20 de AOS/CO/UL – 1 D.
[332] Telegrama n.º 41 SEC de 12 de Junho de 1945.
[333] Telegrama n.º 120 ESP de 5 de Outubro de 1945.

citaram instruções e o Ministro pediu a Salazar indicações porque nada sabia[334].

Na pasta não está a resposta, a menos que a mesma esteja escrita à mão no telegrama mas somos informados que o "ambiente [no] Sul melhorou consideravelmente. [Em] Nova Lisboa onde era pior parece bastante modificado", que na "quinta feira [haverá] nova sessão [da] oposição [em] Luanda" e que se faria "sessão [de] apoio [à] lista [do] Governo a seguir radiofundida [para] toda [a] colónia"[335].

Ainda sobre as eleições, existe um telegrama de treze folhas[336] que transcreve na integra uma comunicação que o Governador-Geral fez ao Conselho de Governo sobre uma sessão política realizada no Rádio Clube em Luanda e que foi aplaudida "unanimemente".

Quanto a desacatos apenas foi noticiado que tinha havido "em Matadi" alterações da ordem e que "dois portugueses e um padre [foram] maltratados por indígenas armados [com] paus [e] catanas" que também "assaltaram [a] casa [do] comissário [da] polícia ausente e parece [que] tentaram ou violaram [a] senhora". No entanto, a "ordem [fora] restabelecida [com a] volta [dos] nativos [ao] trabalho"[337]

Em 2 de Janeiro de 1946, o Governador-Geral informou o Ministro sobre problemas laborais porque o Governador de Malange lhe telegrafara a dizer que o "administrador [de] Chitato acaba [de] comunicar [que a] confederação geral [de] sindicatos [do] Congo Belga publicou [um] comunicado declarando greve geral [no] dia 7 [de] Janeiro próximo caso [a] classe patronal até dia três [do] mesmo mês não acordar [o] contrato colectivo [de] trabalho"[338].

Era uma questão nova para Portugal porque os sindicatos e a contratação colectiva excediam a visão de um corporativismo ainda que incompleto, e não apenas no que se refere às colónias.

Aliás, a conjuntura de então ainda não reflectia abertamente a onda descolonizadora como se comprova por um telegrama – sem data e sem número – no qual o Cônsul de França mostrou o interesse do Governo francês em que "um alto funcionário [de] Angola [para]

---

[334] Telegrama n.º 130 ESP de 8 de Outubro de 1945.
[335] Telegrama n.º 53 SEC de 12 de Novembro de 1945.
[336] Telegrama n.º 379 CIF de 7 de Novembro de 1945.
[337] Telegrama n.º 420 CIF de 7 de Dezembro de 1945.
[338] Telegrama n.º 1 SEC de 2 de Janeiro de 1946.

assistir [à] (conferência?) dos Estados Gerais da Colonização Francesa", ou por outro telegrama, datado de 2 de Maio de 1946, no qual o Governador-Geral dava conta da visita que fizera à África francesa, a Brazzaville, durante a qual, "se frisou de parte a parte a segurança que oferecem por experiência antiga e provas dadas [os] nossos métodos [de] colonização em contraposição com ideias novas desapoiadas [de] experiências e resultados".

Voltando às questões laborais, na pasta 6 de AOS/CO/UL – 8 H consta o balanço e contas da Companhia do Assucar de Angola[339] e a resposta dessa companhia a um inquérito da responsabilidade da comissão nomeada para o estudo do futuro regime sacarino das colónias.

O primeiro refere um lucro líquido de 17 995 662$57 e prevê dividendos de 16 200 000$00. O segundo faz questão de indicar que "em 1945 o custo de produção foi consideravelmente agravado com o acréscimo de despesas, nomeadamente aumento de salários, alimentação, vestuário e transportes, da mão de obra indígena, bem como actualização de ordenados, subsídios de alimentação, hospitalização, medicamentos, etc, do pessoal europeu.

O balancete não permite saber o montante pago pela empresa aos trabalhadores, elemento importante para aquilatar a veracidade das preocupações sociais patenteadas no questionário.

No entanto, talvez não seja despiciente recordar que, 15 anos depois, no início da década de 60, ainda havia em Angola agricultores cujo rendimento **anual** era de 100$00.

A conjuntura regional também se revelava muito importante num período que correspondia ao final da II Guerra Mundial. Assim, em AOS/CO/UL – 8 H, p. 3, existe uma "informação-parecer", de 30 de Outubro de 1946, documento assinado por A. Clemente Fernandes, sobre a "saída pelo Lobito do excesso da produção belga do Congo; ligação por estrada da Rodésia do Norte com Angola".

Depois de historiar todo o processo, o autor considerou que devia recomendar "o estreitamento das relações económicas entre Portugal e a Grã-Bretanha, através do estabelecimento de um acordo de Angola com a Rodésia do Norte" porque "à falta de boa vontade

---

[339] Como se trata de uma companhia manteve-se a ortografia relativa à sua designação social.

e de sentimento de boa vizinhança revelados pelas autoridades belgas [...] corresponde a atitude aberta e de franca cooperação manifestada pelo Governo da Rodésia do Norte".

No que respeita aos aspectos ideológicos, há um telegrama – o n.º 115 ESP de 14 de Setembro de 1945 – que merece uma referência especial.

De facto, o Ministro, a partir de Vila Luzo, referia que tinha "encontrado em toda a gente incluindo Repartições públicas e cubatas desta e doutra costa calendários com bandeiras e retratos [de] chefes [e] estadistas estrangeiros". Face a essa observação, considerava "absolutamente necessário espalhar-se aqui [um] calendário com [a] nossa bandeira ou retrato [do] nosso chefe" e, para tal, solicitou à Litografia Nacional uma "sugestão [do] desenho e orçamento para um milhão [de] calendários" que deveriam ser "bonitos e sugestivos patrióticos".

Era a constatação da importância da imagem na propaganda da ideologia e da inculcação ideológica.

3.4.2. Moçambique – 6 de Setembro de 1944 a 4 de Fevereiro de 1947

Como Marcello Caetano visitou Moçambique, foi dando conta a Salazar da forma como era recebido e da visita que lhe foi feita por Smuts[340], realçando que este "manifestou grande confiança [no] futuro [de] Moçambique e [na] nossa capacidade colonizadora segundo [o] exemplo [do] Brasil". No entanto, considerava que "Portugal devia mandar mais colonos [para as] suas colónias"[341].

Tal como acontecera com Freyre em Luanda, também Smuts não compreendeu que Lourenço Marques não reflectia a realidade de Moçambique e que falar de emergências talvez não fosse a forma mais apropriada e exacta de definir a prática colonial portuguesa.

---

[340] Jan Smuts foi Primeiro-Ministro da África do Sul e conseguiu que o seu país se tornasse membro da ONU em 1945. Na altura da visita já era Marechal.

[341] Telegrama n.º 40 especial de 24 de Julho de 1945. Todos os elementos relativos a esta visita constam na pasta 16 de AOS/CO/UL – 1D.

Os dois discursos constantes na pt. 17 de AOS/CO/UL – 1 D, são, aliás, elucidativos da visão que Portugal e a União da África do Sul tinham da política não apenas regional.

De facto, Marcello Caetano[342], que não julgava "obsoleto o conceito de independência das nações e de soberania dos Estados" fez questão de reforçar que "a dignidade do homem, qualquer que seja a sua raça ou a sua cor, o respeito das autonomias, a necessidade do entendimento e da cooperação internacionais são também dogmas para o Governo Português, inscritos na Constituição da Nação e firmemente arreigados na consciência dos governantes". Ora, como acreditava na "continuação no futuro do excelente entendimento até hoje mantido entre os nossos dois países", bebia "pelas prosperidades da União da África do Sul".

Smuts seria mais demorado e num discurso com dez páginas dactilografadas encarregar-se-ia de manifestar "a great satisfaction" porque "the anniversary we celebrate tonight is not only the birthday of the Transval-Mozambique railway but a date which will surely be a significant landmark in the association of our two countries".

Além disso, falou sobre os cenários pós-II Guerra Mundial, referindo que "many concepts and slogans to which we cling have lost all relevance to the modern world. Old prejudices must be discarded and mankind must be ready to cast its thought in new moulds" e, para isso, "we shall need cool heads, sobriety of judgement and charitable understanding, and, above all, the determination to work together".

A duração do regime do *apartheid* encarregou-se de mostrar que não era apenas em Portugal que a distância da palavra à acção era longa.

O Ministro relatou, igualmente, a visita que fizera em retribuição, a qual tinha decorrido com a "maior cordialidade", apesar da "manifesta preocupação causada [pela] vitória trabalhista que desagradou [a] Smuts e [ao] partido [do] Governo". Aliás, Smuts tinha-se mostrado "pessimista e [o] seu Governo não parece [ter] condições [para] longa duração sendo possível suceder [que a sucessão] nacionalista seja acelerada"[343].

---

[342] O discurso de Marcello Caetano só tem duas páginas e está em português e inglês.
[343] Telegrama n.º 42 ESP de 28 de Julho de 1945.

Há dois aspectos nesta longa viagem que merecem ser referidos. De facto, o Ministro partiu para o Norte de Moçambique onde esperava demorar-se "cerca de 20 dias", mas aproveitava a permanência para conferenciar com personalidades marcantes na vida da região: "Primeiro-Ministro [da] Rodésia [do] Sul e Ministro [do] Comércio aceitaram conferenciar [na] Beira comigo"[344]; o "Governador-Geral [de] Madagáscar comunicou [a] sua intenção [de] vir cumprimentar--me"[345]; "tive várias outras importantes [conferências] especialmente com Chapman, administrador [da] Beira Railways, sobre [a] nacionalização [dos] Caminhos [de] Ferro [da] Rodésia que parece [que] não chegará a fazer-se"[346].

Por outro lado, o Cônsul de França queria condecorar Caetano mas perguntou-lhe "qual a ordem e grau [que] daremos [ao] Governador [de] Madagáscar" porque no Mundo da Diplomacia o protocolo era – e continua a ser – rígido.

Caetano considerava que Portugal poderia atribuir a este Governador a "Ordem [do] Império Colonial [ou] comenda ou Grande Oficial".

Sobre a nacionalização do caminho de ferro da Rodésia, o Ministro, no telegrama n.º 91 ESP de 1 de Setembro de 1945, informou que tinha conferenciado com Lord Howit, o Comissário do governo inglês para o estudo dessa nacionalização e que lhe dissera, a título pessoal, que "dado [o] elevado rendimento [dos] últimos três Beira Railway [a] ocasião [de] resgate era muito má [tendo em] vista [a] indemnização elevadíssima" e que o regime de "concessão [de] serviço" permitia ao "Estado [uma] larga ingerência [nos] Caminhos [de] Ferro".

No que concerne à educação, o Ministro, através da portaria n.º 7, criou um "subsídio de estudo na Metrópole para auxílio dos alunos que hajam terminado nesta colónia com classificação não inferior a 14 valores os cursos liceais complementares ou os cursos de habilitação complementar para matrícula nos Institutos de ensino técnico médio e que pretendam seguir na Metrópole respectivamente cursos superiores ou os dos referidos institutos"[347].

---

[344] Telegrama n.º 49 ESP de 31 de Julho de 1945.
[345] Telegrama n.º 50 ESP de 1 de Agosto de 1945.
[346] Telegrama n.º 56 ESP de 7 de Agosto de 1945.
[347] Telegrama aberto n.º 93 ESP de 3 de Setembro de 1945.

Quanto ao balanço da visita a Moçambique seria feito já em Angola e o Ministro considerou que "não parece ter sido inútil para [o] País [a] minha visita"[348].

Na 30.ª subd. da pasta 16 de AOS/CO/UL – 1 D está o telegrama n.º 168 ESP de 24 de Outubro de 1945, enviado para Luanda onde se encontrava o Ministro, e que mostra a forma como Salazar lidava com os pedidos pessoais que lhe eram feitos.

De facto, o Ministro da União Sul Africana tinha mostrado "particularmente grande empenho [na] colocação [do] genro [o] alferes [de] artilharia Vasco Palmeirim actualmente ajudante [de] campo [do] Governador-Geral [de] Moçambique [no] lugar [de] agente [dos] caminhos [de] ferro [de] Lourenço Marques com residência [em] Pretória". Ora, como o anterior titular do cargo se tinha aposentado e o "actual Governador [do] Transval [o] general Piennar é primo [do] Ministro [da] União Indiana [em] Lisboa este [no] fim [do] corrente ano regressa de todo [a] Pretória e [o] seu genro poderia certamente contar [com] grandes facilidades junto [das] autoridades [da] União para [o] desempenho [do] cargo dadas [as] relações [de] família". Salazar, que não sabia as "ideias" do Ministro relativamente ao provimento do lugar, foi "prudente na resposta", embora tivesse prometido "transmitir" ao Ministro o seu "empenho".

A resposta de Caetano não deixa dúvidas sobre o seu relacionamento com o Governador-Geral de Moçambique porque afirmou que esse assunto já "tinha ficado resolvido" durante a sua passagem por Lourenço Marques e "só se Governador-Geral com [o] seu feitio desagradável voltou atrás não estará já feito o que o Ministro [da] União pede"[349].

3.4.3. Cabo Verde – 6 de Setembro de 1944 a 4 de Fevereiro de 1947

O primeiro telegrama existente em AOS/CO/UL – 10, pt. 14, o telegrama n.º 11 SEC de 12 de Setembro de 1944, foi enviado pelo Ministro e dava conta que a "recomposição [do] Governo mantém

---
[348] Telegrama n.º 114 ESP de 14 de Setembro de 1945.
[349] Telegrama n.º 158 ESP de 26 de Outubro de 1945.

firmemente [a] orientação traçada [para a] política interna e externa". Além disso, o telegrama – que também foi enviado para a Guiné, S. Tomé, Angola, Moçambique e Macau – reafirmava que o "próximo fim da guerra" exigia dos Governadores "atenção vigilante [da] ordem pública com serenidade e equilíbrio, mas decisão" para "vencer [as] dificuldades externas e [a] inquietação natural [nos] tempos próximos".

Com o fim da II Guerra Mundial, o Ministro teve de voltar a enviar um telegrama conjunto para as seis colónias sobre os bens alemães fora do continente[350].

Assim, o "direito [de] tomar posse [dos] arquivos ou propriedades oficiais do Governo alemão pertence em conjunto [aos] cônsules das mesmas nações [Inglaterra, EUA e França] ou àquele ou àqueles que existirem no local". Advertia, ainda, que as autoridades deviam "cobrar recibo ou declaração de entrega e dos termos em que é feita".

No que concerne à "abertura política" do regime, o Ministro enviou – novamente de forma colectiva – um telegrama[351] sobre a realização de "reuniões políticas [em] recintos fechados onde [os] concorrentes ou seus adeptos pudessem pôr-se [em] contacto [com os] seus presumíveis eleitores", uma vez que o Governo "adoptou medidas conducentes à livre propaganda [de] candidaturas e ideias por eles defendidas", embora a efectivação das reuniões dependesse da "prévia sanção [das] autoridades".

Porém, como os "elementos [da] chamada oposição resolveram não concorrer [ao] acto eleitoral" não se justificava que pudessem fazer reuniões porque "não só não pretendem exercer o seu direito como ainda se esforçam para evitar que [a] generalidade dos cidadãos cumpram o seu dever".

Então, como forma de evitar essa acção nefasta, o Ministro decidiu que a autorização para "reuniões [de] propaganda política só poderá [no] futuro ser concedida àqueles que patrocinem ou façam parte de listas [de] deputados [a] submeter [a] sufrágio".

---

[350] Telegrama 4 SE para Cabo Verde, 7 SE para a Guiné, 10 SE para S. Tomé, 46 SE para Angola, 31 SE para a Índia e 19 SE para Macau. (Nos telegramas está SE e não SEC).

[351] Telegramas 8 SEC para Cabo Verde, 11 para a Guiné, 14 para S. Tomé, 60 para Angola, 39 para Moçambique, 19 para a Índia, 40 para Macau e 9 para Timor.

3.4.4. Guiné – 6 de Setembro de 1944 a 4 de Fevereiro de 1947

Neste período o tema das visitas foi dominante na correspondência trocada entre o Governador e o Ministro. Assim, em 27 de Outubro de 1944, o Governador enviou um telegrama – n.º 197 CIF – a dar conta da passagem por Bolama das "missões portuguesa espanhola suíça [que] vão tomar parte [no] Congresso [da] Aviação Civil [em] Chicago" e que foram "recebidos o melhor que foi possível dentro [da] possibilidade [do] meio [e] exiguidade [de] tempo".

Entre aqueles que receberam a comitiva, estavam "todos [os] funcionários civis [e] militares [o] missionário católico, europeus e civilizados".

No que se refere à comitiva, todos "ficaram encantados [com a] limpeza [da] cidade e aldeias indígenas e estradas [com a] correcção [dos] indígenas e amabilidade [dos] funcionários".

A última palavra da penúltima frase "civilizados" não deixa dúvidas sobre a forma como a administração colonial via os indígenas, os quais, apesar da "correcção" e da "limpeza das aldeias", não eram considerados civilizados.

Mais tarde, como o Presidente da República pretendia visitar a Guiné, da parte do Governador chegava a informação que o Presidente da República poderia visitar a colónia porque seria recebido com a "maior [e] mais sincera alegria", desde a "humilde palhota indígena até [à] melhor habitação [da] cidade", mas dentro da "modéstia [dos] seus recursos". Aliás, como o palácio de Bissau ainda não estava concluído, o Presidente da República ficaria na "Residência [do] governo [em] Bissau [e a] sua comitiva instalada [em] outras residências [que] serão reservadas [à] medida [que] forem concluídas" porque os "hotéis têm estado repletos [nos] últimos tempos"[352].

Os cuidados com a saúde do Presidente da República levavam o Governador a aconselhar que a visita acontecesse no mês de Dezembro, que era o mais fresco, com boa temperatura e pouca humidade.

Há ainda um episódio relativo à neutralidade portuguesa no segundo conflito mundial e à forma como as grandes potências – no caso a Inglaterra – a interpretavam.

---

[352] Telegrama n.º 4 SEC de 7 de Fevereiro de 1946.

De facto, como relata o Governador,[353] um avião inglês tinham "feito [uma] aterragem forçada [em] Cabo Mata junto [à] barra [do] rio Cacheu" e, por isso, o Vice-Cônsul português "Bathurst" tinha comunicado a vinda de dois oficiais ingleses para levarem os aviadores. Além disso, informava que os ingleses tinham pedido autorização para "examinar o avião".

O Governador, em nome da neutralidade portuguesa, recusara e decidira que os dois aviadores e o avião "ficassem sob guarda".

Face a esta recusa, uma "lancha-motor inglesa e [um] hidro-avião recolheram [os] aviadores incendiando [o] aparelho", enquanto a "guarda [de] cipaios" nada podia fazer para impedir os dois actos.

3.4.5. S. Tomé e Príncipe – 6 de Setembro de 1944 a 4 de Fevereiro de 1947

Como já foi indicado, tratou-se de um dos poucos casos em que houve nomeação de Governadores por parte de Marcello Caetano.

De facto, o Governador, através do telegrama n.º 56 CIF de 17 de Maio de 1944, pediu a exoneração porque se sentia desautorizado e queria "seguir [para] Lisboa [no] vapor Mousinho que passa [no] fim [do] mês corrente". Por isso, solicitava ao Ministro a indicação da pessoa a quem deveria "entregar [o] governo".

O Ministro foi lesto na resposta[354] para considerar que o Governador não tinha razão para pedir a "sua exoneração [por] causa [do] castigo [ao] comandante [do] porto".

Como forma de justificar a sua posição, o Ministro historiou o processo: "Vexa aplicou determinada pena que um recurso [do] Conselho Disciplinar anulou"; teceu considerações: "Como Vexa não tem certamente prazer [em] castigar antes pelo contrário [a] decisão [do] Conselho reconhece [que] Vexa errou [na] aplicação [da] pena mas não atinge [a] sua situação [como] Governador" e serviu-se da História para referir, por exemplo, que "nunca vi qualquer juiz pedir [a] demissão por [um] Tribunal superior alterar [a] sentença nem

---

[353] Telegrama n.º 28 de 2 de Março de 1945.
[354] Telegrama n.º 49 CIF de 24 de Maio de 1944.

qualquer Governador por sua decisão ser anulada [por] instâncias contenciosas superiores", para além de não haver um único Ministro [que] se possa gabar [que] qualquer decisão sua não foi anulada [pelo] Supremo Tribunal Administrativo e não me consta [que] ninguém por esse facto tenha pedido [a] demissão".

Ora, como os "julgados têm [de] ser serenos [e] imparciais", o Ministro esperava convencer o Governador a manter-se em funções e dava o "assunto por liquidado" se o Governador não telegrafasse em sentido contrário, até porque o Cardeal ia visitar a colónia e havia "vantagem [em] existir [na] colónia [um] Governador efectivo".

O Governador respondeu[355] negando que o seu pedido se tivesse ficado a dever à anulação, embora considerasse o "parecer [do] Conselho Superior [de] Disciplina contrário [às] normas disciplinares e leis [da] Fazenda". Além disso, reafirmava a sua mágoa por ter de castigar, só que "ter [de] publicar [no] Boletim Oficial [a] anulação [do] castigo sem que este tenha sido antes publicado, esperar cinco meses [pela] transferência [do] oficial punido" e o facto de o Ministro "não incluir [no] orçamento dias depois de punição [o] lugar [de] chefe Administrativo Civil apesar de [o Governador] ter concordado com [a] opinião telegráfica [de] diminuir [a] categoria [do] lugar" o tinha levado a concluir que a dedicação de "nove anos" não era "suficiente" e, por isso, apresentara o pedido de exoneração e decidira "orientar" a sua vida no "sentido [da] carreira militar". Por isso, mantinha o pedido de exoneração, embora se mostrasse disponível para "receber [o] Cardeal Patriarca na sua passagem para Moçambique" se o Ministro achasse "necessário ou conveniente".

De notar que o Governador não deixou de se queixar da quebra de palavra do Ministro porque fez questão de referir que, no que concerne ao lugar de Chefe Administrativo Civil, o Ministro "sabia a quem [era] destinado e cuja nomeação Vexa me tinha prometido"

O Ministro voltaria a responder[356] recusando todos os argumentos do Governador e informando-o que mantinha a "confiança [do] Governo" porque a concordância do Ministro com a "decisão [do] Conselho [de] Disciplina não pode ter significação [como] falta [de]

---

[355] Telegrama n.º 60 CIF de 29 de Maio de 1944.
[356] Telegrama n.º 53 CIF de 5 de Junho de 1944.

confiança apenas concordância [que o] castigo não era de aplicar" e voltava a questionar se o pedido de exoneração se mantinha.

O Governador responderia em 13 de Junho de 1944, a confirmar que, apesar da "confiança manifestada", como estava "desgostoso com os factos ocorridos" e não tinha "saúde nem (disposição?) para continuar", mantinha o pedido de exoneração. Por isso, o telegrama seguinte – n.º 109 CIF de 29 de Setembro de 1944 – já foi enviado pelo Encarregado do Governo[357] que o substituiu até à chegada do novo Governador, Carlos de Sousa Gorgulho, que foi nomeado em 5 de Maio de 1945 e se manteve em funções até Julho de 1948, isto é, serviu também sob as ordens do Ministro Teófilo Duarte.

Aquando da visita do Ministro a São Tomé e Príncipe, este enviaria a Salazar um telegrama[358] no qual referia que a "impressão [sobre a] acção [do] Governador [era] muito boa" e que era "infundada [a] campanha movida [pelos] roceiros [em] Lisboa apenas motivada [pelo] espírito [de] honestidade, legalidade e humanidade contra [o] mau tratamento dado [aos] serviçais [em] muitas roças".

Neste telegrama era, ainda, referido que o Ministro tinha recebido "insistentes e dramáticos pedidos [de] repatriação [de] alguns velhos serviçais". Porém, apesar de lhes reconhecer razão, Marcello Caetano decidiu não fazer repatriações "enquanto não for resolvido [o] problema [da] mão [de] obra", ou seja, os interesses dos donos das roças ultrapassavam os aspectos ligados à acção humanitária, situação que não deixa dúvidas sobre o predomínio do elemento maquiavélico.

De facto, de pouco valia aos serviçais o reconhecimento ministerial da injustiça da sua situação se o Ministro, devido a motivações económicas, não tomasse medidas para alterar aquilo que condenava.

Mais tarde, em 2 de Novembro de 1945, o Ministro enviou a Salazar o telegrama n.º 164 ESP, a partir do navio Mouzinho, para voltar a elogiar o trabalho do Governador que "tem trabalhado [com] grande actividade e dedicação procedendo [com] muito zelo e honesti-

---

[357] Era um telegrama sobre o desastre na baía Ana Chaves "onde por grande desleixo deixaram cair [uma] bomba [a grande] profundidade" e como a colónia não possuía "meios para tentar destruir nem remover [a] bomba", era necessário que fossem os ingleses a proceder a essa remoção.

[358] Telegrama n.º 4 ESP de 24 de Junho de 1945.

dade" para tentar desenlear a "situação muito enredada por longo período [de] desleixo e abusos". Não admirava que quem estava habituado a esses abusos – os roceiros – continuassem "descontentes", embora o Ministro considerasse que o "Governo tem inteira razão".

Nesse telegrama também se aborda a questão da escolha dos candidatos de S. Tomé e Príncipe para as listas da União Nacional e o Ministro considerava que o "Dr. Júlio Freire tem [o] pior ambiente possível [em] todas as classes" e que os outros candidatos eram "partidários do Estado Novo", mas que "Corte Real não vencerá [o] candidato [do] comércio [e] agricultura locais Rosado que tem desenvolvido larga propaganda com muito dinheiro".

Afinal, muito antes da abertura ao multipartidarismo, já o dinheiro disponível para a campanha se constituía como um elemento fundamental para a eleição.

3.4.6. Índia – 6 de Setembro de 1944 a 4 de Fevereiro de 1947

No que concerne aos Governadores, José Ricardo Pereira Cabral manteve-se até 2 de Maio de 1945, data em que foi substituído por José Alves Ferreira Bossa, o anterior Ministro das Colónias, que esteve em funções até 12 de Agosto de 1947, ou seja, ainda permaneceu meio ano no cargo depois da saída de Marcello Caetano do Ministério.

Em 1946, a Índia, melhor, Goa passou a dispor da Emissora de Goa que, durante o Ministério seguinte, ou seja, em 1948, seria integrada nos CTT.

Na 1.ª sb. da pt. 19 de AOS/CO/UL – 1 D está um bilhete com o logótipo do Ministério das Colónias, manuscrito e datado de 22 de Fevereiro de 1946, intitulado "Consulado em Bombaim" no qual se interroga se "dada a importância das negociações do Caminho de Ferro de Mormugão e de outras relações a travar com a Índia Inglesa não será conveniente mandar um funcionário de carreira para o consulado de Bombaim". Aliás, também se questiona se não seria conveniente "elevar esse posto a consulado geral".

Na pasta não existe resposta para a questão e nada mais que pareça relevante para esta investigação.

3.4.7. Timor – 6 de Setembro de 1944 a 4 de Fevereiro de 1947

De Lourenço Marques, onde se encontrava de visita, o Ministro enviou a Salazar a sua opinião sobre a forma de lidar com a questão de Timor depois de terminada a II Guerra Mundial.

Marcello Caetano reconhecia que a situação se apresentava "bastante favorável face às negociações diplomáticas"[359], mas considerava que estavam em "jogo [no] Pacífico interesses [e] ambições [da] mais ampla envergadura" e, por isso, se aconselhava "manter em Timor pelo menos [nos] primeiros tempos [uma] situação militar bastante forte", continuando a "preparação [das] tropas para embarque" e a qualidade das mesmas, como forma de "afirmar [a] soberania [e] prestígio português mediante [uma] forte proporção [de] tropas brancas".

Quanto à nomeação do "inspector Ruas como encarregado [do] governo", o Ministro informou Salazar que era "demasiado cedo" e que em "primeiro lugar convém fazer [a] ocupação militar [do] território depois definir militarmente todos [os] pormenores [em] questões de soberania antes [de] passar [às] regras normais [de] administração".

De facto, de acordo com os ingleses e os americanos, era "conveniente para todos [a] entrega [das] forças japonesas ao governador [da] Colónia" e, por isso, não parecia "razoável [em] tais circunstâncias precipitar como primeiro acto [de] administração antes de efectuado o acima exposto [a] sua substituição", até porque ainda não tinha sido "tomada posição firme quanto [à] conveniência [da] partida [do] brigadeiro Varejão".

Caetano recordava a Salazar a necessidade de "seguir para [o] extremo-oriente embora com quartel general mais reduzido [um] oficial [de] categoria e [com] prática [de] relações suficiente para poder à vontade estar [em] condições [de] entrar [em] relações e discutir [os] problemas militares dependentes [dos] altos comandos [que] funcionam [no] sudoeste [do] Pacífico sobretudo no tocante [à] permanência [e] embarque [das] tropas japonesas mantendo simultaneamente [o] prestígio [das] nossas forças".

---

[359] Todas as citações sobre esta questão foram feitas a partir do telegrama n.º 62 ESP de 20 de Agosto de 1945, que está na 21.ª subd. da pasta 16 de AOS/CO/UL – 1D.

Como personalidades capazes de desempenhar a tarefa, o Ministro avançava os nomes do Brigadeiro Varejão e do Coronel Abranches Pinto.

Aliás, a rendição japonesa em 22 de Setembro de 1945, que não foi feita perante qualquer autoridade militar portuguesa, seria seguida pela entrada em cena de uma personalidade – Vassalo e Silva – que estaria em duas situações de carácter oposto: o reassumir da soberania portuguesa em Timor e o encerramento dessa mesma soberania na Índia.

Em Timor, Vassalo e Silva seria Director dos Trabalhos Públicos e Chefe das Forças Militares e, ainda, Governador, antes de rumar à Índia para substituir um esgotado Benard Guedes.

Que se tratava mais de um engenheiro do que de um militar provam-no as melhorias efectuadas nas infra-estruturas de Timor e a dificuldade de aceitação da sua nomeação por parte do exército para Chefe Militar.

Os futuros acontecimentos na Índia encarregar-se-iam de dar razão à anterior afirmação.

3.4.8. Macau – 6 de Setembro de 1944 a 4 de Fevereiro de 1947

Na 8.ª subd. da pt.7 de AOS/CO/UL – 10 A1, encontra-se uma carta, datada de 19 de Janeiro de 1945, enviada pela Direcção Comercial de Lisboa – Câmara de Comércio e um telegrama remetido pelo Governador de Bolama que servem para protestar "contra o bombardeamento da cidade de Macau", pois tratou-se de um "iníquo ataque" com "agravo da nossa posição de nação neutral no actual conflito".

Depois, o fim da II Guerra Mundial foi marcado por dois acontecimentos de sentido oposto: o encerramento do comércio oficial do ópio e a abertura do negócio do ouro.

De facto, se a Sociedade das Nações conta entre os reduzidos sucessos com o controlo do comércio internacional do ópio, foi, apenas em 1945, que as casas de ópio foram queimadas e o comércio oficial cessou.

Quanto ao negócio do ouro – que foi objecto de vários telegramas – importa referir que se iniciou devido à instabilidade política na zona, embora só viesse a conhecer um grande desenvolvimento durante os Ministérios seguintes, pois foi a existência de duas Chinas, depois do surgimento da República Popular da China, em 1949 e a participação chinesa na Guerra da Coreia, em 1950, que levaram ao embargo comercial por parte do Ocidente à República Popular da China.

A situação de Macau depois do segundo conflito mundial estava longe de se apresentar clara e, por isso, de Moçambique o Ministro enviou a Salazar o telegrama n.º 94 ESP de 3 de Setembro de 1945 a informar que o "Governador [de] Macau em telegramas directos pediu e insistiu [na] minha ida [a] essa Colónia" e que, apesar de "não ter prazer [na] viagem", estava disposto "como soldado" a "cumprir quanto seja [o] interesse [do] País". Ora, como a "presença [do] Ministro em Macau [e] eventualmente [em] Timor teria interesse político e moral", até porque de Moçambique não podia "apreciar [o] assunto [em] toda [a] extensão", o Ministro pedia uma "resolução [do] Governo", ou seja, que Salazar decidisse da pertinência da visita.

Ainda sobre o futuro de Macau, na pasta 19 de AOS/CO/UL – 1D está um documento numerado a lápis com o número 393 e que dá conta de uma conversa que o Ministro das Colónias teve com o Dr. Américo Pacheco Jorge, um advogado em Macau e que tinha visitado durante vinte e um dias os Estados Unidos onde fizera "conferências públicas sobre a China".

Segundo o mesmo, Portugal tinha de contar com a realidade que apontava para uma diferença entre o Governo de Chun-King que "não mostra más disposições" e os jovens universitários de Cantão que eram "quem decide com grande autonomia" e que se revelavam "extremamente nacionalistas e, como tal, xenófobos".

Ora, estes jovens consideravam que "a cessão de Macau a Portugal foi acto de um Ministro traidor e constitui mancha da história chinesa que é preciso lavar"e, como não reconheciam "benefícios materiais" ou "benefícios morais" resultantes da administração portuguesa, embora admitissem vantagens da "acção protectora e benemerente em relação à população chinesa nos períodos conturbados" não a agradeciam.

Assim, segundo a sua opinião, "a situação de Macau dependerá apenas da de Hong-Kong", sendo que havia "todas as probabilidades" de a Inglaterra se decidir "pelo abandono da concessão".

O futuro encarregar-se-ia de provar que não estava certa a previsão de que "os próximos cinco anos decidirão da sorte do nosso domínio em Macau". A paciência ou minúcia chinesa para resolver os assuntos e o reconhecimento por parte de Mao de que os portugueses tinham sido os únicos que tinham estado na China sem procurarem fazer guerra levariam a China a recusar – por força do seu estatuto no Conselho de Segurança – qualquer intervenção da ONU no processo e a questão de Macau seria separada da de Hong-Kong.

Para a República Popular da China, Macau era território chinês sob administração portuguesa, situação que correspondia bem à realidade porque se tratava, como Moreira (1956, p. 31) afirma de uma cessão por arrendamento que passara a definitiva. De facto, "Macau foi cedido pela China a Portugal em 1557, mediante uma renda anual de 500 taéis, arrendamento que só em 1887 se transformou em cessão definitiva".

A História encarregar-se-ia de mostrar que qualificativos como "definitiva" ou "perpétua" não têm ao nível das relações internacionais significado idêntico àquele que o povo lhes atribui.

Esse mesmo povo proverbiou que *quem dá e tira vai para o inferno*, mas isso certamente que não incomodou um regime que recusava a ideia de castigo – ou recompensa – de origem divina e que, na sua marcha em direcção ao modelo que considerava perfeito, com alguma frequência se encarregava de fazer viver o inferno na terra.

3.5. Ministério de Teófilo Duarte: 4 de Fevereiro de 1947 a 2 de Agosto de 1950[360]

Teófilo Duarte chefiou o Ministério numa conjuntura muito semelhante à do seu antecessor, ou seja, numa fase de criação do novo paradigma mundial resultante da II Guerra Mundial e que se materializaria na política de blocos ou no Mundo bipolar.

---

[360] Os telegramas relativos a este mandato podem ser encontrados na caixa AOS/CO/UL-8I.

Nessa conjuntura, os problemas e as perspectivas de Portugal face ao Ultramar também se mantinham imutáveis, embora se aproximasse uma alteração semântica destinada a manter o *status quo*.

De facto, Salazar, ao discursar em 25 de Novembro de 1947 na Biblioteca da Assembleia Nacional deixou bem claro o rumo a seguir no que respeitava ao Ultramar porque, referindo-se à Índia e ao desejo de Nehru de a integrar na União Indiana, afirmou que "se geograficamente Goa é Índia, socialmente, religiosamente, culturalmente Goa é Europa", ou seja, uma parte de Portugal.

Voltando à realidade desse Império, os problemas económicos continuavam a espelhar a realidade de um elemento mais imaginário que real. De facto, um documento da pasta 25 de AOS/CO/UL – 1 D mostra que para a ampliação dos Quadros de Angola e Moçambique, tinha sido feita a proposta de, no orçamento de 1950, constar 7 125 421$00 para Angola e 4 428 500$00 para Moçambique. No entanto, "as importâncias autorizadas para os referidos alargamentos de quadros" ficaram muito aquém da proposta, ou seja, 602 820$00 para Angola e 546 000$00 para Moçambique.

Porém, essas dificuldades económicas não faziam esmorecer o orgulho português ao ponto de Portugal – leia-se Salazar – recusar reconhecer a República Popular da China e também não aceitar estabelecer relações bilaterais como foi proposto por Zhou Enlai em 1 de Outubro de 1949, apesar de saber que qualquer desses actos era de importância fulcral para a permanência portuguesa em Macau.

3.5.1. Angola – 4 de Fevereiro de 1947 a 2 de Agosto de 1950

Em Angola, em 1 de Setembro de 1947, Fernando Falcão Pacheco Mena foi nomeado Encarregado do Governo, mas só exerceu o cargo até 19 de Setembro de 1947, pois o novo Governador-Geral, José Agapito da Silva Carvalho, foi nomeado por Decreto de 9 de Setembro de 1947, tomou posse em 19 de Setembro de 1947 e manteve-se no cargo até 11 de Junho de 1951.

A primeira temática abordada nos telegramas prendeu-se com as eleições presidenciais.

Assim, em 26 de Janeiro de 1949, o Governador-Geral dava conta da sua estranheza no que respeitava às "informações pessimistas quanto [à] vitória [de] Norton [de Matos] dimanadas [do] Ministério [do] Interior e [dos] Directores [das] Companhias por não corresponderem [a] qualquer realidade visível ou presumível"[361].

Depois, em 2 de Fevereiro de 1949, informou sobre a realização da "2.ª Sessão [de] Propaganda [da] Oposição [em] Luanda com menos assistência que [a] primeira" e durante a qual Eugénio Ferreira, que presidia à sessão, admitira "ser possível ainda desta vez [que] não conseguissem triunfar mas que [a] vitória há-de chegar um dia".

De notar que o "Dr. Videira foi assistir [à] sessão e foi insistentemente convidado para [a] mesa recusando terminantemente declarando estar ali [como] simples ouvinte"[362].

O Governador-Geral pretendia tranquilizar o Ministro sobre a vitória de Carmona porque "afora [as] sessões [em] Luanda [a] oposição trabalha discretamente mas muito desconexa [nos] restantes pontos [da] colónia ao contrário [dos] elementos [do] Governo activos e entusiasticamente [empenhados]"[363], inclusive com sessões de propaganda dirigidas exclusivamente aos membros das várias classes profissionais e dinamizadas pelo "Sindicato [dos] Empregados [do] Comércio" e "Sindicato Ferrovia".

As eleições deram razão ao Governador porque apesar de ter "ficado muita gente [que] pretendia votar [no] candidato [do] Governo [de] fora [por] motivo [de] falta [de] recenseamento", tinha havido uma elevada "concorrência [de] eleitores" e, de acordo com os resultados apurados, a vitória de Carmona não deixara dúvidas – 5 665 votos contra 166 de Norton de Matos em Luanda e, no total da colónia, 14 146 votos contra 777 do candidato da oposição.

Quanto ao número de votantes a subida tinha sido enorme, uma vez que nas eleições anteriores só tinham votado 6 818 eleitores.

Depois, seria a acção do Governador-Geral Silva Carvalho a ser objecto de vários telegramas, num processo que se prendia com o facto de Henrique Galvão ter pronunciado na Assembleia Nacional palavras "injuriando" esse Governador-Geral.

---

[361] Telegrama n.º 6 SEC recebido em 26 de Janeiro de 1949.
[362] Telegrama n.º 8 SEC de 2 de Fevereiro de 1949.
[363] Telegrama n.º 24 CIF de 5 de Fevereiro de 1949.

A Câmara Municipal do Lubango, a Associação Comercial de Huíla e a Secção do Lobito do Sindicato dos Empregados do Comércio saíram em defesa de Silva Carvalho e repudiaram as palavras de Henrique Galvão.

Entretanto, voltariam as eleições, no caso dos Deputados, e o Governador voltou a mostrar-se convicto da vitória da União Nacional, porque, depois da derrota nas presidenciais, muitos dos oposicionistas tinham "declarado já não entrarem em novas" e nem "se ouve falar sequer no nome do Cunha Leal"[364].

No mesmo telegrama, o Governador-Geral queria saber se o Ministro concordava que o "Dr. António Almeida [que] tinha mostrado empenho [em] representar Angola como deputado" fosse proposto pela União Nacional.

A convicção de que o "ambiente aqui [é] o melhor possível não havendo campanhas de qualquer espécie julgando [que] haverá apenas [de] combater [o] comodismo e [as] dificuldades [de] transportes" voltaria a ser referido no telegrama de 29 de Outubro de 1949, no qual o Governador-Geral indicava que a "propaganda principal será feita [nos] jornais e [por] panfletos", embora sentisse necessidade de ir a "Nova Lisboa auscultar mais uma vez [o] ambiente" e a Malange para "satisfazer [o] desejo [dos] organismos [que] ali instaram [que] fosse antes [das] eleições" e no telegrama de 4 de Novembro de 1949 – Extra Sec Marconi 476 – no qual o Governador-Geral voltava a insistir que por "opinião unânime [da] gente [de] aqui [a] sessão [de] propaganda por comodismo [de] todos são consideradas desnecessárias" porque "só vai quem for muito instado".

Os telegramas seguintes – 190, 191, 192 e 193 CIF, todos de 13 de Novembro de 1949 – davam conta dos resultados obtidos pelos candidatos Teophilo Duarte, Lopes Alves e Cardoso Matos nos vários distritos, com percentagens muito elevadas, porque em Luanda obtiveram 94,5%, 92,8% e 92,7% respectivamente.

No que se refere à restruturação das forças armadas, no telegrama n.º 25 SEC de 2 de Setembro de 1949, o Governador-Geral concordou com o telegrama n.º 35 SEC que recebera do Ministro e aceitou, por isso, que as "forças militares [da] Colónia fiquem [na]

---

[364] Telegrama n.º 7 Extra CIF de 27 de Setembro de 1949.

dependência exclusiva [do] comando militar e [do] Ministério [da] Guerra sob [o] ponto [de] vista [de] organização armamento instrução recrutamento europeu disciplina e justiça". No entanto, para "evitar futuras dificuldades" aconselhava que "no que respeita [ao] recrutamento indígena, administração acções [de] soberania interna importação e comércio armas e explosivos e relações [com o] Governo Geral e Comando Militar haverá que estabelecer regras". Por isso, pedia autorização para que o Comandante Militar que "conhece [estes] assuntos em detalhe e [os] meus pontos de vista" fosse a Lisboa para "apresentar sugestões e se integrar [no] pensamento [do] Governo", pois o importante era que a "transferência [de] serviços para [o] Ministério [da] Guerra" fosse feita "dentro [do] espírito [de] maior compreensão".

O último telegrama relativo a este Ministério[365] serviu para o Governador-Geral informar sobre a forma como decorrera a Conferência de Elisabeth Ville onde estiveram "seis países representados" e onde Portugal "apresentou os trabalhos sobre todos assuntos programa o que nem todos fizeram". O Governador-Geral informou o Ministro que no discurso que pronunciara lembrara "que seria justo a língua portuguesa ser considerada língua oficial [de] futuras conferências inter-africanas", elemento que mostra que a tentativa de afirmação da língua a nível internacional já é antiga.

3.5.2. Moçambique – 4 de Fevereiro de 1947 a 2 de Agosto de 1950

Em Moçambique, Luís de Sousa e Vasconcelos e Funchal foi Governador entre1947e1948 e foi substituído por Gabriel Maurício Teixeira que ocupou o posto até 1958.

Na pasta 21 de AOS/CO/UL – 1 D existem dois documentos muito importantes: uma cópia das declarações na Junta de Investigações Coloniais sobre o projecto de plano de valorização de Moçambique, assinado pelo Presidente da Junta das Missões Geográficas e Investigações Coloniais, Mendes Corrêa, e um relatório do representante do Ministério das Colónias e da Escola Superior Colonial na reunião do

---

[365] Telegrama n.º 102 CIF de 14 de Julho de 1950.

Instituto Internacional Africano, em Londres, de 2 a 4 de Julho de 1947, a primeira que se realizava na conjuntura pós-II Guerra Mundial e que se destinava a "trocar impressões sobre a investigação científica em matéria antropológica, social e linguística no continente africano, procurando-se relacionar aquela investigação com a política e organização futuras do Instituto".

O primeiro documento é importante porque o seu autor, na presença do Ministro, ousou pôr em causa as directrizes emanadas do Ministério para "o deslocamento global para Moçambique de missões que têm trabalhos em curso [noutras colónias] quando é certo não me parecer aconselhável, no ponto de vista científico, a suspensão desses trabalhos".

Além disso, questionava a razão de "só para a missão antropológica se limitar ao máximo o número de representantes metropolitanos", embora aplaudindo "a doutrina de que se deve procurar a maior participação possível dos elementos e serviçais das próprias colónias" e concordava com as "considerações do sr. Prof. Fraga de Azevedo" sobre "a utilidade primacial das investigações médicas, quase esquecidas no plano" a exemplo do que se verificava com "a geografia física em geral e a geografia humana".

O facto de ter sido interrompido pelo Ministro durante a exposição levou o orador a pedir desculpa por, eventualmente, ter ultrapassado "nalguns pontos o âmbito das [suas] atribuições na apreciação do plano".

No que concerne às comunicações entre o Poder Central e a colónia, em 21 de Agosto de 1949, o Ministro, através do telegrama 40 SEC informou o Governador-Geral que o "assunto [dos] emigrantes clandestinos traduz-se [numa] arma diplomática [que o] Governo precisa [de] ter na mão [nas] actuais circunstâncias pois representa [um] precioso instrumento [de] negociação". O Ministro referia-se ao entendimento entre a Repartição de Negócios Indígenas e a W.N.L.A. (Witwadersrand Native Labor Association) para "legalização" dos emigrantes clandestinos.

O Governador era aconselhado a considerar o "entendimento como não existente" e esperar por novas ordens porque "como é óbvio [o] adiamento não quer implicar esquecimento" e o "assunto terá [de] ser retomado".

A questão da oposição seria objecto do telegrama 55 SEC de 6 de Setembro de 1949 que referia que a "polícia prendeu seis indivíduos entre os quais um mulato e dois pretos por andarem distribuindo manifestos clandestinos da oposição". Os opositores eram uma "mistura [de] alguns [que] se chamam democratas com elementos comunistas" e preparavam-se para "fazer [o] máximo escândalo durante [o] comício" e estavam a "fazer propaganda entre [os] menores sem voto para aproveitarem [a] sua inconsciência e serem estes quem recebe embate caso [haja] recurso [à] força".

A 14 do mesmo mês, eram prestados mais esclarecimentos identificando os dirigentes do movimento, o "advogado Henrique Beirão, [o] engenheiro Sobral de Campos tendo três ou quatro acólitos activos" e a ligação a forças internacionais, pois "não deixa dúvidas sobre tratar-se [do] esboço [de uma] organização comunista com ligações [aos] consulados soviéticos [da] União".

Depois, a 10 de Outubro, no aditamento ao telegrama 65 SEC, o Governador dava conta da "prova cabal" contra os citados dirigentes e acrescentava que "não há prova jurídica mas indícios de terem iguais responsabilidades Pomba Guerra e [o] advogado Soares de Melo" e "outros de menor categoria social" dos quais "dois ou três também deverão vir a ser expulsos da Colónia".

Numa altura em que as comunicações com a Metrópole eram por via marítima, pedia-se autorização para "remeter por vapor Sofala [...] os principais responsáveis atrás indicados", facto que o Governador-Geral reputava "como medida de saneamento político indispensável".

No dia seguinte, o Ministro dava o seu aval dizendo: "concordo [com o] seu ponto de vista podendo pois Vexa proceder conforme estabelece art. trinta e sete e número treze [do] C.O.".

O Governador-Geral, no telegrama 66 de 17 de Outubro, confirmava o envio "sob prisão por vapor Sofala [de] Dr.ª Maria Sofia Pomba Guerra, Engenheiro Norberto Sobral de Campos, Dr. Henrique César Monteiro Raposo Beirão, praticante [de] enfermeiro Carlos Alberto Barreiros Pais [e] João Marques de Almeida Mendes" e dava conta que as "investigações continuarão [com o] objectivo [de] tentar descobrir [o] chefe e extirpar de toda Colónia [a] praga comunista". Quanto ao Dr. Soares de Melo não tinha seguido por não haver "prova cabal" porque "se resguardou de actos pelos quais pudesse ser incriminado" e, por isso, "ficará vigiado até que consigamos prova contra ele" pois "deve ser um dos mais perigosos".

A questão da legalização dos imigrantes voltou a merecer um telegrama – 4 SEC de 11 de Fevereiro de 1950 – só que, desta vez, eram 1200 membros da "Seita Aga Khan", naturais da Índia mas que "não desejam voltar para lá nem ter nacionalidade indiana". O Governador via vantagem nessa naturalização porque "esta naturalização em massa" se podia " atirar [à] cara [de] Nerhu em resposta [às] suas acusações [de] maus tratos [aos] indianos", mas, como não sabia a "reacção [da] Republica Indiana", pedia directrizes ao Ministro.

No que concerne à posição de Nehru, em 24 de Fevereiro de 1950, o telegrama n.º 53 CIF dava conta que uma "Comissão composta dos mais influentes indianos súbditos do Paquistão [...] veio protestar contra atitudes [e] palavras de Nehru não só por discordarem delas mas [no] cumprimento [do] dever [de] justiça moral [e] reconhecimento [à] Nação Portuguesa pela benevolência e justiça [que] têm sempre recebido".

Esta posição seria reafirmada, em telegrama de 25 de Fevereiro, pelas associações ANJUMAN, ANUARIL e AFRO MAHOMETANO.

Nesta pasta 1, 1.ª subd do AOS/CO/UL-8I existe um longo telegrama de 5 folhas do Presidente do Conselho – o n.º 6 SEC datado de 23 de Fevereiro de 1950 – que prova que o detentor do Poder em Portugal tinha uma interpretação muito própria da actuação dos Estados Unidos na conjuntura pós-II Guerra Mundial.

De facto, o Presidente do Conselho avisava que o Secretário Adjunto do Departamento de Estado, Mc Ghee, tinha passado por Lisboa e se dirigia para Lourenço Marques para uma "reunião [do] pessoal diplomático consular americano". No entanto, como a opinião dos Estados Unidos se vinha "manifestado hostil [às] potências colonizadoras e [à] politica colonial um pouco [em] virtude [da] sua origem e passado [como] Colónia [e] em grande parte por generalização simplista [dos] princípios democráticos que para [a] massa americana se devem traduzir pela investigação independência e direito [à] auto determinação [de] povos ainda não capazes [de] governar-se a si próprios", seria necessária muita atenção a essa reunião. Aliás, Salazar também via nessa ida de Mc Ghee a África uma intenção neocolonialista dos Estados Unidos porque havia observadores que referiam as "esperanças económicas [resultantes da] abertura [dos] mercados senão [da] dominação política ulterior".

Dito de outra forma, o Presidente do Conselho sabia que o anticolonialismo norte-americano não era apenas do tipo sentimental, mas também utilitário pois "o fim do sistema colonial representaria a abertura de novos mercados" (Castro, 1967, p. 31).

Salazar considerava, ainda, que o "limitado conhecimento destas matérias e [a] nula experiência [dos] dirigentes americanos [sobre a] política colonial das potências europeias levam aqueles a adoptar com facilidade teses aparentemente filiadas [...] em vago humanitarismo [e] respeito [pela] pessoa humana". No entanto, "seja pela verificação daquele silogismo seja pela reacção despertada [...] nas potências coloniais do Ocidente seja por efeito de mais cuidadosa visão destes problemas [os] meios oficiais americanos começam [a] corrigir algumas atitudes". Por isso, "não partirão deles incitamentos [à] independência [dos] povos sujeitos [ao] domínio [de] Portugal França Inglaterra e Bélgica".

Curiosa esta interpretação da conjuntura internacional feita por Salazar que, aliás, chamava a atenção para o facto de os americanos puderem levar a cabo iniciativas "sob [a] forma [de] estudos [de] assistência técnica financeira etc. o que tudo sabemos por experiência não ter conteúdo real e efectivo comparável com [o] barulho [da] propaganda".

No entanto, Salazar sabia que, passada a crise, o interesse americano podia "não ser inteiramente concordante [com o] interesse [da] Europa do Ocidente" e, por isso, era necessária uma "política [de] maior prudência" embora feita no sentido da "defesa intransigente [dos] nossos direitos".

Nesse telegrama. Salazar considerava a "Ásia perdida para [a] Europa e se não triunfar em estabelecer no seu seio trabalho e ordem [e] perdida também em parte para [a] economia [do] Mundo" e alertava para a necessidade de não repetir "as experiências infelizes [de] andar a liquidar em termos discutíveis as heranças coloniais de países como a Itália e desfazer-se [a] Europa [do] seu ponto vital de apoio em benefício da América ou do caos".

Toda esta lição de geoestratégica se destinava a que o Governador-Geral de Moçambique pudesse "ajuizar melhor das ideias que transpirem [da] reunião e corrigir apoiado [na] sua própria experiência algumas opiniões mais perigosas ou contrárias ao que consideramos ser o nosso interesse e das mais potências europeias do Ocidente".

Salazar não se esqueceria de recomendar que tudo fosse feito "com [a] máxima discrição".

Quem quiser compreender o pensamento e a política colonial de Salazar terá, obrigatoriamente, de ler o telegrama 6 SEC de 23 de Fevereiro de 1950.

Como o seguro morreu de velho, Salazar pediria – no telegrama 7 SEC de 23 de Fevereiro – que o Governador "diariamente informasse o que se fosse passando tanto sobre [as] relações [entre os] componentes [na] conferência como [com as] autoridades [da] colónia como aquilo [que] eventualmente venha [a] conhecer [em] relação [ao] andamento [dos] trabalhos".

O Governador-Geral, através do telegrama 10 SEC de 27 de Fevereiro confirmou que procuraria "estabelecer [o] máximo contacto com Mcghee e outros [que] me pareça terem mais influência". Além disso, perguntava se seria oportuno fazer um "reparo sobre [a] demora [na] materialização [do] plano Marshall".

Como resultado da sua acção, no mesmo dia, no telegrama 11 SEC, o Governador-Geral afirmava que manobrara os "jornais sem que eles se apercebessem para como iniciativa sua pedirem [ao] Consulado Americano [para] fazer [a] reportagem [da] conferência".

Era a diplomacia portuguesa no seu melhor como se comprova, ainda, pela forma como o Governador se lamentou junto de Mc Ghee do facto de por "terem tão pouco tempo" se ver impedido de "mostrar-lhes alguma coisa da Colónia" pois a época "impunha estreita cooperação derivada [da] observação *in loco* [dos] problemas e situações".

A diplomacia americana também se mostrou à altura porque Mc Ghee disse que a conferência era "rotina do serviço [para] discussão [de] assuntos políticos" e que ficava agradado com a recepção porque a mesma "não considerava [a] presença [de] tantos americanos como manifestação [do] imperialismo americano [o] qual não existia".

3.5.3. Cabo Verde – 4 de Fevereiro de 1947 a 2 de Agosto de 1950

Em Cabo Verde, Carlos Alberto Garcia Alves Roçadas foi nomeado Governador em 1950 e manteve-se no cargo até 1953, ou seja, a sua chegada ao cargo praticamente coincidiu com a saída do Ministro do Ultramar.

Assim, foi o anterior Governador que enviou o telegrama n.º 13 CIF de 8 de Fevereiro de 1949 a dar conta que a "oposição movimenta-se [no] Fogo" e que "na Praia e na Brava também [estão a] actuar alguns elementos". Além disso, o candidato da oposição tinha pedido às "entidades [de] S. Vicente [para] aceitar [a] procuração [para os] efeitos [de] nomear delegados eleitorais".

Apesar destas acções da oposição, o Governador manifestava "fundadas esperanças [na] extensa votação [de] esmagadora maioria [a] favor [do] Marechal Carmona" e as eleições deram-lhe razão porque, quando faltavam os resultados de três concelhos, e embora pudesse haver necessidade de rectificação, havia "12 367 votos [a] favor [do] Marechal Carmona [uma] percentagem [de] 86,3 por cento" enquanto o candidato da oposição recebera "4 votos anulados"[366].

O mesmo espírito perpassa no telegrama de 29 de Outubro de 1949 no qual o Governador, "apesar [das] dificuldades [dos] transportes inter-ilhas inibirem infelizmente [a sua] presença prévia [em] todos [os] concelhos", dava conta que a lista da "União Nacional já [estava] constituída [em] todos os concelhos [do] Arquipélago" e ia começar a propaganda de "modo [a] levar [às] urnas [o] maior número possível [de] eleitores".

Como não havia candidatos da oposição, o inimigo a vencer era a abstenção, embora o Governador considerasse que não tinha "notado propósitos abstencionistas", até porque tinha sido um êxito a sua ida a São Vicente com a "principal finalidade [de] reunir [à] volta [do] Governo todas as vontades [que] andavam dispersas".

A propaganda para a eleição dos Deputados foi ainda objecto de três telegramas todos no sentido de enaltecer o "entusiasmo", o "patriotismo" e as aclamações que eram feitas aos principais dirigentes do regime e da administração da colónia.

---

[366] Telegrama aberto n.º 14 CIF de 13 de Fevereiro de 1949.

A reorganização das forças armadas, uma vez terminada a II Guerra Mundial, levou Salazar a enviar um telegrama conjunto para todas as colónias[367] porque tinha consciência que se estava a quebrar uma "antiga tradição relativa à administração e disciplina [das] forças coloniais" e, por isso, seria mais necessária "compreensão e espírito [de] colaboração" dos Governos das colónias.

A medida reorganizativa, que era justificada pelos resultados pouco satisfatórios da experiência anterior, tinha a ver com o facto de as "forças locais ou expedicionárias" passarem a ficar "em dependência exclusiva [do] comando militar que se entenderá directamente com [o] Ministério [da] Guerra sobre [os] assuntos [da] sua responsabilidade sem prejuízo [das] honras militares devidas [aos] Governadores pelas suas altas funções [nos] termos [da] lei".

Esta reorganização representava uma perda do poder real dos Governadores, embora se fizesse questão de salvar as aparências.

3.5.4. Guiné – 4 de Fevereiro de 1947 a 2 de Agosto de 1950

As eleições – presidenciais e de Deputados para a Assembleia Nacional – marcaram a troca de telegramas entre o Governador e o Ministro. Aliás, a forma como o Governador interferia no processo eleitoral de forma a fazer valer os "interesses nacionais" merece ser analisada.

Assim, em 1 de Fevereiro de 1949, o Governador enviou o telegrama n.º 20 CIF sobre as eleições, referindo que não tinha "descurado um momento [o] assunto [da] propaganda aproveitando todas [as] ocasiões" e que o Prefeito Apostólico tinha feito uma "nota oficiosa [para] todos os padres [no] sentido [de] chamar [a] atenção [para o] momento actual [a] todos fiéis". Como a nota deveria "ser lida [nas] igrejas", constata-se que a ligação ou dependência do poder espiritual era grande em relação ao temporal.

---

[367] 10 SEC para a Praia, 13 SEC para a Guiné, 9 SEC para S.Tomé, 35 SEC para Angola, 37 SEC para Moçambique, 37 (corrigido à mão) SEC para a Índia, 33 SEC para Macau e 15 SEC para Timor.

No que se referia à oposição, estava "mais calma não tendo realizado mais sessões", embora "Mário Lima e Toscano [tivessem] continuado [a] propaganda".

Face a este envolvimento, os primeiros dados apontavam para que o Marechal Carmona tivesse recebido 1 184 votos – 70% – e o General Norton de Matos apenas 9, tendo havido 18 "listas viciadas"[368], números que foram actualizados no mesmo dia e voltaram a ser objecto de telegrama[369] para informar que o Marechal Carmona tivera 3 800 votos e o General Norton de Matos apenas 6 de um total de 4 428 eleitores, o que fazia com que a "percentagem [da] votação [a] favor [do] Marechal Carmona [fosse de] 85,8%".

As eleições voltaram a ser notícia no telegrama n.º 9 SEC de 30 de Setembro de 1949 porque os "proprietários [das] roças fizeram chegar [à] colónia [a] notícia [que] Vaz Monteiro seria [o] seu candidato [a] Deputado e proposto [pela] União Nacional não tendo [a] notícia [recebido] bom acolhimento entre [a] população por aquele ser afecto [às] roças ficando assim sem voz [na] Assembleia". Por isso, a população estava "procurando [às] ocultas escolher [como] candidato seu [o] Padre Martinho Rocha", personalidade que, aliás, o Governador considerava o "único guardião [do] espírito [do] povo".

Como convinha "evitar lutas políticas [entre] dois indivíduos filiados [na] União Nacional", o Governador pedia indicações do Ministro sobre a forma de ultrapassar o problema.

A resposta deverá ter sido favorável a Vaz Monteiro porque, no telegrama n.º 263 extra secreto, datado de 2 de Novembro de 1949, o Governador Sarmento Rodrigues informou o Ministro que o "ambiente eleitoral quanto [ao] candidato Vaz Monteiro tem melhorado dia a dia" devido à "intensa propaganda feita em pessoa junto de muitos eleitores e entidades [que] dominam [os] mesmos por [membros da] União Nacional". Além disso, o Governador tinha "percorrido [as] circunscrições tendo mostrado [a] responsabilidade [dos] administradores [na] falta [de] êxito eleitoral deles tendo obtido bom resultado". Além disso, tinha falado com os "gerentes [das] principais empresas e [do] Banco Ultramarino", embora considerasse "desnecessário

---

[368] Telegrama n.º 143 de 13 de Fevereiro de 1949.
[369] Telegrama n.º 15 CIF de 13 de Fevereiro de 1949.

[uma] actuação aí", o que constitui um indício do apoio tácito destes elementos aos candidatos do regime.

Quanto ao local de propaganda, como Bissau era o "baluarte numérico de eleitores da colónia mais de metade do total" era aí que incidia a acção do Governador, presidindo a sessões[370] e utilizando a emissora local.

No que concerne ao apoio da igreja, por vezes surgiam grãos de areia que entravavam o normal funcionamento do sistema de apoio tácito. De facto, o Governador lamentava não poder contar "com [a] colaboração franca [dos] Missionários [em] virtude [das] relações cortadas entre [o] Perfeito Apostólico e Vaz Monteiro", o anterior Governador. Por isso, ficara "satisfeito [com a] sua promessa [de] não contrariar nem intrometer-se em nada tendo até cedido uma dependência [das] Missões para funcionamento [de] uma secção voto", dado que aponta para o facto de se tratar de um problema de mau relacionamento pessoal e não de um conflito do tipo institucional.

O arquivo permite saber que a propaganda eleitoral corria dentro da normalidade, através da afixação de cartazes "bem como diariamente através [da] rádio S. Tomé que se encontra [em] regime experimental", das reuniões com os presidentes das mesas que receberam, "instruções especiais" e dos "regedores [de] freguesia [que] foram convocados [para] fazerem propaganda". Enquanto isso, o Governador ia percorrendo "todas [as] vilas falando directamente [com os] mentores [do] povo, aplanando algumas dificuldades". Aliás, o Governador assumia que estava a fazer "grande pressão junto [do] eleitorado nativo" e que tinha exortado "todos [os] funcionários [para que] cumpram [o] seu dever"[371]. Por isso, as eleições foram concorridas e dos 7107 inscritos "votaram 6126 [uma] percentagem [de] 86,2"[372].

No entanto, os valores apresentados variam em função da fonte, pois, embora sujeitos a rectificações, os resultados eleitorais comuni-

---

[370] O relato da forma como decorreu a sessão: "com extraordinária concorrência [e] presença [de] muitas senhoras e grande entusiasmo" está documentado no telegrama n.º 263 Extra CIF de 9 de Novembro de 1949.

[371] Telegrama Extra CIF de 7 de Novembro de 1949.

[372] Telegrama Extra de 14 de Novembro de 1949 destinado à Repartição dos Negócios Políticos.

cados pelo Governador indicavam uma percentagem de votação na lista única de 90%, com 78% na capital da colónia[373].

Depois, foi a questão da organização da defesa da colónia que levaria o Governador a sugerir ao Ministro que "para se justificar [a] existência [do] Comandante Militar será necessário [a] criação [de uma] unidade táctica", uma vez que a colónia dispunha de Corpo da Polícia Militar que estava "dependente [do] Governo [da] Colónia" mas era "totalmente absorvida pelo serviço policial"[374].

3.5.5. S. Tomé e Príncipe – 4 de Fevereiro de 1947 a 2 de Agosto de 1950

Em S. Tomé e Príncipe, em Julho de 1948, foi nomeado como Governador representante Afonso Manuel Machado de Sousa que exerceu o cargo até 8 de Outubro de 1950, ou seja, terminou funções já no mandato do Ministro que se seguiu.

No Arquivo AOS/CO/UL – 8I, na pasta 4, está uma folha que serve de índice e que dá conta que no período de 1949 a 1955, houve 10 telegramas dos Governadores aos Ministros das Colónias.

O uso do plural justifica-se porque nesses seis anos houve mudança de Governador e de Ministro.

No telegrama n.º 8 SEC de 6 de Setembro de 1949, a já referida questão da reforma administrativa do Ultramar era abordada e o Governador considerava "melindroso responder sem possuir elementos [que] dêem [a] conhecer [as] atribuições [que] vão ser conferidas [aos] comandantes militares e as que [por] força [das] circunstâncias passarão [a] ter [os] Governadores [da] Colónia". No entanto, o teor do telegrama revelava algum descontentamento, nomeadamente no que concerne aos cargos de "ajudante [de] campo e chefe [de] repartição militar de graduação às vezes inferior [ao] Comandante [da] Polícia".

Nas duas subdivisões da pasta 20 de AOS/CO/UL – 10, estão outros elementos, nomeadamente uma cópia do ofício do Inspector

---

[373] Telegrama Extra CIF de 13 de Novembro de 1949.
[374] Telegrama n.º 72 CIF de 22 de Setembro de 1949.

Superior de Administração Colonial, Dom António de Almeida, ao Ministro sobre a acção do Governador Carlos de Sousa Gorgulho e a posição do Governador sobre essa inspecção.

O Inspector, ao longo de seis páginas, traça um retrato muito elogioso do Governador: "raras vezes se me tem deparado, reunidas em um só indivíduo, tão soberbas aptidões, virtudes e competência para o cargo", "leal e escrupuloso", "sinceramente preocupado" e da sua acção "a demolição funda do estatuto antigo de torpezas, do trabalho indígena; a protecção dada aos servidores das roças, o levantamento moral e material dos nativos, de quem afastou o envenenamento pelo álcool e para os quais ergueu moradias, fez Postos Sanitários e fabrica, neste momento, bem preciso Infantário".

Por isso, as críticas à sua acção não vinham dos nativos porque "o adoram e o vitoriam sempre que o vêem passar", mas dos proprietários "a alcateia infreme", que tinham sido atacados nos seus privilégios.

Na parte final, como forma de concluir ao relatório, o Inspector narrou a inauguração do "Bairro Doutor Marcello Caetano" à qual "nenhum branco apareceu" mas onde "se viram milhares de indígenas".

O Governador escreveria ao Ministro a fazer um balanço das "irregularidades cometidas nas propriedades" inspeccionadas, nomeando aquelas que "cumprem já muito razoavelmente as suas obrigações" – Sociedade Valle Flor e Sociedade Terras de Monte Café – e lamentando que, apesar de lutar há quase três anos "para que o cumprimento do Código não fosse uma palavra vã" verificava que os seus esforços tinham sido "baldados".

Em anexo, enviava uma cópia de um ofício dirigido ao Centro Colonial para que, caso o Ministro concordasse, "o envie pelo Ministério àquele Centro" e solicitando directrizes para resolver a questão no caso de o Ministro não concordar com o teor do ofício.

O arquivo não elucida sobre a posição do Ministro face a este ofício de dez pontos que coloca em causa a acção da Curadoria e do Dr. Armando Cruz e que está datado de 16 de Fevereiro de 1948.

Em 5 de Junho de 1948, através da Portaria n.º 1161, foi criado no arquipélago o Rádio Clube de S. Tomé e Príncipe, inaugurado em 12 de Dezembro de 1948 e que viria a ser extinto, por Despacho do Governo da Província, em 31 de Dezembro de 1953, ou seja, já no Ministério seguinte.

3.5.6. Índia – 4 de Fevereiro de 1947 a 2 de Agosto de 1950

No Estado da Índia, depois da saída de Ferreira Bossa e de Fernando Quintaninha e Mendonça Dias ter sido Encarregado de Governo, desde 12 de Agosto de 1947, este último tomou conta do cargo de Governador-Geral em 13 de Novembro de 1948 e exerceu-o até 11 de Outubro de 1952.

Em 29 de Novembro de 1949, o Governador-Geral transmitiu, através do telegrama n.º 59 SEC, uma informação que lhe tinha sido dada pelo Governador de Damão e que dizia que o "Brigadeiro Parsedo [do] exército [da] União Indiana actualmente comandando uma divisão em Kashmir educado [em] Inglaterra e tendo ligações [de] família em Damão informou pessoalmente que [os] Altos Comandos [do] Exército Indiano receberam há quinze dias instruções para prepararem [uma] acção [de] força conjunta contra Goa e Damão e domínios franceses [à] semelhança [da] acção policial contra Hyderabad a executar [nos] princípios [de] 1951 e por forma rápida afim [de] evitar [a] acção diplomática [da] Inglaterra e [da] América".

O Brigadeiro, que "pediu segredo absoluto" razão que levava o Governador a pedir para "ocultar [a] origem [da] informação e [as] identidades [dos] informadores", disse que "nada lhe constava" sobre Diu e esclareceu "que aguardam [uma] solução diplomática com [os] franceses durante 1950 para liquidarem de vez estes assuntos".

Por vezes é difícil encontrar razões que expliquem – mesmo que não justificando – a traição. Neste caso, nem as ligações familiares a Damão parecem ser suficientes para justificar a acção do Brigadeiro.

Como Camões cantou exemplificando, sempre houve quem "contra vossas pátrias com profano coração vos fizestes inimigos" e, por isso, se justificavam os "gravíssimos castigos" que recebiam "no reino escuro de Sumano"[375].

De facto, a ocultação da traição não podia assumir uma condição perpétua.

Depois, em 9 de Fevereiro de 1950, no telegrama n.º 12 SEC, o Governador-Geral deu conta da prisão de Pompeia Viegas[376] pelas

---

[375] Cf. *Os Lusíadas*, canto IV, estância 33.

[376] A partir da correspondência não é possível identificar com rigor as actividades que levaram à sua prisão.

"autoridades [de] Bombaim acusado [de] actuação contra [a] segurança [do] Estado" e o Governador pediu ao Cônsul para "prestar [a] Viegas toda [a] assistência possível".

No mesmo dia, novo telegrama – n.º 10 SEC – alertava para o facto de constar que "Nehru afirma publicamente ter dado instruções [ao] Ministro [em] Lisboa para tratar (agregar?) Goa com [o] Governo Português". O Ministro sentiu necessidade de pedir a confirmação da palavra "agregar".

Em 11 de Fevereiro, o telegrama urgentíssimo n.º 13 SEC referia o ofício 175 SEC e dizia que as autoridades indianas estavam a tentar fazer crer aos goeses que "acima de tudo são indianos e não portugueses pois [os] europeus e [os] naturais [das] nossas colónias são considerados estrangeiros [para] efeitos policiais.

3.5.7. Timor – 4 de Fevereiro de 1947 a 2 de Agosto de 1950

Em Timor, Óscar Freire de Vasconcelos Ruas manteve-se, inicialmente, no cargo e viria a ceder o lugar a César Maria de Serpa Rosa, que exerceu as funções de Governador entre 1950 a 1958.

Foi o primeiro destes Governadores que enviou, em 26 de Novembro de 1949, o telegrama n.º 28 SEC a esclarecer qual a posição da Austrália em relação à presença portuguesa em Timor, agradecendo ao Presidente do Conselho o "esclarecimento [que] se dignou transmitir [a] este Governo" e sossegando o Poder Central porque "quanto [à] Austrália se bem que [conte com o] apoio [da] Indonésia como [da] América [e da] Inglaterra" estava convencido que "não fará política contra [a] nossa permanência aqui", fazendo fé nas palavras do "Cônsul Geral australiano [em] Batávia". Conviria, por isso, que "Dr. Evtt fosse convidado [a] passar [por] Lisboa" porque isso o lisonjearia, pois era uma "criatura bastante vaidosa" e era ele quem "de facto conduz [a] política australiana" e, além disso, tinha pelo Governador "simpatia e amizade de que faz alarde".

Este telegrama também mostra que o recurso ao álcool podia servir para obter informações porque foram as "garrafas [de] Conhaque" que o "delegado [de] Soekarno um timorense [que] fala português" bebera que o levara "depois [de] embriagado" a confessar que "politicamente nada haveria [a] fazer [em] Timor Português" porque não contava com o "mais pequeno ambiente" e, por isso, "qualquer campanha contra nós deverá ser [de] carácter indirecto" até porque a "nossa maneira amiga [de] lidar [com os] indígenas e [os] benefícios [que] Portugal trouxe [a] Timor depois [da] guerra são incontáveis".

O Governador gostou daquilo que ouviu e deixou-o "sair sossegadamente mas se voltar, [a] acção será condicionada [à] circunstância".

A presença portuguesa na região exigia muitos cuidados e, por isso, o Governador chamou a atenção para a "fraqueza [de] tão grande linha [de] costa", pois era "impossível vigiar bem sem se organizarem [os] moradores como já mais duma vez propus"[377]. Em causa estava o desembarque entre "Luca e Barique" de quatro soldados javaneses que diziam "procurar comida".

Como o número, afinal, era "mais avultado que se supunha", o Governador enviou o telegrama n.º 7 SEC de 21 de Março de 1950, a informar que "foram levantados arraiais [de] moradores para que está seguindo armamento". Como a região era "pouco ocupada" e as "notícias seguras difíceis quanto [ao] número", o Governador iria pessoalmente a Viqueque por via aérea.

A viagem foi rápida porque no mesmo dia o telegrama n.º 8 SEC – considerado urgentíssimo – esclarecia que se tratava de um assunto "bastante mais grave" do que se supunha porque "desde [o] último sábado desembarcaram [na] contra costa entre Fatu-Berliu e Barique de um submarino [de] tonelagem bastante grande 100 homens" dos quais "cerca [de] metade holandeses não mestiços mas brancos e louros" e que tinham montado um acampamento no qual forçaram os indígenas "para servirem de carregadores". Aliás, os indígenas que se tinham evadido é que serviram de fonte de informação e contaram que os invasores afirmavam "vir expulsar [os] portugueses de quem não têm medo". Para tal, "aguardam [o] reforço [do] seu Governo que suponho [se] referem [à] Indonésia".

Ora, face à ameaça, era preciso levantar os moradores, mas havia o problema do armamento que era reduzido – "500 Kropacheque" – para fazer face a um "núcleo bem armado equipado [e] disposto [a] lutar até [ao] final". Como não era possível "desguarnecer completamente Dily [e a] fronteira", o Governador só contava com "150

---

[377] Telegrama n.º 6 SEC de 18 de Março de 1950.

soldados [dos] quais 40 africanos", embora tivesse "armas automáticas suficientes". A estratégia passava pela organização de "3 colunas para atacar [de] lado Atlas Fatu-Berliu frontalmente Barique e do lado Viqueque Lachuta" para que tudo ficasse resolvido de "forma exemplar". Para tal não se podia agir de forma precipitada e era "indispensável um barco [de] guerra pelo menos partir imediatamente [de] Macau [a] fim [de] patrulhar [a] contra costa" para evitar a "fuga [da] coluna [do] inimigo" ou "qualquer outro desembarque".

O Governador pedia mais "Hropacheque ou Leenfield" para "armar [o] maior número [de] tropas [de] segunda linha" e falava mesmo de um "submarino" ou de "dois barcos [de] guerra com demora apenas até [à] solução [do] caso ficando depois um [durante] algum tempo".

Era uma acção dispendiosa e, assim, o Governador pedia que, para fazer face às despesas imediatas, se abrisse "um crédito de 50 000 patacas".

A preparação da acção continuou, prevendo-se que pudesse começar "dentro [de] três dias", mas o Governador, em 23 de Março, ainda nada sabia sobre a vinda do barco de guerra"[378].

Em 25 de Março, novo telegrama – o n.º 10 SEC – já dava informações mais pormenorizadas ao dizer que se tinha tratado de "forças com fardamento [do] exército indonésio e bem armadas em efectivo aproximado [de] 80 a 100 homens e com alguns oficiais holandeses [que] permaneceram escondidos [nas] matas [e] conseguiram por presentes ou ameaças juntar [um] núcleo [de] 50 timorenses a quem estavam dando instrução militar e para o que tinham trazido armas".

A operação preparada pelo Governador parecia desenvolver-se com sucesso, embora não se soubesse bem se as tropas invasoras "reembarcaram". Por isso, voltava a insistir na ideia da vinda de um barco de guerra "por algum tempo", até porque parecia que a acção invasora tivera, indirectamente, por trás "algum organismo político secreto género Intelligence Service porquanto [a] organização [parecia] ter carácter militar"[379] porque os "movimentos locais [foram]

---

[378] Telegrama n.º 9 SEC de 23 de Março de 1950.
[379] Telegrama n.º 11 SEC de 27 de Março de 1950.

muito bem feitos e [houve] precauções de não deixar rastos [dos] acampamentos". Além disso, vinham "providos [de] dinheiro [as] nossas moedas [de] $50 [de] prata [a] preferida [dos] indígenas".

Ora, o rebocador português estava parado a "aguardar há quase um ano peças [da] América"[380] e o barco também estava "parado [pela] razão [de que] ninguém tem transportado".

Era uma missão difícil porque os voos eram feitos "por questão moral", uma vez que o terreno era de tal forma "coberto" que "nada deixa observar". Além disso, havia pântanos e o capim tinha "mais de três metros [de] altura e [era] tão propício [para] esconderijos".

Há ainda um dado muito interessante para a correcta leitura da conjuntura regional de então.

De facto, o Governador alertava para que as "relações amigáveis não dão quaisquer garantias pois [os] governos começam por não dominar [os] seus próprios súbditos especialmente [a] Indonésia [uma] manta [de] farrapos estendida [por] mil ilhas [de] populações heterogéneas e algumas das quais praticamente independentes".

Em oposição, do lado português, os indígenas mantinham "lealdade absoluta até mesmo [os] reinos [que tinham tido] mau comportamento durante [a] guerra".

Só que pediam armas, pois, como diziam, "não podem combater gente armada com azagaias".

É que, ao contrário daquilo que o Poder Central considerava, o Governador continuava a manifestar a sua discórdia em se "querer considerar [a] situação [de] Timor e Indonésia normalizada quando tudo é ainda [um] grande enigma"[381] e não se sabia o que aconteceria a Timor se não lhe fossem "dados meios para impor respeito".

A 27 de Março de 1950, no telegrama n.º 13 SEC, o Governador propôs fazer a "cronologia [dos] factos" ao longo de três páginas e voltou a insistir na necessidade de vigiar as costas – outra vez a questão do barco – até porque os indígenas falavam com medo e insistência da ameaça feita pelos invasores de que voltariam em "Abril com mais forças".

---

[380] Telegrama n.º 11 SEC de 27 de Março de 1950.
[381] Telegrama n.º 12 SEC de 27 de Março de 1950.

O desenrolar das acções foi narrado nos telegramas n.º 14 SEC de 28 de Março de 1950 e n.º 15 SEC de 30 de Março de 1950, sendo que neste se afirma que, apesar de a planície ter sido totalmente vista, "nada até agora" de anormal fora detectado e, por isso, "começarão [a] recolher [as] Forças".

O conflito parece ter ficado sanado e da pasta nada mais consta. De facto, só a 6 de Novembro de 1950, isto é, no Ministério seguinte, surge novo telegrama mas por um motivo completamente diferente. Tratava-se do agradecimento da Cruz Vermelha que, a partir de Genebra e em francês, agradecia a autorização concedida por Portugal para que um avião transportando medicamentos aterrasse em Timor.

3.5.8. Macau – 4 de Fevereiro de 1947 a 2 de Agosto de 1950

Em Macau, a 1 de Setembro de 1947, o capitão-tenente Albano Rodrigues de Oliveira assumiu o cargo de Governador de que tomara posse em 7 de Agosto de 1948 e exerceu-o até 23 de Novembro de 1951.

Esta nomeação foi uma escolha ponderada do Ministro Teófilo Duarte porque o novo Governador era "um oficial com ampla experiência política na região [o que] facilitou a normalização das relações luso-chinesas" (Fernandes, 2008, p. 101).

Assim, não admira que a política de Albano Rodrigues de Oliveira apontasse no sentido de uma aproximação às autoridades provinciais de Guangdong, cuja capital se apressou a visitar.

O facto de ter estudado em Macau e de ter desempenhado cargos na região – chegou a ser Presidente do Leal Senado desde 1 de Fevereiro de 1935 a 13 de Outubro de 1937 – foi uma mais-valia que o Governador soube aproveitar.

Em 2 de Setembro de 1949, o telegrama n.º 60 CIF, enviado pelo Subsecretário ao Governo de Macau, falava sobre o facto de o "último número [da] revista americana *Life* dedicar [o] seu artigo principal a essa colónia". O título "A dreamy old colony whose smugglers ply the China coast flourishes as richest traffic center of world gold trade ponto" tornava conveniente que o Governador enviasse uma "pequena informação [...] sobre [o] modo como funciona tal negócio".

O Governador responderia no telegrama n.º 144 CIF de 7 de Setembro desvalorizando a reportagem, afirmando que "não passa duma amostra [de] jornalismo sensacionalista [de] baixo carácter eivado [de] mentiras [e] inexactidões em que nem sequer [as] legendas correspondem [à] matéria fotográfica".

O Governador não negava que o negócio do ouro existisse, só que era um "comércio legal que até esta data não provocou reclamações da China ou de Hong Kong" e que tinha permitido a Macau não só "avultadas receitas" como "cerca [de] dois milhões (Gold) dollars de coberturas".

A questão do efectivo militar e policial foi tratada em telegrama enviado pelo Ministro das Colónias, no dia 31 de Agosto de 1949, no qual dava conta daquilo que o Ministro da Guerra lhe pedira para transmitir, nomeadamente que "havia já sido admitido [como] possível ficar sem efeito [a] ordem [de] transferência [da] Bateria Indígena [para] Angola. Sabe-se estar essa Bateria bem comandada e disciplinada e em virtude [da] fraca dotação [de] artilharia [da] Colónia tem-se realmente como muito arriscado suprimi-la ao efectivo actual [da] guarnição [de] Macau. Quanto [às] duas companhias [de] Caçadores Indígenas insiste-se nas ordens dadas como única forma [de] atenuar [as] dificuldades criadas por alteração [de] vencimentos levada a efeito".

O problema residia no facto de a tabela de vencimentos a abonar ao pessoal expedicionário se afastar "sensivelmente [dos] vencimentos aí [em Macau] em vigor e visto não ser possível fazer [o] nivelamento por alto mesmo que [a] Colónia tomasse [à] sua conta todo o excesso terá de se procurar nivelamento através [dos] vencimentos agora determinados".

Esse nivelamento seria feito através do seguinte procedimento: "incorporar [a] polícia [da] parte antiga [da] guarnição e evacuar no todo ou em parte [as] restantes forças". Era uma forma de "recorrer mais à sagacidade política e habilidade diplomática do que à força das armas" até porque não se podia "saturar [a] área [de] Macau com muito mais efectivos militares", embora o Ministro também reconhecesse que as "conveniências [do] momento aconselhariam [um] aumento e não diminuição [da] guarnição".

Em resposta, no telegrama n.º 80 SEC de 5 de Setembro de 1949, o Governador chamou a atenção para a necessidade de "uma orgânica muito mais reduzida em pessoal mas melhor dotada em equipamentos e material (alguns aviões, tanques ligeiros, auto metralhadoras, grande percentagem [de] armas automáticas)" pois os "onerosos vencimentos e outros gastos inevitáveis de uma orgânica militar de vulto [era] incompatível com as possibilidades financeiras".

Conviria, no entanto, ter presente que os chineses "não podem compreender [que] um soldado branco ganhe menos do que qualquer miserável culi ricksho" e também já se tinham verificado "periódicos levantamentos e revoltas das praças europeias da colónia" devido à questão do vencimento.

Aliás, novos levantamentos seriam previsíveis pois os "soldados antes da partida de Lisboa supunham [que os vencimentos fossem] bastante superiores" até porque desde 1 de Abril que todas as unidades de guarnição recebiam os "mesmos vencimentos quer fosse [em] Macau, Moçambique, Angola ou Guiné".

Ora, um levantamento teria consequências tanto do lado português como na China, que "não mais acreditará no sossego, ordem e paz da Colónia" e isso encorajaria "extraordinariamente não só as forças comunistas do exterior como os seus agentes em Macau".

No que se refere à forma de sufocar o levantamento devido à questão dos vencimentos, ter-se-ia "que recorrer ou às unidades bem pagas do Governador – refiro-me à projectada integração das Companhias Metralhadoras e Beiras na Polícia – que iriam combater as unidades mal pagas do Comandante Militar ou forças indígenas o que por motivos raciais é de absoluto desprestígio".

Aliás, ainda havia um terceiro elemento que poderia ser afectado porque Montgomery foi a Macau para mostrar os seus receios que o descontentamento na guarnição portuguesa pudesse "conduzir [a] actos [de] sublevação com reflexos [em] Hong Kong"[382].

Como o que se pretendia era "acudir rapidamente e dominar com decisivo potencial de fogo quaisquer ataques [de] bandidos ou irregulares e [as] perturbações [da] ordem interna", o Governador, para fazer valer a sua posição, mencionava o "tenente general

---

[382] Cf. telegrama n.º 83 SEC de 6 de Setembro de 1949.

Festing Comandante Chefe [das] forças [de] Hong Kong [um] oficial de carreira fulgurante conhecedor [dos] chineses e [da] sua psicologia". Por isso, teria de ser tido em conta o "efeito moral [que] sobre [os] chineses produzem [os] armamentos mecanizados e blindados que eles não possuem".

Era uma reclamação que acontecia devido às "totalmente erradas informações que aí [em Portugal] são prestadas" como o Comandante Militar e os seus técnicos podiam constatar *in loco*, nomeadamente no que dizia respeito à "largura [das] ruas e quanto [ao] clima e uniformes, serão brevemente senão já [da] mesma opinião".

O telegrama – que mais parece uma carta devido às suas 10 páginas – reafirma a posição do Governador de que o "problema [dos] vencimentos tem [de] ser nas actuais [e] difíceis circunstâncias resolvido [de] outra forma" e termina com a queixa de que a "situação assim criada pela presente reorganização militar em vez de facilitar [a] minha missão tem-me até agora pelo contrário causado muito maiores preocupações e trabalhos". No entanto, como "no presente momento mais de que salvaguarda [das] responsabilidades pessoais conta [o] prestígio e [a] manutenção [da] nossa soberania", o Governador não daria qualquer publicidade ao assunto para evitar "efeitos mais nefastos".

O assunto era grave como o Governador reconheceu no telegrama n.º 81 SEC de 5 de Setembro de 1949 ao solicitar ao Ministro das Colónias que levasse a Salazar os "telegramas 42 SEC [de] Sexa [o] Ministro [da] Guerra e [o] meu 80 SEC".

Porém, novos problemas estavam a chegar porque, no dia seguinte, no telegrama n.º 82 SEC o Governador informava o Ministro que as "forças nacionalistas chinesas desembarcaram e ocuparam [a] ilha Sam-Chau, a oeste [das] ilhas Montanha e Coloane onde com auxílio [de] técnicos americanos estão pondo em serviço novamente [o] antigo campo [de] aviação ali feito pelos japoneses em 1938".

Também se aproximava o dia 20 de Novembro – data da proclamação da República Popular da China – e a comunidade chinesa residente em Macau queria comemorar a data. O Governador enviou o telegrama n.º 135 SEC, em 19 de Novembro, a informar o Ministro das "difíceis negociações" para evitar "quaisquer cortejos, sessões ou comícios públicos ao ar livre, projecção [em] ecrã [de] cinemas de nova bandeira e retratos [de] Mao Tzé Tung", embora condescen-

dendo com uma "realização [de uma] sessão [no] cinema Apolo com um arco frente [ao] mesmo cinema mas sem quaisquer fotografias, recolha [de] donativos, publicações [e] impressos comemorativos".
No dia seguinte o telegrama n.º 136 SEC transmitia informações que se contradiziam porque afirmava que os "festejos decorreram sem [o] mínimo incidente", mas falava que "numa reunião [de] estudantes e operários realizada [em] Cantão foi levantada [a] questão [da] devolução [de] Macau a que [a] imprensa daquela cidade se refere largamente" e também a "imprensa inglesa [e] chinesa [de] Hong Kong" criara um "ambiente desfavorável [ao] Governo [da] Colónia" pois relatara largamente que as "nossas autoridades estavam reprimindo [a] realização [dos] festejos planeados apenas consentindo [numa] pequena parte".

Dois elementos a reter deste telegrama. O primeiro prende-se com a devolução de Macau porque esse acto coloca em evidência que, para a China, Macau não era uma colónia mas território chinês sob administração portuguesa. O segundo remete para o facto de a imprensa ter desmontado – e desacreditado – a estratégia do Governador.

Era uma conjuntura difícil com vários elementos a desafiarem a autoridade do Governador como fez a companhia inglesa "Jardine and Matheson" que pedira "autorização para aqui desembarcarem 480 passageiros chineses vindos [da] Formosa directamente"[383] e que, face à recusa do Governador que receava sobretudo a "presença [de] elementos políticos especialmente [os] camisas azuis [do] partido Kuomintang", enviara o barco *Wing Sang* "com [os] referidos passageiros e que fundeou [na] manhã [do] dia 21 um pouco fora [das] nossas águas". Nova insistência no desembarque e consequente recusa do Governador para não ter problemas com o "artigo 211 [da] Carta Orgânica" e para causar "boa impressão" entre a população chinesa da colónia e as autoridades inglesas de Hong Kong.

As relações internacionais seriam objecto de um longo telegrama de 5 páginas – o n.º 139 SEC de 2 de Dezembro de 1949 – que se encarregou de trazer à liça outro elemento – a França.

---

[383] Telegrama n.º 138 SEC de 23 de Novembro de 1949.

De facto, o Adido Militar francês na China, o capitão-de-fragata Maurice Echinard visitou Macau e forneceu ao Governador informações sobre a "situação geral [na] Indo-China solicitando reciprocidade [de] informações sobre Macau e outras políticas e militares" que as autoridades portuguesas pudessem "fornecer relativas [às] regiões circunvizinhas particularmente quaisquer [que] se refiram [ao] contrabando [de] armas das Filipinas para [os] rebeldes [da] Indo-China através [do] Rio Oeste".

Os três eixos segundo os quais as relações internacionais se desenrolam não permitem enquadrar totalmente esta atitude francesa, uma mistura em doses incertas de política de boa vizinhança, de boas intenções e de reciprocidade de informações.

Macau era, de facto, um ponto minúsculo mas que se revelava de importância maiúscula para as relações internacionais.

Assim, em 15 de Dezembro, no telegrama n.º 145 SEC, o Governador dava conta daquilo que o Governador de Hong Kong lhe transmitira durante a visita a Macau sobre a política na região.

Assim, no que concerne ao reconhecimento do novo regime chinês, a "reunião [de] Singapura tinha aconselhado [o] Governo [de] Londres [a] reconhecer [o] mais cedo possível" até porque uma "grande demora [no] reconhecimento poderia lançar definitivamente [a] China [nos] braços [da] Rússia".

Sobre a guarnição de Hong Kong afirmava que "continuaria ainda [mas] que não se podia prever quanto tempo [as] tropas ali demorariam".

No que se refere às alfândegas chinesas, o Governador mostrou a sua preocupação pelo facto do "Governo nacionalista ter forçado todos [os] funcionários estrangeiros [a] pedirem [a] demissão [dos] actuais cargos sob pena [de] perderem [as] suas regalias e pensões".

Outros aspectos, nomeadamente a colaboração entre as duas colónias, foram abordados, mas o mais importante foi, talvez, a constatação do Governador de Hong Kong de que o "problema [da] Formosa [era da] mais alta importância mas duvidava muito [da] capacidade [e] habilidade [da] América [para] resolvê-lo satisfatoriamente". O Governador "criticou [a] política ou antes [a] falta [de] política [da] América que conduziu [ao] presente caos".

Na altura o "desconhecimento [e] incompreensão" da situação da China por parte dos senadores americanos que tinham estado em Hong Kong era de "PÔR CABELOS EM PÉ"[384].

Anos mais tarde e em conjunturas diferentes, o Vietname do descontentamento americano, o Koweit, destinado a ultrapassar o "syndrome vietnamien" (Achcar, 2002, p. 11) e o Iraque do seu autoritarismo pareceram apontar no mesmo sentido.

O telegrama seria continuado por um outro – 155 SEC de 30 de Dezembro de 1949 – no qual se referia a visita do Consultor Político do Governo de Hong Kong a Macau e as sete informações – identificadas por alíneas – que transmitira. Dessas, as mais importante eram as alíneas a) e b) nas quais se dizia que o "reconhecimento [do] novo Governo [da] China por parte [da] Inglaterra se podia dar de um momento para [o] outro a não ser [que] Bevin[385] mais uma vez mudasse de opinião" e que este reconhecimento provocaria uma "reacção [por] parte [da] América mas que esta também mais cedo ou mais tarde terá [de] efectuá-lo pois [a] situação nacionalista [da] Formosa [...] não poderá manter-se segundo [as] suas informações por muito mais [de] quatro meses".

Aliás, também este telegrama seria continuado pelo n.º 6 SEC de 9 de Janeiro de 1950 para completar a alínea g) do anterior e esclarecer o caso que se tinha passado entre Lobo[386] e Montgomery e relativamente à actuação de Brazão[387] no assunto, para que Lobo não ficasse "sentido com ele, tanto mais que muito apreciava [os] seus conhecimentos". Afinal, tudo se resumia ao facto de o Governador de Hong Kong e o Consultor Político "não considerarem correcto que Montgomery tratasse [de] assuntos políticos com Londres sem lhes dar previamente conhecimentos" e a "atitude [de] Brazão [era

---

[384] Nos telegramas era habitual que apenas os nomes próprios figurassem com maiúsculas. No entanto, esta expressão também seguiu a regra dos nomes próprios, talvez como forma de enfatizar o tom em que foi proferida.

[385] Ernest Bevin foi Secretário de Estado dos Negócios Estrangeiros no período que se seguiu à II Guerra Mundial, ou seja, desde 27 de Julho de 1945 a 9 de Março de 1951.

[386] Trata-se de Pedro José Lobo, um timorense ligado pelo casamento a uma ilustre família macaense, Director da Repartição Central dos Serviços Económicos e membro da elite de Macau.

[387] Deverá ser Eduardo Brazão, Cônsul de Portugal em Hong Kong e Presidente do Instituto Português de Hong Kong.

devida a] despeito [em] virtude [da] grande influência e consideração [de que] Lobo gozava desde longa data [nos] meios governamentais e financeiros [de] Hong Kong". Por isso, não compreendia que o Governador tivesse proibido Lobo de ir a Hong Kong "por mais de quatro meses" e "esperava que de acordo com pedido [feito] por Sir Granthan ele fosse no futuro autorizado [a] ir [a] Hong Kong pelo menos uma vez por mês". Aliás, Lobo seria visitado por influentes personalidades entre as quais o Director da Fazenda de Hong Kong Mr. Follows, um "alto funcionário inglês [que] é hoje [a] autoridade [de] Hong Kong mais importante depois [do] Governador, sendo dele que bastante depende [a] concessão anual [de] 250.000 libras [a] Macau para cambiais".

A 7 de Fevereiro de 1950, o Governador voltaria a referir-se a esta visita no telegrama n.º 18 SEC e diria que, durante a visita, Mr. Follows referira as "grandes dificuldades [da] Inglaterra" para a concessão das 250.000 libras. Porém, "prometeu [a] Lobo que mesmo assim estava resolvido [a] empregar [os] seus melhores esforços [no] sentido [das] libras nos serem concedidas".

Fruto ou não dessa acção, a verdade é que o Governador podia informar o Ministro que no "passado dia 4 foi oficialmente anunciado que [as] referidas 250.000 libras tinham sido concedidas".

A distribuição de 30 moradias no "bairro número um [dos] CTT destinado [ao] pessoal menor [dos] serviços, [a] maioria chineses" relatada no telegrama n.º 2 CIF de 2 de Janeiro de 1950 servia para quebrar o tema das relações regionais e internacionais, embora o acto se revestisse de "grande projecção política" porque ao mesmo compareceram o "Corpo Consular elemento oficial civil e militar representantes [da] Imprensa e Comunidade chinesa [e] população".

Depois voltariam as questões relativas ao reconhecimento do "novo Governo [de] Peking" no telegrama n.º 10 SEC de 17 de Janeiro de 1950 até porque o Governador pedia autorização ao Ministro para ir a Hong Kong. Por isso, "caso Vexa não dê instruções em contrário", quando Sir Granthan indagasse sobre a posição portuguesa, o Governador responderia que Portugal "está estudando cuidadosamente [o] assunto, possivelmente só tomará [uma] decisão após completo esclarecimento [da] situação criada pelo Governo [de] Peking à Inglaterra depois [da] recepção [da] sua nota [de] reconhecimento e as outras potências com os recentes incidentes relativos [à] ocupação [das] suas propriedades consulares".

A visita aconteceria em 23 de Janeiro e seria objecto de um telegrama de 5 páginas – o n.º 11 SEC de 26 de Janeiro de 1950.

Nesse encontro foram abordados vários assuntos mas tendo sempre como fundo a nova China. De facto, quando se falou "das greves [dos] eléctricos e outras disputas entre várias Companhias [de] utilidade pública e seus operários", Sir Granthan manifestou o "seu interesse [em] ver [a] questão resolvida [o] mais cedo possível visto recear [que a] demora possa conduzir [a] mal-estar maior que venha [a] ser explorado [pelas] novas autoridades chinesas".

Um aspecto importante prendia-se com o abastecimento "da China para [as] duas Colónias", mas ambos concluíram que as "novas autoridades chinesas não têm por enquanto posto dificuldades [de] maior nesse capítulo possivelmente não só por necessitarem muito [de] moeda estrangeira mas também [no] seu interesse pessoal pois já entre algumas se notam casos [de] corrupção o que para [a] vida das duas colónias é um bom indício".

Isto não significava que a Inglaterra e Portugal não pactuassem, também, com situações ilegais como a facilidade de "entrada [de] refugiados e [o] movimento [de] chineses [na] Fronteira por serem esses elementos que mais contribuem [para a] entrada [na] colónia [de] grande quantidade [de] géneros alimentícios por contrabando".

A ideia era inglesa mas o Governador português de Macau concordou de imediato "por idêntico motivo".

No que concerne às relações internacionais, o Governador inglês de Hong Kong "continuava preocupado com [a] indecisão americana" e acreditava que mesmo que o "futuro Governo inglês seja conservador [a] sua política externa será praticamente idêntica à do actual Governo trabalhista". Relativamente ao reconhecimento do novo Governo da China, o Governador "informou que [o] Governo inglês estava fazendo nova diligência afim [de] certificar-se [do] pensamento e prováveis exigências [de] Peking".

Por vezes, o Governador limitava-se a dar uma breve informação ao Ministro e remetia para telegramas enviados por outras personalidades, como o Encarregado de Negócios. Foi o que aconteceu no telegrama n.º 13 SEC de 26 de Janeiro de 1950, quando o Governador deu conta do "enérgico protesto" que tinha feito junto do "Delegado

[do] Ministério [dos] Negócios Estrangeiros [da] China" devido à "detenção [do] navio português «S. Manuel» pelas autoridades navais nacionalistas fora [das] águas territoriais chinesas [na] proximidades [do] estreito [de] Hainan". Da Formosa viria a resposta que o assunto deveria ser tratado através de Lisboa.

As deserções por motivos políticos seriam objecto do telegrama n.º 15 SEC de 30 de Janeiro de 1950, quando dois soldados "se apresentaram [à] Polícia [de] Cantão declarando desejar seguir [para a] Rússia [por] motivo [de] não quererem estar sujeitos [ao] Governo fascista português". A viagem seria mais curta porque foram entregues às autoridades portuguesas no dia "24 [na] porta [do] Cerco por militares comunistas".

Era o preço a pagar por não saberem distinguir as várias ideologias derivadas do marxismo porque, como Moreira (2001, p. 260) esclarece, "podemos estudar o marxismo como a doutrina formulada por Karl Marx, e os seus textos doutrinários constituem o material de base de investigação, mas o padrão geral produzido, somatório de contribuições recolhidas de muitas outras fontes é o sovietismo" a que depois se veio a acrescentar o maoismo, ou seja, uma ideia pode transformar-se em doutrina e pode estar na base de diferentes ideologias.

Ora, pedir auxílio a um exército maoista para conseguir chegar a um país dominado pelo sovietismo não parece abonar a favor dos dois soldados e a ingenuidade ignorante custou-lhes caro.

Também no mesmo telegrama era relatado um facto que aponta para um aspecto que merece ser abordado com outra profundidade – os traumas de guerra resultantes da separação da família.

De facto, o Governador afirmava que "desapareceu [no] dia 22 completando hoje [o tempo de] deserção [o] 1.º cabo 114749 António Luís Ferreira". O Governador desconhecia o seu paradeiro mas dava a conhecer que o "seu estado espírito e [as] conversas [que] teve [com os] camaradas podem levar [a] admitir [a] hipótese [de] suicídio".

Também não se pode deixar de chamar a atenção para o facto de o Governador utilizar a palavra "camaradas" numa conjuntura em que a mesma remetia para a terminologia oriunda do *Bloco de Leste*.

Aliás, que as coisas não andavam bem a nível da instituição militar não restam dúvidas, tendo havido necessidade de impor a disciplina militar, como narra o telegrama n.º 17 SEC de 4 de Fevereiro de 1950, ao relatar a prisão de um sargento e de um alferes que tinham desaparecido mas "desembarcaram [em] Macau" confessando que "permaneceram sempre [em] Hong Kong" e, uma vez detidos, ficaram "aguardando transporte [para] Moçambique".

Voltando às deserções, em 26 de Dezembro de 1950, o telegrama n.º 104 SEC informava que "fugiu para território chinês onde foi detido por soldados comunistas que o conduziram para Seakei, mais um soldado indígena [de] Angola". A utilização da palavra "mais" ficava a dever-se ao facto desta deserção se ter verificado no "momento em que depois [de] porfiadas [e] difíceis negociações com [as] autoridades comunistas chinesas parecia estar prestes [a] ser-nos entregue [o] primeiro desertor".

Talvez valha a pena meditar nas causas das fugas e ter presente as palavras do primeiro fugitivo que dissera às autoridades comunistas que "lhe batiam muito [na] sua Unidade obrigando-o [a] fazer trabalhos pesados que muitos soldados indígenas, entre os quais ele, estavam descontentes com [os] incidentes ocorridos [na] festa militar, em que [a] explosão [de uma] granada [de] mão [...] tinha provocado graves ferimentos [a um] cabo indígena cuja perna teve [de] ser amputada".

O Governador fazia questão de narrar que tinha conseguido evitar "através [das] nossas ligações" que a deserção e as queixas do soldado "fossem utilizadas politicamente em propaganda contra nós" e não deixava de alertar para o "péssimo efeito" que isso provocaria no espírito dos chineses "que estavam convencidos [da] absoluta lealdade [que] nos dedicavam [as] tropas indígenas que temiam e entre [as] quais nunca se tinha verificado qualquer deserção". Depois, nova crítica do Governador à chegada das "actuais forças expedicionárias [do] Ministério [da] Guerra", pois foi depois dessa chegada que se começaram a verificar as deserções. Aliás, era a essas forças que pertenciam "todos [os] desertores que já incluem 2 sargentos, 1 furriel, 2 soldados europeus e 2 indígenas".

Como se não bastasse a oposição à dominação portuguesa feita em nome das novas ideias que assolavam a China, as várias autoridades portuguesas envolviam-se num jogo de intrigas de carácter pessoal que o Governo Central arbitrava longe do terreno de jogo, sendo, por isso, obrigado a julgar pelo que ouvia e lia.

A questão do reconhecimento da República Popular da China voltou a ser o pano de fundo do telegrama n.º 19 SEC de 13 de

Fevereiro devido a "extemporâneas declarações" do Governador de Cantão sobre cujo impacto em Macau o Ministro queria ser informado. O Governador informaria que a população de Macau "não mostra sintoma [de] alguma excitação" e, por isso, entendia que o "nosso comunicado só deverá ser feito se for verificada [a] sua absoluta conveniência e vantagem".

O Governador apontou como possíveis causas para o sucedido o facto de "que [o] Governo [de] Cantão não vê com agrado [a] nossa atitude [de] correcta neutralidade que julga favorável [aos] nacionalistas ou então que [o] mesmo deseja fazer-nos qualquer exigência possivelmente [para] criarmos dificuldades [aos] abastecimentos [da] navegação nacionalista". Além disso, o Governador enviou uma citação de um jornal nacionalista de Hong Kong sobre a atitude do Governador de Cantão na qual se afirmava que a mesma tinha como finalidade "obrigar Portugal a reconhecer a China comunista para apossar-se dos barcos fluviais".

Novo e longo telegrama – o n.º 20 SEC de 15 de Fevereiro de 1950 – voltava a responder às inquietações do Ministro sobre a situação na zona.

O Governador confirmava que "depois [da] retirada [dos] nacionalistas para [as] ilhas Formosa [e] Hainam, [os] únicos lugares [de] refúgio ou exercício [de] actividades políticas secretas ou terroristas [dos] elementos Kuomitang passaram [a] ser Macau [e] Hong Kong". Temendo inconvenientes internos e externos[388], o Governador de Hong Kong "aprovou medidas especiais que entraram imediatamente [em] vigor exigindo documentação para todos [os] chineses que daquelas ilhas pretendessem seguir [para] Hong Kong ficando assim habilitado [a] não permitir [a] entrada [de] elementos suspeitos".

Como parece lógico, "Macau ficou pois como único ponto onde sem impedimento esses elementos podiam vir exercer [as] suas nefastas actividades ou então do qual podiam seguir [para] Hong Kong com [o] mesmo fim", uma vez que entre Macau e Hong Kong "não existem quaisquer restrições para [os] passageiros chineses".

---

[388] Entre os inconvenientes internos figuravam "atentados, assassinatos, lutas armadas entre os dois partidos". Os externos eram "reacção [de] Peking [e] sua propaganda contra Hong Kong futuras exigências [dos] elementos Kuomintang considerados criminosos [de] guerra".

Ora, se tal se verificasse, "levaria certamente [o] Governador [de] Hong Kong [a] determinar igualmente medidas restritivas [à] entrada [de] chineses [de] Macau naquela colónia o que além [de] prejudicial [às] nossas boas relações viria causar sérios transtornos [e] perdas [ao] comércio local – 99% chinês – não dependente [de] Hong Kong e que [as] frequentes carreiras e [o] livre trânsito [de] passageiros chineses entre [os] dois portos também facilita".

Estas tinham sido as razões que tinham estado na base da "publicação [de um] edital [...] [para] seleccionar e limitar [as] entradas [de] chineses vindos [de] essas Ilhas, que nunca mantiveram carreiras com Macau mas sim com Hong Kong", embora, no preâmbulo, fossem aduzidas outras razões: a "necessidade [de] não aumentar mais [o] excesso [de] população já existente, [a] inconveniência [da] entrada [de] indivíduos [que] não possuem meios [de] manutenção [e] repatriamento e ainda [as] disposições [do] Decreto 27.176 e art.º 211.º [da] Carta Orgânica sobre [os] elementos nacionais [e] estrangeiros indesejáveis".

O Governador dava, ainda, conta que as "autoridades chinesas põem maiores dificuldades [ao] desembarque [na] Formosa – que praticamente não permitem – [dos] seus próprios nacionais idos de Hainam e vice-versa alegando razões [de] emergência [e] segurança". Por isso, não podia esconder os "aborrecimentos [que] este assunto já me tem causado com [os] barcos vindos [da] Formosa [e] Hainam, que [na] mira [de] grandes lucros, aqui chegam cheios [de] refugiados sem [a] necessária documentação" e que ele procurava resolver combinando as "disposições [do] edital e [de] acordo [com os] nossos tradicionais sentimentos humanitários".

O Governador queria que o Ministro visse que "não se trata [de] qualquer proibição absoluta [à] entrada [de] chineses vindos [de] aquelas Ilhas mas simplesmente algumas medidas [de] controle necessárias" e relativizava a reacção dos chineses que tinham o "tradicional costume [de] resistir passivamente [a] todas [as] medidas administrativas [com o] fim [de] conseguir [a sua] anulação".

Quanto ao famoso edital, seguia por "via aérea".

Que a situação na região era preocupante pode constatar-se pela cadência e pela dimensão dos telegramas e, ainda, pela necessidade de explicações exigidas pelo Ministro, uma vez que vários dos telegramas do Governador eram motivados por pedidos do Ministro.

Também as visitas de autoridades de Hong Kong a Macau e do Governador a Hong Kong terão de ser enquadradas nesse âmbito.

Várias foram as visitas de representantes de Hong Kong, como foi o caso do Consultor Político de Hong Kong, no dia 13 de Fevereiro de 1950, e narrada pelo Governador no telegrama n.º 22 SEC de 15 de Fevereiro de 1950.

Nesse telegrama, utilizando alíneas para os diferentes assuntos, o Governador dava a conhecer que, no que concerne ao reconhecimento inglês da Republica da China, "esperava [que a] situação [da] Inglaterra se esclarecesse com [a] chegada [do] Encarregado [de] Negócios [de] Peking e achava razoavelmente sensato [que as] outras nações aguardassem [os] resultados [das] negociações antes [de] tomar [uma] decisão definitiva".

A segunda parte da frase evidencia, sem dúvida, a posição de supremacia que a Inglaterra ainda julgava ter na conjuntura mundial, esquecida que, depois da II Guerra Mundial, o direito de veto no Conselho de Segurança representara uma cortesia por parte dos novos senhores do Mundo – Estados Unidos da América e URSS – e não um reconhecimento de Poder.

A questão da retirada de tropas voltaria a ser objecto de referência no telegrama n.º 33 SEC de 7 de Março de 1950 e, para não variar, o Governador considerava o "momento inoportuno [para a] retirada [de] quaisquer forças [da] presente Guarnição Militar a não ser [que a] mesma seja feita simultaneamente com [a] rendição [das] Unidades [que] terminaram [a] comissão, como [os] ingleses – que aumentaram [o] tempo [da] comissão de dois para três anos – estão fazendo [em] Hong Kong".

Significava isto que quando não eram os ingleses a fazer sentir a sua superioridade era Portugal, ao copiar os modelos ingleses, a admitir, provinciana e servilmente, a sua inferioridade.

3.6. Ministério de Sarmento Rodrigues: 2 de Agosto de 1950 a 7 de Julho de 1955[389]

Sarmento Rodrigues procurou dar um novo rumo à política ultramarina, como se comprova pela publicação da Portaria n.º 13 734, publicada na I Série do *Diário do Governo* n.º 232 de 8 de Novembro de 1951, e na qual autorizava os Governadores-Gerais das províncias ultramarinas de Angola e de Moçambique e do Estado da Índia a elaborarem os respectivos orçamentos para o ano económico de 1952. Mais tarde, em 26 de Dezembro de 1951, a portaria n.º 13 786 autorizaria os Governadores-Gerais de Angola e Moçambique a elaborarem os orçamentos privativos dos serviços autónomos para o mesmo ano económico.

Também, foi durante a sua permanência no cargo que seria aprovado o I Plano de Fomento, pela Lei n.º 2 058 de 29 de Dezembro de 1952, cujo período de vigência ia de 1953 a 1958, e que, segundo as suas palavras, era o primeiro que abrangia "todo o território nacional até às mais distantes províncias do Extremo Oriente"[390]. Nesse plano, a área considerada prioritária era o desenvolvimento de infra-estruturas: fornecimento de energia eléctrica, transportes e comunicações.

Este plano seria objecto de um extenso telegrama de 4 páginas – o telegrama n.º 95 CIF de 14 de Julho de 1951 – no qual o Governador-Geral de Angola tinha o "prazer" de transmitir ao Ministro uma "moção apresentada ontem [no] Conselho Governo por vogal eleito [pela] província [de] Huíla António Avelino Silva, calorosamente perfilhada e apoiada por vogais eleitos [pelas] províncias [de] Luanda, Congo, Bié, Malange" e na qual se destacava que o mesmo se integrava na "salutar política de desenvolvimento iniciada com o plano decretado em 1938".

Esta citação, por força da data indicada, não deixou, certamente, contentes aqueles que pretendiam ver no mesmo uma mudança da política no que concerne ao Ultramar.

Foi também Sarmento Rodrigues que, através da Portaria n.º 14 237, publicada no *Diário do Governo* n.º 14 de 22 de Janeiro de 1953, mandou publicar no *Boletim Oficial* de todas as províncias

---

[389] Os telegramas foram consultados, sobretudo, na caixa AOS/CO/UL – 8I.

ultramarinas o Decreto n.º 23 226 de 15 de Novembro de 1933 que proibia "a celebração de contratos de empreitadas, de tarefas ou de fornecimento de materiais com pessoas singulares ou colectivas que tenham acções pendentes nos tribunais resultantes de outros contratos".

Como se vê, já vem de longe a tendência para não cumprir as responsabilidades assumidas e considerar que tal incumprimento não afecta o direito de concorrer a novos projectos.

Aliás, foi Sarmento Rodrigues quem mais se preocupou em eliminar da legislação os elementos discriminatórios entre os portugueses da Metrópole e das províncias ultramarinas.

De facto, foi ele que sugeriu a Salazar a alteração do art.º 4.º do Decreto-Lei n.º 31 107 de 18 de Janeiro de 1941, que impedia o casamento de oficiais do Exército com senhoras portuguesas filhas de pais não europeus. O referido Decreto foi revogado pelo Decreto-Lei n.º 38 778 de 11 de Junho de 1952, o qual apenas necessitou de um artigo para acabar com uma descriminação claramente racista.

Não se ficou por aqui a acção do Ministro que procurou sensibilizar o Ministro da Marinha para a necessidade de alterar o art.º 69.º do Decreto n.º 27 568 de 13 de Março de 1937 que estipulava que o ingresso na Escola Naval se destinava apenas aos filhos de pais portugueses e europeus, uma vez que "qualquer que seja a interpretação desta expressão «europeus», envolverá sempre uma descriminação entre portugueses, quer ela seja de origem geográfica ou étnica, ambas muito prejudiciais"[391].

Além disso, manteve correspondência com o Ministro do Exército para saber qual a legislação em vigor para a entrada na Escola do Exército, uma vez que não estava seguro se "a condição expressa no art.º 34.º do Decreto-Lei n.º 30 784" teria sido revogada. A resposta afirmativa do Ministro do Exército certamente que o deixou satisfeito porque já não constava no articulado da lei, a obrigatoriedade de o candidato ser filho de pais portugueses e europeus.

Antes de se proceder ao estudo relativo a cada província ultramarina, parece pertinente salientar dois elementos muito importantes

---

[390] Cf. Secretariado Nacional de Informação. (1953). *O plano de fomento no Ultramar*. Lisboa, p.4

[391] Afirmação feita na carta confidencial n.º 1 067, enviada por Sarmento Rodrigues ao Ministro da Marinha em 23 de Abril de 1954.

na conjuntura de então e que constam na pasta 11 de AOS/CO/UL – 61.

O primeiro diz respeito a uma conversa entre o Ministro dos Negócios Estrangeiros, Franco Nogueira, e o Comandante-em-Chefe das forças militares francesas em África, General Piollet – que se fez acompanhar do Adido Militar francês, Coronel d' Aboville e do Primeiro Secretário da Embaixada – sobre a colaboração técnica e troca de informações para uma melhor defesa dos territórios africanos.

De facto, o Ministro que, à boa maneira socrática, quase se limitou "a fazer perguntas e provocar informações", ficou a saber que o facto do comando francês estar em Paris e não em África trazia "inconvenientes" que outros tinham sabido evitar porque "os ingleses estabeleceram o seu comando da África Ocidental em Accra e os belgas em Leopoldville".

No que concerne à importância do encontro, a mesma resultava de a França admitir a sua missão colonizadora e o seu desejo de continuar em África, acompanhada pelas outras potências europeias, pois "se os meios de um só não são bastantes, os de todos talvez já constituam um elemento apreciável" e, por isso, se tornava "indispensável uma efectiva colaboração técnica e uma troca de informações".

Afinal, ainda demoraria quase uma década para que a França – depois de Évian – passasse a fazer coro com aqueles que defendiam a libertação dos povos colonizados.

O segundo documento provinha da Embaixada de Portugal em Washington e dava conta que, de acordo com um artigo da autoria da "Senhora Emilie Tavel", publicado no jornal *Christian Science Monitor*, havia "um número cada vez maior de estudantes africanos [que] estão a vir para os Estados Unidos, de vários países do Continente Africano, a fim de estudarem".

O número – mais de 1000 – e a finalidade da educação – virem a assumir a condição de líderes – não podiam deixar Portugal indiferente. De facto, ver um aliado assumir que "a nossa disposição geral é no sentido de favorecer o desenvolvimento na África de estados independentes, livres e democráticos", mesmo que tivesse apreciado "as contribuições dadas por algumas potências europeias em África"[392], não augurava nada de bom para a manutenção do Império.

---

[392] Palavras de George Houser, Director-Executivo do *American Comittee on África*, e que apoiava a vinda dos estudantes africanos para os Estados Unidos.

Bem avisada andara a Inglaterra que, em 1943, enviara o Ministro das Colónias, Coronel Oliver Stanley, numa viagem de estudo económico pela África Ocidental, preparando o futuro numa zona rica de recursos mineiros mas de solo pobre e habitada por um indígena que não tinha espírito de economia e não se sabia comportar como "um homem económico"[393].

3.6.1. Angola – 2 de Agosto de 1950 a 7 de Julho de 1955

No que concerne aos Governadores-Gerais, na já denominada província ultramarina de Angola, que receberia uma verba de 101 milhões de dólares americanos durante a vigência do I Plano de Fomento, José Agapito da Silva Carvalho foi nomeado Governador-Geral em 11 de Junho de 1951 e permaneceu no cargo até 1955. Por isso, foi o anterior Governador-Geral que deu a conhecer, através do telegrama n.º 10 SEC de 15 de Novembro de 1950, a situação na região, nomeadamente, a defesa do Congo Belga, pois fora informado pelo Governador-Geral desse Congo – tinha estado em Angola para receber o filho – que acontecera uma "reunião com oficiais belgas assistindo dois peritos militares americanos" uma vez que a "América dará [o] auxílio necessário e que como amigos tem maior liberdade [para] ver tudo quanto respeita [à] força pública". Aliás, convinha que os "técnicos militares"portugueses estivessem presentes numa reunião " a realizar [na] primeira quinzena [de] Dezembro", uma vez que "todo o plano a estabelecer se enquadra [no] Pacto [do] Atlântico Norte estando previsto [o] emprego [de] tropas africanas e europeias". Para tal, iria "tratar [do] assunto telefonicamente [na] próxima quinta-feira com [o] Ministro [das] Colónias Belga para que o trate [com o] nosso Governo".

Noutro âmbito a visita da secção ultramarina da feira das indústrias portuguesas mereceu o agradecimento feito pelo telegrama n.º 83 CIF de 26 de Junho de 1951, pois constituía uma demonstração do "alto [e] devotado interesse [que] dedica [a] todos os aspectos concretos [das] actividades ultramarinas".

---

[393] Pasta 41 de AOS/CO/UL – 1 B.

O condicionamento industrial a que o Ultramar se via obrigado encarrega-se de mostrar que a palavra e o acto não coincidiam e, por isso, a necessidade de recorrer ao controle da imprensa como se pode constatar no telegrama n.º 103 CIF de 29 de Junho de 1951.

Nesse telegrama, o Ministro mostrava o incómodo pela notícia saída no jornal *"O comércio* do dia 23 ou 24" sobre o "recente aumento [de] preço [do] algodão" porque era "muito inconveniente" e "altamente injusto" até porque se tinha acabado de conceder "benefício a Angola" e não percebia a razão pela qual "não tem havido notícias de aí acerca [de] quaisquer manifestações [de] apreço pelas medidas [de] benefício tomadas pela Metrópole especialmente devidas [à] compreensão [do] Ministério [da] Economia para aumentar [o] preço [do] algodão".

Era a forma de o Governo manifestar o seu descontentamento pela não organização de «manifestações espontâneas».

Ainda no que concerne à imprensa, o Ministro alertava para o facto de lhe parecer "indispensável evitar que [a] doutrina nociva como a do Jornal *Comércio* possa criar [no] espírito [da] gente [de] Angola ideias erradas e prejudiciais ao conceito em que [a] Metrópole deve ser tida" e, por isso, agradecia ao Governador-Geral que "pelo menos fazer ver [aos] serviços [de] censura que tal propaganda não pode ser permitida".

Aliás, nessa fase, o Ministro viu-se obrigado a lembrar ao Governador-Geral que se exigia o maior empenho no cumprimento do dever e, no telegrama n.º 14 SEC de 2 de Julho de 1951, recordava que o "Governo considera [da] maior importância [a] acção dos Governadores" na propaganda relativa às eleições presidenciais. Por isso, lhe solicitava que desse "toda [a] sua atenção [à] propaganda eleitoral evitando [a] formação [de] movimentos [de] opiniões contraditórias [que] podem levar [a um] estado [de] espírito desagradável [e] sobretudo [com] futuros inconvenientes".

O futuro encarregar-se-ia de provar que, a médio prazo, esta acção estaria condenada ao insucesso.

O Governador-Geral sentiu necessidade de informar o Ministro que estava "acompanhando dirigindo [e] orientando pessoalmente [a] preparação [de] tudo quanto [diz] respeito [ao] próximo acto eleitoral" e que tinha tudo preparado para se "deslocar [a] qualquer ponto onde surja algum movimento [de] oposição e desfazê-lo à nascença", embora, até então, "nenhum dos candidatos adversos" tivesse "aqui delegado".

Nesse telegrama – n.º 10 SEC de 5 de Julho de 1951 – há um pormenor muito interessante e que se prende com o facto de o General Norton de Matos ter escrito a "várias pessoas declarando [que] não apoia nem deve ser apoiada [a] candidatura [do] candidato Ruy Gomes por ser comunista".

Retomando a questão da «espontaneidade» das manifestações, o Governador-Geral, fruto do seu conhecimento local, considerava que a "acção principal tem de ser exercida directa [e] pessoalmente pelo Governador-Geral sem prejuízo [do] carácter [de] espontaneidade [que] todos aqui desejam e gostam ciosamente [de] mostrar ou aparentar" porque a gente de Angola "gosta sempre [que] se considerem [como] suas [as] atitudes tomadas espontaneamente " e manifestava "susceptibilidades por ventura exageradas".

Como estratégia para a campanha, o Governador-Geral defendia que, no que dizia respeito às "sessões [de] propaganda só convém realizar [na] ultima semana [de] campanha eleitoral a não ser que qualquer oposição se manifeste antes".

Ora, logo a 7 de Julho, no telegrama n.º 11 SEC o Governador-Geral informava o Ministro que a situação se alterara porque fora procurado no Lobito pela "vereação camarária" para lhe manifestar a "repulsa [e] indignação [pela] notícia publicada [no] jornal *A voz* intitulada "Um Caso [de] Traição" acerca [da] pretensa campanha comunizante ali levada [a] efeito [pelos] partidários [do] candidato Ruy Gomes".

A notícia fora "conhecida [em] Lobito por leitura [da] Press Lusitania [a] bordo [do] navio Lugela ali atracado".

Quanto à propaganda hostil, apenas tinha surgido um "único panfleto" da autoria de "Luiz Portocarreto pessoa já muito conhecida por idênticas atitudes" mas "sem qualquer prestígio ou influência". Aliás, relativamente aos panfletos dactilografados que distribuía assinados, em 1945, "em nome do comité Central do MUD e agora da Comissão Central do Movimento Democrático", o panfleto actual estava "redigido em tom muito mais brando".

Curiosa a estratégia usada pelo Governador que, na eleição anterior, não caíra na cilada de Portocarreto que tudo fizera para "que o prendessem" e, com essa prisão, se pudesse converter "em mártir para então ver se podia arrastar alguém". O Governador-Geral deixara o visado "actuar numa pseudo clandestinidade absolutamente inofensiva em que todos os seus passos são vigiados sabendo muito bem o Governo tudo o que ele faz e podendo fazer cessar a sua actividade logo que tal se mostre conveniente".

A questão da emigração de trabalhadores foi tratada no telegrama n.º 137 CIF de 24 de Agosto de 1951, no qual o Governador-Geral dava conta ao Ministro de um ofício do Cônsul britânico "invocando [o] nome [do] Governo [das] Rodésias [do] Norte e [do] Sul em que alude [a] pretensas restrições postas [por] este Governo [à] emigração [de] indígenas para aqueles territórios e dizendo que [o] Governo [das] Rodésias tendo empenho [em] continuar [a] recrutar indígenas [em] Angola está disposto [a] negociar [um] acordo [para] esse fim".

Mais informava que não tinham sido "adoptadas quaisquer novas medidas [de] restrições [à] emigração [de] indígenas mas que devido [à] alta [dos] salários [do] pessoal voluntário, modificações [na] vida [da] Província devido [à] portaria 39 e desagravamento pautal e grande melhoria [no] tratamento [por parte dos] patrões, [os] trabalhadores indígenas têm presentemente maior poder [de] compra [em] Angola com excepção [do] distrito [de] Lunda que em colónias vizinhas".

Por esse facto, julgava "absolutamente inconveniente qualquer acordo" para "favorecer [a] emigração indígenas [de] Angola para [as] Rodésias ou Congo Belga que também já fez pedido idêntico". Aliás, pedia autorização para, durante a visita à Rodésia do Sul, afirmar que "ficaria encantado [que] se fizesse qualquer acordo pelo qual Angola pudesse receber trabalhadores de fora", ou seja, o sentido do fluxo migratório fosse invertido.

Os descontentamentos da província, ou melhor, dos interesses instalados na mesma, far-se-iam sentir quando, em 5 de Abril de 1952, a Associação Comercial de Malange enviaria ao Ministro um telegrama a pedir "a suspensão de execução" do Decreto que tinha criado um " imposto [de] maior valia" pois da sua aplicação "resultariam funestas consequências no futuro".

Aliás, também em 5 de Abril de 1952, o Centro de Actividades Económicas de Angola enviaria um telegrama ao Ministro[394] relativo à sobrevalorização do fundo de povoamento, Decreto-Lei n.º 38 704, que importa analisar em pormenor. No entanto, como forma de perceber as motivações dos agricultores, comerciantes e do Governador-Geral de Angola, convirá começar pelo estudo do referido Decreto-Lei.

O Decreto-Lei n.º 38 704 foi publicado na I Série do *Diário do Governo* n.º 72 de 29 de Março de 1952 com a indicação – habitual – de que deveria ser publicado no *Boletim Oficial* de todas as províncias e, ainda, ser presente à Assembleia Nacional.

No preâmbulo esclarece-se a razão do Decreto. De facto, "estando presentemente as províncias ultramarinas a atravessar um período de excepcional prosperidade" tornava-se "recomendável evitar perturbações que possam resultar de imperfeitas aplicações de ganhos inesperados e, ao mesmo tempo acautelar, empregando para fins recomendáveis, uma parte dos lucros presentes".

Assim sendo, parecia correcto que o Estado retirasse desses lucros "uma pequena parte com a qual o Estado possa realizar obras de fomentos[395] deixando o restante para o proprietário, embora com uma fracção sujeita a ser aplicada segundos planos aprovados pelo Governo".

Além disso, o Decreto pretendia tomar em "consideração o custo de produção e a desigualdade dos sistemas tributários e pautais existentes nas várias províncias e a justiça de, por consequência, não estabelecer novos encargos iguais para todas, mas sim em função das condições reais de cada uma".

Significava, isto, que o Estado iria proceder a uma sobrevalorização nas exportações de alguns produtos das províncias ultramarinas e o parágrafo único do artigo 1.º explicitava esses produtos: cacau e copra, no caso de S.Tomé; café, sisal, manganês e semente de algodão, no que se referia a Angola e copra, sisal, castanha de caju e sementes de algodão exportados a partir de Moçambique.

---

[394] Estes dois telegramas não têm número, embora no segundo conste a referência ao Proc.º. 108/52.

[395] Nomeadamente o povoamento das províncias ultramarinas como o Decreto-lei indica a seguir.

Quanto ao valor da sobrevalorização, o artigo 2.º indicava que a mesma "por unidade de peso ou de volume das mercadorias [...] será determinada periodicamente pelo conselho técnico aduaneiro da respectiva província, ouvidos os organismos económicos designados em portaria pelo Governador, com base na diferença entre as cotações das Bolsas de Londres e de Nova Iorque".

No telegrama já referido, os produtores e exportadores angolanos "ainda esmagados pela surpresa [dos] prejuízos advenientes [do] dec. 38.659[396] [...] verificam quanta incompreensão [e] desapreço informam o espírito [do] dec. 38.704". Por isso, consideram que "as medidas preconizadas para [a] criação [do] fundo [de] fomento [e] povoamento por tecnicamente injustas [e] inadequadas [à] situação vigente não atingirão [o] objectivo em vista [e] provocarão desânimo [e] atrofiamento [em] todas [as] actividades económicas diminuindo [o] ritmo [de] valorização [do] Ultramar tão brilhantemente alcançado [em] poucas décadas pelos esforços tenazes [e] sacrifícios [de] saúde de vida e capitais [dos] colonos só ajudados pela sua fé".

Mais criticavam a "discriminação [do] decreto entre produtores e exportadores[397] criando [uma] situação incomportável ao comerciante exportador resultando [na] proibição prática [de] exercício [do] comércio [de] produtos atingidos pelo decreto que se reflecte exclusivamente [no] pequeno produtor europeu e indígena com [os] danos e inconvenientes [que] daí resultarão incluindo [a] fuga clandestina

---

[396] O Decreto-Lei n.º 38 659, publicado na I Série do *Diário do Governo* n.º 44 de 26 de Fevereiro de 1952, estipulava no artigo 1.º que "os estabelecimentos bancários ou de crédito ficam obrigados a reter trinta por cento do valor das operações respeitantes a pagamentos que, por virtude de exportações para as zonas monetárias dos países participantes da União Europeia de Pagamentos, expressas em escudos ou em moedas desses países, sejam efectuados a pessoas singulares ou colectivas domiciliadas na área monetária portuguesa, e a entregar a parte retida ao Banco de Portugal para crédito da conta especial a que se refere o artigo 4.º"'. Este artigo indicava que "o Banco de Portugal abrirá nos seus livros uma conta sem juros, em escudos, denominada: «Parte de exportações para a área da União Europeia de pagamentos – c/ especial n.º 1'".

[397] Esta descriminação resultava do facto de o artigo 3.º indicar que incidiam "no total de 75 por cento da sobrevalorização da mercadoria – quando exportada pelo próprio produtor – ou no total de 85 por cento – quando se trate de exportador não produtor – as percentagens seguintes: 20 por cento para um Fundo de Fomento e Povoamento; 50 por cento para um capital de fomento e povoamento". Significava, isto, que os produtores tinham um "privilégio" de 10%.

para [as] colónias vizinhas [dos] referidos produtos em troca [de] mercadorias estrangeiras igualmente clandestinas com prejuízo [de] toda [a] economia angolana [e] metropolitana".

A revolta ia ao ponto de lembrar que "tudo quanto existe feito [em] Angola no campo agrícola industrial comercial pecuário urbano numa palavra tudo que existe de efectivo e constitui riqueza de Angola foi feito exclusivamente pelo comércio ou apoiado nos recursos dele derivados".

Como não convinha afrontar o Poder Central, os comerciantes, que julgavam "ser apontados como exemplo [de] trabalho [e] perseverança" pediam "respeitosamente" licença "para proclamar terem reflorido [no] Ultramar as maiores virtudes rácicas criando os colonos do nada produções e culturas variadas alimentando desenvolvendo [o] povoamento gradual lento mas seguro eficaz em proveito da grei mormente da Metrópole em mil benefícios indirectos e directos como clientes da produção nacional fornecedores [de] produtos a preços reduzidos também de cambiais multiplicando em larga escala impostos e rendimentos [do] Estado ao ponto de haver já hoje excesso sobre as previsões orçamentais da ordem dos 450 mil contos favorecendo [o] desenvolvimento [da] marinha mercante empregando técnicos diplomados".

Por isso, não aceitavam ser "nem punidos nem tutelados como uma censura à grande obra realizada" e que devia "ser continuada com [o] mesmo entusiasmo [e a] mesma garantia [de] êxito" e solicitavam "respeitosamente" e "de olhos fitos no engrandecimento do Ultramar e da Pátria" que fosse revogado o Decreto-lei 38.704.

A 8 de Abril de 1952, o telegrama n.º 102 /CIF do Governador--Geral para o Ministro dava conta que o primeiro tinha dado "conhecimento [aos] representantes [dos] organismos económicos [do] conteúdo [do] oitenta e cinco CIF" e que lhes solicitara a "melhor atenção e compreensão [para as] razões apresentadas". Depois, informava o Ministro que esses representantes "somente dentro [de] dois ou três dias podem responder pois apesar [da] argumentação exposta os não ter convencido desejam consultar [o] maior número possível [de] interessados e ponderar bem [na] sua resposta". Além disso, faziam questão de esclarecer que a "sua acção não tem qualquer intuito ou objectivo que não seja [a] defesa do que consideram seus direitos [no] campo económico". Aliás, os "dirigentes [das] actividades económicas têm procurado acalmar os mais exaltados de maneira [que] tudo se passe [na] maior ordem e disciplina sem necessidade e mesmo adopção [de] quaisquer medidas excepcionais por parte [de] este Governo".

No entanto, o Governador-Geral não deixava de noticiar a chegada diária de "numerosos agricultores e comerciantes do Norte e Centro [da] província que são regiões especialmente atingidas [pelo] Decreto" e que desejavam "acompanhar de perto [as] diligências [dos] organismos [e] seus representantes e intervir directamente [nas] respectivas deliberações".

Curiosa esta forma de, numa época em que o regime português estava longe de poder ser considerado democrático, os agricultores e comerciantes pretenderem passar de uma *democracia representativa* para a *democracia directa* a fazer lembrar a posição, que remonta a Rousseau, de que não há *democracia representativa* porque o povo – o detentor da soberania – não pode delegar a mesma, pois aqueles que a recebessem deixariam de ser representantes do povo. Por isso, o povo só podia escolher comissários e não representantes, uma vez que a soberania só podia ser exercida através da vontade geral.

Na conjuntura de então, não restam dúvidas que os agricultores e comerciantes não estavam seguros que os seus ditos representantes efectivamente os representassem e os defendessem de uma forma consentânea com os seus interesses. Por isso, restavam-lhe duas hipóteses: destituir esses representantes ou impor-lhes o cumprimento da vontade geral. O telegrama aponta, pelo menos num primeiro momento, no sentido da segunda opção.

Na parte final, a mensagem aludia a uma reunião de "todos os produtores [de] sisal" para dali a "dois ou três dias" e dava conta de uma informação segundo a qual estavam "suspensas todas [as] transacções [de] café e sisal".

Ainda a 7 de Abril de 1952 e sobre a mesma problemática, o Governador-Geral informou o Ministro no telegrama n.º 103 CIF que os Organismos Económicos tinham enviado ao "deputado Doutor Carlos Mantero" um telegrama a saudar e agradecer a "sua intervenção" na Assembleia Nacional sobre esta questão e "colocam-se incondicionalmente a seu dispor para lhe prestarem todos os elementos [de] estudo e esclarecimentos [que] entenda conveniente pedir".

Talvez com medo de não recontar devidamente, o Governador-Geral optou por transcrever o telegrama dos Organismos Económicos.

Na verdade, vivia-se uma conjuntura em que as palavras tinham de ser bem pesadas ou pensadas como se comprova pelo facto de o Governador-Geral – mais uma vez sobre esta problemática – ter enviado ao Ministro o telegrama n.º 133 CIF de 21 de Maio de 1952 a queixar-se que os jornais *Diário da manhã* e *Diário de Luanda* não terem transcrito totalmente o seu discurso de 18 de Setembro, situação que levou a que tivesse sido "omitida [uma] parte [que] considero importante [das] palavras [que] proferi [e] definem com precisão [o] meu pensamento detalhadamente exposto perante Sexas Presidente [do] Conselho e Ministro [do] Ultramar quando estive [em] Lisboa" e que levara à inserção de uma nota oficiosa que o colocava numa "posição [de] indiscutível melindre perante todos quantos não conhecem o texto completo" do discurso que, aliás, tinha sido publicado nos "jornais e número 94 [da] publicação oficial *A Voz de Luanda*".

Foi um telegrama muito longo – com 9 páginas – ao longo do qual o Governador procurou clarificar a sua posição e chegou a citar telegramas anteriores para fazer valer a sua argumentação antes de colocar o seu lugar à disposição do Governo.

Não se esqueceu de indicar que o Ministro esclarecera que "tudo quanto porventura se venha [a] legislar será objecto [de] estudos ponderados" e que, como havia a "garantia duma tradição governativa" os representantes das Actividades Económica "homens [que] conhecem [os] problemas fundamentais [da] província [e que] em várias emergências difíceis [da] vida nacional têm prestado [ao] Governo [da] Nação [uma] colaboração cujo valor e lealdade seria grave injustiça esquecer" ficaram mais tranquilos.

O Governador-Geral recordava, ainda, que, quando lhe fora pedido um parecer sobre o Decreto, solicitara ao Ministro para se deslocar a Lisboa uma vez que sentia "dificuldade [em] tratar telegraficamente ou por ofício [um] assunto [de] tal importância e complexidade". Ora, como o Governo considerara "mais vantajosa" a presença do Governador-Geral em Angola, enviara o parecer só que o Ministro respondera no "telegrama 112 CIF 17 corrente dizendo [que o] meu projecto [de] regulamentação entrou [no] Ministério já depois [de] publicado [o] regulamento".

O Governador-Geral considerava que em assunto de tamanha importância tinha a "convicção [de] haver respondido com [a] maior brevidade possível para [um] estudo completo [da] matéria [em] todos [os] seus aspectos e repercussões".

É um telegrama que revela alguma amargura pelo facto de não se sentir totalmente compreendido porque, apesar de "dizer com clareza e verdade o que penso e tenho obrigação de conhecer sobre a vida e problemas de Angola, no campo das realidades que não posso menosprezar", não aceitava que a sua acção não tivesse sido feita como "fiel executor do pensamento e directrizes do Governo da Nação", pois considerava "haver sempre correspondido à confiança [...] depositada". Para tal, fez questão de recordar alguns dos exemplos da sua actuação.

Ora, como receava que o "Governo Central não compartilhava, porventura, de convicção que [...] me dá direito todo o meu passado", sentia que deveria "pôr claramente e sem rodeios a questão de confiança perante o Governo Central, por forma a este poder escolher quem porventura entendesse que, melhor que eu, poderia ser fiel interprete e executor [do] seu pensamento e directrizes na execução [da] medida que acabava de ser promulgada". Por isso, na impossibilidade de o fazer pessoalmente, fazia-o através do telegrama, "pois as funções de Governador-Geral de Angola só podem e devem ser exercidas com a plena e total autoridade e a confiança do Governo [da] Nação".

Na pasta constam, logo de seguida, dois telegramas do Ministro para o Governador-Geral, três dias depois do telegrama no qual este colocara o lugar à disposição, mas nenhum deles constitui resposta a essa atitude do Governador-Geral.

De facto, o telegrama n.º 115 CIF era mais uma crítica à acção do Governador-Geral a quem era pedido que elucidasse o Ministro sobre uma notícia saída na imprensa segundo a qual teria "sido desligado [do] serviço com 50% [dos] vencimentos [o] Vice-Presidente [da] Junta [de] Exportação Paneiro por proposta [do] Magistrado instrutor e que Vexa entregara [a] direcção [dos] serviços [a] Reis Ventura". O Ministro queria ser esclarecido e adiantava que essa investidura fora "certamente a título [de] mera substituição temporária".

A utilização do advérbio "certamente" não deixava dúvidas sobre a posição do Ministro – apesar de o telegrama ser proveniente do Subsecretário – sobre a continuidade de Reis Ventura em funções.

O Governador-Geral responderia no telegrama n.º 138 de 26 de Maio de 1952 elucidando que "Reis Ventura foi nomeado [nos] termos [do] parágrafo primeiro [do] artigo 126 [da] Carta Orgânica por absoluta e inadiável urgência [de] serviço público para exercer interinamente funções".

Novamente a colocação do advérbio, só que desta vez, o mesmo acautelava a posição do Governador-Geral.

Quanto ao telegrama n.º 116 CIF, também datado de 24 de Maio de 1952, voltava a ser um aviso prévio a exigir o "acelerar [do] andamento [dos] processos" e a solicitar que o Governador-Geral telegrafasse um "resumo [da] posição actual [dos] processos ainda não julgados e [o] número [de] dias [que] julga ainda necessário para os ultimar". O destinatário da informação seria Salazar.

Afinal a morosidade da justiça portuguesa já é antiga e só não remete para o tempo das calendas gregas porque o calendário grego não tinha calendas – primeiro dia do mês romano.

A resposta ao Governador-Geral viria no telegrama seguinte – o n.º 119 CIF de 27 de Maio de 1952 – que, nas suas três páginas, esclarecia a atitude do Governo Central no processo, indicando que " se se houvesse suposto [que a] referida eliminação seria considerada como desvirtuamento [do] pensamento [de] Vexa é claro que não se eliminaria [a] frase". Além disso, o "aspecto geral [dos] problemas que não são restritos [a] essa província não parecem coadunar-se com [o] processo indicado [pelo Governador-Geral]" até porque se tinha verificado uma insistência deste "em pontos que não eram regulamentares mas [sim a] alteração [dos] princípios basilares [do] decreto já em execução [em] outras províncias". Fora, por isso, que se tinha "desistido [da] sua vinda [à] Metrópole desejada e certamente útil noutras circunstâncias".

Quanto ao melindre da situação, o Ministro considerava que o Governador-Geral não podia "julgar-se mal colocado pelo facto de [o] Governo Central ter usado [a] sua competência num caso nítido [de] interesse nacional". Além disso, o Governador-Geral também não podia "deduzir da falta de concordância [com os] seus modos de ver [uma] falta [de] confiança no Governador para execução [das] providências decretadas que exactamente ficam entregues [ao] seu zelo honestidade e patriotismo".

Por isso, o Governador-Geral era aconselhado a repensar a sua disposição, pois "não é momento azado para ser considerada na certeza de que ao Governo interessam tanto a boa marcha da administração como o bom nome e a justiça devida aos homens que servem em circunstâncias difíceis os interesses da Nação".

O Governador-Geral, através do telegrama n.º 145 CIF de 3 de Junho de 1952, aceitou as explicações, apresentou "respeitosos cumprimentos", agradeceu as "referências" que o sensibilizaram e constituíam a "única compensação [que] posso ambicionar e [o] melhor estímulo [que] posso ter na continuação [do] exercício [de] essas funções".

O processo estava encerrado e, mais uma vez, o Poder, localizado na capital do Império, ditara a norma.

De facto, voltando ao motivo ou causa do incidente, a questão da sobrevalorização era um assunto que se revelava susceptível de aproveitamento político e foi o que o Poder Central não deixou de fazer, explicitando que a "capitalização obrigatória [de] parte [da] sobrevalorização tinha sido encarada [pela] Província [e] por seu Governador como forma [de] obtenção [de] fundos [para] realização [de] alguns empreendimentos".

Ao Governador-Geral competia, como acabou por fazer, concordar com essa leitura que não colocava o ónus da responsabilidade apenas no Poder Central e, à boa maneira portuguesa, dividia o mal pelas aldeias, embora recusando-se a admitir que se estava perante um mal.

A questão dos transportes – mais concretamente da companhia de aviação do Império, a TAP – seria objecto do telegrama n.º 158 CIF enviado pelo Ministro ao Governador-Geral em 6 de Agosto de 1952.

A questão não era fácil porque era do "máximo interesse em que [o] Governo Central e [os] Governos [das] Províncias Ultramarinas directamente interessadas [nas] carreiras manifestem [a] sua confiança [no] empreendimento e serviços com subscrição [de] parte [do] capital", mas o projecto envolvia verbas avultadas, pois "estudos [de] base da concessão levam [a] ter de considerar 100.000 contos para capital fora portanto [os] fundos a conseguir por meio

[de] emissão [de] obrigações" e era necessário harmonizar os interesses do Governo sem "desvirtuar [o] carácter privado [da] empresa". Por isso, o Ministro pensava que o "Governo Central poderia subscrever 15 a 20 mil contos [de] acções e duas Províncias 10 mil sendo 5 mil cada uma". Desta forma, estariam garantidos 25 a 30 mil contos ou seja um quarto ou 30 por cento [do] total" o que significava que seria uma "companhia mista mas em que [o] Estado ficasse [em] minoria".

Também uma das jóias de Angola – a Companhia dos Diamantes – seria objecto do telegrama n.º 247 CIF sobre o "aumento [de] capital por incorporação [de] reservas". O Conselho de Governo exigiu "por unanimidade em votação nominal" esclarecimentos.

De facto, era preciso saber "de que forma será feita tal incorporação considerando a posição e direitos da província de Angola e dos outros accionistas" porque "tal operação não deve depender apenas de resolução da assembleia geral" porque "a companhia tem anualmente retirado dos lucros de que contratualmente 50% pertenciam e desejariam ser entregues à província avultadas somas que em 31 Dezembro totalizavam 400.000 contos". Além disso, se a incorporação fosse realizada, a província poderia ter "um prejuízo injustificável de centenas de milhar de contos", pois, viria a "receber apenas 5% como accionista".

O Ministro responderia logo a 11 de Dezembro, através do telegrama n.º 231 CIF, afirmando que ia "colher enviar informações" e solicitando que o informassem sobre "por quem foi apresentado [o] requerimento".

Uma semana depois, a 18 de Dezembro de 1952, o Governador--Geral informaria[398] que a Direcção dos Serviços da Fazenda "acaba [de] receber da representação [da] Companhia [dos] Diamantes [um] ofício em que, de mistura com referências desprimorosas para [o] Conselho [do] Governo e atentatórias [do] prestígio [da] administração pública, [a] companhia procura explicar [a] operação [de] aumento [de] capital". O Governador-Geral informava, ainda, que a "representação forneceu [um] extracto que [os] jornais locais publicaram" para que o Governo-Geral não pudesse alegar desconhecimento.

---

[398] Telegrama n.º 23 SEC.

A questão do protocolo seria abordada pelo Ministro em 27 de Maio de 1954, durante a visita do Chefe de Estado a Angola, porque como iriam estar presentes "três representantes Chefes [de] Estado estrangeiros" era necessário "assentar definitivamente" sobre as condecorações[399].

Como só o Governador do Congo Belga estaria presente "logo no início" e, atendendo a que "quando [o] Soberano Belga foi [ao] Congo também [o] Governador Geral [de] Angola [foi] condecorado e da mesma forma se fez quando [da] visita [do] Marechal Carmona [a] Angola", o Ministro sugeria que o Governador do Congo Belga recebesse a Grã-Cruz de Cristo. Quanto aos Chefes de Estado da África Equatorial Francesa e da Rodésia, que só chegariam quase no final da visita, não deveriam ser condecorados porque a sua atitude parecia "dar ideia [de] menos interesse por parte [de] aquelas Nações".

Porém, o Presidente da República, "mantendo [o que] havia sido permitido antes [da] partida [de] Lisboa" decidiu que não tomaria a "iniciativa [de] condecorar quaisquer representantes [das] Nações estrangeiras que venham apresentar cumprimentos"[400].

Era uma forma de evitar «reclamações» por parte daqueles que não fossem agraciados, se bem que pudesse incorrer no desagrado de outros, face ao histórico da situação.

Que o Chefe de Estado era de ideias quase fixas prova-se pelo facto de quase ter obrigado o Ministro a aceitar que o aeroporto de Vila Luso passasse a ter o nome do Ministro que, aliás, receava vir a "suceder o mesmo no sul"[401], o que muito lhe custava.

Durante esta visita, verificou-se um acontecimento que aponta para a função que o Estado Novo reservava às mulheres.

Na verdade, enquanto o Presidente da República e o Ministro visitaram vários Distritos, as senhoras ficaram "em Luanda com [um] programa especial [de] visitas [a] estabelecimentos [de] Educação [e] Assistência".

---

[399] Telegrama n.º 12 V de 27 de Maio de 1954.
[400] Telegrama n.º 26 V de 3 de Junho de1954.
[401] Telegrama n.º 43 V de 10 de Junho de 1954. Nesse telegrama é narrada uma caçada durante a qual o Chefe de Estado matou 3 gnus, feriu uma raposa e perseguiu 3 leopardos. Não tinha sido grande caçada e, por isso, continuava a "lembrança [da] hecatombe feita [pelo] Subsecretário".

Ainda durante essa viagem, o Ministro sugeriu a Salazar a ida do Governador-Geral a Lisboa para que lhe "fossem tiradas dúvidas" sobre a questão que se prendia com a Companhia dos Diamantes[402], mas, apesar do pedido de resposta urgente para poder fazer uma primeira abordagem ao Governador-Geral, no arquivo não se encontra a decisão de Salazar.

Por outro lado, Salazar deve ter recebido com agrado a notícia da colocação, no colonato de Cela, da "pedra fundamental [da] Igreja [de] Vila Santa Comba Dão" e do descerramento do pelourinho, "ambos reproduções exactas [e] idênticas [dos] monumentos [da sua] terra natal"[403]

3.6.2. Moçambique – 2 de Agosto de 1950 a 7 de Julho de 1955

Passemos agora para Moçambique, até como forma de mostrar que as réguas e esquadros da Conferência de Berlim, bem como do fenómeno descolonizador do século XX, nem sempre estiveram direitos.

De facto, a consulta do *Diário do Governo* n.º 63 de 2 de Abril de 1951 permite constatar que a Portaria n.º 13 489 indicava a constituição da delegação portuguesa à comissão mista para a demarcação da fronteira de Moçambique com a Niassalândia "desde o marco n.º 2 ao n.º 41 e do n.º 48 ao n.º 52, segundo as instruções do projecto de directivas elaborado conjuntamente pelas delegações portuguesa e do Reino Unido à conferência de Lisboa de Julho de 1949".

Aliás, convirá referir que, no que à conjuntura regional diz respeito, foi em 1953 que as duas Rodésias se juntaram com a Niassalândia e formaram a Federação da Rodésia e da Niassalândia.

No que concerne aos Governadores-Gerais, em Moçambique, onde em 1954 foi criado o colonato do Limpopo[404], Gabriel Maurício Teixeira manter-se-ia em funções até 1958.

---

[402] Telegrama n.º 34 V de 6 de Junho de 1954.
[403] Telegrama enviado pela Rádio Marconi de Nova Lisboa. Documento n.º 164.
[404] De acordo com Newitt (1997, pp. 405-406), "os *colonatos*, tal como os seus sucessores, as unidades agro-pecuárias estatais da Frelimo, eram extremamente dispendiosos.

A sua correspondência com o Ministro pode ser consultada no Arquivo Salazar, mas também no Arquivo Histórico Ultramarino porque o seu filho, José Luís Vieira de Castro Teixeira, doou ao AHU, em Dezembro de 2007, o espólio de seu pai no qual figuram várias pastas com duplicados de telegramas e de ofícios confidenciais ou secretos trocados entre o Ministro e o Governador-Geral.

A correspondência inicial com o Ministro seria para tratar do problema da construção do *pipe line* Beira Untali, uma vez que Huggins informara o Governador que já escrevera a Salazar sobre o assunto e, por isso, pedia que o Governador-Geral autorizasse, num "futuro breve [que] técnicos seus venham [a] Moçambique estudar [as] viabilidades [do] projecto acompanhados [por] técnicos nossos"[405].

O Governador-Geral não tinha problemas em afirmar que "não me agrada [o] *pipe line* inglês atravessar [o] nosso território" e considerava que "se tiver [de] ser construído que o seja por eles mas ficando nosso, amortizável por renda e taxas a pagar pelo seu uso".

A pertinência do assunto face aos interesses em causa pode avaliar-se pela existência de 3 cópias do telegrama na pasta, pois também o caminho de ferro da Beira foi avisado porque o tráfego nessa linha poderia ser alterado devido à construção do *pipe line*.

O Ministro daria resposta a 6 de Setembro, através do telegrama 32 SEC esclarecendo que "não se pode recusar [a] autorização", mas reafirmando que os "estudos deverão ser acompanhados [por] técnicos nossos" e que estes "devem ser informados que se trata apenas de estudos que não significam nenhum acordo mesmo de princípio da parte [do] Governo Central ou [da] Colónia".

O Encarregado do Governo remeteria, em 21 de Outubro de 1950, o telegrama n.º 224 CIF com a reprodução das declarações do Ministro do Comércio e Indústria da Rodésia do Sul sobre o assunto e, informava que não as tinha deixado publicar nos jornais de Moçam-

---

Investiam-se largas somas e os agricultores que se estabeleceram nestas colónias experimentais receberam consideráveis subsídios estatais [mas] os *colonatos* nunca pagaram os seus custos ou trouxeram qualquer benefício económico a Portugal". Como se pode constatar, no período inicial da fase pós-colonial, verificou-se uma repetição do erro do período colonial, situação que aponta para o facto de apenas se ter verificado uma mudança ao nível das elites detentoras do Poder e não uma transformação a nível estrutural.

[405] Telegrama 32 SEC de 30 de Agosto de 1950.

bique porque o Ministro dissera que "tinha levado algum tempo a conseguir o apoio das autoridades portuguesas". Além disso, acrescentara: "mas têm (os portugueses) a consciência de que o futuro da Beira não reside apenas em Moçambique, mas também no desenvolvimento do interior – que é a Rodésia".

Como é bom de ver, Portugal dispensava a lição e não se mostrava disposto para que o assunto chegasse à praça pública.

Ainda no que concerne às relações regionais, nomeadamente às ligações ferroviárias, o comandante Lopes Alves pediu que fosse transmitida, através do telegrama 225 CIF, as suas preocupações porque "informações recebidas por engenheiro Pinto Teixeira parecem indicar que [a] União Sul Africana tem exercido e continuará exercendo pressões para conseguir soluções que contrariam [a] linha Guijá Pafuri". Nesse telegrama, reafirma-se que a "intenção [do] Governo é evitar [a] criação [de um] organismo [permanente para coordenação de transportes] continuando [o] regímen [de] conferências".

Esta questão seria objecto de novo telegrama – 202 CIF de 5 de Setembro de 1950 – porque o Governador-Geral queria saber aquilo que deveria responder ao Secretário-Geral da Conferência de Transportes de Joanesburgo sobre os acordos estabelecidos sobre a "inter circulação [de] comboios [com] material circulante selado, formalidades [de] emigração e bagagens em trânsito sem demoras [na] fronteira e tarifas directas sem necessidade [de] descarga [para] conferência [de] mercadorias a não ser no destino".

O Ministro responderia dois dias depois concordando que apenas fossem fornecidos "elementos não susceptíveis [de] prejudicar [os] nossos interesses". Ao Governador-Geral deixava a tarefa de escolher esses elementos.

Posteriormente, em 28 de Novembro de 1950, seria o Ministro a questionar o Governador-Geral porque a "ECA deseja saber se podemos assumir compromissos [da] construção imediata [da] Linha Pafuri caso [o] estudo económico que vai realizar recomende essa solução". Por isso, necessitava de saber o custo provável, o prazo mínimo e as disponibilidades financeiras de Moçambique.

Como a resposta deveria ser urgentíssima, o Governador-Geral respondeu a 30 de Novembro – telegrama 250 CIF – para informar que o orçamento era de "cerca 285.000 contos incluindo [as] estações [com] obras [de] arte excepto [a] ponte sobre [o] Limpopo [que] será provisória estacada [de] madeira até [à] construção [da] barragem" e que a construção da linha "levará três anos". No que se refere à utilização dos recursos, matéria que, aliás, está logo no início do telegrama, o Ministro era informado que "podemos utilizando recursos [da] Colónia e [da] ferrovia se [o] Governo não obrigar este com outros encargos e se aumentar [os] prazos [de] amortização [dos] empréstimos para outras compras [do] porto [de] ferrovia [da] Beira e parte [do] empréstimo [de] 1.000.000 pela qual [a] ferrovia foi tornada responsável". Depois, continuava a explicar a forma de conseguir obter a verba recorrendo a uma curiosa *ginástica matemática* que não cabe, aqui, explicar, mas que implicava aumento de prazos e de tarifas.

De facto, não era fácil obter "cerca 110.000 em escudos[406] [a] pagar na Colónia e 175.000 contos [a] pagar fora [da] Colónia [em] moeda estrangeira"

Por isso, os cálculos eram resultantes da posição assumida pelo Governador-Geral de apoio à construção da obra que reputava de "grande importância [para o] desenvolvimento [do] Vale [do] Limpopo". Aliás, o telegrama n.º 252 CIF de 29 de Agosto de 1951 daria conta de uma "manifestação [de] regozijo [e] agradecimento [pelo] início [da] realização [da] barragem [do] Limpopo" e, no telegrama n.º 372 CIF de 22 de Dezembro de 1952, o Governador-Geral informaria, em sete pontos, o Ministro do andamento das obras do caminho de ferro do Limpopo, dizendo que "toda a linha [está] assente até [ao] Limpopo. Além [do] Limpopo [a] terraplanagem vai no quilometro vinte, [o] restabelecimento [do] traçado no quilometro 50, [...] cais [de] crómio [está] concluído [...] estão feitas todas as encomendas recebido todo [o] material [com] excepção [de] oito carruagens [de] segunda classe, cinco [de] primeira e dois vagões rebaixados".

Eram boas notícias do lado português e, em 20 de Março de 1954, o Governador-Geral comunicava ao Ministro que tinha a "satisfação [de] informar [que a] Brigada [de] Terraplanagem atingiu hoje [a] fronteira" embora o "trabalho [da] linha [do] lado [da] Rodésia [estivesse] atrasado calculando [o] atraso [em] um ano [em]

---

[406] No telegrama a unidade é "escudos" mas deverá ser um lapso porque só adicionando os dois valores em contos se poderá obter os 285.000 contos que correspondem ao preço da obra.

relação a nós". Por isso, eram esperados dois engenheiros da Rodésia que vinham "pedir [a] nossa cooperação [na] construção [da] linha [no] seu território". O Governador-Geral mostrava-se disposto a "ceder--lhes apenas um ou dois grupos mecanizados [de] terraplanagens"[407].

O Ministro, à cautela, avisou o Governador-Geral para "não mostrar [o] adiantamento [dos] trabalhos nem assentar [a] linha até [à] fronteira sem primeiramente concluir [o] acordo acerca [do] tráfego cuja proposta britânica enviei [a] Vexa [por] mala aérea"[408].

Aliás, em 18 de Novembro de 1954, o Ministro voltaria a dar mostras de grande prudência no telegrama n.º 88 SEC ao manifestar satisfação pela assinatura do acordo, um "verdadeiro triunfo [da] nossa diplomacia", mas avisando que não convinha transparecer que Portugal tinha "alcançado [um] grande vitória sobre [as] pretensões britânicas", nomeadamente "no que respeita [aos] direitos que adquirimos nos Lagos Niassa e Amaramba". Para o necessário comedimento, era necessário "fiscalizar [a] imprensa nesse sentido" e evitar "quaisquer manifestações [de] regozijo que por qualquer forma possam melindrar [as] autoridades britânicas".

Afinal, apesar da vitória, a comemoração deveria ser prudente porque não interessava afrontar os aliados.

O Governador, através do telegrama n.º 46 SEC de 27 de Maio de 1955, informaria que se reservaria a "inauguração oficial para Sexa [o] Presidente [da] República " e que a "entrada [em] exploração [no] próximo mês [de] Agosto [seria em] regímen provisório ou experimental".

A questão do preço a pagar pelo algodão e amendoim aos indígenas foi abordada no telegrama n.º 198 CIF de 5 de Julho de 1951, no qual se podia ler que "moralmente", esta questão tinha um "significado [de] maior importância pelo passo dado [na] integração [das] duas economias numa única seja [a] economia imperial". Além disso, face à revogação da proibição dos descontos no preço do algodão, o Governador-Geral considerava que os "descontos agora autorizados

---

[407] Cf. telegrama n.º 57 CIF de 20 de Março de 1954. Afinal, a Rodésia pretendia o "assentamento [de] 60/70 quilómetros [de] via a partir [da] nossa fronteira a efectivar-se [em] Março [de] 1955 fornecendo ela todo [o] apoio e pagando [o] nosso trabalho" como consta no telegrama n.º 69 CIF de 1 de Abril de 1954,

[408] Cf. telegrama n.º 16 SEC de 22 de Março de 1954.

permitem [uma] série [de] benefícios incalculáveis para [a] massa indígena de Moçambique".

No que concerne aos aspectos económicos, o ano de 1952 revelar-se-ia difícil, como se comprova pela extensão do telegrama do Governador-Geral n.º 109 CIF – 7 páginas – para tentar justificar ao Ministro as dificuldades que sentia para explicar aos comerciantes independentes e aos jornalistas o "altíssimo alcance [e a] larga projecção [das] medidas" do Decreto 38 405 e sugerindo, no que concerne à copra, que o "remédio [é] alterar [o] artigo segundo estabelecendo [a] diferença entre [o] custo remunerador [da] produção e [a] cotação [à] data [da] operação como sobrevalia [do] critério que além [de] basear-se [em] números reais será mais equitativo, maleável [na] sua aplicação".

As dificuldades da vida do clero em Moçambique podem ser comprovadas pelo facto do cardeal de Lourenço Marques pedir ao Governador-Geral a quantia de 287 contos de "auxílio para liquidação [do] carro [que] comprou em Lisboa"[409]. O Governador-Geral sugeria ao Ministro para, no orçamento do ano seguinte, "deixar 300 contos livres para serem aplicados à discrição [de] Sua Eminência".

Estas dificuldades do cardeal não significava que o clero não estivesse activo, como se prova pelo telegrama n.º 62/V de 30 de Maio de 1952, em que o Ministro, de visita a Moçambique, informava o Presidente do Conselho que a "visita tem decorrido como era [de] esperar no mais sincero [e] franco entusiasmo [da] população"[410] e que constatava "muito acentuado desenvolvimento [das] actividades [das] missões católicas com numerosos alunos [dos] colégios".

Talvez valha a pena referir que o Ministro também informou que a "colónia chinesa tem sempre acompanhado todas [as] manifestações participando [os] alunos [das] suas Escolas".

Esta atenção às comunidades de origem estrangeira estabelecidas em Moçambique levariam o Ministro a solicitar ao Governador--Geral que o informasse "acerca [do] provável montante [das] econo-

---

[409] Cf. telegrama n.º 328 CIF de 15 de Dezembro de 1951.

[410] Esta situação viria a repetir-se na visita do ano seguinte quando o Ministro avisou o Presidente do Conselho que "depois de visitar nestes três dias incompletos todas [as] províncias" vinha "satisfeito com [as] actividades que visitei e muito agradado das populações tanto europeias como indígenas". Cf. telegrama n.º 4 V de 31 de Março de 1955.

mias e pensões transferidas para [a] União Indiana por seus nacionais". O Ministro avisava que "não se trata [de] saber [o] montante [das] transferências devido [às] transacções comerciais mas simplesmente [as] economias" e reconhecia que, face à mais que provável dificuldade em obter valores exactos, "convém um número tão aproximado quanto possível contando com [as] transferências [dos] interessados [através de] bancos e casas bancárias e ainda [o] cálculo aproximado [do] montante transferido clandestinamente"[411].

Afinal a economia paralela tem uma História bem longa e conhecida das autoridades!

No mesmo dia o Governador-Geral, no telegrama n.º 83 SEC remetia para o dia seguinte o fornecimento de "elementos com uma certa precisão". No entanto, na pasta 1 do AOS/CO/UL – 8I nada consta nesse sentido.

O Ministro insistiria na obtenção desses dados no telegrama n.º 79 SEC de 26 de Agosto de 1955, exigindo máxima discrição e urgência e proibindo a publicação de legislação para a obtenção desses dados.

Nesse telegrama o Ministro queria ficar a saber o número de "todos os indianos domiciliados Moçambique e seus filhos nascidos [em] Moçambique mesmo [que] tenham nacionalidade portuguesa [...] barcos que anualmente tocam portos [de] Moçambique tocando antes ou depois portos [da] UI [...] volume e possivelmente natureza [das] mercadorias vindas ou idas [da] UI transitadas, exportadas ou importadas [por] Moçambique [e o] número [de] indianos que transitavam anualmente por Moçambique".

Além destas informações, exigia que não fosse autorizada as "transferências de dinheiros que sejam pedidas por eles para o estrangeiro, excepto quanto a comércio tendo contrapartida em bens já importados em Moçambique". Finalmente, o Ministro ordenava que não fosse autorizada a "saída de Moçambique desses indivíduos para qualquer destino".

Como facilmente se constata, Portugal estava a par das intenções da União Indiana no que concerne à Índia nessa altura ainda sob soberania portuguesa.

---

[411] Telegrama n.º 90 SEC de 23 de Novembro de 1954.

Finalmente, é de referir pela sua importância no que concerne à separação entre a colonização e o colonialismo que foi durante este Ministério, em 1953, que se reuniu pela primeira vez a Conferência Interafricana do Bem-Estar Rural para analisar os problemas resultantes das migrações, as estruturas familiares e o estatuto das mulheres, o regime de terras, a participação das organizações religiosas na obra colonial e outros problemas que viriam a ser tratados por Adriano Moreira em várias conferências[412].

3.6.3. Cabo Verde – 2 de Agosto de 1950 a 7 de Julho de 1955

Em Cabo Verde, depois de Carlos Alberto Garcia Alves Roçadas ocupar o cargo de Governador entre 1950 e 1953, foi a vez de Manuel Marques de Abrantes Amaral assumir o lugar de 1953 a 1957.

Da correspondência secreta trocada entre estes Governadores e o Ministro do Ultramar pode verificar-se que nada de muito importante se passaria no arquipélago, pois na pasta 8 do AOS/CO/UL – 8 I relativa ao período de 1950 a 1955, apenas constam os documentos de 846 a 860.

Aliás, outra curiosidade prende-se com o facto do primeiro telegrama – n.º 74 CIF de 17 de Outubro de 1950 – relatar a ocorrência de chuvas torrenciais que "têm atingido [o] arquipélago principalmente Santo Antão, S. Tiago e S. Nicolau" tendo destruído "muitos prédios agrícolas" e atingido "obras hidráulicas".

Num arquipélago flagelado pela seca, a situação não era habitual, ao contrário da frase final do telegrama: a "situação financeira [da] Colónia não permite satisfazer [as] reparações necessárias".

Depois, só em 18 de Abril de 1951, haveria novo telegrama – 27 CIF – para apresentar condolências pelo falecimento do Presidente

---

[412] As principais conferências ou comunicações foram as seguintes: "A unidade política e o estatuto das populações" – Universidade de Coimbra, em 18 de Março de 1960; "Problemas sociais do ultramar", em 9 de Julho de 1960, no Instituto Superior Técnico; "O pensamento do Infante D. Henrique e a actual política ultramarina de Portugal", em 10 de Setembro de 1960, no Congresso Internacional de História dos Descobrimentos; "Actualidade das missões", em 22 de Outubro de 1960, na Sociedade de Geografia de Lisboa e "Competição missionária", em 22 de Janeiro de 1961, na Faculdade de Letras de Coimbra.

da República, situação que voltaria a ser tratada no telegrama n.º 28 CIF de 19 de Abril de 1951, no qual se dava conta que o Governador continuava "recebendo de todos os pontos do arquipélago sentidas condolências quer da parte [das] entidades oficiais como [dos] Concelhos, Câmaras, Delegação [da] Cruz Vermelha, Juntas Locais. Administrações, Delegação [do] Café, funcionalismo de todas categorias como também de todas as restantes colectividades e forças vivas"[413].

Depois, os fenómenos naturais voltariam a merecer menção no telegrama n.º 55 CIF, de 13 de Junho de 1951, devido à erupção do vulcão na ilha do Fogo. O Governador informava que se encontrava em Santo Antão aquando da erupção e, por isso, lamentava "não ter podido encontrar-se no Fogo junto [da] população". Também tranquilizava o Ministro, dizendo que a "actividade [do] vulcão tem sido intermitente e [a] lava já destruiu algumas pequenas casas e culturas", mas a população "mantém-se relativamente calma" e, por isso, o Governador acreditava que "tudo correrá pelo melhor".

No dia seguinte, novo telegrama dava conta que a "situação geral mantém-se", mas referia novos desenvolvimentos, uma vez que já havia povoações bloqueadas, estradas cortadas, desmoronamentos, quebra de ligações telefónicas e a "população [de] Mosteiros [está] alarmada por só ter saída para o mar".

A 15 de Junho, o telegrama n.º 57 CIF dava conta das medidas tomadas para apoiar as populações evacuadas e dizia que "já quase toda a gente [está] abrigada ali [casas residenciais em Fatim] [e os] serviços [de] abastecimento correm [na] melhor ordem tendo [o] serviço admiravelmente [providenciado uma] cisterna com água abundante"

Na pasta consta uma nota informativa do Serviço Meteorológico Nacional sobre esta erupção dando conta das informações recebidas do centro meteorológico da Ilha do Sal. O teor descritivo do mesmo revela a pouca qualidade dos instrumentos de recolha de informação.

O Ministro, através do telegrama n.º 34 CIF de 14 de Junho de 1951, manifestaria a sua "simpatia e votos [que] não haja nada mais a lamentar" e daria conta que as "notícias têm sensibilizado muito [a] população [da] Metrópole que acompanha com ansiedade [os] acontecimentos".

---

[413] Também da Guiné chegou o telegrama n.º 56 CIF e de Angola o telegrama n.º 1 V, ambos de 18 de Abril de 1951, do mesmo teor

O Governador, agradeceria em nome das autoridades e população do Fogo essas manifestações, no telegrama n.º 59 CIF de 15 de Junho de 1951[414], e prometia que "Cabo Verde e eu próprio, estaremos como sempre inteira e incondicionalmente trilhando [o] caminho traçado [pelo] Estado Novo"[415].

Em 1954, o Ministro acompanharia o Presidente da República na visita pelo Ultramar e, a partir do Sal, enviaria um telegrama para Salazar para lhe dar conta do "acolhimento simpático do Governador [e] autoridades [da] população local"[416]

A questão das rivalidades internas – e que parecem eternas – entre a Praia e São Vicente seria objecto do telegrama n.º 56 V de 25 de Maio de 1955, devido à publicação do Decreto que criava a Secção do Liceu da Praia que o Ministro "pensava talvez necessário conjugar com [a] criação [do] ensino profissional [em] S. Vicente". Por isso, pedia que a "publicação [do] decreto seja feita depois [da] minha saída de Cabo Verde para não ser pelo menos estranho ter trazido poderes para legislar", até porque a "criação [da] Secção [do] Liceu desagrada muito [a] S. Vicente pelo que não conviria ser feita durante [a] visita [do] Chefe [de] Estado".

Os encómios à política seguida voltariam a merecer o telegrama n.º 34 CIF de 28 de Maio de 1955, por "motivo [do] 29.º aniversário [da] Revolução Nacional" que dava conta dos cumprimentos recebidos da parte das "autoridades civis e militares, missões religiosas, representantes das forças vivas [de] todas as colectividades locais [e de] muita população"[417].

Como balanço da correspondência trocada, talvez se justifique dizer que Cabo Verde só era notícia devido às catástrofes naturais, ao luto nacional e às rivalidades regionais.

---

[414] Da Guiné, chegaria também o telegrama n.º 96 CIF de 16 de Junho de 1951, no qual o Governador dava conta dos agradecimentos que lhe tinham sido transmitidos "em nome da colónia cabo-verdiana residente [em] Bissau em representação [de] todos [os] seus naturais [que] residem [na]Guiné".

[415] Telegrama n.º 66 CIF de 17 de Junho de 1951.

[416] Telegrama n.º 15 de 21 de Maio de 1954.

[417] A exemplo do que já foi referido, também da Guiné chegou o telegrama n.º 42 CIF de 28 de Maio de 1955, de Timor o telegrama n.º 23 CIF, também de 28 de Maio de 1955 e da Índia o n.º 214, entrado a 30 de Maio mas enviado a 28, com mensagens muito semelhantes.

3.6.4. Guiné – 2 de Agosto de 1950 a 7 de Julho de 1955

Na Guiné, a saída de Sarmento Rodrigues para o Ministério foi resolvida com a nomeação de Raimundo António Rodrigues Serrão, que exerceu funções entre 1951 e 1953 e foi substituído por Diogo António José Leite Pereira de Melo e Alvim, que ocupou o cargo de 1954 a 1956, ou seja, serviu sob a tutela de dois Ministros do Ultramar.

A pasta 2 do AOS/CO/UL – 8 I é muito reduzida, pois no período entre Setembro de 1949 – ainda durante o Ministério de Teófilo Duarte – e Agosto de 1956, dispõe apenas dos documentos numerados desde 111 a 118, embora, nem sempre os documentos figurem nas pastas correctas, como acontece com um documento muito importante enviado pelo Governador da Guiné sobre a Conferência de Bamako – o telegrama n.º 12 CIF de 10 de Fevereiro de 1953 e que se encontrava na pasta 4 de São Tomé e Príncipe.

Assim, em 3 de Setembro de 1949, o Governador, no telegrama n.º 13 SEC, "não[418] julga [que] surjam quaisquer dificuldades [na] execução [da] organização anunciada [no] sentido [de] colocar [as] forças armadas [do] exército em serviço [nas] Colónias dependentes directamente [do] Ministério [da] Guerra", embora alertasse que "só depois [de] conhecidas [as] disposições legislativas [sobre] tal determinação é que poderiam surgir dificuldades [ou] pormenores que se remediarão ou evitarão tendo em vista [o] indispensável e recomendado espírito [de] colaboração".

Em 18 de Dezembro de 1950, o Governador informava, pelo telegrama n.º 90 CIF, que tinha recebido uma comissão de funcionários naturais da colónia residentes em Bissau "delegada [de] todos [os] seus colegas ao serviço [do] Estado" que viera "testemunhar [o] seu maior reconhecimento [ao] Governo [da] Nação pelo alto benefício moral e material que lhes foi concedido com [a] medida por Vexa promulgada que torna iguais [os] vencimentos [de] todos [os] servidores [do] Estado qualquer que seja a sua naturalidade dentro do território português"[419]. O Governador, com uma humildade prudente, recusaria os louros e remetê-los-ia para o Ministro.

---

[418] A palavra "não" surge na parte superior à linha porque, por notória omissão, não constava no texto.

[419] Na pasta sobre São Tomé e Príncipe consta o telegrama n.º 257 de 11 de Dezembro de 1950 com o mesmo conteúdo.

A acção da diplomacia portuguesa voltaria a ser objecto do já mencionado telegrama n.º 12 CIF no qual o Governador dava conta da forma como tinha decorrido a Conferência de Bamako.

É um documento muito importante para constatar a forma como Portugal estava na cena internacional, uma atitude prudente "Portugal assediado por dois partidos colocou-se [em] posição intermédia" para ter a "felicidade [de] após aturadas diligências encontrar [uma] solução [que] agradou [a] todos" o que "rendeu expressões [de] agradecimento especialmente efusivas [por] parte [da] França [e da] Bélgica", embora o Governador fizesse questão de dividir os méritos com os "delegados portugueses", sobretudo Santos Lima, um intendente de cor.

Há, ainda, um pormenor interessante neste telegrama e que se prende com o facto de ter havido uma reunião convocada pelo Conselho Administrativo do Instituto do Trabalho. O Governador assistiu a "dois dias trabalho desta comissão", mas exigiu que ficasse "expresso não ser [uma] reunião [do] conselho [de] administração cuja existência Portugal não reconhece mas [de uma] simples comissão consultiva constituída por chefes [de] delegação".

Por incrível que pareça, os outros participantes aceitaram esta exigência!

No que concerne à promulgação do Estatuto da Guiné, o mesmo seria objecto de agradecimento feito pelo Novo Conselho de Governo porque considerava que esse estatuto "deu mais amplos poderes legislativos e executivos [aos] órgãos [da] Província"[420].

Talvez, por isso, o "representante [da] população indígena" fosse o "reverendo padre Cruz Amaral"!

A Guiné viria a ser notícia porque o Chefe de Estado, que regressava de uma viagem pelo Ultramar que, diga-se, não contemplara a Guiné, encarava a hipótese de fazer escala em Bissau "a fim [de] reduzir [a] fadiga". O Ministro avisou Salazar que, nesse caso, não seria "preparada qualquer recepção bastando que ali vá [o] Governador e [os] Chefes [dos] Serviços", pois o "Presidente da República não sairá [do] aeroporto".

---

[420] Telegrama n.º 65 CIF de 2 de Outubro de 1955.

O atraso da Guiné pode constatar-se pela frase final do Ministro: "suponho [que] haja gasolina para [a] hipótese [de] necessitar [de] abastecimento"[421].

Os parcos recursos da Guiné também podem ser avaliados pela questão que se prendeu com a participação das colónias na aquisição de quatro relicários destinados à Capela de Fátima na Igreja de Santo Eugénio em Roma[422].

De facto, para comprar os 500 contos de ouro, "a colónia da Guiné por telegrama n.º 24 cif, de 12 de Fevereiro informou também ser possível a aquisição do ouro até fins [de] Março, a comerciante idóneo que faria o seu fornecimento sem qualquer lucro dependendo o preço de a entrega ser feita em Lisboa ou na Colónia".

Nessa altura, cada grama de ouro custava 36$40 se fosse paga em Lisboa, mas o comerciante tinha pressa na resposta porque "já tinha ali o oiro que, caso não interessasse, desejaria fazer seguir no primeiro barco, em virtude do capital nele empatado".

Para sua satisfação, a ordem de compra das 11 000 gramas foi autorizada até porque correspondia a cerca de 400 contos "pelo que ficariam ainda disponíveis cerca de 100 contos".

Na verdade, se não se exigia – certamente por impossibilidade – um milagre de multiplicação, não se deixava de exigir uma poupança, por vezes a raiar o somítico.

3.6.5. S. Tomé e Príncipe – 2 de Agosto de 1950 a 7 de Julho de 1955

Em S. Tomé e Príncipe, que contava com uma população de 61 159 habitantes, dos quais apenas 1 152 eram brancos[423], a situação caracterizou-se por uma curta duração dos mandatos. De facto, logo

---

[421] Telegrama n.º 56 V de 14 de Junho de 1954.
[422] Consulte-se AOS/CO/UL – 1 D, pt. 27.
[423] De acordo com *O anuário estatístico do ultramar,* em 1950, a população era maioritariamente negra – com 54 697 habitantes – embora também houvesse 4 300 mestiços, 9 indianos e 1 amarelo. O mais grave, segundo Tenreiro (1961, p. 102), era que apenas 21 dos 4 300 mestiços eram considerados civilizados, entendendo-se por civilizado "o indivíduo que, pelo estilo de vida e atitudes, no todo se assemelha ao europeu".

em 8 de Outubro de 1950, foi nomeado Governador representante Mário José Cabral Oliveira Castro que exerceu funções até 28 de Junho de 1952[424], altura em que o cargo passou a ser da responsabilidade de Guilherme António Amaral Abranches Pinto, que foi representante até 18 de Abril de 1953. Depois dessa data e até 19 de Maio de 1953, o Governador representante foi Fernando Augusto Rodrigues que foi seguido por Afonso Manuel Machado de Sousa até Julho de 1953 e pelo Governador Francisco António Pires Barata, no período entre Julho de 1953 e Agosto de 1954. Como este Governador não cumpriu integralmente o mandato, Luís da Câmara Leme Faria foi Governador representante de Agosto de 1954 a 15 de Junho de 1955 e José Machado esteve em funções de 15 de Junho de 1955 a 1956.

Em AOS/CO/UL – 8 I, Pt. 4, 1.ª ssbd, no período que vai desde 1949 a 1955 e que, portanto, começa ainda antes do Ministério de Sarmento Rodrigues, existem 10 telegramas do Governo de São Tomé e Príncipe para o Ministro das Colónias, na 2.ª sbd figura um ofício e um telegrama e na 3.ª sbd constam 4 telegramas.

Em Dezembro de 1950, o Encarregado do Governo informava o Ministro que acabava de "ser surpreendido [por uma] grande manifestação [dos] funcionários naturais [da] colónia" devido à "extinção [da] subvenção colonial medida por cuja efectivação vinham lutando [há] dilatados anos"[425]. Mais informava que essa manifestação de júbilo era dirigida ao Ministro e ao Governador da Colónia.

Este assunto voltou a ser abordado – melhor dizendo, quase repetido – num telegrama sem número, datado de 23 de Dezembro de 1950, no qual o Encarregado do Governo aproveitou a quadra natalícia para, em nome de uma comissão formada por naturais de várias províncias – São Tomé, Cabo Verde e Angola – que exerciam cargos administrativos, desejar ao Ministro "votos [das] maiores felicidades e prosperidades pessoais".

Na década seguinte, os militares em serviço no Ultramar repetiriam a parte final da mensagem, então dirigida aos familiares que estavam na Metrópole, embora a grande maioria não soubesse o significado da palavra "prosperidades", aliás, frequentemente trocada

---

[424] Na verdade, o mandato de Mário Jorge Cabral Oliveira Castro deveria ser dividido em duas partes por força da alteração da designação de «colónia» para «província ultramarina».
[425] Telegrama n.º 257 de 11 de Dezembro de 1950.

por "propriedades", um bem material que, para muitos deles, pouco ultrapassava o plano do desejo.

No primeiro semestre de 1951, o Governador enviou dois telegramas de sentido oposto: o n.º 58 de 19 de Abril de 1951 a apresentar condolências pela morte do Chefe de Estado e o n.º 97 de 26 de Junho de 1951 para agradecer os cumprimentos que o Presidente do Conselho enviara por "intermédio [da] Lusitânia" às "entidades [que] trabalharam [na] representação [da] feira".

Nesta pasta existem, ainda, quatro telegramas[426], datados de Junho de 1951, sobre a revisão constitucional e a sua repercussão no Ultramar e que justificam uma análise porque são provenientes dos Governos de Díli, Lourenço Marques, São Tomé e do Grémio de Produtores de Cereais do Distrito da Beira.

De facto, para além de nem todos os telegramas terem sido enviados de São Tomé e Príncipe, todos estão rasurados – palavras entrelinhadas e umas expressões riscadas e outras sublinhadas –, de forma que o texto final parece uma minuta destinada a saudar as alterações constitucionais relativas ao Ultramar.

No final do ano, em 15 de Dezembro de 1951, no telegrama n.º 53 CIF, o Governador dava conta do seu "profundo reconhecimento" e da "população especialmente nativa" pela atribuição de "verbas referentes à saúde pública alojamento e tantas outras mostrando [a] superior visão [do] Governo [da] Nação.

A consulta do *Diário do Governo* n.º 255 de 7 de Dezembro de 1951 permite ficar a saber que se tratava da Portaria n.º 13 761 que aprovava os orçamentos da receita e tabelas de despesa dos orçamentos gerais de Cabo Verde, Guiné, S. Tomé e Príncipe, Macau e Timor para o ano de 1952.

Nessa Portaria, no que concerne a São Tomé e Príncipe, o ponto 9.º do capítulo III autorizava "a inscrição no capítulo 9.º do orçamento da receita da importância de 14 321 308$28, proveniente dos saldos das contas de exercícios anteriores, para despesas extraordinárias". Depois, na página 1089, era indicada a tabela de despesa extraordinária da qual constavam as seguintes verbas:

---

[426] N.º 47 CIF, n.º 176 CIF e n.º 30 CIF, todos de 18 de Junho de 1951, e n.º 337, recebido em 20 de Junho de 1951.

Higiene e sanidade: Saneamento de pântanos – 500 000$00; Conclusão do sanatório – 500 000$00 e Apetrechamento do sanatório – 600 000$00.

Comunicações: Estradas e pontes – 4 000 000$00; Obras portuárias – 2 000 000$00 e Aeroportos – 1 000 000$00.

Edifícios e monumentos: Edifício para repartições públicas – 2 000 000 $00; Residência do Governador – 1 000 000$00; Conclusão da cadeia pública – 2 000 000$00 e Padrões e monumentos – 200 000$00.

Outras despesas: Aproveitamento hidroeléctrico – 2 000 000$00; Bairro económico para nativos – 2 000 000$00; Estudos e projectos – 200 000$00 e Material radiotelegráfico – 1 000 000$00.

Não deixa de ser curioso que a verba destinada à conclusão da cadeia pública fosse exactamente igual àquela que era destinada à construção de bairros económicos para nativos, dado que, a menos que os materiais de construção fossem muito diferentes nos dois casos, aponta ou para a existência de muitos presos ou para o reduzido investimento em bairros para os nativos.

O início do ano de 1953, mais concretamente o mês de Fevereiro, ficou marcado por incidentes – o massacre de Batepá – que o Governador relatou no telegrama n.º 4 SEC de 5 de Fevereiro de 1953 e que tinham por fim "segundo dizem [a] África para [os] africanos [e] ódio [de] morte [aos] brancos".

O Governador teve de "pedir reforços [de] munições [a] Angola", embora considerasse que não precisava de reforços militares porque a "população branca veio [em] massa" prestar-lhe auxílio, apesar de "alguns brancos, felizmente poucos, [que] pactuam, acoitam [e] apoiam [os] revoltosos".

O Governador reconhecia a existência de "tiros isolados [em] vários pontos [da] ilha [e] sinais [de] fogueira" e de "grupos ainda armados", informava que estava a "proceder [a] operações [de] limpeza" e considerava que tinha "dominado completamente [a] rebelião".

No dia seguinte, através do telegrama n.º 5 SEC, as informações já não iam bem no mesmo sentido porque o Governador informou o Ministro do andamento das operações de limpeza – "fizeram-se cerca [de] 30 presos" –, procedeu a um balanço total – "entre mortos e feridos são por agora [por] parte [do] Governo 3 mortos [e] 4 feridos [e da] parte [dos] rebeldes cerca de 20 mortos"[427] – mas mostrou a sua preocupação – "movimento muito extenso [com] ramificações [a] funcionários [que] não merecem confiança alguma pensando [em] separatismo [...] soldados nativos alguns também insubordinados". Por isso, o "Governador-Geral [de] Angola [e o]Comandante militar [estavam] muito atentos [ao que] se passa".

A parte final do telegrama evidencia que a situação, afinal, estava longe de normalizada porque em Santo Amaro os "nativos dominam" e as "actividades [da] Província [estavam] completamente paralisadas".

Só que no dia seguinte, no telegrama n.º 10 SEC, o Governador voltou à posição inicial e considerou "desnecessário [a vinda do] «Afonso Albuquerque» pois tenho forças suficientes não prevendo operações [de] importância", até porque não receava "nem ataques [à] cidade nem [ao] Banco pois [a] ordem [estava] completamente assegurada".

Neste telegrama, foram identificados como "cabecilhas presumidos [o] engenheiro agrónomo Salustiano Graça, [de] cor negra [os] proprietários brancos com alma de preto Virgílio Lima, Carlos Soares [e] ainda proprietários pretos" e apresentada a justificação para os incidentes: "fanatismo nativo explorado [pelos] comunistas a coberto [das] obrigações [dos] contratos [de] trabalho".

Depois, a 11 de Fevereiro de 1953, o Governador informou que "entre [os] amotinados não figurava um único trabalhador [de] Cabo Verde, Angola [e] Moçambique", embora entre as vítimas estivessem um "ferido grave [de] Cabo Verde [e um] morto [de] Angola". Por isso, o Governador recusava que os tumultos tivessem sido causados por "problemas [de] mão [de] obra". Além disso, referia que a Emissora de S. Tomé "durante todo [o] movimento foi fortemente interferida [por uma] emissão [de] batuque [de] música gentílica "que presumia ser de Brazaville e dava a sua opinião sobre a forma legal de resolver

---

[427] Este número não deve coincidir com a realidade, pois há relatos, inclusivamente de sobreviventes, que referem um número bastante mais elevado – 1 000 mortos – e que afirmam que o Governador mandou lançar muitos corpos ao mar para «evitar» problemas. O inquérito oficial durou cerca de três anos, mas foi encerrado sem que o caso ficasse totalmente esclarecido. A página oficial do actual Governo de São Tomé e Príncipe não faz qualquer alusão a estes incidentes.

o problema: "criação [nos] termos [do] decreto 35.015 [de um] Tribunal especial [para] julgamento [dos] implicados [...] depois do que se expulsaria" os culpados.

Na sequência destes incidentes, o Governador foi chamado a Lisboa, agradeceu as "amáveis referências" à sua governação e sugeriu a nomeação de Machado [de] Sousa para Encarregado de Governo porque a sua "integridade [de] carácter não admite discussão" e os "processos estão arquivados e nada afectam [a] sua honorabilidade"[428].

Uma carta manuscrita do Ministro para Salazar, datada de 11 de Julho de 1953, considerava "não haver que hesitar em substituir o Brigadeiro Rodrigues e nomear o Comandante Machado de Sousa, como sempre esteve previsto"[429].

Afinal, mais uma vez, os agradecimentos não significavam reconhecimento pela acção, mas sim, o desejo de encerrar um capítulo que tinha conhecido um período conturbado de uma agitação a que o arquipélago não estava habituado e na qual o Governo não se mostrava interessado.

No ano seguinte, o Ministro acompanhou o Chefe de Estado numa visita oficial a São Tomé e Príncipe – foi efectivamente a São Tomé e Príncipe porque visitaram as duas ilhas, embora a esposa do Chefe de Estado não tivesse ido ao Príncipe, pois ficou a descansar em São Tomé – e deu conta a Salazar da forma "familiar [e] carinhosa" como a visita estava a decorrer[430], embora tivesse ocorrido um problema com a "colocação [do] Chefe [de] Estado [do] lado [da] Epístola no Te-Deum apesar [do] Protocolo e [do] Governador terem com antecedência explicado [que devia] ser [do] lado [do] Evangelho"[431].

O Ministro já sabia que a responsabilidade tinha sido do Arcebispo de Luanda, o qual tinha instruído o Vigário-Geral nesse sentido. Por isso, se apressou a telegrafar ao Arcebispo avisando-o que o "Chefe [de] Estado não transigiria" com a repetição em Luanda da situação verificada em São Tomé.

---

[428] Telegrama n.º 62 SEC de 10 de Julho de 1953.
[429] Carta existente em AOS/CO/UL – 8 I, P.4.
[430] Telegrama n.º 7 V de 26 de Maio de 1954. Este telegrama tem "16 grupos intraduzíveis" e exigiu o pedido da "chave".
[431] Telegrama n.º 5 V de 24 de Maio de 1954.

Como o "Arcebispo acedeu", o Te-Deum em Luanda decorreu dentro da normalidade[432].

Os incidentes de 1953 voltariam a ser referidos pelo Governador no telegrama n.º 9 SEC de 22 de Maio de 1955 porque o Governador considerou "muito inconveniente [a] publicação [do] Estatuto não estando ainda completamente arrumados [os] casos intimamente ligados [aos] acontecimentos [de] 1953 por ser imprevisível [a] reacção quer [dos] europeus quer [dos] nativos", pois ainda estava a decorrer o julgamento.

Este telegrama representa uma quebra na vida habitual porque o Governador ousou admitir que não julgava a União Nacional "em boa posição para que faça [uma] adequada propaganda eleitoral que convinha fosse objectiva e bem dirigida para estimular [o] meio em favor [da] unidade política nacional" e, pior do que isso, reafirmou a sua "discordância em aspectos importantíssimos [do] projecto".

Afinal a vida habitual era a dos telegramas n.º 26 CIF de 29 de Maio de 1955 e n.º 44 CIF de 1 de Outubro de 1955 – já na vigência do Ministério seguinte – para prestar homenagem ao 28 de Maio e para aclamar o Governo da Nação na sessão inaugural "da sessão ordinária do Conselho [de] Governo".

Retomando o caso, referido no Ministério anterior, do encerramento do Rádio Clube de S. Tomé e Príncipe em 31 de Dezembro de 1953 por Despacho do Governador, interessa saber que o relatório da actuação do Rádio Clube refere que "a área coberta pela sua propagação na frequência de 4807,5 Kcs abrangia toda a Província de Angola donde foram recebidas as mais lisonjeiras informações" e que "na frequência dos 17677 KCS, fez-se ouvir em QSA 3 em todo o norte da Europa e na Austrália".

Em contraste com esta tão elevada capacidade de difusão, estava o reconhecimento "das suas fracas possibilidades" que só permitiam "emissões diárias das 19,00 às 21,00 horas G.M.T. sob os aspectos cultural, artístico, comercial e informativo".

Aliás, a sua acção do rádio na ilha também não era de grande monta, pois "era ouvido em toda a Ilha por uma população interessada de cerca de 500 pessoas"[433].

---

[432] Telegrama n.º 9 v de 27 de Maio de 1954.
[433] Pasta 10 de AOS/CO/UL – 61.

De facto, entre a qualificação do interesse e o número de ouvintes ia uma enorme diferença.

3.6.6. Índia – 2 de Agosto de 1950 a 7 de Julho de 1955

No Estado da Índia, depois da saída de Fernando de Quintanilha e Mendonça Dias, Manuel Marques de Abrantes Amaral foi nomeado Encarregado de Governo, em 12 de Agosto de 1952, e exerceu o cargo até 8 de Novembro de 1952, data em que Paulo Bernard Guedes voltou a assumir funções como Governador-Geral até 9 de Outubro de 1958 e, por isso, a correspondência inicial recebida pelo Ministro ainda era endereçada pelo anterior Governador-Geral que, aliás, logo no primeiro telegrama – o n.º 59 SEC de 28 de Setembro de 1950 – solicitava "autorização [para] ir [a] Cotacamund [no] Estado [de] Mysore passar [no] máximo 30 dias afim [de] retemperar [a] saúde [num] clima [de] altitude". Para o substituir como Encarregado do Governo, propunha o "Chefe [de] Serviços [da] Marinha Comandante Cardoso".

O Ministro não concordou com a proposta e no telegrama n.º 52 SEC de 2 de Outubro de 1950 manifestou "preocupações acerca [das] relações existentes entre [o] Comando Militar e esse Governo pois [o] Comando Militar tem manifestado descontentamento". Por isso, parecia ao Ministro "melindroso nomear [como] Encarregado [de] Governo [um] Oficial [da] Marinha [de] patente inferior [a] outros militares [que] prestam serviço [na] Índia embora [as] suas funções [de] chefia e outras razões [que] Vexa evidentemente ponderou possam justificar [a] escolha". Para evitar melindres, o Ministro aconselhava a escolha de outra personalidade, designadamente, o "Vice-Presidente [do] Conselho [do] Governo ou [o] Procurador [da] República ou [o] Presidente [da] Relação ou outro Chefe [de] Serviço Civil"

Dois dias depois, no telegrama n.º 60 SEC, o Governador-Geral respondia para denunciar as "incompreensíveis atitudes [do] Comandante Militar [o] qual se julga absolutamente aparte [da] administração [de] este Estado". Por isso, sugeria que "não deve em caso algum intervir [nos] negócios [de] este estado salvo [nos] casos [de] defesa previstos [na] lei pois [de] outra forma seria [o] caos e [a] desorientação completa".

Quanto às outras opções apontadas pelo Ministro, o Governador-Geral lembrava que "não há Vice-Presidente [do] Conselho nomeado e [o] Procurador é muito novo neste Estado. [e o] Presidente [da] Relação é natural [de] Goa".

Por isso, depois de afastar "camaradagem" na sua proposta "pois ele nem sabe que o propus", adiantava que como "deverá ser nomeado [um] funcionário dependente [do] Ministério [das] Colónias não tenho por onde escolher".

O facto de a naturalidade do Presidente da Relação ser vista pelo Governador-Geral como um elemento que desaconselhava a sua nomeação, ainda que interinamente, para gerir o Estado da Índia, não deixa margem para dúvidas sobre a reduzida participação das elites locais na administração do Império, numa fase em que a Metrópole, mais do que nunca, temia a quebra da solidariedade.

O relacionamento entre o Governador-Geral e o Comando Militar voltaria a ser abordado no telegrama n.º 70 SEC de 29 de Dezembro de 1950, quando o Governador-Geral informou o Ministro da festa dos esquadrões mecanizados, que classificou como "muito interessante", salientando as "afirmações feitas [pelo] actual Comandante Militar interino e pelo Comandante [dos] Esquadrões que tinha posto em "relevo [o] auxílio sempre prestado [pelo] Governo [aos] serviços militares".

A questão religiosa voltou a ser abordada em 16 de Dezembro de 1950, quando o Governador-Geral transmitiu no telegrama n.º 6 SEC aquilo que o Patriarca das Índias lhe pedira para dizer ao Ministro e que, certamente, não o deixou satisfeito.

De facto, o Patriarca considerava que "contrariamente ao pensar [do] Governo estou convencido [que a] minha saída [do] Concílio nesta altura representa um golpe no Padroado"[434] porque o "Governo [de] Delhi que certamente tomará conhecimento [do] facto verá no patriarcado [um] instrumento político nas mãos [do] Governo Português o que viria reforçar [o] seu ponto [de] vista levando a insistir [na] supressão do Padroado ou limitação [da] jurisdição [do] Patriarca a território português".

---

[434] O Padroado do Oriente foi concedido pela Santa Sé a Portugal e manteve-se até ao Concílio Vaticano II, uma vez que só cessou quando foi extinta a jurisdição do Bispo de Macau sobre Malaca.

O Patriarca ainda lembrava que a "Lei Canónica impede [a] minha saída sem deixar substituto e sem apresentar [o] verdadeiro motivo".

O Patriarca voltaria a estar no centro das atenções ao defender os interesses portugueses quando recebeu em audiência o Cônsul da União Indiana que lhe colocou a questão se o Governo Português "não estaria disposição [a] entrar em negociações com [o] Governo Indiano sobre [a] situação [de] Goa", pois, para Nehru, "Goa era território nacional indiano e que a não ser possível um acordo a situação tenderia a agravar-se".

Neste ponto, para preservar a auréola de pacifista de Nehru, o Cônsul reafirmava a intenção de a União Indiana não querer "usar meios violentos", mas alertava para a existência de "grupos na Índia como a «Hindu Mahasabha» que poderiam usar esses meios ao que aquele Governo não se poderia opor".

O Patriarca recusaria a proposta e lembraria que "era estranho [que o] Governo Indiano se quisesse intrometer [na] nossa vida interna tanto mais que não procedia assim por exemplo para com [a] Birmania, Ceilão etc".

Face a esta posição, o Cônsul declarou "por duas vezes" que desejava "deixar [as] suas funções em Goa" e voltou a referir que "previa situações desagradáveis".

Mas nem tudo eram más notícias porque, em 26 de Dezembro de 1950 – talvez devido ao espírito natalício –, o Governador dava conta da palestra que um académico francês, André Robert Siegfried, tinha proferido no Instituto Vasco da Gama e na qual se tinha referido nos "termos mais elogiosos [a] Portugal considerando-o [um] grande país colonizador senão o maior que conseguiu paz social paz política paz étnica pelo seu grande humanitarismo".

A conferência intitulou-se "Aspecto [do] Mundo depois das guerras mundiais", mas é muito duvidoso que o conferencista se tivesse apercebido das alterações que o segundo conflito trouxera à conjuntura mundial.

Bem mais tarde, em 18 de Março de 1954, seria a vez do Professor Reynaldo Santos fazer "conferências quer científicas quer sobre arte [que] tiveram extraordinário brilho"[435].

---

[435] Cf. telegrama n.º 84 CIF.

O Ministro, em 12 de Março de 1951, através do telegrama n.º 28 CIF informava o Governador-Geral do reconhecimento de H. V. Coelho como Cônsul-Geral da União Indiana em Goa e referia que "apesar [do] seu apelido português dizem não ter ascendência portuguesa derivando [o] nome [da] influência [do] nosso Padroado no Canará". De qualquer forma era "pessoa [de] categoria [e] respeitabilidade" como atestavam o Ministro da Suíça em Delhi e o Embaixador do Egipto na mesma cidade.

Quanto à opinião de Coelho sobre o Governador-Geral não seria certamente do mesmo teor porque o "desconsiderou [...] não o cumprimentando quando este último se encontrava no Hotel Mandovi". Mais grave, ainda, foi o facto de o Governador-Geral Bernard Guedes ter dado conta do incidente à Metrópole "que não tomou qualquer medida com receio de retaliação sobre o nosso cônsul em Bombaim"[436].

O final de Abril e o princípio de Maio foram as datas escolhidas pelo Ministro para a visita ao Estado da Índia e os telegramas enviados para Lisboa eram para dar conta dos pormenores dessa visita que decorreu dentro daquilo que estava previsto, ou até melhor, face à inexistência de manifestações hostis, que tinham chegado a ser receadas, embora no dia 1 de Maio de 1952, no telegrama n.º 12 V, o Ministro sentisse necessidade de desmentir a notícia do jornal *Times of India* do dia 28, pois o jornal escrevera que "no meu discurso em Goa exprimi [a] firme intenção de Portugal não admitir nenhum atentado (contra as nossas?) possessões indianas" e o Ministro afirmava que "não fiz semelhante declaração nem fiz qualquer referência [ao] Estado [da] Índia salvo [para] manifestar [o] desejo de desenvolver laços [de] amizade [e] boa vizinhança". Por isso, pedia que fossem consultados o Presidente do Conselho e o Ministro dos Negócios Estrangeiros para "pedir responsabilidades [ao] referido correspondente e considerar conveniente [um] desmentido".

---

[436] Afirmações feitas numa carta de 12 páginas dactilografadas dirigida ao Ministro Sarmento Rodrigues por um "camarada" – que o trata por tu e se percebe no articulado ter sido o anterior Goverrnador-Geral da Índia –, em 22 de Julho de 1954 e onde se podia ler que "as coisas da Índia vão de mal a pior, caminhando para a perdição total" e que "os actores são os mesmos, os comparsas também. Os métodos variam, pois hábil e inteligentemente sabem explorar e aproveitar todas as ocasiões e oportunidades que os outros lhes concedem". O Ministro não ficava ao abrigo das críticas porque não se acautelara em relação a um advogado e ao Dr. António Colaço. A carta figura na pasta 13 de AOS/CO/UL – 61.

Para todos aqueles que acusam Salazar de não conhecer bem os dossiers do Ultramar e de ter sido enganado pelo aparente pacifismo de Nehru, talvez seja conveniente ler um telegrama secreto e sem número ou data e que figura na pasta 7 no qual o Presidente do Conselho tece considerações sobre a visita do Ministro ao Estado da Índia, as declarações de Nehru e a forma como as notícias deveriam ser dadas ou proibidas para que o "país não adormeça na suposição errada de que não corre nenhuns riscos [a] soberania portuguesa [no] Oriente".

Nesse telegrama, Salazar voltava a lembrar que "não nos convém nem irritar nem sustentar polémica pública num assunto cuja discussão se fez e se tem por encerrada no campo diplomático" e pretendia combater Nehru com a sua própria estratégia, ou seja, dentro do princípio de que "todas questões se devem resolver por meios pacíficos e que não haverá recurso à força".

Assim sendo, "devemos comportar-nos nas declarações que houvermos de fazer como se tal princípio o tivermos por absoluto", embora "devamos ter sempre como possível (não digo como provável) um acto [de] força como outros [que o] Governo central [de] Delhi exerceu contra Estados independentes". Por isso, e à cautela, o comando militar devia pautar "por este convencimento [a] sua actuação junto [das] forças" e "estas devem ser mantidas permanentemente em estado da mais viva actuação e tanto sob aspecto material como moral pois se vier a ser necessário lutar e morrer é preciso que saibam ao menos morrer".

Maquiavel bem avisara o Príncipe que só as tropas próprias seriam capazes de morrer por ele. Aqui era o Presidente do Conselho a lembrar que, na impossibilidade da vitória, a morte era a única saída honrosa.

Era, igualmente, o prenúncio daquilo que se iria passar e que justifica que a pasta relativa ao Estado da Índia seja a mais volumosa do arquivo Salazar no período entre Novembro de 1949 e Outubro de 1955.

Nessa conjuntura, à medida que os acontecimentos se iam precipitando na direcção do inevitável – o Encarregado de Negócios da União Indiana entregou no Ministérios dos Negócios Estrangeiros, em 22 de Maio de 1953, um documento formal do seu Governo indicando que a missão diplomática em Lisboa encerraria em 11 de

Junho de 1953 porque Portugal recusava negociar o futuro de Goa –, os atritos pessoais entre as autoridades portuguesas iam desaparecendo para dar lugar às notícias sobre as tomadas de posição da União Indiana, embora a questão do Patriarca voltasse a ser notícia.

Assim, em 20 de Abril de 1953 surgiu um telegrama secreto, o n.º 6, enviado pelo Ministro ao Governador-Geral, mas com a indicação de que a mensagem se destinava ao Patriarca de Goa.

É um telegrama que permite fazer luz sobre as relações entre Portugal e o Vaticano e sobre a influência que o Poder Central detinha sobre a Igreja do e no Império.

De facto, quando se soube que Monsenhor Tardini tinha convidado o Patriarca de Goa para "Tesoureiro [da] Câmara Apostólica" e exigia "resposta imediata" e que a "Santa Sé pensa conceder [a] Rosa de Ouro [à] Sé de Goa atendendo [aos] seus serviços de evangelização [no] Oriente" até porque se aproximava o 4.º centenário da morte de S. Francisco Xavier "que pôs [em] relevo perante todo [o] mundo católico [a] posse inapreciável [do] corpo [do] Santo e [a] acção missionária de que Goa é foco"[437], o Ministro ditou o que fazer.

Depois de reconhecer ou assumir que o "Governo não tem sido feliz [em] outras soluções mais harmónicas com [a] alta dignidade [do] Patriarca [das] Índias" e, por isso, mesmo não sabendo se "convirá ou não aceitar [o] lugar oferecido por não dispor [de] elementos seguros [para] apreciação acerca [do] valor e representação [da] nova dignidade", o Ministro, ao longo de três pontos, estabeleceu o procedimento.

Assim, a festa ainda seria celebrada pelo Patriarca e a Santa Sé deveria aproveitar a festividade para "conferir nesse momento [à] Sé de Goa [a] Rosa de Ouro". Depois, o Patriarca, se quisesse, resignaria e a Santa Sé nomeá-lo-ia "para [o] lugar indicado ou outro" e, só depois disso, o Governo "concluiria [o] acordo com [a] Santa Sé acerca [da] redilimitação [da] Arquidiocese cuja execução se faria depois por intermédio [do] novo Arcebispo [de] Goa".

---

[437] No *Diário do Governo* n.º 239 de 16 de Novembro de 1951, pelo Decreto-Lei n.º 38 513, da responsabilidade dos Ministérios das Finanças e do Ultramar, foi autorizado o Governo, por intermédio do Ministério do Ultramar, a participar nas comemorações do 4.º centenário do falecimento de S. Francisco Xavier.

O Ministro não desconhecia as pressões feitas pela União Indiana em Lisboa "e pensamos que em Roma no sentido [de] abreviar [a] liquidação [do] assunto".

Como o Governo não parecia contente com o cargo a atribuir ao Patriarca, mas havia que contar com a vontade deste, no telegrama n.º 11 SEC de 5 de Maio de 1953, o Ministro pedia a anuência do Patriarca para que este aceitasse que o Governo pudesse "conduzir negociações" no sentido de "em vez de Tesoureiro [da] Câmara Apostólica Vexa ser nomeado para Vice-Camerlengo lugar que continua em aberto e certamente seria mais interessante que tesoureiro".

No mesmo telegrama o Patriarca era aconselhado a ter cuidado com as palavras de forma a que "não inutilize [a] hipótese" e, durante a permanência em Roma "muito conviria [que] empregasse [uma] fórmula em que dissesse que, se [o] Santo Padre quer honrá-lo, entrega nas suas mãos [a] escolha [da] dignidade".

O Patriarca era, ainda, informado que a "Santa Sé quer manter a Vexa Reverendíssima [a] dignidade [de] Patriarca mesmo depois [de] passar a exercer funções [em] Roma" e aconselhado a estar na diocese "por ocasião [da] celebração [do] jubileu a fim [de] tornar possível [a] sua alta intervenção pessoal na oferta [da] Rosa de Ouro à diocese [de] Goa".

No telegrama n.º 10 SEC de 8 de Maio de 1953, o Patriarca deu o seu acordo à posição do Governo e prometeu que, em Lisboa, combinaria "com Vexa [as] questões [do] jubileu e [da] Rosa de Ouro".

A proposta da Santa Sé para a publicação da nomeação foi noticiada no telegrama n.º 55 SEC de 7 de Setembro de 1953 no qual o Ministro adiantava a data, "tarde [de] 16". O Patriarca proporia, no telegrama n.º 56 SEC de 8 de Setembro de 1953, a publicação no "dia 14 pois tenciona sair de Goa [no] dia 15 mas [a] sua saída [estava] dependente [da] referida publicação por só se considerar desligado [do] Patriarcado após [a] sua nomeação [para] Vice-Camerlengo".

No telegrama o Ministro escreveu, à mão, "mantém-se a data de 16". Era o Poder Central a reafirmar que o seu espírito de abertura para as negociações ou concessões tinha limites.

No entanto, noutra pasta do Arquivo surge a indicação de uma data diferente das duas anteriores, uma vez que se indica que o "Reverendíssimo Patriarca fixou o dia 13 de Setembro para a cerimónia da entrega da «Rosa de Ouro», a fim de estar garantida a presença do navio de guerra anunciado como vindo assistir"[438].

Nessa mesma pasta refere-se que o Ministro já sabia – por confissão do Patriarca – que iria receber a comenda de S. Gregório Magno, mas via esse acto como uma homenagem ao Governo Português e não a si pessoalmente.

No que concerne a aspectos de carácter regional, a 30 de Junho de 1953 voltaram os problemas com a União Indiana porque a viatura do "capitão Romba", que se deslocou a Damão com outro oficial, tinha sido sujeita na "fronteira [a] minuciosa inspecção desmontando [o] pneu sobresselente levando [o] carro à fossa para exame [da] parte interior etc notando-se desconfiança [de que] transportaria armamento".

Depois seria a Legação de Portugal em Nova Deli a tentar saber as razões que tinham levado à suspensão da "publicação [do] Boletim de Notícias sobre Goa em inglês", pois o mesmo servia "para atenuar [o] efeito [da] campanha [que a] imprensa indiana faz contra nós"[439].

O Governador-Geral responderia no último dia do ano para esclarecer, no telegrama n.º 76 SEC, que a "publicação [do] *News Bulletin* não foi suspensa tendo sofrido algum atraso mas [o] próximo número será distribuído brevemente".

Em 5 de Janeiro de 1954, voltariam os problemas com a União Indiana porque o telegrama n.º 2 SEC dava conta de "informações colhidas [por] pessoa [de] confiança [no] meio jornalístico [de] Bombaim [que] dizem [que] Raffi Ahmed Kidway Ministro [dos] Abastecimentos [e] Agricultura [da] União Indiana [...] esteve [em] Belgão com conselheiros militares e jornalistas para entrar [em] Goa [na] noite [de] Natal" e só não o fez por "oposição [de] Nehru".

O telegrama falava ainda do aumento das restrições: "proibição [da] saída [de] géneros para [o] nosso território, designadamente gado, suspensão [das] carreiras marítimas [entre] Bombaim Goa [e] Mormugão bem como [do] trânsito [de] passageiros [por] via férrea, redução a 40 rupias mensais [das] transferências [dos] emigrantes para obrigar [à] deslocação [das] famílias para UI com [o] intuito [de] atribuir [a] sua saída a descontentamento [com a] nossa administração".

---

[438] Documento existente na pasta 9 de AOS/CO/UL – 61, relativo a 1953.

[439] Aerograma n.º A-112 de 10 de Dezembro de 1953.

Mais tarde, em 7 de Junho de 1954, o telegrama n.º 166 CIF dava conta que as "restrições [na] concessão [de] visto [de] trânsito [aos] funcionários europeus e não europeus através [do] território [da] União Indiana [eram] cada vez mais acentuadas". Também o "consulado [de] Goa negou vistos [para] seguirem [para] Damão", local onde se registavam "as maiores perturbações para [a] administração" porque eram frequentes as recusas em visar passaportes e guias oficiais, não sendo possível ao Governador-Geral descortinar o "critério" e, por isso, aconselhava a "medidas [de] reciprocidade que afectem [os] interesses indianos como [o] trânsito [na] Beira-Rodésia".

Depois, a 14 de Junho de 1954, o Governador-Geral informava o Ministro que as "expedições [de] encomendas postais entre Damão e Nagar-Aveli [estavam] normalizadas", mas que "quanto [às] procedentes [do] estrangeiro para Damão" se verificava que "foram abertos e cada encomenda verificada selada conforme consta [do] boletim [de] verificação [dos] correios [de] Bombaim [que] acompanhou cada saco".

Depois, em 2 de Junho de 1954, o telegrama n.º 69 SEC dava conta das "dificuldades [no] trânsito para Nagar-Aveli que impossibilita reforçar [a] polícia o que aliás não seria viável também devido [aos] reduzidos efectivos perante [as] necessidades actuais".

Por isso, o Governador-Geral pedia autorização para "recrutar até 250 polícias escolhidos [entre a] população local" e apresentava uma estimativa do custo com os "vencimentos fardamento [e] outros encargos correlativos" de "150.000 rupias".

O pedido não deve ter sido atendido porque o telegrama n.º 184 SEC de 30 de Julho de 1954 dava conta que o "Comando Militar está recebendo instruções do Ministério [do] Exército sobre [a] ocupação [de] Angediva por uma secção com posto [de] rádio". No entanto, "devido [aos] fracos efectivos julgo conveniente não dispersar [as] forças [que] guarnecem Goa e aguardar [a] chegada [de] reforços para pensarmos [em] Angediva".

Porém, Angediva não era um caso isolado porque, de acordo com o telegrama n.º 360 SEC de 15 de Setembro de 1954, tinham entrado, na "noite [de]13 [em] Damão 30 guardas entre polícias e guardas rurais [...] [para a] reconquista [de] Dadrá e Nagar Aveli".

No dia 1 de Agosto de 1954 o Governador-Geral dava conta que o "Governo [do] Paquistão nos deseja auxiliar" porque o "Ministério [em] Bombaim alista e prepara voluntários goeses para fazerem satyagraha [em] todas [as] nossas fronteiras".

Se o apoio paquistanês não se confirmou, o mesmo não aconteceu com o satyagraha que ocorreria em 15 de Agosto de 1954.

De facto, no que diz respeito à conjuntura regional, mais tarde, em 30 de Novembro de 1954, o telegrama n.º 508 SEC alertava para os "fortes indícios [da] tendência [de] aproximação entre aqueles Governos que podem vir afectar-nos gravemente", tudo isto porque tinha entrado para o Ministério paquistanês o "Dr. Khan Saheb companheiro [de] Nehru [na] luta [pela] independência e que esteve preso no Paquistão durante 6 anos após [a] separação [da] UI e [do] Paquistão tendo [o] Governo [da] UI feito diligências insistentes [para a] sua libertação". Além disso, os "jornais anunciam próximas conversações entre [os] dois governos para resolver dissidências e renovar [o] acordo comercial.

Como é bom de ver, esta aproximação afigurava-se como muito problemática para os interesses de Portugal.

O tempo atmosférico – a exemplo do tempo cairológico – também não parecia aliado porque Damão estava, "desde [os] primeiros dias [de] Setembro sob violento temporal com chuvas torrenciais ininterruptas causando grandes estragos"[440].

Como se tal não bastasse, o telegrama n.º 379 SEC de 22 de Setembro de 1954, narrava a "sistemática entrada [de] satyagrahis colocando-nos [numa] situação delicada pois inclusive [as] nossas deficientes e insuficientes prisões já não comportam os já presos" e houve necessidade de recorrer aos "edifícios [do] novo manicómio cuja inauguração teve ser adiada".

O Governador-Geral, talvez devido à confusão instalada, não parece ter-se apercebido que não estava em causa um adiamento mas uma antecipação.

Aliás, o telegrama é contraditório porque refere que "seria inconveniente pô-los [em] liberdade, [por] isso além [de] mais inconvenientes levaria outros [a] afoitarem-se", mas, depois, afirma que o

---

[440] Telegrama n.º 352 SEC de 11 de Setembro de 1954.

"julgamento [de] grande massa [de] réus aqui contribuiria grandemente, com [a] própria solenidade [do] julgamento, para fazer público reclame de «heroísmo»". Por isso, aconselhava o "julgamento em Lisboa", embora alertasse para a "quase certa reacção [da] União Indiana" e indicava o paquete Timor como meio de transporte desses detidos para a Metrópole.

O Ministro não se pronunciaria sobre esta questão[441] e solicitaria, a 18 de Novembro de 1954, pelo telegrama n.º 355 SEC, informações variadas, nomeadamente sobre a "data [em que] começámos [a] dispor [de] clero goês em número bastante para [os] serviços religiosos [em] Goa e mesmo para ceder [a] outros territórios".

A 23 de Novembro, o telegrama n.º 491 SEC dava resposta a esta questão referindo que "em Goa servem cerca de 400 padres de Goa, além destes encontram-se desocupados por doença, idade ou falta [de] lugares remunerados cerca [de] 100. Cedidos à Propaganda FIDE e transitados [da] mesma devido [à] extinção [de] dioceses [do] Padroado [há] cerca [de] 200".

Curioso o facto de haver «desemprego» no clero!

O telegrama n.º 492 SEC, ainda de 23 de Novembro, dava mais esclarecimentos ao dizer que "em 1758 dispúnhamos [de] clero goês [em] numero bastante para Goa não se encontrando documentos anteriores que foram legados [à] Torre do Tombo". Por isso, só podia dar conta de que constava que "já havia sacerdotes indianos ordenados [em] Goa em 1530 [e] 1535" e que "em 1758 [o] clero [de] Goa se espalhava [por] toda a Índia ignorando-se desde quando".

---

[441] No entanto, no telegrama n.º 144 SEC de 28 de Março de 1955, o Governador-Geral deu conta do julgamento de satiagrahis e da condenação de António João de Sousa a "prisão maior [de] 18 anos 8 meses e multa [de] 3 anos [a] dez escudos [por] dia; quatro outros [a] prisão maior [de] 7 anos; mais quatro com 6 anos [de] prisão maior; dois com 5 anos [de] prisão maior; sete com 4 anos [de] prisão maior". As penas contemplavam ainda para estes "portugueses naturais deste Estado", para o primeiro uma "suspensão [dos] direitos políticos [durante] 20 anos e [como] medida [de] segurança [um] internamento [de] dois anos; [os] restantes [uma] suspensão [de] 15 anos [e] medida [de] segurança [de] um ano". O Subsecretário de Estado, no telegrama n.º 101 SEC de 28 de Março, aconselhava a ter cuidado com o julgamento porque via nos "jornais entre [os] satiagrahis [que] estão a julgamento [que] há menores [com] 12 ou 14 anos", situação que traria "dificuldades [para] fazer cumprir [as] penas" e, por isso, lhe "parecia preferível mandá-los pôr [na] fronteira reservando [a] lei para [os] maiores",

A questão da transferência de capitais voltaria a ser tratada no telegrama n.º 483 SEC de 19 de Novembro de 1954 porque a "filial [do] BNU comunicou [a] 2 [do] corrente estar habilitado [a] transferir [para] Bombaim [à] ordem [da] «South Ry» não só [um] milhão [de] rupias então solicitado como ainda cerca [de] mais 3 000 000", operação que convinha ao banco para "ter margem [para] satisfazer [as] ordens [de] pagamento vindas [de] Bombaim [e] respeitantes [às] mesadas e transferências [dos] nossos emigrantes cerca 1 000 000 rupias mensais".

Era uma questão complexa face à hipotética ameaça da União Indiana de "restringir [as] transferências por Bancos estrangeiros para Goa", situação que "impossibilitaria [o] BNU [de] nivelar depois [a] sua posição [em] rupias [com a] UI a não ser [que] este Governo fornecesse [a] necessária cobertura para transferência [de] 25 laques". O Governador-Geral informava o Ministro que tinha "possibilidades [de] fornecer cobertura ao banco", mas não desejava "manter [a] autorização sem instruções" até porque como a «South Ry» era nacionalizada e dependia do Departamento de Governo da União Indiana, "poderíamos jogar com isso e nesse caso poderia comunicar-lhe que não poderia manter [a] autorização [de] transferência face [às] ameaças [de] restrições anunciadas, o que talvez viesse a influir na decisão [do] Governo [da] UI pois [o] depósito [da] «South» ficaria imobilizado".

Um provérbio árabe afirma: "não diga tudo o que sabe, porque quem diz o que sabe muitas vezes diz o que não convém; não faça tudo o que pode, porque quem faz tudo o que pode, muitas vezes faz o que não deve; não acredite em tudo o que ouve, porque quem acredita em tudo o que ouve, muitas vezes julga o que não vê; não gaste tudo o que tem, porque quem gasta tudo o que tem, muitas vezes gasta o que não pode".

Embora o cenário fosse a Índia, parece que o Governador-Geral conhecia e aplicava bem o provérbio só que o Ministro parecia querer saber mais e não se escusava de chamar a atenção: "ainda não recebi [os] elementos pedidos [no] meu [telegrama] 347 SEC"[442] e pedia mais dados: "qual [o] montante aproximado [da] transferências anuais [das] economias e pensões [dos] emigrantes recebidos da União Indiana".

---

[442] Telegrama n.º 358 SEC de 23 de Novembro de 1954.

O Governador-Geral aprestou-se a dizer que já tinha enviado "ontem" as primeiras informações e que quanto à segunda, as "transferências da UI [no] mês [de] Outubro findo pelo BNU [foram] 4 056 ordens [no] total [de] 1 479 453 rupias; por vales correio 175 009 rupias [no] valor máximo [de] cada vale 30 rupias". No entanto, alertava que era "impossível dizer [o] montante mesmo aproximado [das] transferências anuais pois [as] mesmas eram anteriormente feitas na sua quase totalidade por cartas registadas ou portadores". Além disso, chamava a atenção para o facto de o "total [de] transferências [em] Outubro dever ter sido superior [ao] normal por ser época [de] pagamento [de] rendas [às] comunidades". Depois, no telegrama n.º 496 SEC de 24 de Novembro de 1954 dava mais uma informação ao afirmar que tinham sido "feitas transferências também [por] intermédio [de] comerciantes [de] Goa com sucursais [em] Bombaim [mas era] impossível avaliar [o] montante".

O Ministro insistiria no montante das transferências, mas agora das "economias e pensões transferidas anualmente para [a] União Indiana por seus nacionais"[443], um telegrama cujo conteúdo já foi referido mas em relação a Moçambique.

Como se constata, ninguém poderá acusar o Ministro de não querer conhecer bem a situação.

O Governador-Geral responderia no dia 28 de Novembro, às 18h5m locais, para, no telegrama n.º 505 SEC, dar conta que, de acordo com os "dados [do] relatório [do] Dr. Gracias, baseados [em] cálculos extraídos [do] estudo [do] prof. Adriano Correia Fernandes publicados [no] Boletim [da] Sociedade [de] Geografia parece que em 1942 e doutros trabalhos de Amâncio Gracias e José Caetano Jorge Júnior" se podia falar numa "importância [de] 1 milhão [de] rupias mensais" mas que "nada garante [que] respeitem só [a] remessas [dos] emigrantes, é possível [que] incluam transferências comerciais e retirada [de] depósitos [dos] residentes [em] Goa, estes por recearem [o] seu congelamento". O Governador-Geral citava dois exemplos, "dois casos concretos [de] emigrantes [que] costumavam mandar [à] família 40 rupias mensais e em Outubro remeteram 300 rupias cada escrevendo [à] família por recearem [a] suspensão [de] transferências de futuro".

---

[443] Telegrama n.º 90 SEC de 23 de Novembro de 1954.

Em conclusão, o Governador-Geral apontava para que as transferências dos emigrantes fossem "normalmente superiores [a] 250 mil rupias mensais mas devem andar longe [do] total [de] transferências [em] Outubro".

Há ainda um outro telegrama, o n.º 84 SEC, também de Novembro mas sem indicação do dia, que volta a falar das transferências bancárias para referir que "só é possível dar [uma] estimativa grosseira [das] importâncias transferidas por rubricas indicadas pois não só [as] mesmas quando operadas através bancos eram feitas em cheques sobre Londres sem indicação [da] praça onde eram pagos" e, nas mesmas, "não consta [a] nacionalidade [dos] indivíduos [que] as efectuavam".

Era uma tarefa difícil pois "todos [os] residentes [na] província [de] origem indiana sejam goeses pakistões industanicos transferem [por] regra [em] virtude [das] vantagens [de] câmbio [as] mesadas [e] economias [por] intermédio [de] Bombaim cheques sobre Londres" para além de se dever contabilizar as "transferências [dos] indivíduos [das] mesmas três nacionalidades residentes [nos] territórios vizinhos que faziam [as] suas remessas [por] intermédio [da] província".

Se a tudo isto se adicionar que "a maior parte [do] movimento não era feito através [de] bancos mas [por] intermédio [de] firmas comerciais", constata-se que o cálculo era difícil e o Governador apontava ou estimava "em 120.000 libras anuais [as] importâncias transferidas [para a] União Indiana em mesadas e 100.000 libras nos últimos 2 anos, importâncias saídas anualmente como economias".

Que o Ultramar não era visto como um todo pode ser aquilatado pelo telegrama n.º 489 SEC de 22 de Novembro de 1954, no qual o Governador pedia "um benefício", ou seja, a aplicação da portaria 10.370 de 19 de Abril de 1943, de forma a permitir "a todas forças [do] Exército, Marinha [e] Aviação militarizadas estacionadas ou aqui em serviço e ainda extensividade para correspondência a expandir [com] destino [às] outras províncias ultramarinas".

A resposta estava demorada porque em 14 de Dezembro de 1954 o Governador-Geral, no telegrama n.º 543 SEC, pedia informações sobre a resposta ao seu pedido.

Porém, de nada valeu a insistência porque o Ministro só respondeu a 9 de Fevereiro de 1955, no telegrama n.º 44 SEC, para informar que "foi julgado conveniente só considerar [a] isenção [de] franquia caso entre em vigor [a] censura postal militar".

Por vezes, no meio de tantos telegramas, surgem notícias de conflitos entre forças que não portuguesas mas com implicações ao nível da soberania portuguesa. Foi o que aconteceu a 28 de Dezembro de 1954, quando o telegrama n.º 565 SEC deu a conhecer que o Governador-Geral tinha sido informado, por fonte "fidedigna" que "na estrada [de] Bulsar para Vapi na União Indiana durante [a] última noite cerca [de] dois mil indivíduos [de] tendências comunistas pertencentes [à] região Bulsar Surrat quando pretendiam vir [a] Damão afim [de] forçarem [a] sua entrada aqui foram retidos por forças polícia e militares [da] UI resultando mortos e feridos [de] ambos os lados". Aliás, no mesmo dia, no telegrama n.º 566 SEC, o Governador-Geral transmitiu uma informação dada ao "chefe [da] estação [de] caminho ferro [de] Caranzol" pelo "seu colega de Ghotgvevady da UI" segundo a qual "150 indivíduos se dirigiam a pé [para o] nosso território com intenção [de] interromper [os] comboios deitando-se [na] linha". Quando o Chefe de Caranzol telefonou para "Dudsagor [a] pedir [para] avisar [a] polícia [de] Colém" foi rodeado por "cerca [de] 20 indivíduos [de] aspecto desarmados com bandeira [da] UI e cartazes tendo reconhecido só cinco ou seis serem goeses" que o obrigaram a sair das instalações, "tiraram duas fotografias com [o] chefe [da] estação depois içaram [uma] pequena bandeira [da] UI [e] colocaram cartazes". Felizmente para o chefe, "aproximava-se [a] draisine ida de Colém [e os] indivíduos fugiram [em] direcção [à] fronteira julgando tratar-se [da] nossa polícia".

No entanto, os cartazes que deixaram junto à fronteira diziam tudo sobre a finalidade da sua acção: "pare [a] ligação [de] caminho [de] ferro [para] Goa" e "não mantenham [as] tropas portuguesas com artigos [da] UI . Pare [o] comboio".

Mesmo não parando, os comboios registavam atrasos consideráveis porque era necessário inspeccionar a "linha [com] receio [de] sabotagem", até porque as manifestações continuavam e "mais 300 deviam entrar [no] nosso território".

O Governador ainda dizia que o "guarda [do] comboio descendente disse [que a] polícia [de] Castle Rock prendeu aqueles indivíduos [e] parece intenção serem julgados [em] Belgão por ameaças [ao] chefe [de] Caranzol e [por] queixa [da] Companhia".

Por vezes, o Ministro solicitava informações sobre pessoas para poder decidir sobre os seus pedidos. Foi o que se passou a 20 de Janeiro de 1955 quando, no telegrama n.º 28 SEC (no original constava 27 mas foi corrigido à mão), o Ministro solicitou informações sobre Teófilo Fernandes do Laboratório de Análises de Goa. O Governador-Geral respondeu a 4 de Fevereiro de 1955, no telegrama n.º 49 SEC, a informar que "Teófilo Fernandes formado [na] Escola Médica [de] Goa esteve [na] Metrópole para repetir [o] curso o que não fez, tem boa formação moral mas não tem grande capacidade intelectual".

No entanto, a 6 de Fevereiro de 1955, ou seja, apenas dois dias depois, o Dr. Teófilo Fernandes passou a ser um médico "de dedicação edificante com qualidades raras", apenas pelo facto de ser "médico assistente [da] Creche sem remuneração" e da "Directora [da] Creche [da] Obra [e] Protecção [da] Mulher" ser irmã da mulher do Governador-Geral e lhe ter escrito "pedindo [a] sua ajuda para [o] médico T. Fernandes conseguir ir [à] Metrópole «fazer um curso especialização de crianças»".

O telegrama termina com uma frase que mostra bem a forma como alguns viam a administração da *res publica*. De facto, como as finanças do médico "não lhe permitem custear as viagens e «uma viagem a mais para o Governo nada custará» não parecia abusivo o pedido.

Como se vê, nada melhor do que falar, ainda que por intermediários, ao ouvido de quem detém o Poder.

Depois, em Março, no dia 8, voltaram as ameaças de problemas em Damão como consta do telegrama n.º 112 SEC, no qual o Governador-Geral dava conta das informações que lhe tinham sido transmitidas pelo Governador de Damão que referia que estavam a concentrar-se em "Nagar-Aveli algumas centenas [de] homens armados para tentarem assalto [a] Damão [no] corrente mês". Também "Vamona Dessai e outros pertencentes partidários goeses traidores estiveram [nos] últimos dias [em] Vapi Silvassá; tem sido feita intensa propaganda [junto das] nossas populações rurais fronteiriças para se revoltarem contra [a] nossa autoridade".

Aliás, a autoridade portuguesa já não era reconhecida nem respeitada como se prova pelo facto de terem sido "cortados troços [de] linhas telegráficas dentro [do] nosso território [de] Damão".

No dia 28 de Março de 1955, o telegrama n.º 142 SEC falava de "cerca [de] 700 indivíduos que dizem pertencer [à] «Gamantak Dal» e «United Front» concentrados junto [das] fronteiras oeste e sul, parece [que] aguardam [a] chegada [de] mais para tentarem entrar [em] Damão". Perigosa era a constatação de que esses indivíduos "acamaradam e vivem com [as] forças regulares [da] UI".

Depois, no dia seguinte, seria encontrada uma "bomba relógio regulada para [as] 16 horas e 30" e que se encontrava "do lado [de] fora [do] balcão [da] capitania [no] res-do-chão [do] Palácio Hidalcão por baixo [da] Repartição [do] Gabinete"[444].

A 2 de Abril, o telegrama n.º 209 SEC falava da detenção, ocorrida em "28 [de] Abril" de "vários indivíduos que tentavam retirar-se clandestinamente [para a] UI após [a] festa indú Zatra Sirigão e implicados [em] vários processos",

No mês seguinte, dia 3, era o Governador de Diu a informar que "consta [que] vai haver [nos] próximos dias [uma] reunião [em] Rajput [de] elementos [do] Governo [de] Bombaim e Saurastra assistindo [o] ex-Cônsul Coelho, que pensam dentro [de] dias guarnecer toda [a] fronteira com tropas retirando [a] retaguarda [à] polícia [aos] guardas [da] alfandega e fiscal".

Ao contrário das guerras em directo que marcam a actualidade, essas tropas "não deixam entrar [em] Diu [os] jornais [da] UI".

No mesmo dia, as notícias de Damão também não eram totalmente animadoras porque se "todos [os] elementos entre Dabel [e o] rio Dandalcalo deixaram [de] estar inactivos só mantêm actividade [na] fronteira sul principalmente [na] parte leste". Também constava que "entre 6 e 12 [do] corrente deve dar-se quaisquer tentativas [nas] fronteiras [de] Goa e que [as] autoridades [da] UI não se oporão [à] entrada [de] não goeses, [que] dia 10 vão fazer «dia de Goa» em Melgão e Poona"[445].

A 9 de Maio, o telegrama n.º 226 SEC informava sobre mais uma tentativa semelhante ao "assalto [a] Nagar Aveli até [pela] mesma

---

[444] Telegrama n.º 145 SEC de 29 de Março de 1955. Posteriormente, em 28 de Maio de 1955, o telegrama n.º 281 SEC informava que "um dos presos por suspeita logo a seguir [ao] atentado já confessou [a] sua conivência e indicou [os] cúmplices que pertencem [a] célula comunista e estão refugiados [na] UI".

[445] Telegrama n.º 214 SEC de 3 de Maio de 1955.

gente" que dispunha de armas de "pouco ou nenhum valor militar", pois estavam armados com "bombas [de] fabrico grosseiro pólvora preta e clorato potássio". A acção, que não tinha resultado devido a "sinais luminosos [de] alarme e dois tiros dados [pelo] nosso posto [em] Calicachigão e [pelo] rápido aparecimento [de] patrulhas [de] reconhecimento", não se apresentava, aos olhos do Governador-Geral, como uma manifestação de satiagraha.

Ainda no mesmo dia, o telegrama n.º 227 SEC dava conta de dois telegramas "expedidos de Vapi por Srinivassa" e que se referiam a um assalto a Damão. O Governador-Geral sentiu necessidade de prestar esclarecimentos ao Ministro sobre o teor dos telegramas e esclareceu que "Fernando Costa teria chefiado [o] grupo para entrar [em] Fatharpunja ou Bamapula, que fica [no] extremo sul [da] estrada nacional [que] liga Damão Grande com [a] fronteira sul, mas logo teria desistido. Vamona Dessai teria chefiado [o] grupo para entrar [em] Zari ou Jari na fronteira sul e oeste [do] rio Sandalcalo, também logo desistiu. Pardiwala teria chefiado [o] grupo para entrar [na] região kachigaon ou Calicachigao, tentou [o] assalto [ao] posto [de] fronteira misto [da] polícia [e] guarda fiscal instalado a leste [do] rio Sandalcalo a cerca [de] 1700 metros da nossa fronteira sul; Pardiwala mente quando diz ter penetrado cerca [de] quatro milhas dentro [do] nosso território, terem sido alvejados [a] tiro e que [o] fogo durou duas horas". Aliás, o Governador-Geral alertava para as contradições nas palavras de Pardiwala "pois num lado diz ter havido «troca [de] tiros» e noutro que iam desarmados".

A situação estava cada vez mais fora de controlo e a correspondência dava prova disso porque era constante e relatava sempre novos incidentes, ameaças e restabelecimento da ordem. Foi o que se passou a 10 de Maio – telegrama n.º 231 SEC – "avioneta voltara [a] sobrevoar nessa tarde, era amarela com riscas vermelhas" e no dia 19 de Maio, "já restabelecemos [o] trânsito [de] comboios com [a] UI. Consta [que] estavam 17 indivíduos deitados [na] linha em Gotquevadi"[446] e no dia 24 de Maio – telegrama n.º 266 – quando os CTT de Bombaim suspenderam temporariamente "as comunicações postais com Damão e Diu", sendo que o Governador-Geral alertava para que a "suspensão temporária decerto se eternizará", situação que levaria a que ficariam "durante [a] monção [a ficar] sem comunicações postais com [os] distritos [do] norte". Como era fácil de perceber, "as perturbações [na] administração" seriam grandes e haveria "muitos [e] sérios inconvenientes [para a] população".

Entretanto, a 20 de Maio, o Cônsul da União Indiana foi recebido pelo Governador-Geral para pedir explicações "sobre [o] facto [de] terem sido feitos tiros sobre Satyagrahis desarmados chefiados [por] Goray"[447] que era "personalidade política [de] relevo", como, aliás, o Governador-Geral reconheceu ao afirmar que "dada [a] sua categoria social foi-lhe dada cama na cela e concedidas certas facilidades como leite quando pede, literatura inglesa, etc".

A exemplo daquilo que, por vezes, se passava na Metrópole com os detidos pela PIDE, o tratamento tinha de ter em conta a posição social dos envolvidos no processo.

O Governador-Geral explicou que a reacção dos guardas – que eram três e enfrentavam cinquenta e cinco manifestantes – fora "para se fazer respeitar" pois os manifestantes "não acataram [as] ordens [das] nossas autoridades" e "apedrejaram [os] nossos guardas".

Como o Cônsul queria visitar Goray, o Governador-Geral agendou o encontro para dia 23, mas o Cônsul pediria para ser na véspera porque temia que "Goray estivesse seriamente «injured», tal como "quatro satyagrahis [do] grupo [de] Goray dizendo-se muito seriamente preocupado acerca [da] sua saúde"[448].

O Governador informou-o "não ser possível alterar [os] arranjos [das] entrevistas" e "propositadamente não respondi dentro [do] prazo por julgar inconveniente sujeitar [o] Governo [à] fixação [do] prazo [de] resposta e porque sujeitar-me [a] tal representaria fraqueza que [no] futuro seria explorada com cada vez mais impertinências"[449].

O Ministro, através do telegrama n.º 159 SEC de 23 de Maio de 1955, aprovou "inteiramente [a] atitude" do Governador-Geral. No entanto, o assunto não estava encerrado e o telegrama n.º 265 SEC de 24 de Maio, dava conta do receio "que [o] Cônsul influa nos

---

[446] Telegrama n.º 251 SEC. Também o telegrama n.º 279 SEC de 28 de Maio de 1955 falava da interrupção "até ordem [em] contrário [do] tráfico ferroviário entre Colem [e] Castle-Rock" porque "consta estarem dois satiagrahis deitados [na] linha"-
[447] Telegrama n.º 255 SEC de 21 de Maio de 1955.
[448] Telegrama n.º 257 de 22 de Maio de 1955.
[449] No telegrama n.º 258 SEC de 23 de Maio consta a nota do Cônsul – em inglês – e a resposta dada à mesma e que está assinada pelo Chefe de Gabinete Ricardo Pinto Carmo Ferreira.

presos para que destorçam [a] verdade mais do que averiguar esta". Afinal tudo não passava de uma estratégia "para arranjarem motivos [para] protestos e também [com] fins [de] propaganda".

Este telegrama também é importante no que concerne à questão da liberdade porque o "Cônsul começou por declarar [que] não entrevistaria [os] presos se não [fosse] dada toda [a] liberdade [para] perguntas e respostas". Ora, como o Chefe do Gabinete tinha ordens para só autorizar "perguntas que considerasse não inconvenientes", respondeu-lhe que "estava certo [que o] Cônsul não faria perguntas fora [do] âmbito [das] suas funções [de] Cônsul e por isso permitiria sob sua responsabilidade [que os] presos respondessem [a] todas [as] perguntas [que] não excedessem esse âmbito".

Interessante, também, o facto de um dos presos ter mudado o depoimento depois de o Cônsul se lhe ter dirigido directamente na "mesma língua" o que deixou a "suspeita [que o] Cônsul tenha dado qualquer informação por olhar ou gesto".

Era a forma diferentes dos dois lados verem o problema, como, aliás, se passou no que se refere aos ferimentos nos satiagrahis porque o telegrama n.º 266 SEC de 25 de Maio de 1955 dava conta que os "médicos militares" afirmavam que os feridos eram "todos sem gravidade não necessitando [de] hospitalização" e excluíam a hipótese de um "ferimento [na] cabeça [ser] devido [a] tiro" enquanto a União Indiana referia que "quarenta dos devolvidos [à] UI necessitaram [de] hospitalização".

O Governador-Geral negava esse número porque todos "estavam [em] condições físicas normais, apenas [tendo] notado [um] velho [de] 75 anos muito extenuado devido [à] senilidade".

É claro que quanto aos maus-tratos, "quanto [a] sovas, depois de presos apenas alguns dos postos na fronteira Curchirem e Drorgorogo foram metidos na ordem sem ficarem molestados".

A invasão de satiagrahis intensificava-se e o telegrama n.º 270 SEC de 26 de Maio de 1955 informava da montagem de "barracas [de] lona [ao] longo [de] toda [a] fronteira" que alojavam "pessoal militar com pretexto [de] suster [o] contrabando", quando, na verdade, se destinavam a "dar apoio [à] entrada [de] satiagrahis que ameaçam [o] Distrito [em] grande número", numa altura em que estava "activa [a] propaganda especial [dos] partidos comunista [e] socialista com apoio mais discreto [de] congressistas".

Não restavam dúvidas que Portugal tinha encontrado um opositor à altura no que à falta de autenticidade dizia respeito porque, conforme consta do telegrama n.º 274 SEC de 26 de Maio de 1955, o Governo da União Indiana procurava mostrar-se "perante [o] mundo como impotente [para] dominar [a] vontade geral [da] Nação" quando "por trás [da] cortina" usava os "partidos comunista e socialista" para "aliciar satiagrahis entre grandes massas [de] desempregados [da] UI" e interessá-los "profundamente [pelo] caso [de] Goa".

Em contraste com estas manifestações pacificas, os assaltos continuavam e no telegrama n.º 282 de 28 de Maio de 1955 o Governador-Geral informou que "ontem cerca [das] vinte horas [foi] assaltado [o] Posto [da] Polícia [de] Aldona, concelho [de] Bardez a leste [de] Mapuçá". Pela primeira vez se fala – talve algo exageradamente face ao estado do soldado no dia seguinte – de um acto muito violento, pois o sentinela hindu "foi desarmado e ferido [à] paulada e crivado [de] facadas na cabeça costas braços [e] coxa".

Os atacantes "não entraram [no] posto onde estava outro guarda hindu que não reagiu [e] está preso" e fugiram antes da chegada do "outro guarda [que] estava [a] jantar a cerca [de] duzentos metros [do] Posto".

Quase a seguir, o telegrama n.º 283 SEC de 30 de Maio de 1955 servia para o Governador-Geral dar conhecimento ao Ministro de novo assalto ao "Posto Fiscal [em] Ealem", perpetrado por um "grupo numeroso vindo [da] UI" e que "atacou [de] surpresa [com] dez tiros [de] pistola sobre [o] guarda fiscal [do] plantão mouro ferindo-o [de] raspão [nas] costas, maxilar direito e nádega esquerda", enquanto "outro grupo envolveu [o] posto pela retaguarda lançou fogo [à] barraca junto [ao] posto e matou [com] tiros [de] pistola um menor sobrinho dum guarda que estava [no] posto e tentava fugir".

Curiosa a constituição da guarnição do Posto, pois era "composta [por] quatro guardas – dois hindus, um mouro e um cristão".

Nesta conjuntura, apesar de "ao cabo [de] cerca [de] uma hora [os] assaltantes" terem retirado, de pouco valiam as manifestações de fidelidade mesmo que envolvessem "5 088 assinaturas", como aconteceu no documento entregue pelo "Dr. Sócrates Costa com duas dezenas [de] membros [da] União Nacional"[450].

---

[450] Cf. telegrama n.º 215CIF de 28 de Maio de 1955.

O acumular destes actos terá de ser tido em conta na avaliação da pena que foi relatada pelo telegrama n.º 313 SEC de 8 de Junho de 1955, no qual o Governador-Geral informava sobre as penas aplicadas aos "oito goeses presos [a] 26 Janeiro [em] Loliem e Canácona".

Era, sem dúvida, uma sentença dura: "cinco condenados [a] 8 anos [de] prisão maior, 2 anos [de] multa [de] dez escudos [por] dia e 20 anos [de] suspensão [dos] direitos políticos, três a 4 anos [de] prisão maior, dois anos [de] multa [de] dez escudos [por] dia e 15 anos [de] suspensão [dos] direitos políticos"[451].

Já a sentença relatada no telegrama n.º 348 de 24 de Junho de 1955 era mais branda porque no julgamento dos "27 indivíduos presos dia 26 Janeiro no Concelho Valpoi [...] e absolvido", embora continuasse a haver penas muito duras "dos 19 restantes 5 são da UI condenados [a] nove anos prisão maior, dois anos [de] multa 15$00 [por] dia seguida [de] expulsão [do] território nacional cumprida [a] pena".

Depois, na correspondência há uma breve paragem na narração de assaltos para falar de uma questão pessoal e de um problema de reparação do navio «Luabo» que "depois [de] regressar de Colombo a Mormugão deveria continuar [na] Índia até ser substituído"[452], mas, por sugestão do Governador-Geral, que foi aceite pelo Ministro, acabaria por ir para Lourenço Marques para ser reparado. Aliás, no telegrama n.º 237 CIF de 15 de Junho de 1955, o Governador-Geral voltou ao assunto e colocou o dedo na ferida ao dizer: "se [a] substituição está para muito breve, concordo [que o] «Luabo» aguarde [a] chegada [do] substituto. Se porém [a] substituição ainda não está decidida nem mesmo prevista como receio, [a] solução que causará menos inconvenientes [aos] interesses deste Estado será aproveitar [a] época [da] monção em que navios não podem escalar Damão [e] Diu para fazer [a] reparação".

Talvez interesse dizer que o Luabo "com velocidade [que] por vezes não atinge 5 nós não dá rendimento [às] necessidades [dos]

---

[451] Os dados de um novo julgamento de "um goês dois indianos presos [a] 17 [de] Fevereiro [em] Valpoi" estão relatados no telegrama n.º 327 SEC de 17 de Junho de 1955, com a particularidade de a sentença estipular que a pena deveria ser cumprida na Metrópole e ser seguida de "expulsão [do] território nacional", factos que o Governador admite que "não comuniquei [à] imprensa".

[452] Telegrama n.º 179 CIF de 14 de Junho de 1955 enviado pelo Ministro.

transportes" e não tinha "acomodações [com o] mínimo [de] comodidades para passageiros [de] certa categoria".

Quanto ao problema pessoal referia-se à libertação do dr. Gaitandó e a sua saída para Londres, assunto que mereceu seis telegramas porque embora ao Governador-Geral parecesse "inconveniente deixá-lo sair [de] território português" pois, apesar de já ter cumprido a pena, corria na justiça "outro processo com base [em] declarações [do] médico Dubaxi"[453], o Subsecretário informou que lhe tinha sido concedido o passaporte que tinha pedido para "Inglaterra [e] Suíça [por] motivos profissionais [sob o] compromisso [de] regresso [a] Lisboa"[454].

Face a este procedimento do Poder Central, o Governador-Geral foi dando conta dos movimentos e das denúncias do Dr. Gaitandó que foi recebido no aeroporto de Bombaim "por cerca [de] quinhentos voluntários [do] Congresso Nacional [de] Goa"[455] e afirmara que lhe "causou grande mágoa [o] estado [do] preso Deshpande[456] que está [no] hospital [para as] doenças mentais e sujeito [a] maus tratos"[457].

No entanto, foi o telegrama n.º 326 SEC de 16 de Junho de 1955 que, certamente, levou o Ministro a considerar que o Dr. Gaitandó era, efectivamente, muito perigoso porque, segundo a emissão em inglês da "SEC AIR", o mesmo afirmara que o "movimento satiagraha [de] libertação [de] Goa tem muita simpatia [do] povo [de] Portugal e pode afirmar por experiência [e] observação próprias [que] mais [de] 80% [da] população [de] Portugal está convencida [que o] movimento

---

[453] Telegrama n.º 294 SEC de 1 de Junho de 1955.

[454] Telegrama n.º 168 SEC de 31 de Maio de 1955. O Dr. Gaitandó, no relatório que fizera ao Director da Polícia Internacional e de Defesa do Estado, jurou por sua honra que a viagem se destinava à sua actualização "na cirurgia geral e sondagem das possibilidades da continuação dos [seus] trabalhos de investigação científica (acção de vírus sobre cancro), em qualquer dos seguintes países e naqueles em que [lhe fossem] dadas maiores facilidades de estudo: Inglaterra, França ou Suíça" – pasta 23 de AOS/CO/UL – 61. Afinal os assuntos de ordem profissional eram de carácter político.

[455] Telegrama n.º 323 SEC de 14 de Junho de 1955.

[456] No telegrama n.º 329 SEC de 17 de Junho de 1955, o Governador deu conta de uma cópia de um telegrama enviado ao Cônsul da União Indiana e que este lhe fizera chegar em que se questionava se "portuguese authorities are aware of this [Deshpand is a diabetic patient]

[457] Telegrama n.º 324 SEC de 15 de Junho de 1955.

[de] libertação [de] Goa é espontâneo, [a] maioria [do] povo apoiaria [o] movimento se não fosse [a] repressão [do] governo [de] Salazar".

Depois, voltaram os julgamentos de satiagrahis – telegrama n.º 331 SEC –, as prisões e expulsões de "indivíduos todos [do] partido comunista vindos [de] Bombaim" – telegramas n.º 332 SEC, n.º 333 SEC e n.º 334 SEC, os três datados do mesmo dia, 18 de Junho de 1955, dia em que ainda houve mais quatro telegramas.

Desses telegramas, o n.º 337 SEC relatava que "Deshpande com mais 45 entraram [pela] fronteira [de] Canácona [foram] presos [às] 10 horas [de] hoje. Idades entre 25 e 76 anos. Deshpande diz [que] saíram 160 [de] Poona para entrarem hoje [por] vários pontos [da] fronteira. Todos aliciados pelo partido hindu Mahsabha. Todos postos [à] fronteira excepto Deshpande".

As várias referências a Deshpande mostram que se tratava de um elemento importante como se prova pela pena a que o Tribunal Militar o viria a condenar – 28 anos de prisão – e pela cobertura mediática que o seu caso mereceu, nomeadamente através da *France Presse*, de 30 de Março de 1954, e do *Times*, edição de 20 de Janeiro de 1955.

Referência, ainda, para novos incidentes como aquele que foi relatado no telegrama n.º 338 SEC, segundo o qual, o agricultor Joaquim Sousa, quando "se preparava [para] lavrar [o] seu terreno a trinta metros [da] fronteira apareceu um polícia [da] UI armado [de] espingarda que quis levá-lo preso" ou pelo n.º 339 SEC que deu conta de uma "tentativa [de] assalto [ao] posto [da] Guarda Fiscal [em] Naiquinim" quando, a pretexto de "precisarem [de] luz para [o] caminho, pediram para abrir [a] porta [do] Posto no que não foram atendidos", mas junto ao Posto foram "encontradas esta manhã duas granadas [de] mão defensivas [de] guerra sem marca que não chegaram [a] explodir".

Retornando ao movimento satiagraha, o telegrama n.º 340 SEC informava de mais um problema: a detenção em "Tandi – no extremo NE [do] Concelho [de] Sanguem – [de um] grupo [de] 45 indianos postos imediatamente [à] fronteira excepto [os] cabecilhas que [a] polícia local fez conduzir [a] Panguim".

Deshpande voltaria a ser notícia no telegrama n.º 343 SEC de 20 de Junho de 1955 porque o Governador-Geral decidira mandar pô-lo na fronteira por onde entrara porque era "diabético que só nos complicaria [a] vida com regime alimentar especial e tratamento permanente".

Neste telegrama o Governador revela algumas preocupações humanitárias "se o sujeitasse à alimentação [dos] presos decerto pioraria dando-nos trabalhos", mas vai avisando "se voltar então já não poderá haver complacências".

Este humanismo não era reconhecido por todos, pois o "Cônsul Mani esteve [em] Belgão [no] dia 25 [de] Junho" e disse "ser provável" que "ninguém com autoridade em Goa" aprovasse o "violento tratamento dados [aos] pacíficos e não violentos satyagrahis indianos"[458]

Nesse mesmo dia, o telegrama n.º 344 SEC dava conta que tinham chegado no "dia 19 [a] Damão idos [de] Bombaim três guardas rurais [e] dois polícias auxiliares [que] ali estavam desde Dezembro por [terem sido] presos [em] território [da] UI quando pretendiam ir [para] Damão fugidos [de] Naveli".

Os satiagrahis – neste caso – 79 "todos [de] aspecto miseráveis" voltariam a 25 de Junho de 1955 e o telegrama n.º 350 SEC informava que os três grupos tinham entrado por pontos diferentes e que o "chefe [de] todos [os] grupos [era um] velho [de] 70 anos". O tratamento era o habitual porque "estão sendo devolvidos excepto quatro mandados transportar [para] Pangim".

De qualquer forma, o problema nunca ficava resolvido porque, ainda nesse dia, o telegrama n.º 353 SEC dava conta da prisão de mais "22 da UI que entraram por Foquispatto", no dia 26 de Junho, o telegrama n.º 355 contava que tinham sido "presos [às] seis horas [da] manhã [de] hoje [em] Bicholin 9 satiagrahis [...] em Querim [foram] presos mais 9 perfazendo 32 [o] total [de] prisões" e o telegrama n.º 373 SEC de 4 de Julho de 1955 indicava a entrada pela "fronteira sul [de] Canácona [de] 51 indivíduos com panfletos [e] bandeiras sob chefia [do] D. K. Bandari que ficou preso".

Além disso, quem atravessava a fronteira não parecia disposto a obedecer às ordens das autoridades portuguesas que se viam na obrigação de impor o respeito através de tiros de intimidação[459].

A 2 de Julho de 1955, o telegrama n.º 366 SEC referia um assalto a um "depósito de explosivos [do] mineiro Candadas em Palle" feito "cerca [da] meia noite [e] meia hora [do] dia 30", tendo sido roubados "325 Kgs [de] gelatinite, 4500 detonadores, 12 galões

---

[458] Telegrama n.º 368 SEC de 2 de Julho de 1955.
[459] Telegramas n.º 354 SEC e 358 SEC, ambos de 27 de Junho de 1955.

[de] pólvora e 2 sacas grandes com rolos [de] rastilhos". No entanto, como o "comandante [da] polícia ordenou [uma] batida [em] toda [a] região" acabou por "apreender todo [o] furto [na] manhã [do] dia 1 dentro [de] tona varada em Volvoi". Por isso, não foram esses os explosivos usados na "sabotagem [da] ponte [de] caminho [de] ferro [em] Costi"[460], embora os explosivos continuassem a circular como se depreende da prisão pelo "regedor Curtorim" de um "indivíduo suspeito [que] conduzia [um] pequeno saco que [se] verificou conter dez cartuchos [de] gelanite, três detonadores [e um] rolo [de] fio eléctrico"[461].

O manejo desses explosivos, por vezes, causava problemas como o relatado no telegrama n.º 376 SEC de 5 de Julho de 1955 que informava que "morreu vítima [da] explosão [de uma] bomba relógio que estava manipulando em sua casa na aldeia [de] Mercês [o] mecânico [dos] CTT Keidar Vinaique Anvencar que trabalhava na Emissora Bambolim".

O último telegrama que o Ministro receberia da Índia, o n.º 378 SEC, no dia 6 de Julho de 1955, justamente na véspera de cessar funções, não fugia ao habitual e informava sobre mais um julgamento, no caso de "19 goeses por acção [de] propaganda contra [a] segurança [do] Estado". Só que desta vez os réus eram de peso: "Advogado Gopala Apa Camotim e médico Pundolica Datatraia Sinai Gaitandó, Advogado Pandjronga Jaganata Sinai Mulgão, médico José Francisco Xavier..." e até "um sacerdote hindu" que recebeu "18 meses [de] prisão maior [com] perda [de] direitos políticos". Apenas houve "dois absolvidos".

Certamente que o Ministro deixou a pasta com o Estado da Índia no pensamento.

3.6.7. Timor – 2 de Agosto de 1950 a 7 de Julho de 1955

Em Timor, de 1950 a 1958 César Maria de Serpa Rosa foi o Governador, razão pela qual serviu sob a tutela de mais do que um Ministro do Ultramar.

---

[460] Telegrama n.º 367 SEC de 2 de Julho de 1955.
[461] Telegrama n.º 368 SEC de 3 de Julho de 1955.

Seria ele que, através dos telegramas n.º 5 SEC de 26 de Maio de 1954 e n.º 7 SEC de 9 de Julho de 1954, voltaria a abordar a questão do perigo que a Indonésia representava para a manutenção de Timor como possessão portuguesa, embora a mensagem fosse no sentido de desmentir, devido a "averiguações efectuadas localmente" a notícia "publicada [no] jornal [de] Djakarta «Berita Indonésia»" de que os "timorenses portugueses tivessem entregado presentes e mensagem" ao Presidente indonésio que estivera "na parte Leste [da] Ilha apenas permanecendo uma noite [em] Atambua onde chegou [na] parte [da] tarde em viagem [de] propaganda eleitoral".

Era novamente a posição da indonésia relativamente a Timor-Leste a fazer-se sentir!

No entanto, na pasta consta um telegrama de data anterior – 23 de Junho de 1951 – para dar conta de mais uma das manifestações de regozijo que, de tempos a tempos, percorriam todas as possessões portuguesas. Desta vez, o motivo de satisfação prendia-se com a mudança da designação de colónias para províncias ultramarinas, medida que representava "um feliz regresso às tradições superiores da Nação Portuguesa" e, por isso, tornavam "ainda mais firmes e cordiais os laços que unem todos aqueles que têm a honra e a ventura de serem portugueses".

Eram os representantes de Lisboa espalhados pelo Império que não se esqueciam a importância de reforçar a ideia de um Portugal uno e indivisível do Minho a Timor.

O último telegrama que consta na pasta – n.º 46 CIF de 12 de Outubro de 1955 – dava conta da abertura do Conselho de Governo de Timor e, tal como já foi ou ainda virá a ser dito relativamente às outras províncias, era solicitado ao Ministro que transmitisse ao presidente do Conselho, a "gratidão pela publicação" do Estatuto "que inicia [uma] nova era [na] administração provincial abrindo-lhe mais largas perspectivas com intervenção [de] toda [a] população na eleição [dos] vogais [do] Conselho".

A única diferença relativamente aos telegramas enviados pelas outras províncias ultramarinas refere-se ao agradecimento ao governo por "todo [o] auxílio concedido" para a "reconstrução [de] Timor".

3.6.8. Macau – 2 de Agosto de 1950 a 7 de Julho de 1955

Em Macau, Albano Rodrigues de Oliveira ainda se manteve em funções durante cerca de um ano, pois só em 23 de Novembro de 1951, é que Joaquim Marques Esparteiro passou a ser o Governador, cargo que exerceria até 8 de Março de 1957.

Nessa conjuntura estava em vigor o embargo contra a República Popular da China na sequência da intervenção desta na guerra da Coreia, em 25 de Outubro de 1950.

Ora, como o embargo tinha sido imposto pelas principais potências ocidentais e era coordenado pela Comissão Coordenadora para a Orientação de Exportações Multilaterais (COMCO) da qual Portugal passou a fazer parte a partir de 30 de Abril de 1951, Salazar viu-se obrigado a respeitar o embargo, embora, de facto, a elite chinesa de Macau garantisse, através do contrabando, o comércio que permitia à China adquirir os materiais de que necessitava e que a comunidade internacional não lhe fornecia.

A questão do embargo dominou a correspondência trocada entre Macau e Lisboa. Quanto ao contrabando, quanto menos se falasse melhor porque mais se lucrava e o orçamento da província não podia prescindir dessa fonte de rendimento.

Assim, em 25 de Janeiro de 1951, no telegrama n.º 7 SEC, o Governador contava os pormenores da visita do novo Consultor Político do Governo de Hong Kong, Mr. Aldington[462] que lhe dissera que a "opinião pública [de] Hong Kong se encontrava um pouco alarmada com [o] aviso [do] Consulado [da] América aconselhando [a] evacuação [dos] seus nacionais [de] Hong Kong e [a] infeliz coincidência [da] publicação [da] nova lei [de] registo [dos] cidadãos [de] Hong kong para [os] serviços auxiliares e reserva [da] polícia". A calma só voltaria porque, durante a visita de Mr. Mac Donald, o "alto-comissário britânico [para o] sudeste [da] Ásia", a Hong Kong, o mesmo fizera "oportunas [e] calmas declarações" a garantir "a não existência [de] perigo imediato". No que se referia ao "embargo americano [a] Hong Kong [e] Macau disse mais uma vez [que o]

---

[462] Também no dia 16 viria a Macau o Vice Alto-Comissário do Sudeste da Ásia, Mr. William Addis, para uma visita "curta" e "inesperada".

Governo [de] Hong Kong estava decidido [a] auxiliar-nos [o] máximo possível". No que concerne às duas Chinas, o Consultor, a exemplo do Governador, "não considerava provável [o] desembarque [no] continente chinês [de] tropas nacionalistas [da] Formosa a não ser com forte apoio americano". Quanto aos americanos "depois [dos] graves erros cometidos [no] passado [...] não têm outro caminho senão armar-se poderosamente e mostrar [a] inflexível decisão [de] opor-se [a] todas [as] ameaças [e] agressões".

Os Estados Unidos eram um país onde a imprensa era " descontrolada [e] sensacionalista" e onde era possível a "individualidades responsáveis" fazerem "declarações insensatas".

No que se referia à Coreia, o Consultor defendia que a mesma não deveria "ser evacuada" até porque a "elite [das] tropas comunistas chinesas está sendo duramente castigada", situação "de que resultará [uma] sensível melhoria [da] situação [em] todo [o] Extremo Oriente de que muito poderá depender [a] possibilidade [de] evitar-se nova guerra mundial".

Afinal, não era apenas Salazar que via como muito provável um terceiro conflito mundial e, por isso, não aceitava a definição de Aron para a «guerra fria».

Curiosa a reacção dos chineses de Macau, face às vitórias dos "comunistas chineses [na] Coreia" porque, segundo o Governador, "não se mostraram entusiasmados e até pelo contrário parecem suspeitosos [relativamente ao] resultado final".

Igualmente interessante a "tendência [de] aumento [do] sentimento anti-russo entre [os] chineses mesmo comunistas aqui e [nas] regiões vizinhas pois [os] *adviser* soviéticos procuravam sempre impor-se [e] dominar". Aliás, os comunistas chineses estavam "receosos que sem apoio aéreo – que [os] russos parecem não querem dar-lhes – [os] seus melhores exércitos actualmente [na] Coreia fossem destroçados o que favorecia [o] plano [da] Rússia [para o] seu maior domínio sobre [a] China".

Do lado português, no que concerne às novidades sobre a vida em Macau, só havia a registar um "princípio [de] greve esboçada [pelos] operários [de] uma [das] nossas importantes fábricas [de] fósforos" mas que fora "resolvida sem incidentes [no] curto prazo [de] poucas horas".

No que diz respeito ao armamento, o Governador dava conta ao Ministro que nos próximos dias partiria de Singapura para Hong Kong a "primeira das esquadrilhas «Vampire Jets» com que [a] Raf Hong Kong vai ser poderosamente reforçada".

As relações com a China comunista voltaram no telegrama n.º 11 SEC de 28 de Fevereiro de 1951, porque "desde [o] passado dia 21 foram postas [em] vigor inesperadamente pelas autoridades comunistas novas medidas restritivas regulamentando [o] trânsito [de] chineses entre Macau e [a] China, que agora necessitam para [a] sua saída [e] entrada [no] território chinês [da] apresentação [de] passes concedidos [pelas] mesmas autoridades". Por isso mesmo, o "movimento [de] passageiros e mercadorias por terra e mar entre [a] China e Macau esteve praticamente paralisado durante dois dias, tendo [os] preços [dos] géneros [de] alimentação frescos [...] escasseado e atingido preços muito altos".

Felizmente, devido aos contactos com as autoridades de Seakei, a situação estava quase normalizada "faltando apenas solucionar [o] caso [dos] cadáveres [dos] chineses [que] morrem [em] Macau [e] que anteriormente eram enterrados fora [das] Portas [do] Cerco, e que agora por falta [dos] necessários passes [de] entrada e saída [do] território chinês para [os] culis que para ali [os] transportavam, têm sido enterrados [em] Macau".

O telegrama n.º 12 SEC, também de 28 de Fevereiro, dava mais informações sobre o assunto, referindo que antes da entrada em vigor das novas medidas, tinham sido "substituídas [as] sentinelas chinesas [da] fronteira [das] Portas [do] Cerco, que eram anteriormente feitas por guardas [das] alfândegas chinesas – agora apenas [por] empregados [dos] serviços aduaneiros – por soldados [da] guarnição [da] povoação vizinha [de] Chinsan, na sua maioria rapazes aparentando 15 [ou] 16 anos idade".

Talvez a juventude fosse a causa de incidentes como aquele que se verificou quando um oficial "subiu [para a] parte superior [do] arco [das] Portas [do] Cêrco e utilizado [um] binóculo" e um dos soldados chineses deu um tiro para o ar porque "julgava [que] estavam sendo tiradas fotografias", ou que esse mesmo soldado se tivesse entretido "jogando pedras em direcção [à] nossa sentinela indígena que, por duas vezes, atingiram [o] seu capote".

Face ao protesto junto das autoridades de Seakei, "um capitão comunista [veio] dia 24 [à] nossa fronteira apresentar desculpas" e "comunicando mais que [a] guarda ia ser rendida e que [o] soldado culpado seria castigado".

Em 9 de Abril de 1951, no telegrama n.º 24 SEC, o Governador dava conta da sua visita a Hong Kong e da "longa conversa [de] duas horas com Sir Granham" que lhe deu conta das "grandes [e] graves divergências existentes entre ingleses [e] americanos", muito por culpa do "péssimo efeito causado e [das] sérias complicações criadas pelas frequentes declarações [do] general Mac Arthur e pela sua atitude anti-britânica". O Governador queixava-se, sobretudo, da "sua ordem que nenhuma autoridade americana [no] Japão comparecesse [no] aeroporto [de] Tokio [a] despedir-se [do] embaixador [de] Inglaterra [no] seu recente regresso [a] Londres".

Mais referia o "embargo americano contra Hong Kong e o enorme prejuízo assim causado [à] colónia".

Afinal, não era só Portugal que tinha inimigos de estimação!

O embargo americano voltaria a ser abordado no telegrama n.º 25 SEC do dia seguinte, no qual o Governador contava a visita a Macau do Cônsul americano Mr. Yager. A conversa, segundo o Governador, andara à volta das "grandes dificuldades [do] comércio [e] indústria [de] Macau" e das derivadas do "extraordinário aumento [de] preços e falta [de] muitos produtos principalmente matérias-primas indispensáveis [à] laboração [das] fábricas [de] fósforos panchões".

O Cônsul mostrou "compreensão" e revelou-se agradado com o facto de o navio panamiano "Flying Dragon", proveniente da Formosa e carregado com "combustíveis líquidos" não ter sido "autorizado [a] entrar [no] porto [e] nem sequer ter ligação com [a] terra [em] virtude [de] não trazer documentação em ordem".

No entanto, a visita de Yager tinha sido uma forma de os norte-americanos controlarem ou verificarem *in loco* se Portugal estava a cumprir em Macau o embargo comercial contra a China.

Para uma melhor compreensão da atitude americana não se poderá esquecer que, em 2 de Junho de 1951, o Congresso tinha aprovado uma emenda – a Kem Amendment – que fazia cessar o apoio económico e financeiro dos Estados Unidos aos países que continuassem a exportar para os países comunistas, nomeadamente, para a URSS,

Coreia do Norte e China, mercadorias constantes duma lista preparada pelo Secretário da Defesa[463].

Por isso, Yager estava interessado em fiscalizar se, através de Macau, a China estava a receber óleos lubrificantes e combustíveis, produtos que constavam da lista de proibições.

A situação era grave e Portugal procurou uma política dúbia porque, por um lado, pareceu aceitar a posição norte-americana ao publicar no *Boletim Oficial* o Diploma Legislativo n.º 1207 do qual constava uma lista de produtos de duas categorias – A e B – sendo que os produtos da categoria A não podiam ser exportados para a China, mas, por outro lado, não quis afrontar a elite sino-macaense e, assim, o Ministro mandou o Governador falar com os representantes dessa elite – Lobo, Ho Yin e Ma Man-kei – mas aconselhou a que o fizesse "discretamente [...] para não ficarem surpreendidos, nem alarmados"[464].

De facto, Pedro Lobo, o Director dos Serviços Económicos, era uma personalidade muito importante no contexto regional como já foi referido e se pode comprovar pelo facto de o Ministro, através do telegrama n.º 75 CIF de 11 de Agosto de 1951 rejeitar o seu pedido de demissão porque o considerava um elemento cuja colaboração era "valiosa" e, por isso, "caso [a] impossibilidade [fosse por] motivos [de] saúde então [seria] preferível [a] aposentação nunca [a] demissão [que] teria aspecto [de] injustiça".

O patriotismo do Dr. Pedro José Lobo seria realçado pelo Governador no telegrama n.º 124 CIF de 7 de Dezembro de 1951 porque "enquanto se não conseguir pessoa experiente que o substitua" continuava a prestar "valiosíssima colaboração". Aliás, existe uma carta, datada de 21 de Agosto de 1951, do Ministro para o Presidente do Conselho a dar conta de uma outra carta do "Encarregado do Governo de Macau, o Dr. Aires Pinto Ribeiro, um médico muito distinto" a "propor uma comenda" para o Dr. Pedro Lobo. O Ministro considerava que neste caso não seria "necessário, nem a

---

[463] Antes desta emenda, já a Assembleia-Geral da ONU tinha aprovado um embargo selectivo em 18 de Maio de 1951, a que se seguiria a apresentação de uma lista revista pela Inglaterra e, em 19 de Junho de 1951, um Decreto do Governador de Hong Kong.

[464] Cf. telegrama n.º 6 SEC, de 21 de Janeiro de 1952. In Comissão Coordenadora do Comércio, MU/GM/GNP/084/pt. 8, AHU, Lisboa.

mais própria a Comenda do Império, mas não pareceria fora de propósito uma condecoração". O assunto ficava à consideração do Presidente do Conselho.

Retomando a atitude portuguesa face ao embargo, convém referir que a China não a aceitou muito bem e, por isso, em 5 de Fevereiro de 1952, o Governador deu conta ao Ministro, através do telegrama n.º 17 SEC, de uma reunião em Guangzhou para definir o futuro de Macau na qual já se tinham ouvido vozes contra a manutenção da soberania portuguesa sobre o território, embora os dois representantes da elite sino-macaense, Ma Man-Kei e O Lon, tivessem defendido a continuação da situação vigente em Macau.

No entanto, em 20 de Maio de 1952, voltaria a questão da soberania portuguesa a merecer o telegrama n.º 30 SEC no qual o Governador dava conta de "certa agitação [das] massas operárias e elementos comunistas procurando provocar [as] autoridades policiais [de] terra e mar mantendo [no] limite [das] nossas águas [no] porto interior embarcações armadas notando-se [na] ilha [da] Lapa movimento de tropas". O Governador considerava que não se tratava de uma "acção deliberada contra [a] nossa soberania mas somente [uma] provocação [com o] fim [de] experimentar [os] nossos meios [de] defesa e saber [a] energia [da] nossa reacção tudo [de] acordo [com os] métodos comunistas [de] causar perturbações [e] mal estar".

O Ministério sentiu necessidade de dar conhecimento do incidente a Salazar porque considerava "manifesta a situação de ser criado ambiente de desassossego" ao qual parecia que Portugal deveria "responder com a mais resoluta firmeza e a mais reflectida calma", embora a última palavra coubesse ao Presidente do Conselho.

Entretanto, como "notícias estrangeiras originárias [de] Hong Kong referem ter havido distúrbios e troca [de] tiros [na] nossa fronteira", o Subsecretário pedia ao Governador que o informasse se "será apenas [o] caso referido [no] seu 30 Secreto ou nova ocorrência"[465].

Na pasta não consta a resposta do Governador que, no entanto, deve ter existido até porque no telegrama n.º 21 SEC, de 24 de Maio de 1952, o Subsecretário de Estado fala do "33 secreto" que também não figura na pasta. Nesse telegrama, no que concerne aos problemas

---

[465] Telegrama n.º 18 SEC de 22 de Maio de 1952.

das relações comerciais com a China, o Subsecretário de Estado defendia que as "dificuldades presentes poderão ser fortemente atenuadas se Vexa nos indicar franca e abertamente quais são os produtos e as suas quantidades com especificação das suas características que julga indispensável continuar a deixar seguir para a China". Depois elucidava que "continua [a] ser livre [a] saída para [a] China [de] todos [os] produtos não incluídos [nas] listas" e que "nenhum embargo existe [por isso] Macau importe tudo [aquilo] que lhe seja indispensável para [a] sua vida económica e industrial mas o que é necessário é indicar [os] produtos e [as] quantidades na sua realidade". Também pedia a indicação concreta de "quais produtos e quantidades necessita [de] importar e [respectivas] proveniências para que os 10 000 operários já sem trabalho possam regressar [à] actividade".

O Verão de 1952 conheceria aquilo que ficou designado como "Os Incidentes das Portas do Cerco" de que os dois pequenos incidentes já referidos constituíram o prenúncio ou sinal.

Os incidentes na fronteira seriam objecto de relato no telegrama n.º 47 SEC de 4 de Agosto de 1952 no qual o Governador dava conta do contacto com o general chinês comandante da fronteira de forma a procurar "restabelecer [as] comunicações [e os] abastecimentos indispensáveis [à] vida [da] Província".

O facto de um soldado português ter pisado território chinês e não ter havido pedido de desculpas foi suficiente para desencadear o conflito e levou os chineses a exigir desculpas e o abandono da faixa de terreno considerado neutro na fronteira e uma indemnização, medidas que seriam um pouco suavizadas numa segunda proposta face à recusa da proposta inicial por parte de Portugal. Na verdade, o Governador considerava que a "aceitação imediata [das] condições apresentadas parece-me humilhação que não estou disposto [a] sofrer, mas tenho perante mim [a] pressão económica [que] estão exercendo [para a] completa suspensão [do] tráfego envolvendo [a] paralisação [o] fluxo [de] víveres, lenha essencial [à] vida [da] população, fornecimento [de] arroz, também essencial, criação, ovos, gados, etc". Como ainda existiam "certas reservas alimentares", a população mantinha-se calma, mas o Governador receava que o "prolongamento [da] situação traga perturbações [e] inquietação" e, por isso, tinha mandado convocar o Conselho de Governo.

O conteúdo dessa reunião foi relatado no telegrama n.º 49 SEC de 6 de Agosto de 1952, segundo o qual todos os vogais se manifestaram no sentido da "aceitação [das] condições embora manifestassem [a] opinião [da] conveniência em tentar suprimir [o] reconhecimento [da] nossa culpa pelos incidentes". Assim sendo e embora tivesse "reservas alimentares [para] um mês" ficava a aguardar a "superior orientação" sobre a aceitação das condições propostas pelos chineses.

No mesmo dia, o Ministro responderia no telegrama n.º 35 SEC e a resposta não deve ter sido do agrado do Governador porque o Ministro desaprovou a convocação do Conselho de Governo que, "como era de esperar, não obtive indicações altamente úteis para [a] resolução [das] actuais dificuldades e teve [o] inconveniente [de] deixar [a] questão ao alcance [da] publicidade dificultando [as] negociações futuras com [as] autoridades militares chinesas". O Ministro volta a lembrar que o "valor [do] mercado [de] Macau para [as] regiões limítrofes é tal que nós podemos contar com algum auxílio da parte [dos] agricultores e comerciantes", além de que o "comércio que se faz por Macau para a China interessa muito [a] esta". Por isso, mais a mais havendo víveres para um mês, isso significava "poder continuar [a] negociar".

Como o Ministro não aprovava a estratégia seguida, propôs uma outra que contemplava dois planos: "um acordo entre [as] autoridades militares sobre [a] forma [de] guarnição e guarda [da] fronteira [e] o ajuste em que do nosso lado só [o] comércio local entraria e que entregaria [uma] soma a designar com referência ao restabelecimento [do] comércio".

O interessante era que as somas ajustadas deveriam ser "pagas [pelos] comerciantes (ao menos aparentemente) com [o] fim [da] reabertura [das] fronteiras aos seus negócios e não seja considerada multa imposta [pelo] Governo".

O Ministro avisava, ainda, que "nenhum acto [de] submissão [da] nossa parte ou demonstração [de] exagerado receio pode ter [o] mínimo efeito sobre [as] autoridades comunistas" e mandava perguntar se "Hong Kong está [em] condições de suprir parcialmente ao menos [o] abastecimento [a] Macau".

O Governador respondeu à questão, quando, em 8 de Agosto de 1952, através do telegrama n.º 53 SEC deu conta do agravamento da "situação interna devido [à] crescente escassez [de] víveres que atingiram alto preço não acessível [à] grande maioria [da] população chinesa". A perturbação era também prevista pelo "Presidente [da] Associação Comercial Ho Yin". Por isso, o Governador avançava com uma nova proposta na qual, no ponto inicial, se defendia "não pedir desculpa nem confessar [o] erro mas na dúvida lamentar [o] facto [de] um dos nossos soldados indígenas ter pisado involuntariamente território chinês".

No mesmo dia, o telegrama n.º 54 SEC, urgentíssimo, informava que as autoridades chinesas "apresentaram condições que consideram definitivas para [o] restabelecimento [da] normalidade" e que, embora o comércio estivesse "disposto a arcar [com o] pagamento", tal não era "aceite [pelas] autoridades militares chinesas". O protelamento da situação já provocara o "êxodo [dos] comerciantes abastados".

No que concerne à questão colocada pelo Ministro, o Governador informou que "Hong Kong continua [a] fornecer-nos alimentos em conserva mas não pode dar o que da China importamos em tempos normais visto que ela própria é abastecida [pela] China".

No dia 10 de Agosto de 1952, no telegrama urgentíssimo n.º 57 SEC o Governador dava conta da "irredutibilidade [da] situação sobretudo quanto [à] primeira condição apresentada [pelas] autoridades militares chinesas" e submetia ao "esclarecido critério" do Ministro um novo texto a apresentar aos chineses que, aliás, não era muito diferente do anterior porque reafirmava que "as investigações a que procedemos não nos levam [a] concluir [que o] nosso soldado tenha pisado território chinês mas se por defeito do actual sistema de vigilância na fronteira o nosso soldado pisou involuntariamente [o] vosso território lamentamos que isso tenha sucedido".

Os telegramas n.º 59 SEC e n.º 60 SEC, ambos de 12 de Agosto de 1952, davam conta da entrega da proposta por Ho Yin e de nova contraproposta chinesa "com pequenas modificações", nomeadamente na substituição da expressão «lamentamos que isso» por «lamentamos esse erro» [e] não permitir [que os] nossos soldados saiam armados para [a] zona intermédia, dispensar [os] cavalos [de] friza e quanto [às] compensações deverão ser justas [de] acordo [com] ambas partes". O Governador considerava aceitável desde que "na zona intermédia não sejam igualmente permitidos soldados armados chineses", mas voltava a solicitar o aval do Ministro.

Todo este suceder de propostas e contra-propostas mostra a dificuldade em reconhecer e assumir o erro, embora o Governador se queixasse da "mentalidade chinesa sempre disposta [a] alterar promessas e recomeçar negociações"[466]. Por isso, os telegramas n.º 63 SEC de 15 de Agosto de 1952, o n.º 44 SEC, também de 15 de Agosto, o n.º 64 SEC de 17 de Agosto de 1952, voltavam a mostrar o impasse das negociações, embora, neste último, o Governador já apresentasse um plano de abastecimento de acordo com três modalidades[467].

Depois, em 21 de Agosto de 1952, o Governador enviaria o telegrama n.º 65 SEC para dar conta de uma nova proposta chinesa, cuja "fórmula nos foi apresentada hoje pela missão [de] Ho Yin e sem dúvida conseguida por influência do Director Político de Cantão Chang Fong".

Há, no entanto, neste telegrama, um pormenor que não deixa de ser revelador da forma como os chineses desenvolviam a sua política.

De facto, no telegrama pode ler-se que se esta proposta "for apresentada por nós terá a aceitação das autoridades militares chinesas", ou seja, essa parte chinesa preparava um texto para que Portugal o apresentasse e a China o aceitasse.

O ponto da discórdia passaria a ter a seguinte redacção: "na presente questão, reconhece-se que foi devido [a] erro [do] actual sistema [de] vigilância que se deram incidentes na fronteira, lamentando nós esse erro".

---

[466] Telegrama n.º 63 SEC de 15 de Agosto de 1952.
[467] As modalidades eram as seguintes:
Primeira – facultar ao comércio local adquirir e importar mediante licença todos os produtos essenciais à vida da população deixando os preços baixar gradualmente à medida que os abastecimentos forem aumentando.
Segunda – seguir a modalidade anterior quanto à aquisição e importação intervindo o Governo imediatamente para baixa de preços mediante subvenções adequadas sem esperar que o aumento de abastecimento produza as devidas correcções de preços.
Terceira – efectuar aquisições e importações por intermédio da Comissão Reguladora de Importações cuja acção tem sido limitada após a guerra para satisfazer as necessidades dos servidores do Estado, o que exigiria grandes financiamentos se se pretendesse alargar a sua função comercial para todos os produtos essenciais ao consumo geral da província".
O Governador considerava "viável combinar convenientemente a primeira e a terceira modalidades".

O Ministro, que tinha dúvidas sobre se o processo estava a ser conduzido da melhor forma, como se comprova pelo telegrama n.º 44 SEC de 15 de Agosto em que afirma que "muito estranho não ser possível qualquer abastecimento [de] Singapura onde temos tanta gente [com] influência mesmo junto [do] Alto Comissário", defendia ser "preferível ter paciência", embora julgasse "indispensável encarar [a] possibilidade [de] viver sem [a] abertura [da] fronteira procurando abastecimentos [de] outras origens", pois estava a "ver que não poderemos transigir [em] certos pontos e por sua vez [as] mudanças [das] atitudes chinesas podem acarretar grandes demoras".

Aliás, em 23 de Agosto de 1952, o Ministro escreveria ao Presidente do Conselho uma missiva de quatro páginas sobre esta questão, à qual anexava uma proposta de texto para que Salazar fizesse as "alterações".

O Ministro explicava que não tinha mandado instruções para Macau porque lhe tinha parecido "preferível falar com o Sr. Ministro do Exército" e que, depois dessa conversa, tendo parecido a ambos que era evidente "a irredutibilidade dos chineses em aceitar as redacções que lhes têm sido oferecidas" porque exigiam "uma confissão de culpabilidade" da parte de Portugal, parecia necessário "entabular negociações sob uma nova modalidade".

Essa modalidade passava por uma declaração conjunta feita pelos "comandantes militares, português e chinês" de acordo com o texto preparado pelo Ministro que, voltava a referir que lhe parecia "perigoso confessar culpas que não temos", pois essa confissão teria "efeito moral sobre as tropas" e, além disso, não se podia esquecer "a posição melindrosa em que nos colocaríamos, comprometendo o nosso prestígio e fornecendo pretexto para novas exigências dos chineses".

A proposta do Ministro tinha cinco pontos, no primeiro dos quais se voltava a enjeitar a responsabilidade do lado português " as forças nada fizeram para provocar os conflitos", embora o ponto dois fosse contraditório ao afirmar que o comandante das forças chinesas "pelo contrário [tem] informação de que um soldado português haveria pisado solo chinês ao colocar o cavalo de friza junto à fronteira". Ora, como o importante era "normalizar rapidamente o trânsito na fronteira", o comandante das forças portuguesas tomava "a iniciativa de retirar as sentinelas portuguesas para as Portas do Cerco e prescindir da colocação dos cavalos de friza na linha da fronteira" e ambos os comandantes aceitavam estudar "a forma de reciprocamente compensar as mortes e estragos causados".

A partir do Arquivo não é possível saber o destino desta proposta porque não existem mais telegramas sobre o assunto, uma vez que o único telegrama ainda relativo a 1952 – o 75 SEC de 11 de Outubro de 1952 – serviu para dar conta que as "comemorações nacionalistas decorreram sem incidentes tendo-se verificado esta vez [um] melhor espírito [de] colaboração [dos] dirigentes [do] partido". Para essa boa ordem tinha contribuído não apenas a "boa compreensão [da] parte [dos] chineses", mas também, a "eficaz acção [da] nossa polícia".

No entanto, a investigação junto de outras fontes permitiu saber que em 25 de Agosto de 1952 houve uma troca de notas que permitiu o acordo e, assim, o comércio entre Macau e a China Continental foi retomado com a abertura da fronteira entre Macau e Zhongshan.

Relativamente a 1953, na pasta só consta um telegrama do Governador – o n.º 34 SEC de 14 de Setembro de 1953 – e um cartão do Ministro a dar conta ao Presidente do Conselho do conteúdo desse telegrama que se prendia com as 4 deserções da Lapa. O Governador dava conta das quatro medidas que tinham sido tomadas[468] e voltava a lembrar a nossa "dependência económica [da] China comunista" além de possíveis incidentes que a " todo o custo" convinha evitar.

O Governador referia ainda que os "desertores chineses não revestem as clássicas características [de] deserção militar mas tão somente [o] propósito [de] procurar [a] satisfação [de] apetites materiais que só podem conseguir libertando-se [do] ambiente comunista", não manifestavam "convicções ideológicas" nem forneciam "informações [de] carácter militar ou político".

---

[468] As medidas eram as seguintes:
1.º Considerar os desertores como elementos perseguidos;
2.º Não os manter sob prisão a fim de evitar que os comunistas venham a exigir a sua entrega o que daria lugar à sua execução.
3.º Receber as armas de que sejam portadores e retê-las em nosso poder.
4.º Não impedir que saiam como desertores para outros territórios por sua conta e risco, não se lhes exigindo tal qual se pratica com os outros chineses indicação do local do seu destino quando abandonam a província".

Foi devido a isso, ou seja, por "não estar dentro da ortodoxia do Direito Internacional" que o Ministro remeteu o telegrama para o Presidente do Conselho.

Em 1954, a correspondência também foi reduzida e na pasta só constam dois telegramas – o n.º 35 SEC de 3 de Dezembro e o n.º 38 SEC de 19 de Dezembro.

No primeiro, o Governador informava que tinham rebentado "quatro bombas [em] locais horas diferentes" mas sempre em "propriedade [de] chineses abastados". O que apontava para o facto de se tratar de "elementos desordeiros [que] procuram intimidar [os] chineses" para lhes "extorquir dinheiro" e, por isso, nada indicava que houvesse "ligação [a] actividades políticas".

As medidas tomadas, como a limitação da "entrada [de] chineses" não garantiam "completa eficácia" e o Governador receava que a "repetição [de] atentados semelhantes" tivesse reflexos que afectassem "gravemente [a] nossa economia".

No segundo, dava conta da libertação do capitão Salgado, que tinha sido capturado em 1952 quando estava a "velejar [e a] sua embarcação se encontrou subitamente em calmaria". Durante a detenção fora "sujeito a interrogatórios [e] frequentes incómodos como é hábito [dos] comunistas" e, por isso, se apresentava em "bom estado mas moralmente abatido". O Governador ordenou-lhe que "se abstivesse inteiramente [de] falar evitando sobretudo [os] jornalistas [a] fim [de] não complicar [a] nossa situação aqui", mas informou-o que teria de apresentar um "relatório confidencial". O capitão passou para a responsabilidade do Comandante Militar e este pensava "fazê-lo regressar a Lisboa [por] via aérea dentro [de] poucos dias".

Relativamente a 1955, no período em que Sarmento Rodrigues se manteve na pasta, não existe mais nenhum telegrama que pareça justificar a sua inclusão na obra.

3.7. Ministério de Raul Ventura: 7 de Julho de 1955 a 14 de Agosto de 1958[469]

Raul Ventura tutelou a pasta numa altura em que os nacionalistas, mesmo que ainda não agrupados em movimentos formalmente organizados, começavam a emergir no contexto africano, como se prova pela existência de um ofício do Secretariado-Geral da Defesa Nacional sobre a infiltração comunista na África negra, sobretudo na de influência francesa e belga, com fomento de rebeliões e uma acção de propaganda a nível da imprensa escrita e falada[470].

Aliás, a questão africana entre 1958 e 1959, só na pasta 16 de AOS/CO/UL – 61, ocupa 136 folhas, muitas delas em francês, pois dizem respeitos a territórios sob soberania francesa ou belga.

Como alguns dos recortes dos jornais são em russo, não restam dúvidas sobre as solidariedades horizontais que estavam em curso e de que o panfleto intitulado "Ameaça portuguesa", distribuído em Angola, e uma carta aos portugueses de Moçambique a convidá-los para aproveitarem a "vinda de estrangeiros ao nosso território [e] comunicar-lhes os horrores que se passam em Portugal; transmitir-lhes os casos de pessoas mortas nas cadeiras de Portugal por elementos da PIDE" constituem dois exemplos.

3.7.1. Angola – 7 de Julho de 1955 a 14 de Agosto de 1958

Em Angola, Manuel de Gusmão de Mascarenhas Gaivão foi nomeado a 10 de Setembro de 1955 e tomou posse a 12 de Setembro de 1955, como Encarregado do Governo, depois de dois telegramas do Ministro do Ultramar a insistir, pois ele não queria e estava adoentado[471]. Esta insistência por parte do Ministro do Ultramar mostra

---

[469] A caixa AOS/CO/UL – 8 J serviu como fonte de pesquisa para os telegramas relativos a este mandato.

[470] Nas seis subdivisões da pasta 14 de AOS/CO/UL – 61 é possível saber que tudo tinha sido combinado na reunião de Sofia da Federação Sindicalista Mundial, realizada em Setembro de 1956, e que as directivas políticas emanavam da FSM de Praga tendo como executores o sudanês Dallio, Drane Umur da Guiné Francesa, Louis Tata do Congo Francês, Lakdar Kaidi da Argélia e Jolon do Congo Belga.

[471] Informações recolhidas junto do quarto filho, Luís de Mascarenhas Gaivão.

que, mesmo no caso de Angola, que era considerada a jóia da coroa, nem sempre surgiam candidatos que obedecessem à dupla condição: interesse em ocupar o cargo e obediência aos requisitos exigidos pelo Poder Central.

O Governador-Geral que se lhe seguiu, Horácio de Sá Viana Rebelo, foi nomeado no Conselho de Ministros de 8 de Dezembro de 1955 e tomou posse, em Luanda, a 17 de Fevereiro de 1956. Por isso, já foi com a sua presença em Angola que o MPLA – formado a 10 de Dezembro de 1956 – procedeu à distribuição clandestina de um prospecto a denunciar a opressão colonialista portuguesa, numa fase em que aquele que viria a ser o seu líder, Agostinho Neto, ainda continuava preso[472].

O recurso à denúncia da situação colonial através de prospectos e panfletos aponta para um dado que importa realçar – a adesão de escritores angolanos ao MPLA, como foram os casos de José Luandino Vieira, Manuel Rui, Mário Pinto de Andrade, Viriato da Cruz e Agostinho Neto.

No entanto, os telegramas consultados não pareceram conter informações pertinentes para a problemática em estudo.

3.7.2. Moçambique – 7 de Julho de 1955 a 14 de Agosto de 1958

Em Moçambique manter-se-ia em funções Gabriel Maurício Teixeira, apesar de em vários telegramas o destinador ou o destinatário não ser o Governador-Geral mas o Encarregado do Governo-Geral.

O inicio do mandato do novo Ministro, no que a Moçambique diz respeito, foi marcado pela questão dos informadores e dos serviços secretos, questão que pelo secretismo que encerra, estimula sempre a curiosidade.

Assim, esta questão foi objecto do telegrama n.º 80 SEC de 26 de Agosto de 1955, quando o Ministro pediu ao Governador-Geral que transmitisse uma mensagem ao Eng. Jorge Jardim para que o informasse de tudo o que soubesse a "respeito daquele GIL EANES que dizem íntimo [de] certo estadista".

---

[472] Agostinho Neto foi preso uma primeira vez em 1951 e voltou a ser detido em Fevereiro de 1955, situação que se manteve até Junho de 1957.

Como é óbvio, o código não permite saber de quem se tratava e nem o telegrama n.º 94 SEC de 28 de Agosto de 1955 enviado pelo Encarregado do Governo-Geral para o Ministro com a resposta de Jorge Jardim esclarece o assunto e ainda acrescenta novo enigma ao referir o nome do "meu amigo Vicente" a cujo "mesmo grupo católico" a referida personagem deveria pertencer.

O recurso a estes informadores nem sempre era gratuito porque Jorge Jardim avisava que tinha "possibilidade [de] fazer seguir [um] elemento [da] mais absoluta confiança de Karachi para Ceilão com paragem [no] aeroporto [de] Bombaim [...] acção custando 6.000.000$00"[473].

Talvez para tranquilizar o Poder Central, Jorge Jardim fez questão de salientar que o enviado especial era "português metropolitano".

O Ministro responderia a 8 de Outubro – Jorge Jardim precisava de resposta até dia 12 – para afirmar que em "referência [ao telegrama] 100 SEC peço [para] responder [que o] dinheiro [é] bem empregado"[474].

Jorge Jardim avisaria – telegrama n.º 102 SEC de 18 de Outubro de 1955 – que o "meu amigo chegou [a] Colombo com paragem [em] Bombaim onde falou com amigos. Dia 20 regressará [de] Colombo [para] Carachi com nova paragem [em] Bombaim".

Como não se brincava com dinheiros públicos, Jardim mandava avisar que "logo [que] receba [o] relatório" o transmitiria.

Foi o que aconteceu a 31 de Outubro no telegrama n.º 108 SEC em que consta: "recebi [a] carta [do] Presidente. Recebi [o] relatório [de] Bombaim. Segue tudo [junto] com carta minha [no] próximo avião".

Como se vê ninguém poderia acusar Jorge Jardim de morosidade ou ineficácia no cumprimento das missões a que se propunha ou que o Poder lhe indicava.

Que o Poder solicitava, com frequência, os seus serviços não restam dúvidas, pois Adriano Moreira, numa das suas mais recentes obras[475], dá conta disso.

---

[473] Cf. telegrama n.º 100 SEC de 7 de Outubro de 1955.
[474] Cf. telegrama n.º 90 SEC do Ministro para o Encarregado do Governo-Geral de Moçambique sobre os problemas na Índia.
[475] *A espuma do tempo. Memórias do tempo de vésperas.*

No entanto, a forma discreta e quase às escondidas como foi agraciado com a Ordem do Império mostra que o Poder, então como agora, tem dificuldade em assumir à luz do dia acções que patrocina ou solicita às escuras.

A forma como Jorge Jardim recuperou o retrato de Afonso de Albuquerque – mesmo que num primeiro momento se tivesse enganado e trouxesse o de D. João de Castro – e as constantes peripécias em que se via envolvido e que Dominique de Roux se encarregou de romancear, misturando a realidade e a fantasia, na sua obra derradeira *O quinto império,* reservaram a Jorge Jardim um lugar no imaginário de Portugal e, sobretudo, de Moçambique.

Aliás, a 13 de Dezembro de 1955, Jardim voltaria a pedir que o Governador-Geral transmitisse ao Ministro que tinha a "possibilidade [de] enviar novamente [na] terça 20 [do] corrente [o] mesmo emissário [a] Bombaim por via anteriormente utilizada", pedia a concordância "com o mesmo dispêndio" e questionava se o Ministro tinha "instruções para qualquer informação específica"[476].

O Ministro responderia no mesmo dia para afirmar: "concordo e agradeço"[477] e para manifestar o desejo de saber o "uso [a] dar [aos] milhares [de] bandeiras portuguesas [que] estão sendo confeccionadas [em] Bombaim". Infelizmente, Jardim ainda não sabia a "exacta utilização" que se previa não só para essas bandeiras, mas também, para os "uniformes [da] Polícia [de] Segurança Portuguesa" que, segundo informações que recebera, também estavam a ser confeccionados em Bombaim[478].

Moçambique seria, ainda, notícia devido a um ciclone cujas consequências o Governador-Geral não podia saber com exactidão porque havia "áreas administrativas ainda sem comunicações", embora já soubesse que tinha havido "grandes prejuízos" no distrito de Tete e "enormes prejuízos" no distrito de Nampula e que tinham havido "embarcações afundadas Lumbo" e quanto à "perda [de] vidas indígenas estima-se [em] dezenas". O Governador-Geral informou que já tinha enviado um "rebocador com socorros e medicamentos [para] Memba"[479].

---

[476] Telegrama n.º 127 SEC de 13 de Dezembro de 1955.
[477] Telegrama n.º 118 SEC de 13 de Dezembro de 1955.
[478] Telegrama n.º 1 SEC de 2 de Janeiro de 1956. No telegrama consta, erradamente, 1955.
[479] Telegrama n.º 79 CIF de 10 de Abril de 1956.

Depois voltariam as notícias sobre as actividades da oposição, mais concretamente sobre um boato que corria, segundo o qual "elementos [da] oposição procuram fomentar greve [nos] portos [e] ferrovia a declarar-se [no] dia 26 próximo sincronizada [com a] greve geral a declarar-se aí e greves [em] Angola"[480].

O Governador-Geral dava conta ao Ministro que já tinha chamado o "Director [em] exercício [na] Ferrovia" e lhe tinha dito que não notava "qualquer sintoma [de] fundamento [ao] boato nem via motivo [para que o] pessoal tome atitude [de] tal gravidade". No entanto, recomendou-lhe "prioridade absoluta [na] averiguação" e que prevenisse "qualquer interrupção [de] serviço", pois o Governo asseguraria "por todos os meios [a] liberdade [de] trabalho e reprimiria qualquer alteração [da] ordem".

Que não se tratava apenas de um boato pode ser constatado pelo telegrama n.º 108 SEC, enviado pelo Ministro em 24 de Junho de 1958, no qual dava conta que tinha "havido constantes apelos por meio [de] panfletos para greves em todas [as] indústrias e transportes", já tendo acontecido "paralisações [nas] zonas [de] Vila Franca [e] Alverca", manifestações dos pescadores de Matosinhos que, "nos dias 16 e 17 não embarcaram ou embarcaram e não pescaram" e "quatro fábricas [no] Porto [que] paralisaram por solidariedade com [os] pescadores", embora estes não tivessem querido saber dessa solidariedade e começassem a "regressar [ao] trabalho".

Interessante era a forma que os Ministros do Interior e das Corporações tinham encontrado para resolver o problema, pois "onde faltam operários mas [o] funcionamento [da] fábrica é mantido, [os] operários faltosos são imediatamente despedidos mas [a] fábrica não é encerrada; onde [a] paralisação [é] total, [a] fábrica é encerrada [por] ordem [da] polícia que só permite [a] reabertura depois [de] averiguar [as] responsabilidades [da] empresa e com [o] pessoal que não tenha sido instigador".

O Ministro pediu ao Governador-Geral para "publicar [uma] nota em que explique [a] verdadeira amplitude [dos] acontecimentos pois [a] tendência tanto aí como aqui é para avolumar [os] factos se [as] autoridades não os expõem tal como são.

Estava a chegar a hora da autenticidade!

---

[480] Telegrama n.º 94 SEC de 23 de Junho de 1958. As citações que se seguem também pertencem a esse telegrama.

3.7.3. Cabo Verde – 7 de Julho de 1955 a 14 de Agosto de 1958

Em Cabo Verde, em 1957, António Augusto Peixoto Correia assumiu funções de Governador e ocupou o cargo até 1958.

Nessa altura, Cabo Verde continuava a ver alguns dos seus problemas tratados de uma forma que deixa dúvidas sobre a respectiva eficácia.

De facto, em Novembro 1956, através do Decreto-Lei n.º 40869, o Governo extinguiu a Brigada Técnica de Estudos e Trabalhos Hidráulicos (B.T.T.E.H.) de Cabo Verde, que tinha sido criada pelo Decreto-Lei n.º 35666, de 27 de Maio de 1946, e, em sua substituição, criou as Brigadas de Estudo e Execução de Melhoramentos Agrícolas, Silvícolas e Pecuários (B.E.E.M.A.S.P.) e de Estudo de Construção de Obras Hidráulicas (B.E.C.O.H.). Até aqui, nada parece fora do habitual porque é normal criar organismos para substituir aqueles cuja acção se considera inadequada ou já ultrapassada. No entanto, a leitura já deverá ser diferente se for tido em conta que o novo Decreto já previa ou estipulava que os dois novos organismos seriam ambos de carácter temporário.

No que concerne aos transportes, foi Peixoto Correia que viu chegar o primeiro «Dove», um bi-motor de nove lugares que, depois, seria utilizado para a ligação aérea das ilhas.

3.7.4. Guiné – 7 de Julho de 1955 a 14 de Agosto de 1958

Na Guiné, o cargo de Governador foi exercido por um natural de Cabo Verde, Álvaro Rodrigues da Silva Tavares, de 1956 a 1958[481].

Em 16 de Agosto de 1956, ao entrar em funções, o Governador fez questão de reiterar ao Ministro "indefectível lealdade" e de pedir que o mesmo fosse "intérprete perante Sexa [o] Presidente [do] Conselho do meu acendrado respeito e vontade [de] bem merecer [a] confiança do Governo"[482].

---

[481] Depois de deixar o cargo de Governador da Guiné, Silva Tavares passaria a exercer as funções de Secretário de Estado da Administração Ultramarina, desde 14 de Julho de 1958, e seria ainda Governador-Geral de Angola de 1960 a 1961, antes de regressar à carreira jurídica.

[482] Telegrama n.º 211 de 16 de Agosto de 1956.

A utilização do adjectivo aponta para a elevada formação universitária de alguém que chegaria a Presidente do Supremo Tribunal Administrativo.

Silva Tavares constitui, por isso, um bom exemplo da forma *diferente* como os cabo-verdianos eram vistos pela elite do Estado Novo em relação aos habitantes das outras possessões portuguesas.

Em 26 de Abril de 1958, o Governador deu conta de "informações ainda não confirmadas" segundo as quais haveria uma "concentração [de] tropas [na] fronteira [de] Gabú com Guiné Francesa cujo fim seria evitar [a] entrada [de] indígenas descontentes [no] nosso território e também manter [a] ordem"[483].

As razões do descontentamento dos indígenas não foram explicitadas e os assuntos dos outros telegramas consultados não representam nada de pertinente para esta investigação.

3.7.5. S. Tomé e Príncipe – 7 de Julho de 1955 a 14 de Agosto de 1958

Em S. Tomé e Príncipe, desde 1956 a 13 de Outubro de 1957, o Governador representante foi Octávio Ferreira Gonçalves, que veio a ser substituído pelo Governador Manuel Marques de Abrantes Amaral cujo mandato se prolongou até Agosto de 1963, ou seja, mereceu a confiança dos dois Ministros que se seguiram.

No que respeita às tenções sociais, o Governador enviou o telegrama n.º 26 SEC de 5 de Dezembro de 1955 no qual dava conta de uma insubordinação de serviçais cabo-verdianos que seguiam a bordo do navio «Belas», embora não tivesse o "caso por grave".

No navio seguiam "333 serviçais caboverdeanos dos quais 63 destinados [ao] Príncipe" e o comandante viu-se obrigado a pedir a "intervenção [da] força armada e autoridades [à] chegada [ao] Príncipe".

O Governador informava que tinha pretendido "mandar imediatamente daqui aviso com [o] Curador-Geral, [o] Comandante [da] Polícia e auxiliares mas [as] condições atmosféricas impediram [a] ida".

---

[483] Telegrama n.º 13 SEC de 26 de Abril de 1958.

Uma leitura atenta de Tenreiro (1961, pp. 192-193) permitirá compreender as razões, se não desta revolta, pelo menos do sentimento de revolta dos serviçais cabo-verdianos, obrigados a emigrar "de um arquipélago superpovoado e assolado periodicamente por fomes devastadoras".

De facto, ao contrário do que se passava com os serviçais angolanos e moçambicanos, entre os cabo-verdianos havia uma "relativa importância de mulheres e crianças"[484] e, o que era mais importante, "não só emigra o cabo-verdiano preto mas também o mulato, e até o branco, como ainda o cultivado", pois eram "muitos os que sabem ler e alguns que possuem o curso geral dos liceus".

De facto, ser serviçal e ter de escrever "a capatazes europeus, iletrados e boçais, e até mesmo a alguns administradores, cartas que enviam à família saudosa" constitui mais do que motivo para a revolta dos cabo-verdianos.

3.7.6. Índia – 7 de Julho de 1955 a 14 de Agosto de 1958

Na Índia, prolongava-se – o purgatório do 127.º Governador--Geral – Paulo Bénard Guedes – até 9 de Outubro de 1958, ou seja, até à chegada do novo Ministro do Ultramar[485]. Iniciava-se, igualmente, o calvário do Ministro que não parava de ser informado sobre os problemas que tinham atormentado o seu antecessor: entrada de satyagrahis, ataques a postos, sabotagens...[486]

---

[484] Nessa altura, os serviçais cabo-verdianos homens eram 1 702, as mulheres 2 452 e as crianças 2 166.

[485] O fim do mandato foi, segundo Bègue (2007, p. 885), a 8 de Novembro de 1956

[486] Telegrama n.º 392 SEC de 18 de Julho de 1955 – "58 indianos todos hindús" ; telegrama n.º 310 CIF de 26 de Julho de 1955 – "minas colocadas sob linhas férreas fossem removidas", telegrama que mereceria um aditamento – n.º 315 CIF de 27 de Julho de 1955 – onde o Governador garantia "que não há nenhum perigo para o tráfego do caminho de ferro proveniente das medidas tomadas pelas autoridades deste Estado", lembrava que "a Companhia é obrigada a manter comboios diários ascendentes e descendentes" e exigia "o cumprimento imediato"; telegrama n.º 308 CIF de 26 de Julho de 1955 – "corte de comunicações postais entre Goa e a UI é consequência da suspensão de comboios", que mereceu resposta pronta do Ministro – telegrama n.º 240 SEC de 26 de Julho de 1955 – porque a "manutenção do serviço ferroviário embora reduzido é considerado importante manifestação da nossa independência face às pressões indianas, pelo que recomendo especialmente [a] Vexa

Aliás, a todo este ambiente não era estranho o facto de Nehru ter pronunciado, em 27 de Julho de 1955, um discurso no Parlamento de Nova Deli, no qual deixou bem clara a posição da União Indiana em relação à soberania portuguesa na Índia, servindo-se da doutrina de Monroe para afirmar que "qualquer interferência de outra potência (no subcontinente) é interferência na independência da União Indiana" (Moreira, 1956, p. 68).

Nestas circunstâncias, a maior manifestação de satyagraha foi no mês seguinte ao discurso, a 15 de Agosto de 1955, ou seja, logo no início do Ministério de Raul Ventura. De facto, o Governador-Geral ordenara que se o número de satyagrahis fosse muito numeroso a polícia podia disparar. O resultado, segundo V.Coelho, Cônsul-Geral da União Indiana em Goa, traduziu-se em 15 mortos, 225 feridos e 10 desaparecidos.

Do lado português, o Ministro da Defesa, Santos Costa, fez questão de realçar o sangue-frio demonstrado por todas as forças portuguesas face a esta investida e enviou-lhes uma mensagem de felicitações.

No entanto, esta posição não se coadunava com a ordem de Salazar que não queria mártires da liberdade do lado indiano e, por isso, não queria prisioneiros políticos porque as prisões cheias e as deportações serviam os interesses daqueles que se opunham à presença portuguesa na Índia.

No que concerne à correspondência, o primeiro telegrama – o n.º 388 SEC de 12 de Julho de 1955 – foi para responder a uma questão colocada pelo Ministro em 9 de Julho sobre as reacções observadas a respeito do Estatuto.

A resposta não foi muito animadora porque, apesar de não ter havido "comentários [na] imprensa", numa reunião autorizada à "porta fechada"o "Dr. Colaço afirmou que, pelo sector [da] população cuja opinião tem auscultado, [a] maioria é pela integração e que ele está pela maioria como estaria se ela fosse pró-Portugal". No entanto, o "Dr. Elvino Sousa afirmou [que a] maioria era por Portugal sendo secundado por Dr. Menezes e Cónego [Castilho]".

[que] não deixe suspender totalmente o nosso tráfego interno"; telegrama n.º 316 CIF de 27 de Julho de 1955 – para descansar o Ministro no caso do "pessoal indiano do caminho de ferro do porto seja expulso, o porto pode continuar a funcionar embora com certa quebra inicial". Bastava recorrer a "pessoal goês reformado da Companhia ainda em boas condições".

Aliás, o Arquivo da PIDE/DGS[487] permite identificar as principais figuras da oposição goesa à soberania portuguesa, entre as quais figura o referido António Colaço e o seu primo Luís Colaço, António Anastácio Bruto da Costa e o seu sobrinho Luís Peregrino da Costa, Aires Gomes, Francisco Loyola Furtado, Jaime Rangel, Francisco Conceição Ribeiro, António Francisco José Dias, Camilo da Piedade Rodrigues, Rui Gomes Pereira, Álvaro Remédios Furtado, Joaquim dos Remédios Reis...

Trata-se de uma elite formada, sobretudo, por ricos proprietários, administradores, advogados, médicos e professores.

Era o dividir de opiniões entre os portugueses, o difícil equilíbrio entre o activo e o passivo porque "Bruto Costa comentou [que os] emigrantes eram contra [a] UI por viverem [os] males [da] sua administração mas em Goa dá-se contrário por nós sentirmos [os] males [da] nossa administração acrescentando que era contra [a] integração mas receia ter [de] mudar [de] opinião". Ainda para o passivo "Loyola e Prisónio insurgiram-se contra [a] falta [de] liberdades especialmente [de] imprensa". Por isso, quando Clovis Costa "perguntou qual [era a] opinião [da] Assembleia, estabeleceu-se confusão e não se apurou resposta" e, por isso, "não foi posta [à] votação [a] moção [que] estava preparada. Isto só interessava [por] unanimidade", à boa maneira – não apenas colonial – portuguesa.

O telegrama terminava com algum pessimismo porque o Governador-Geral referia que "tenho sérias apreensões [sobre o] ambiente político [em] Margão".

O Ministro não gostou e, através do telegrama n.º 218 SEC de 13 de Julho de 1955, não se coibiria de deixar uma reprimenda: "pena [que] tenha sido possível [a] discussão recair [sobre a] integração [um] assunto nunca legitimamente abordável" e voltava a solicitar que para "melhor compreensão [do] ambiente peço [que] Vexa [me dê uma] ideia [da] moção apresentada".

No dia seguinte, no telegrama n.º 290 SEC, o Governador-Geral seria mais prudente referindo o desgosto do Cónego Castilho com a "forma como decorreu [a] reunião [...] assegurando [que] ninguém

---

[487] Consulte-se o relatório do Inspector Mário Ferreira de Leite sobre a sua deslocação a Timor, Macau e Goa em 1959.

se declarou [a] favor [da] integração", posição que era confirmada por outras fontes, embora o Governador-Geral pensasse que "procuram minimizar [os] factos e não comprometer ninguém".

O Governador-Geral referia ainda o impacto na imprensa ao afirmar que o "Heraldo ontem fez [um] comentário [sobre o] Estatuto [no] sentido [de] mostrar [que] dá mais autonomia que [a] Constituição [da] UI quanto [a] estados [da] classe C que era o que poderia competir [a] Goa" e dava conta que o Cónego se tinha prontificado a "procurar [uma] base [de] entendimento [para as] eleições congregando todas [as] correntes [que] não sejam [a] favor [da] integração".

O Ministro responderia no telegrama n.º 222 SEC de 17 de Julho de 1955 reafirmando a importância das "próximas eleições [para o] Conselho Legislativo" porque os "resultados delas serão aproveitados por nós ou [pela] UI para deduzir [a] atitude [do] povo goês", reforçando que, para a posição portuguesa, o interesse vinha do facto de "poderem substituir [o] plebiscito que doutro modo não aceitamos". Por isso, solicitava que o Governador-Geral mobilizasse "todas [as] forças políticas de que] disponha, organizando intensa propaganda [ao] estatuto" porque "importa não só ganhar [as] eleições como conduzir à votação [da] maior massa [de] eleitores e conseguir larguíssima maioria [do] eleitorado pois [a] escolha [de] representantes idóneos [para o] Conselho representa [a] aceitação [do] estatuto e princípios fundamentais que o dominam".

No dia seguinte, o Governador-Geral relatou, no telegrama n.º 395 SEC, uma conversa que o Dr. Sócrates tivera com o Dr. Colaço para "precisar [as] suas ideias sobre [a] integração" na qual o Dr. Colaço lhe dissera "ser pela autodeterminação [dos] povos e [que] Portugal deve reconhecer esse direito [ao] povo [de] Goa", embora não fosse "pela integração imediata" e voltando a insistir que "não terá remédio senão sujeitar-se [à] vontade [da] maioria".

Sintomático o retrato feito por Bruto Costa sobre o Dr. Colaço que considerou "idealista sem sentido prático [da] política". Por muito menos do que aquilo que o Dr. Colaço afirmou, não foram poucos os que tiveram problemas com a PIDE.

Ainda no mesmo dia, 18 de Julho de 1955, o telegrama n.º 395 SEC relatava uma conversa do Governador-Geral com o Cónego e com Bruto Costa que deixava quase a certeza que se chegaria a um "entendimento sobre [as] listas [das] candidaturas".

O Ministro responderia no dia seguinte e no telegrama n.º 227 SEC afirmou não estranhar a "atitude [de] Colaço" e manifestou confiança na acção do Governador-Geral: "confio [que] Vexa conseguirá [uma] grande votação favorável depois de campanha que mostre [a] aceitação do Estatuto".

Porém, a discussão do mesmo voltaria a evidenciar as discordâncias entre os portugueses, como se comprova pelo telegrama n.º 404 SEC de 20 de Julho de 1955, no qual o advogado Avelar Barreto considerava que se o Estatuto "não veio satisfazer de todo [as] aspirações [da] população [...] já é um passo para a frente e nas actuais circunstâncias não convinha mais ampla autonomia", posição contraditória com aquela que foi defendida por Benedito Sousa que "disse não concordar [que] fosse inoportuna [a] concessão [de] maior autonomia e que [o] estatuto não satisfazia [as] aspirações".

O Ministro certamente preferiu ser informado de que o "dr. Gracias Director [da] Adm.Civil defendeu [o] Estatuto provando [que] dava maior descentralização que todos [os] diplomas anteriores".

Os telegramas n.º 416 SEC de 26 de Julho de 1955 e n.º 334 CIF de 1 de Agosto de 1955 abordaram, novamente, a questão. O primeiro dava conta que os "elementos oposicionistas em geral recusaram toda a colaboração" e que as "listas [para as] eleições serão constituídas por independentes e partidários [do] Governo". O segundo indicava a constituição dessa lista para Goa, Margão, Mapuçá, Damão e Diu, para além de referir os representantes dos seguintes organismos: Maiores Contribuintes, Organismos Corporativos, Organismos Espirituais, Comunidades e Corpos Administrativos. Ao todo eram 18 candidatos.

Os problemas sobre o Estatuto voltaram a ser notícia no preciso dia em que a lista foi divulgada porque o telegrama n.º 436 SEC de 1 de Agosto de 1955, dava conta da "forte corrente aqui entre [as] elites para [os] goeses disporem inteiramente do poder no que se refere [à] administração deste Estado", falava-se da autonomia como um "estatuto [de] domínio à moda británica" e considerava-se que o Estatuto "não satisfez grandes sectores [da] opinião pública". O Governador-Geral, no entanto, tinha consciência que a "situação [era] sempre fluida de modo se [as] circunstâncias forem [a] favor [de] Portugal [a] maior parte [das] pessoas categorizadas estarão [do] nosso lado" e, quanto à "massa hindu apresenta-se neutral e não toma atitude".

Este telegrama evidencia dois aspectos: o bom nível de conhecimento que o Governador-Geral tinha sobre a atitudes dos vários grupos existentes e o saber viver das pessoas categorizadas que não se manifestavam e se colocavam sempre ao lado dos vencedores.

Depois, viria uma boa notícia, a exploração do porto de caminho-de-ferro de Mormugão "iniciada pela WIF dia 1 às 0 horas tendo partido [da] gare Vasco Gama [o] primeiro comboio [de] mercadorias ascendente [às] 2 horas [da] manhã com [a] assistência além [dos] dirigentes [da] Companhia [de] técnicos [da] brigada especial [de] Moçambique e [o] Engenheiro Viana"[488].

No entanto, o mesmo telegrama não deixava de reconhecer as "dificuldades iniciais [de] transferência e grandes quantidades [de] pessoal [que] abandonaram [os] serviços regressando [à] União Indiana", factos que não impediram a manutenção de "seis comboios ascendentes até Colém e seis descendentes".

Porém as dificuldades – ou a ameaça das mesmas – não parariam e o engenheiro Brazão seria informado "confidencialmente" por Blackford que a União Indiana "logo [que] termine [a] troca [de] material levantaria [a] linha férrea entre Castlerock e [a] nossa fronteira"[489].

O facto viria a ser confirmado no telegrama n.º 110 CIF de 1 de Março de 1956, embora o Governador-Geral ignorasse "em que extensão"[490].

A forma como era gerida localmente a ajuda humanitária também era fonte de problemas porque o Ministro tinha sabido que o capitão Romão Loureiro "informou [a] «Caritas» [do] desaparecimento [de] muitos volumes oferecidos [para] Damão". Como era lógico a Caritas pedia "diligências [para] averiguar [o] paradeiro ou causa [do] desaparecimento". Além disso, também tinha chegado aos ouvidos do Ministro que "apodreceram em Goa géneros alimentícios oferecidos [pelos] americanos o que além [da] má impressão dificultará [a] nossa explicação [da] distribuição"[491].

---

[488] Telegrama n.º 6 CIF de 2 de Janeiro de 1956.
[489] Telegrama n.º 10 SEC de 9 de Janeiro de 1956.
[490] Neste telegrama o Governador relatou as dificuldades de comunicação ao dizer: "aproveito [a] oportunidade [para] informar Vexa que [a] via telegrafo C F era [a] única utilizável [para os] telegramas para [a] UI desde [o] corte [do] cabo [na] noite [de] 10 para 11 [de] Setembro".
[491] Telegrama n.º 21 CIF de 11 de Janeiro de 1956.

O Governador-Geral responderia confirmando que o capitão Romão esclarecia não ter recebido todos os volumes – que estão identificados – mas recusaria aceitar que os géneros oferecidos pelos americanos tivessem apodrecido e consideraria a notícia como um "verdadeira fantasia" cuja origem "interessaria esclarecer"[492].

O Ministro deve ter ficado satisfeito com a resposta porque o assunto ficou encerrado, pois o telegrama seguinte – n.º 20 SEC de 25 de Janeiro de 1956 – já não diz respeito a esse assunto e serviu para o Ministro dar conta que lhe tinha chegado, através de uma fonte "que por motivo [de] informações anteriores" merecia crédito, que a União Indiana estava a preparar um "complot contra [o] Oficial [da] nossa polícia Monteiro e [a] sua família em Goa" e aconselhava o Governador a "tomar precauções".

A conjuntura regional seria objecto do telegrama n.º 76 SEC de 12 de Março de 1956, para abordar a representação portuguesa nas cerimónias da proclamação da República do Paquistão no dia 24 para a qual o Governador sugeria que "conviria dar [o] maior significado [à] nossa homenagem", nomeadamente com "individualidades que possivelmente [o] Governo entenda oportuno enviar da Metrópole", e também seria tratada nos telegramas seguintes, relativos aos sobrevoos das águas territoriais indianas.

O Ministro considerava que "deveremos voltar [a] regularizar quanto possível [as] carreiras tanto [de] Karachi como [de] Diu [e] Damão", mas tinha consciência das dificuldades e sugeria "começar por [uma] viagem [a] Diu sem passageiros para tentearmos intenções. Não havendo novidades seguir-se-ia logo Damão[493].

Era uma forma avisada de procurar saber a reacção da Indonésia sem pôr em risco a vida de passageiros alheios ao diferendo.

Também indicava que ia ser publicado na Metrópole um "pequeno comunicado [sobre as] pretensões indianas dizendo apesar [de] tudo [que as] carreiras têm continuado".

Era a forma encontrada pelo Governo para manter o país desinformado!

O Governador ia dando conta das *viagens experimentais* e, no dia 16 de Abril de 1956, informou que "amanhã recomeçam [as]

---

[492] Telegrama n.º 38 CIF de 20 de Janeiro de 1956.
[493] Telegrama n.º 126 SEC de 13 de Abril de 1956.

carreiras normais com [o] «Heron»" mas julgava que não era "conveniente utilizar [o] «Viking» enquanto não cheguem [os] sobressalentes"[494].

A questão estava longe de encerrada, mesmo que a avaria do «Heron»[495] tivesse restringido quase totalmente as carreiras. Só que a União Indiana acusou Portugal de violação e, por isso, o Governo preparou duas notas – que sairiam com três dias de diferença – para negar as "violações invocadas mas dando logo [uma] sugestão [sobre o] sistema de fiscalização" e para protestar "contra [a] intimidação [do] nosso avião no dia 16 e concretizando sugestões [no] sentido [de] restabelecer [o] sistema [de] fiscalização conjunta em terra ou, se isto for impossível, pedindo [ao] ICAO [que] defina [a] praticabilidade [do] nosso método [de] uso [dos] aeródromos [de] Damão [e] Diu" e um "parecer sobre se [o] uso [da] faculdade [prevista no] artigo 9 [da] Convenção Chicago pode impedir [o] uso normal [dos] aeródromos situados junto [dos] limites [das] zonas interditas".

O Ministro tinha já orquestrada uma campanha de "publicidade interna e internacional" para "suscitar [um] ambiente favorável [à] boa fé [das] nossas afirmações e criar dificuldade moral para qualquer aventura contra [os] nossos aviões"[496].

Depois, o Ministro pediria informações sobre dois boatos. O primeiro dizia que tinha "sido instaurado [em] Goa [um] processo crime contra [o] Deputado Sócrates Costa"[497], facto que o Governador-Geral desmentiu[498]. O segundo referia que os "jornais indianos noticiaram [que] mil pescadores abandonaram Damão e vivem em Thana"[499]. O Governador-Geral voltaria a desmentir, embora admitisse a saída de "142 pessoas incluindo mulheres [e] crianças compreendendo este número marítimos e pessoal [que] tradicionalmente vai

---

[494] Telegrama n.º 122 SEC de 16 de Abril de 1956.
[495] Telegrama n.º 343 SEC de 26 de Novembro de 1956.
[496] Telegrama n.º 29 SEC de 18 de Janeiro de1956.
[497] Telegrama n.º 210 SEC de 14 de Junho de 1956 para ser decifrado pelo Oficial às Ordens. A indicação do agente que deveria proceder à decifração volta a remeter para a existência de mais do que uma cifra e para a alteração das cifras ao longo do tempo.
[498] Telegrama n.º 181 SEC de 16 de Junho de 1956.
[499] Telegrama n.º 331 SEC de 13 de Dezembro de 1956.

trabalhar [nas] docas [de] Bombaim e salinas, deixam [a] família [em] Damão onde costumam regressar [em] Maio"[500]. Porém, considerava o número como "admissível se inclui [as] saídas desde 1955 o que [a] notícia não esclarece por não lhe convir para efeitos [de] propaganda dando [a] impressão [de] tratar-se [de] casos recentes". É que em 1955, "por dificuldades [de] pesca saíram para [a] UI 22 embarcações com cerca [de] 800 pessoas incluindo famílias [de] Machins que espero acabem por regressar [a] Damão".

As relações com a União Indiana viriam a ser abordadas no telegrama n.º 293 SEC de 13 de Novembro de 1956 porque o Governador tinha sido informado pelo "padre Carreno regressado [da] UI" e que tinha mantido uma "conversa inesperada" com Nehru de que este estava interessado em que a "Santa Sé tomasse [a] iniciativa [de] pedir [ao] Governo Português amnistia [para os] presos políticos [da] UI".

A questão dos presos políticos indianos prendia-se com a decisão tomada por Portugal, em 14 de Janeiro de 1955, de considerar que não faria distinção na atribuição das penas – cada vez mais duras – entre os satyagrahis de nacionalidade indiana e portuguesa e que todos aqueles que fossem acusados de colocar em causa a soberania portuguesa seriam presos.

O Ministro responderia no telegrama n.º 340 SEC de 26 de Dezembro de 1956, pois também já o Núncio Apostólico tinha transmitido ao Ministério dos Negócios Estrangeiros o pedido da Jerarquia Indiana, e solicitava a opinião do Governador sobre três aspectos:

a) devolução à UI dos presos indianos, possivelmente por amnistia e expulsão;

b) amnistia ou redução de penas se possível ou nenhuma clemência para com os presos goeses;

c) contrapartida a nosso favor a pedir como possível.

Aliás, ainda no mesmo dia, enviaria novo telegrama, muito reservado,[501] a dar a sua opinião, dizendo que entendia que "qualquer clemência nossa para com presos indianos deverá ser aproveitada [para] redução [das] restrições [derivadas do] bloqueio especialmente [a] transferência [de] dinheiros [de] Bombaim". Também lhe parecia

---

[500] Telegrama n.º 315 SEC de 26 de Dezembro de 1956.
[501] Telegrama n.º 341 SEC de 26 de Dezembro de 1956.

que "através [da] Santa Sé não julgo possível qualquer espécie [de] negociação" mas desconhecia "se Carreno poderia voltar [a] Nova Deli e conseguir ou pelo menos tentar contrapartidas".

O Ministro solicitava a opinião do Governador-Geral sobre a possibilidade dessa ida a Nova Deli e "se seria conveniente fazê-lo antes ou depois de darmos resposta [à] Santa Sé".

Na pasta consta a resposta do Governador-Geral, o telegrama n.º 3 SEC de 5 de Janeiro de 1957, com cinco folhas cuja leitura permite constatar que o tratamento teria de ser diferente em função da nacionalidade dos detidos porque não se podia "aceitar [a] discussão quanto [aos] presos goeses pois representaria aceitar [a] intromissão estrangeira [nos] nossos negócios internos". Além disso, no que concerne às contrapartidas do lado português, "desejável seria [o] descongelamento [dos] depósitos [do] Estado [no] BNU e [de] particulares nos bancos [da] UI", e no tocante às remessas de mesadas era "indispensável [que os] saldos [a] nosso favor [em] futuras emissões [de] vales [de] correio sejam liquidados por cheques dólares ouro ou francos ouro [nos] termos [da] convenção [de] Berna". Também seria de exigir o "restabelecimento [das] comunicações telegráficas" para "permitir comunicações rápidas entre imigrantes e [as] famílias residentes [em] Goa, Damão [e] Diu".

No que se refere à resposta a dar à Santa Sé, o Governador-Geral, que já tinha falado com o padre Carreno[502], considerava que se podia responder que o "Governo estaria disposto [a] encarar favoravelmente [o] pedido desde que [o] Governo [da] UI se dispusesse [a] seu modo [a] reduzir [as] restrições [resultantes do] bloqueio no que representa maiores sacrifícios para [as] classes mais pobres [da] população".

O Governador-Geral também aconselhava celeridade no início das negociações de forma a que as mesmas ficassem concluídas "antes [das] próximas eleições [em] Março" na União Indiana porque "realizadas estas, Nehru desinteressar-se-ia".

Era a eterna questão da oportunidade que na conjuntura actual se passou a designar como *timing*.

---

[502] O padre aconselhara a que as negociações fossem feitas através da Embaixada do Brasil e sugeriu que os "primeiros contactos fossem junto do Senhor Dutt, Secretário do MNE em Delhi de quem forma a melhor opinião".

O Ministro não concordaria com a sugestão para que as negociações decorressem através da Embaixada do Brasil e sendo pouco "viável negociar através da Santa Sé" voltaria a insistir na ida de Carreno a Bombaim e Nova Deli e frisava que as "preocupações humanitárias [do] Padre Carreno não podem esgotar-se [na] protecção [do] interesse [dos] indianos" e deveria "tentar medidas correspondentes para [os] interesses [dos] goeses", mesmo não se tratando de "forçar agora [a] troca duma coisa por outra", até porque "se não conseguirmos já o nosso interesse por estes meios, ficamos credores [do] benefício pedido por Nehru para [os] indianos".

O padre aceitaria a missão[503] e solicitou ao Sr. Butt a marcação de um dia para o receber e seguiu de avião para Bombaim via Karachi[504], embora o Ministro voltasse a repetir que "em Bombaim Carreno deveria insistir [na] ida [a] Nova Delhi para falar directamente com [as] altas entidades incluindo Nehru". Mais avisava que se não o deixassem seguir para Nova Deli era necessário "ficar esclarecido" que isso se ficara a dever à "oposição formal das entidades com quem tratou em Bombaim".

No entanto, o padre Carreno não foi a Nova Deli porque foi informado que "Nehru [estava] muito mal disposto e preocupado [com a] questão [de] Caxemira" e porque "estava convencido também por conversas que mantivera que Nehru não abrandara [na] atitude quanto [a] Goa antes [das] eleições para não beneficiar [os] partidos [da] oposição"[505]. No entanto, não quis deixar de entregar a Husseim uma carta para Nehru a pedir para ser recebido e ficou à espera da resposta em Bombaim.

Como o próprio já previa, a espera foi infrutífera.

Neste jogo de contrapartidas, mesmo que invocando motivos humanitários, se deve inserir a posição do Ministro face a um novo problema – a visita de Khalil a Goa, Damão e Diu – porque essa visita exigia que fossem acautelados todos os pormenores "sem nenhumas facilidades especiais" e tendo sempre presente que se lhe daria um tratamento "idêntico [ao] procedimento brasileiro [em]

---

[503] Telegrama n.º 6 SEC de 9 de Janeiro de 1957.
[504] Telegrama n.º 18 SEC de 17 de Janeiro de 1957.
[505] Telegrama n.º 27 SEC de 26 de Janeiro de 1957.

Bombaim"[506]. Afinal Khalil não iria a Diu e, ao ler nos jornais sobre a amnistia, pediu uma audiência ao Governador-Geral durante a qual se mostrou "entusiasmado com [a] generosidade [do] nosso Governo e afirmou [que] faria tudo [o que fosse] possível para conseguir [que o] Governo [da] UI abrandasse [as] medidas especialmente quanto [às] remessas [das] mensalidades [dos] emigrantes por dever [de] humanidade"[507].

O telegrama seguinte – n.º 26 SEC de 25 de Janeiro de 1957 – reportou, com muita minúcia, a permanência de Khalil em Damão onde, para além da visita do Governador-Geral, "não procurou falar com ninguém nem foi procurado".

Um último elemento que merece ser contado prende-se com o acórdão de 29 de Dezembro de 1956 que condenou a 24 anos de prisão maior o indiano Mohan Laxman Ranadé que veio cumprir a pena para Caxias e requereu a Salazar que "por graça especial do Poder, dado que não reúne os requisitos formais do indulto, o mande restituir à liberdade, através, se outro não for o meio preferido, da inclusão do mesmo caso no primeiro diploma de amnistia a promulgar".

Salazar quis ouvir o Ministro do Ultramar e como o Embaixador do México se ofereceu para assumir todos os gastos do repatriamento, podia sempre seguir-se o procedimento que se tivera em relação ao "seu concidadão Datatraya Stsmaran Desphandê que se achava internado no Hospital Miguel Bombarda, de Lisboa, desde 13 de Março de 1954, em cumprimento de pena de 28 anos de degredo", que fora libertado e, logo de seguida, expulso do país[508].

3.7.7. Timor – 7 de Julho de 1955 a 14 de Agosto de 1958

Em Timor, os três telegramas existentes na 6.ª subdivisão da pasta 1, relativos ao período que correspondeu ao Ministério em causa, falavam sobre a presença de navios estrangeiros. Assim, o telegrama n.º 53 SEC de 9 de Dezembro de 1957 indicava o

---

[506] Telegrama n.º 342 SEC de 26 de Dezembro de 1956.
[507] Telegrama n.º 23 SEC de 23 de Janeiro de 1957.
[508] Toda a documentação relativa ao caso está na pasta 28 de AOS/CO/UL – 41.

repatriamento de populações que seguiriam "manhã [de] hoje [para] Kupang [a] bordo [do] «D. Aleixo»" e o telegrama n.º 54 SEC de 11 de Dezembro de 1957 dava informações sobre os navios holandeses fundeados no porto de Díli dizendo os seus nomes, a empresa a que pertenciam, onde estavam matriculados, as tonelagens e a tripulação. Mais informava que os "capitães continuam aguardando instruções [da] sede [da] empresa e esperam esta providência sobre [a] substituição [da] tripulação [a] fim [de] seguirem o destino que por aquela lhes for determinado". Os capitães e o Governador estavam convictos que o Governo da Indonésia não dispunha de "meios [que] permitam ver satisfeita [a] sua pretensão" e, por isso, recusavam-se a "regressar [aos] portos [da] Indonésia".

A correspondência não é clara sobre o assunto, pois só informa que esses navios saíram para "Singapura tripulados pelos seus oficiais apenas" e que os "capitães tiveram [a] amabilidade [de] agradecer [a] hospitalidade" e que "teriam seguido [a] rota [do] mar [do] sul [da] província por lhes ter constado [que o] Governo Indonésio decidiu considerar [as] águas territoriais [como] mar compreendido entre [as] suas linhas".

3.7.8. Macau – 7 de Julho de 1955 a 14 de Agosto de 1958

Em Macau, a 8 de Março de 1957, o Governador passou a ser Pedro Correia de Barros. No entanto, há vários telegramas constantes no Arquivo antes da sua tomada de posse e, por isso, da responsabilidade do anterior Governador.

Assim, em 1955, em 22 de Agosto, o Governador deu notícias – telegrama n.º 58 CIF – para dizer que as "eleições decorreram [com] toda [a] normalidade sem qualquer incidente obtendo grande maioria [a] lista [de] António Nolasco, José Batalha, Damião Rodrigues num total [de] 748 votos". Depois eram indicados os resultados das outras duas listas – 282 e 241 votos – e explicitava-se que a "União Nacional não quis interferir não obstante [as] recomendações constantes [no] telegrama 42 CIF [de] Vexa", que, aliás, não figura no Arquivo.

Em 19 de Outubro, o Governador enviou o telegrama n.º 29 SEC – que considerou um aditamento ao n.º 27 SEC – para informar o Ministro que o Cônsul britânico lhe transmitira em seu nome e a "pedido [do] Governador [de] Hong Kong [uma] conversa [que] este teve com Chou En Lai quando da sua visita [a] Pequim", segundo a qual o "Governo [da] República Chinesa considera insultuosas e provocativas [as] comemorações assinalando [a] nossa presença [em] Macau e que seria compelido [a] reagir caso elas venham [a] realizar--se", apesar de "querer viver em coexistência pacífica com [os] territórios vizinhos incluindo Macau e Hong Kong". Face à gravidade da situação, o Governador solicitava "instruções urgentes".

O Ministro enviaria o telegrama n.º 37 SEC de 19 de Outubro de 1955 a dar instruções sobre as comemorações do centenário de forma a não "provocar indesejáveis atritos internacionais". Por isso, o Subsecretário do Ultramar não iria estar presente e o programa deveria ser revisto de forma a quase fazer "desaparecer [as] comemorações, designadamente eliminando todas as festividades e solenidades públicas e só mantendo [os] números culturais ou desportivos que mesmo assim deixarão de ser apresentados como constituindo parte [das] festividades". O Ministro alertava, ainda, para a forma de apresentar o novo programa à opinião pública e para o "especial cuidado com [a] imprensa que deverá ser muito comedida e quanto muito limitar-se [a] acentuar [a] colaboração e amizade luso-chinesa".

As instruções eram claras e, por isso, no dia 20 de Outubro, o Presidente do Conselho enviaria o telegrama n.º 43 SEC a pedir esclarecimentos sobre a distribuição na Metrópole de "informações [de] Agências construídas sobre [um] telegrama transmitido de Macau pela Reuter segundo o qual [o] Governo cancelara [as] projectadas comemorações centenárias aí em virtude [do] desejo expresso [por] Mao-Tse-Tung ao Encarregado de Negócios [de] Inglaterra [em] Pequim". Além disso, a "rádio Pequim teria feito [um] forte ataque à presença de Portugal em Macau".

Face a esta notícia, Salazar lançava três hipóteses: "inconfidência [das] autoridades [de] Hong Kong conhecida em Macau e daí transmitida; fuga dos serviços dessa Província donde [o] telegrama [da] Reuter vem expedido; ou] manobra chinesa", que depois de ter levado Portugal a suspender as comemorações teria "tomado [o] partido [da] publicidade para se valorizar. A verificar-se a terceira hipótese Portugal teria "caído num logro no qual o Governo britânico teria inconscientemente colaborado".

Como forma de esclarecer a causa da situação e verificar qual das hipóteses estava correcta, o Presidente do Conselho aconselhava a "averiguar *in loco* junto [da] Reuter [a] origem [das] suas informações", uma vez que "oficialmente [o] Governo tem dito em harmonia até com o publicado na imprensa há dias que [o] Governo [de] Macau decidira cancelar [os] actos comemorativos em virtude [da] situação financeira derivada [do] embargo americano".

O Governador, no telegrama n.º 35 SEC de 27 de Outubro de 1955, responderia que o "Governo [de] Pequim iniciou dia 25 [uma] campanha através [da] rádio [e da] imprensa de que deu grande desenvolvimento [o] jornal [de] Hong Kong «Standard» [no] dia 26". Porém, no que concerne às notícias "construídas" na Metrópole, "de Macau [a] «Reuter» somente expediu [um] telegrama [no] dia 26 divulgando unicamente [as] razões [que] eu tinha tornado públicas [no] dia 22 com base [na] exclusiva falta [de] recursos financeiros", a exemplo do que se passara com "várias outras agências nacionais [e] estrangeiras".

O Governador também não assumia a fuga de informação porque "relativamente [à] conversa [que o] Governador [de] Hong Kong teve [em] Pequim foi por nós mantido rigoroso sigilo não se apresentando possibilidades [da] sua quebra senão através [de] fontes inglesas ou outras". Levantava, por isso, a hipótese de o telegrama ter sido "expedido de Hong Kong como originário [de] Macau possivelmente [devido à] intervenção [do] agente inglês [da] «Reuter» [que] vive [na] colónia vizinha e que eventualmente se desloca ou envia emissários [a] Macau".

Depois, no dia 4 de Novembro de 1955, o Governador utilizaria o telegrama n.º 36 SEC para informar que tinha havido uma "viagem [a] Cantão [de] alguns membros [da] comunidade chinesa" para "visitar [uma] exposição russa". Entre os participantes estava "Ho Yin, Presidente [da] Associação Comercial [e] Vogal [do] Conselho [de] Governo" que tomou "conhecimento [da] atitude assumida [pelo] Governo [de] Pequim contra [as] nossas comemorações" e a explicou ao Governador que, em oito pontos, a resumiu ao Ministro.

Dessas oito razões só a primeira o é verdadeiramente, pois, na perspectiva chinesa, as comemorações eram extemporâneas e inconvenientes na conjuntura que então se vivia no que dizia respeito às relações Ocidente – Oriente;

Quanto às outras "razões" não o eram verdadeiramente e apenas reafirmavam as ideias da China sobre Macau – que era território chinês ocupado por Portugal e, por isso, era necessário demolir os monumentos erigidos pelos portugueses –, sobre a política portuguesa – Portugal era acusado de dar tratamento especial aos nacionalistas e a polícia era acusada de ser demasiado dura na acção preventiva repressiva – e sobre aspectos comerciais – a necessidade de uma maior facilidade no movimento de entrada e saída de mercadorias e, para isso, o Dr. Lobo deveria ir trocar impressões a Cantão.

Além disso, consideravam "haver vantagem [no] nosso reconhecimento [do] regime [de] Pequim".

Na parte final do telegrama, o Governador reafirmava o sossego na província que atribuía à "supressão [de] exercícios militares" e mostrava a divergência de opinião com o Comandante Militar que não era favorável a essa supressão, atitude que, na perspectiva do Governador, era irreflectida.

A destruição dos monumentos voltaria a ser mencionada porque o Ministro, em 11 de Janeiro de 1956, pediria ao Governador para suspender "imediatamente [a] demolição invocando qualquer pretexto" e exigia ser informado "telegraficamente [sobre o] estado [a que] chegou esta construção, [o] grau atingido [de] demolição e [as] razões [que] fundamentam [a] sua decisão [de] demolir"[509].

No telegrama n.º 1 SEC de 12 de Janeiro de 1956, o Governador informou que para evitar que o monumento fosse destruído "à bomba" e para obstar a um "ultraje inqualificável com reflexos sérios [no] nosso prestígio e situação política [e] económica já tão agravada" mandara apear a "coluna conservando-se intactos [a] base e [o] pedestal" sobre os quais era sua "intenção erigir [um] monumento [a] Cristo Rei de cuja estátua tenho oferta [do] Superior [da] Missão [de] Singapura".

O Governador fez ainda questão de referir que a "imprensa nacionalista é fértil [em] referências desagradáveis [a] Macau como se verifica pela publicidade dada quando se suspenderam [as] comemorações, às exigências [e] indemnizações que nunca foram formuladas".

---

[509] Telegrama sem número e que está na pasta 1, 1.ª subdivisão de AOS/CO/UL – 8 J.

A questão da possibilidade de a União Nacional perder a eleição de um candidato para o Conselho de Governo foi objecto de um telegrama do Ministro – o n.º 13 SEC de 1 de Março de 1956 – no qual se recusava a admitir essa hipótese porque a "perda duma eleição por candidato [da] UN em qualquer província é [um] facto importantíssimo para [a] política geral em todas províncias e até [na] metrópole". Por isso, o Ministro não compreendia "como [a] censura pode invocar para corte [do] comunicado [da] UN" e iria telegrafar ao "Comando Militar dando instruções para [os] militares votarem".

Na parte final do telegrama o Ministro confirmava a regra do Estado Novo: "[a] UN não faz nem pode fazer política que não seja aprovada por Governos Locais e Central".

A análise da realidade talvez aconselhasse a retirada da frase da palavra «locais».

O Governador não tardaria a informar que as "eleições decorreram [em] completa normalidade", tendo a eleição do candidato – Doutor Assumpção eleito com 868 votos contra 365 do seu opositor – resultado da "maior popularidade [e] simpatia do candidato" e da "falta [de] visão e prestígio [dos] actuais membros [da] comissão local"[510] da União Nacional.

É claro que, ao contrário daquilo que o Governador telegrafara, não se podia falar de normalidade e, face à derrota do candidato da UN, o Ministro, no telegrama n.º 14 SEC de 6 de Março de 1956, mostrou o seu "desgosto e apreensão" porque o Governador, mesmo com o apoio que lhe dera, não tinha conseguido "evitar que [a] UN perdesse [as] eleições" e, por isso, queria conhecer "directamente por Vexa [as] circunstâncias [que] o impedem [de] dominar [as] forças políticas locais e tratar [dos] outros assuntos [da] província". Por isso, o Governador deveria desistir das férias em Timor e apresentar-se em "Lisboa [em] fins [de] Abril [ou] princípios [de] Maio".

A correspondência não permite saber os desenvolvimentos deste processo porque os telegramas seguintes que constam na pasta apenas falam sobre problemas do dia a dia local: "sentinelas comunistas abateram [a] tiro três camponeses chineses"; a "nossa polícia tem prendido frequentes vezes chineses [que] tentam atravessar [a] fron-

---

[510] Telegrama n.º 13 SEC de 5 de Março de 1956.

teira procurando refúgio [em] Macau"[511]; "explosão [de uma] bomba [de] pólvora preta [de] pequena potência [no] edifício [da] firma Iao Vo"[512] e que nas comemorações do aniversário da República Comunista Chinesa "não houve incidentes"[513].

Assim, não se fica a saber a reacção da UN a esta derrota que não se enquadrava na vida habitual.

3.8. Ministério de Lopes Alves: 14 de Agosto de 1958 a13 de Abril de 1961[514]

Lopes Alves era um conhecedor do Ultramar, sobretudo de Angola, onde exercera o cargo de encarregado do governo e de Governador-Geral e sobre a qual já publicara vários trabalhos sobre temáticas da província, nomeadamente: *Elementos político-logísticos relativos a Angola*, texto de uma conferência também designada por *Elementos político-logísticos relativos a Angola: importância de Angola numa guerra generalizada*, em 1956[515]; *Apontamentos sobre Angola*, também em 1956, e *Discursos do Governador-Geral de Angola: 1943-1946*, em 1946.

Durante o seu mandato, entrou em vigor o II Plano de Fomento, destinado ao período entre 1959 e 1964, e que apontava para um investimento de 9 milhões de contos no Ultramar, sendo que apenas 5 milhões seriam provenientes da Metrópole[516].

Também foi durante o seu Ministério que a PIDE transmitiu a informação n.º 327/60 – GU, datada de 8 de Agosto de 1960 para dar a conhecer à Presidência do Conselho e aos Ministros do Ultramar e da Defesa Nacional um boato que referia que estava "instalada em Conakry, a «central» para a agitação nas províncias ultramarinas

---

[511] Telegrama n.º 41 SEC de 10 de Setembro de 1956.
[512] Telegrama n.º 49 SEC de 12 de Novembro de 1956.
[513] Telegrama n.º 126 SEC de 10 de Outubro de 1958.
[514] Os telegramas consultados constam em AOS/CO/UL – 8 J.
[515] Esta conferência foi pronunciada em 22 de Março de 1956 no Instituto Superior Naval de Guerra.
[516] Telo (1994, p. 267) tem uma leitura diferente porque indica que "4 vêm do próprio Império, 2 da metrópole e 3 do estrangeiro".

portuguesas, que pensam dispor em breve de um órgão de imprensa diária para difundirem a sua propaganda".

Era o resultado da associação de vários grupos nacionalistas em torno de dois grupos: Casablanca e Monróvia.

Representava, ainda, um investimento da URSS que se prontificava a auxiliar o "Movimento de Libertação da Guiné e de Cabo Verde – M.L.G.C", constando que tinha posto "à disposição daquele «Movimento» 700 milhões de rublos, que foram transferidos directamente de Moscovo para o Banco de Conakry, ficando às ordens do engenheiro Amílcar Lopes Cabral".

No entanto, o comunismo não era responsabilizado por tudo aquilo que pusesse em causa a soberania portuguesa, até porque se presumia que tivesse sido criada por algum departamento da ONU uma rede de espionagem destinada a destruir a política ultramarina portuguesa.

De facto, a um antigo apoiante de Humberto Delgado, um técnico de assuntos económicos no Banco Barclays DCO e correspondente "do «Life», do «Time», do «Notícias» de Lourenço Marques, do «Industrial Review of Africa» – Johannesburg, colaborador de jornais da Metrópole e Brasil", tinha sido "solicitada, a troco de generosas compensações, uma colaboração regular com certos departamentos da ONU, aos quais facultaria informações detalhadas acerca dos assuntos sociais e económicos da Província de Moçambique"[517].

Adivinhavam-se tempos difíceis para o titular da pasta do Ultramar que foi avisado pelo Centro de Estudos Políticos Ultramarinos para o perigo de "quando haja conhecimento de núcleos perigosos em território português" se proceder ao afastamento dos seus membros espalhando-os por toda a província, pois, a exemplo do que se passara com os tocoistas, essa disseminação servia os interesses daqueles que se pretendia castigar.

Alguns anos depois, o Governo de Marcello Caetano cometeria esse erro com o Movimento dos Capitães.

Também foi no seu Ministério que a Missão para o Estudo da Missionologia Africana elaborou um inquérito sobre o problema missionário das dioceses ultramarinas portuguesas, um documento de 142

---

[517] Carta existente na pasta 17 de AOS/CO/UL – 61.

páginas, que Silva Rego considerou apenas como primeiro volume e que tinha contado com a colaboração de "missionários de reconhecida competência", escolhidos "pelos seus Ordinários" e, no caso da Guiné, o depoimento era mesmo da responsabilidade do "Venerando Prefeito Apostólico".

3.8.1. Angola – 14 de Agosto de 1958 a 13 de Abril de 1961

Em Angola, que recebeu mais de metade da verba prevista no II Plano – concretamente 4 713 000 contos – Horácio José de Sá Viana Rebelo, terminou as funções de Governador-Geral em 15 de Janeiro de 1960 e Álvaro Rodrigues da Silva Tavares foi nomeado Governador-Geral, cargo que desempenhou até 23 de Junho de 1961. Seria ainda ele que, no telegrama n.º 174 SEC, de 27 de Maio de 1961, informaria o novo Ministro do Ultramar – Adriano Moreira – que a "moral [da] população está-se deteriorando por não se verem resultados concretos [no] sentido [do] domínio [da] rebelião. Foi posto [a] correr que se colocou [o] exército [em] situação [de] descrédito enviando tropas não preparadas nem apoiadas".

No entanto, não era só em Angola que a situação se revelava instável porque, em 5 de Janeiro de 1959, o Governador-Geral Viana Rebelo já tinha recebido um pedido do Cônsul Geral em Leopoldville para que desse abrigo a "várias famílias [de] comerciantes portugueses [que] ficaram sem haveres devido [a] saques e incêndios [dos] estabelecimentos", durante os "graves distúrbios [em] Leopoldville [a] favor [da] independência congolesa com intervenções [da] Força Armada"[518].

O Governador-Geral decidira a "ida [de] aviões DTA para receber [os] refugiados" e tinha a ideia que a "situação actual parece mais calma". Aliás, foi essa ideia que repetiu no telegrama seguinte[519], embora reconhecendo que a situação poderia voltar a descontrolar-se porque não podia "ainda [ser] considerada segura".

Nesse telegrama, o Governador-Geral dava mais informações sobre a situação, designadamente que "em Maquela estão refugiados

---

[518] Telegrama n.º 1 SEC de 5 de Janeiro de 1959.
[519] Telegrama n.º 2 SEC de 9 de Janeiro de 1959.

cerca [de] 40 portugueses [que] aguardam [a] oportunidade [de] regressar [ao] Congo Belga" e que "tropas nossas enviadas de Luanda já se encontram [em] Maquela, Noqui e Cabinda". Mais dizia que no "nosso território[e] fronteira [estava] tudo normal", mas lançava a hipótese de terem sido "mortos 2 portugueses [a] cerca [de] 60 quilómetros [a] norte [da] fronteira [de] Sacandiga".

No mês seguinte, decorreram com "muito brilho e melhor ordem" as comemorações do centenário do tratado de Cabinda, tendo sido recebidos "na fronteira [do] Congo vários naturais de Angola expulsos do Congo Belga"[520].

O Governador-Geral, numa atitude prudente, mandou-os para as suas aldeias mas "sob vigilância". Afinal, a História está cheia de agitadores infiltrados.

O Ministro faria, em Julho de 1959, uma visita a Angola onde visitou os Distritos de Moxico, Lunda e Malange e enviou um telegrama[521] a Salazar sobre a situação em Angola.

Através desse telegrama fica-se a saber que a "situação política em Luanda e de uma maneira geral na Província não parece ter sofrido alteração". No que concerne às populações, a "população branca [dos] distritos manifestou-se como de costume não transparecendo qualquer acção [dos] elementos oposicionistas embora continuem [com a] mesma atitude", até porque a "maior parte [da] população europeia parece consciente [da] necessidade [de] estar unida para enfrentar qualquer ameaça". Relativamente aos movimentos negros, continuavam "exercendo influências secretas com [a] conivência [de] alguns indivíduos extremistas europeus sem que neste momento isso constitua causa [de] alarme" porque a "massa [da] população indígena não sofre ainda quaisquer influências".

Aliás, o telegrama[522] enviado pelo Almirante Sarmento Rodrigues para o Ministro do Ultramar, mas com o pedido para que do mesmo fosse dado conhecimento aos Ministros dos Negócios Estrangeiros e das Corporações, sobre a abertura da reunião da Comissão Consultiva Africana em Luanda, apontava no mesmo sentido.

---

[520] Telegrama n.º 13 SEC de 6 de Fevereiro de 1959.
[521] Telegrama n.º 30 V de 22 de Julho de 1959.
[522] Telegrama n.º 79 CIF de 2 de Dezembro de 1959.

De facto, todos os Delegados manifestaram a "sua admiração [e] surpresa pelo desenvolvimento [da] cidade e seu acentuado carácter europeu" e o "Director-Geral Dr. Jenks produziu excelente discurso inteiramente favorável [aos] nossos pontos [de] vista [sobre os] problemas africanos". Além disso, o representante governamental do Dahomé, Luís Inácio Pinto, que foi eleito Presidente efectivo, "proferiu [um] discurso emocionante evocando [a] sua formação portuguesa recordando quanto [a] África deve [a] Portugal [e] elogiando [a] actuação portuguesa".

No entanto, Sarmento Rodrigues estava consciente que poderiam surgir "algumas dificuldades da parte [de] elementos mais extremistas alguns dos quais só chegam hoje", até porque a assunto que "parece mais susceptível [de] ataques [são as] negociações colectivas [e a] sindicalização [dos] indígenas".

Na verdade, Sarmento Rodrigues sabia bem o quanto Portugal estava atrasado nesse âmbito, pois, por exemplo, no Despacho Orientador de 9 de Junho de 1960 sobre o Colonato de Cela, podia ler-se que o mesmo se iniciara "sem precedência de estudos de base suficientes nem apoio em qualquer projecto ou anteprojecto, que, pelo menos nos aspectos agronómicos e hidráulico, seriam requisito fundamental de segurança, só arriscadamente substituível por um juízo apressado de certas aparências favoráveis"[523].

No Bloco do Leste, os planos quinquenais só no papel atingiam os objectivos. No Portugal de então, os planos não eram quinquenais para não dar azo a más interpretações, mas o efeito prático era muito menos afastado do que as ideologias que presidiam à elaboração de uns e de outros.

No que concerne aos movimentos nacionalistas, a PIDE, através da informação n.º 523/60 – GU de 12 de Outubro de 1960, fez chegar ao Poder Central – Presidência do Conselho e Ministros do Ultramar e da Defesa – uma cópia dos estatutos da UPA, bem como a fotocópia de cartão de membro da organização e o texto da emissão da Rádio Nacional Congolesa sobre o movimento.

Depois, em 22 de Outubro de 1960, daria conta da criação em Leopoldville da Alliance des Ressortissants de Zombo (ALIAZO) e

---

[523] Pasta 3 de AOS/CO/UL – 39.

enviaria, também os seus estatutos, os quais contemplavam 36 artigos[524], para, em 2 de Novembro de 1960, remeter um panfleto da responsabilidade da ALIAZO sobre o "meio de conseguir rapidamente a independência de Angola"[525].

Mais tarde, em 13 de Dezembro, a PIDE alertava para a possibilidade de "as pseudo organizações de angolanos que vêm desenvolvendo uma campanha subversiva contra Portugal" se terem reunido numa "frente comum a fim de acelerar a «libertação» das províncias ultramarinas portuguesas"[526], facto que viria a ser confirmado, pois esta frente comum escreveu ao Presidente da Assembleia-Geral da ONU uma carta cuja cópia a PIDE remeteu para Lisboa[527].

No Arquivo existem vários comunicados dos nacionalistas, facto que aponta para o dinamismo, pelo menos em termos de divulgação, dos movimentos.

Neste ponto, impõe-se uma breve reflexão sobre os movimentos nacionalistas, pois tratava-se de um fenómeno muito mais complexo do que a correspondência deixava perceber.

De facto, como Ziegler (1983, p. 16) reconhece, "ces mouvements ne sont pas des partis politiques [...] ne sont pas assimilables à des syndicats ouvriers ou à des ligues paysannes [...] on ne saurait les comparer à des formations militaires classiques", apesar de privilegiarem "l' organization et la formation politique de leurs membres", de formularem e porem em prática "des revendications sociales fondamentales" e de concederem "une attention intense aux questions d'organisation militaire, à la logistique, à l' armement, à la conduite des combats".

Foi esta complexidade que Portugal não conseguiu descodificar totalmente e, por isso, a designação de "terroristas", ou a sua forma adulterada e pejurativa de "turras", serviam de chapéu para cobrir uma diversidade que era enorme a vários níveis.

Regressando às informações da PIDE, o n.º 558/60-GU foi acompanhada de uma tradução "de uma publicação intitulada «Lettre de Brazaville» onde se podia ler que "a rádio nacional congolesa e a

---

[524] Informação n.º 564/60 – GU.
[525] Informação n.º 584/60 – GU.
[526] Informação n.º 748/60 – GU.
[527] A frente era composta pela ALIAZO, pela UPA e pelo MPLA.

imprensa de Leopoldville puseram Angola na berlinda e não se passa um dia em que elas não tomem por alvo o colonialismo português".

Há ainda um aspecto que merece referência e que, ao contrário dos anteriores, deve ter agradado ao Poder Central. De facto, segundo o jornal, "quem desembarca em Luanda não tem a impressão de se encontrar em África, mas em Lisboa", pois até "o hotel pertence ao mesmo grupo que possui o Hotel Eduardo VII em Lisboa e é quase como se o Eduardo VII tivesse sido transportado para África". Além disso, "não há segregação racial" e "Angola é como uma África do sul sem apartheid".

Depois, surge um elemento de comparação, que tanto pode ser visto como elogioso ou pejurativo para a colonização portuguesa porque "nas antigas possessões francesas e britânicas, os lugares subalternos foram sempre exercidos pela população local. O mesmo não acontece em Angola, onde a maior parte daqueles lugares são ocupados por brancos".

De facto, a frase tanto podia significar que os brancos não se importavam de se misturar com os negros e mulatos na realização das tarefas socialmente menos reconhecidas, como podia querer dizer que os portugueses que iam para Angola dispunham de um grau muito baixo de instrução e de reduzidas competências.

Em AOS/CO/UL – 32 A1, na pasta 18, é abordada uma questão relacionada com Angola – a eleição do rei do Congo.

De facto, tinha sido criada, em Fevereiro de 1960, uma associação denominada NGWIZANI A KONGO, que significava «combinação dos congoleses», e era uma ramificação da ABAKO "com vista a doutrinar os naturais de Angola que residissem no Congo Belga, a fim de lutarem pela «independência de Angola»"[528].

Ora, como se registou vacância do trono do Congo, a NGWIZALO queria eleger o rei, "mesmo sem autorização do governo Português"[529].

Entretanto, um novo motivo de preocupação para Portugal passou a ser Cabinda pois também começou a reclamar a independência. Por isso em AOS/CO/UL – 32 A2 existe uma vasta informação da PIDE sobre as movimentações daqueles que se opunham à soberania portuguesa.

---

[528] Informação n.º 476/60 – GU de 1 de Outubro de 1960.
[529] Informação n.º 305/61 – GU de 14 de Março de 1961.

Um pormenor que permite aquilatar dos meios de que a Frente de Libertação do Enclave de Cabinda (FLEC) dispunha é narrado pela PIDE na informação n.º 209/61 – GU de 22 de Fevereiro de 1961. Assim, "aquela «Frente» recebera "48 000$00" do "Barão de Puna, regedor de Lucola" e comprou à «gendarmerie» 6 jeeps usados a um camião de marca J.M.C. também usado, estando estas viaturas a serem reparadas para a invasão do distrito de Cabinda"[530].

Os meios da oposição, nesta fase, estavam à altura daqueles de que Portugal dispunha aquando do início da expansão, só que o rei português mandara alugar barcos e a FLEC comprara viaturas em mau estado com o dinheiro oferecido.

Entretanto, a entrada do comunismo em Angola deixava cada vez mais inquietas as estruturas do Estado Novo como se comprova pela carta que Parente de Figueiredo enviou a Sollari Allegro questionando se os acontecimentos ocorridos no Congo Belga viriam a ter repercussão nos territórios portugueses, pois circulava em Angola um panfleto "incitando os naturais a seguirem o exemplo do Congo Belga"[531].

Nesta conjuntura, não deixa de ser quase de uma simplória ingenuidade uma carta que o "Sócio da União Nacional com o n.º 8 102 em Luanda", Carlos Gonçalves, enviou a 22 de Novembro de 1960, a Salazar sobre uma organização que estava sedeada em Luanda para "fundarem a monarquia" e, inclusivamente, indicando "que um dos Organizadores é o Senhor Wenceslau Pompílio da Cruz, Engenheiro Maquinista Naval, que, segundo dizem foi revoltoso da Marinha quando a guerra civil da Espanha"[532].

Quanto à abertura de mentalidade de muitos dos agentes do Estado Novo, talvez convenha atentar na posição defendida por Fernando Vilhena de Magalhães Crespo, Chefe da Secção de Estudos, relativamente à segunda visita de estudo a Forminière (Bakwanga), realizada em Julho e Agosto de 1959.

---

[530] AOS/CO/UL – 32 A2.

[531] Carta datada de 23 de Janeiro de 1959 e constante da pasta 17 de AOS/CO/UL – 61. Na pasta 18 figuram vários recortes, sobretudo do jornal *La libre Bélgique*, sobre a temática.

[532] Pasta 6 de AOS/CO/UL – 39.

Assim, no que diz respeito às relações sociais, o autor defende que "ainda recentemente admitidos ao lado dos brancos nos armazéns gerais, já hoje os indígenas reclamam entrada franca no club e no cinema e se isto vierem a conseguir não tardarão a pedir... sabe-se lá o quê ...talvez uma troca de posições"[533].

Era a luta contra uma nova ordem que não era desejada porque "a África de hoje não é a África de há 10 anos e muitíssimo menos a de há mais tempo. Mas os velhos «colonialistas» teimam em pensar como no tempo de Diogo Cão"[534].

Descontando o facto de no tempo de Diogo Cão ainda não haver colonialistas, o autor da missiva tinha razão quando referia que a África mudou "imenso" e que em 12 de Dezembro, em Accra, tinha sido declarada guerra a Portugal. A sua dúvida final: "resta saber quando começarão as operações: terrorismo" não demorou a ser esclarecida.

De facto, em 4 de Fevereiro de 1961, o ataque à prisão de Luanda, que causou sete mortos entre as forças policiais, foi reivindicado pelo MPLA e, pouco mais de um mês depois, em 15 de Março, a UPA levou a cabo um massacre no Norte que vitimou não apenas colonos brancos mas também trabalhadores negros.

No entanto, a burguesia metropolitana portuguesa, que quase exigira o aval do Estado para investir no Ultramar, parecia, então, mais disposta a esse investimento como se comprova pelo facto de a Companhia do Caminho de Ferro de Benguela, pelo punho de Alexandre Pinto Basto, ter escrito a Salazar, em 27 de Fevereiro de 1961, a pedir autorização para a construção, a expensas próprias, da construção do troço até às minas de Cuima.

Salazar encarregaria o Secretário de agradecer essa obra e a "constituição de um fundo subscrito pelas empresas de Angola destinado a fazer conhecer no estrangeiro a actividade que ali desenvolvem"[535].

Só que, no último dia do mês seguinte, Salazar recebia uma carta de um amigo que, de Carmona, indicava que "a situação é

---

[533] Cf. pasta 18 de AOS/CO/UL – 61.
[534] Afirmações feitas pelo major do C.E.M. José Moreno Otero, Sub-Chefe do E.M. de Angola numa carta enviada em Janeiro de 1959 para o Major Valença. A carta pode ser consultada na pasta 22 de AOS/CO/UL – 61.
[535] A correspondência trocada está nas 3 subdivisões da pasta 7 de AOS/CO/UL – 39.

gravíssima, ainda que certas informações oficiais pretendam o contrário". Segundo o autor da missiva, era necessária "uma rápida ocupação militar, com comandos decididos e a neutralização imediata das autoridades civis, em especial para o Distrito do Congo".

O aviso de que "isto afunda-se" era acompanhado da informação de que "até os nossos criados e capatazes, que considerávamos fiéis, fugiram, convidando o pessoal trabalhador a fugir também"[536].

Era o acender do rastilho que levaria aos incidentes na baixa do Cassange[537].

Aliás, a forma como Portugal deveria resolver esses incidentes exige uma reflexão como forma de perceber, do ponto de vista português, as diferentes sensibilidades sobre a política ultramarina.

Na verdade, Adriano Moreira, enquanto Secretário de Estado da Administração Ultramarina, enviou ao Ministro Lopes Alves uma informação bem elucidativa da sua visão sobre a questão.

Trata-se de uma sugestão relativa ao apontamento secreto n.º 34 da responsabilidade de Manuel Morais Martins sobre os incidentes da Baixa de Cassange[538] e Adriano Moreira sugere ao Ministro "a leitura a partir da página 31".

Ora, a consulta dessa página do apontamento permite ver que o parecer ia no sentido de "tentar, por todas as formas, resolver o conflito por meios pacíficos, mesmo que eles forem mais demorados".

Porém, não foi essa a decisão porque, conforme se pode ler numa tradução do jornal *Indian Express,* "a resposta do Governo Português foi tão rápida quanto lho permitiram os meios. Foram enviados por ar paraquedistas, e um batalhão de infantaria por mar, mais 4 barcos carregados a caminho"[539].

---

[536] Carta não assinada que consta em AOS/CO/UL – 39, na 1.ª subd. da pasta 8.

[537] Sobre estes incidentes e a forma como Portugal os tentou resolver consulte-se a obra *Angola 1961* da autoria de António Lopes Pires Nunes, editada pela Prefácio.

[538] Esta sugestão está escrita num cartão pessoal de Adriano Moreira que figura na pasta 9 de AOS/CO/UL – 39.

[539] Documento intitulado "Agonia em Angola – Ignorância Medieval e Repressão" e que consta da pasta 10 de AOS/CO/UL – 39. Na mesma pasta também está a tradução da notícia do *Paquistan Times*, intitulada "Vaga de Carnificina em Angola" e que volta a colocar a tónica nas represálias por parte de Portugal ao colocar na boca de um pequeno angolano a denúncia; "os aviões vêm quase todos os dias, agora, lançam bombas de fogo na floresta e, quando fugimos para o espaço aberto, metralham-nos. Já não há aldeias – foram todas queimadas".

Não admira, por isso, que o jornal considerasse que se tratava de medidas "draconianas, que constituem actualmente toda a política angolana do Dr. Salazar", o qual considerava que ainda não era tempo para a mudança.

Por isso, era importante marcar a posição no terreno e, de Lisboa seguiu, em 28 de Julho de 1961, a informação que os 1 500 deslocados que estavam na Missão Católica de São Salvador do Congo seriam alojados "numa grande sanzala nos limites da cidade" e que a sua transferência seria feita "quando a defesa estiver assegurada: arame farpado, postos de vigilância e projectores"[540].

A situação interna em Angola era muito conturbada como se comprova pela informação n.º 413/61 – GU, que relata a acção subversiva dos "lumumbistas", as "concentrações de cuanhamas no território do sudoeste africano" perto da fronteira de Angola e o receio vivido em Nova Lisboa de "que os indígenas se sublevem"[541].

A estratégia dos nacionalistas estava a surtir efeito porque a insegurança das populações acarretava a perda de confiança na autoridade portuguesa e levava-as a "fugir não se sabe de quê nem porquê", como aconteceu no dia 4 de Abril de 1961 no Lobito, onde o sistema da bola de neve levara todos – excepto os funcionários das Repartições – a fugir. Assim, fugiram os funcionários "da Câmara, porque viram fugir os do C.F.B.; do Sindicato, porque viram fugir os da Câmara; do C.F.B., porque receberam um telefonema de um indivíduo do sexo feminino".

Não restam dúvidas que a PIDE tinha razão ao constatar que esta "parada de reflexos não foram certamente os que comandaram a história da nossa expansão no Mundo!"[542]

Só que o medo – que se provou não ser infundado – conduz a comportamentos pouco marcados pela racionalidade.

Se há coisa de que o Ministro e o Poder Central não se podem queixar é da falta de informação da PIDE – constante em AOS/CO/UL – 32 A2 – e que alertava para a dificuldade de manter a população nas suas aldeias, "pois ela vê perfeitamente que não tem possibilidades

---

[540] Pasta 11 de AOS/CO/UL – 39.
[541] Estas informações estão datadas de 31 de Março de 1961.
[542] Informação n.º 761/61 – GU com a data de origem de 5 de Abril de 1961 e de conhecimento da Direcção em 16 de Maio de 1961.

de defesa perante um ataque terrorista que tudo indica se dará em breve"[543].

Os factos encarregaram-se de corroborar a veracidade da informação.

3.8.2. Moçambique – 14 de Agosto de 1958 a13 de Abril de 1961

No que diz respeito a Moçambique, a segunda província mais importante como se comprova pelos 3 350 000 contos que o II Plano de Fomento lhe destinou, Pedro Correia de Barros foi Governador--Geral de 1958 a 1961.

O Ministro visitou Moçambique em Julho de 1959 e enviou, embora já de Luanda, um telegrama destinado a Salazar e que, certamente, o deixou satisfeito.

De facto, deu-lhe conta que em Lourenço Marques tinha recebido "manifestações [de] simpatia [da] comunidade industânica em sessão solene" durante a qual houvera uma "manifestação [de] apreço [pelo] nosso país [pela] nossa administração", tinha-lhe sido "entregue [uma] mensagem da comunidade paquistânica" e ainda recebera "membros [da] comunidade ismaílica".

A ensombrar a visita só uma exposição que lhe foi apresentada por oposicionistas e que o Ministro devolveu.

Relativamente às eleições presidenciais, o telegrama n.º 5 SEC, enviado pelo Encarregado de Governo em 15 de Janeiro de 1959, referia que tinha sido distribuído "com grande profusão" um manifesto a denunciar "a obstinada repressão com que a ditadura de Salazar tenta sufocar os legítimos anseios de liberdade perseguindo e vexando o herói da resistência portuguesa General Humberto Delgado".

O panfleto fora distribuído "em vésperas da chegada a esta Província do representante do Estado Novo" e desaconselhava a ida ao aeroporto ou a comparência ao longo do trajecto do Governador--Geral, como forma de "fazer sentir ao Governo de Lisboa que também aqui no Ultramar é Portugal e Portugal não está com a ditadura".

Dois elementos devem ser retidos da análise deste panfleto.

---

[543] Informação n.º 833/61 – GU. Data de origem – 24/4/61 e de chegada ao conhecimento da Direcção da PIDE – 20/5/61.

O primeiro aponta para o facto de, numa conjuntura na qual já se falava de autodeterminação e separatismo, a oposição a Salazar defender que Moçambique era Portugal.

A segunda prende-se com a forma de recepção ao novo Governador-Geral, uma forma de rejeição que ultrapassava o plano pessoal para se inscrever no nível institucional.

Voltando ao telegrama, o Encarregado de Governo informava que tinha dado "instruções [à] polícia para proceder [a] inquérito rigoroso".

Esse inquérito foi rápido a dar frutos porque a 16 de Janeiro de 1959 o Encarregado do Governo relatava que a polícia tinha prendido o "europeu Rui Tavares empregado [da] Companhia [de] Seguros «Fidelidade» além doutros três europeus"[544]. As provas apresentadas não deixavam dúvidas da responsabilidade do primeiro porque em sua casa "foi encontrada grande quantidade [de] manifestos além de vário material impresso de natureza subversiva" e o seu automóvel condizia com a "descrição do carro que teria andado ontem [à] noite a grande velocidade pela cidade distribuindo manifestos".

Quanto aos restantes, tinham sido "presos em flagrante colando manifestos [na] parede durante [a] noite", embora tivessem confessado que o faziam "sob ordens [de] Tavares" do qual, no entanto, a polícia não tinha obtido "confissão alguma por enquanto".

Sabendo o grau de analfabetismo da população indígena, não se compreende bem o alcance pretendido pelos agitadores ao procederem a "larga distribuição [no] bairro indígena".

No dia 19 de Janeiro de 1959, no telegrama n.º 8 SEC, o Encarregado de Governo informava que "já foram descobertos [os] responsáveis", embora não indicasse de quem se tratava, e referia que a "repercussão [do] manifesto" se tinha revelado " sem projecção de maior"[545].

---

[544] Telegrama n.º 7 SEC de 16 de Janeiro de 1959.

[545] A questão voltaria a ser abordada no telegrama n.º 26 SEC de 5 de Fevereiro de 1959, no qual o Governador indicava os autores do manifesto: "António José Wunderley Simões Figueiredo empregado [do] «Barclays Banq», membro [da] antiga candidatura [do] General Delgado, correspondente [da] revista «Times» [e] Dr. Álvaro Carmo Vaz professor [do] ensino técnico profissional [na] Escola Comercial". Também informou sobre a detenção de "oito outros indivíduos [que] fizeram distribuição [do] manifesto", mas que tinham sido libertados porque "apenas [os] autores [do] manifesto continuam detidos".

Não eram boas notícias para a oposição que também não conseguiria apresentar candidatos ao Conselho Legislativo ou devido a "certa rivalidade de entre [o] reduzido número [de] possíveis candidatos [ao] distrito [de] Lourenço Marques" ou por causa da "dificuldade [em] conseguirem [nos] distritos restantes candidatos [que] pudessem dominar os da União Nacional"[546].

O Governador-Geral chegou a Moçambique e deu conta do ambiente que encontrou nos primeiros tempos, referindo que "em Quelimane apareceram folhetos incitando [a] população a não ir [ao] aeroporto [aquando da] minha visita [no] dia três" mas com "resultados contraproducentes tal como aconteceu em Lourenço Marques".

Além disso, referia que a "atmosfera" se tinha desanuviado "com certa felicidade [devido às] minhas acções iniciais" mas colocava o dedo na ferida ao denunciar a necessidade urgente de resolver "assuntos importantes pendentes [no] Ministério e dos que tenho posto e porei [a] Vexa [por] esta via".

De facto, a observação da realidade permitia-lhe saber que a situação na província se apresentava "perigosa e [o] problema número um [residia na] venalidade [e] ineficácia [do] Quadro Administrativo desfalcado [nos] últimos tempos [por] falta [de] Governadores".

Ainda sobre a chegada do Governador-Geral, o Ministro viu-se obrigado a solicitar informações sobre uma comunicação da Embaixada de Washington ao Ministério dos Negócios Estrangeiros segundo a qual o "Secretário Adjunto para assuntos africanos a informou [de] várias prisões [que] tinham sido feitas aí [por] ocasião [da] chegada [de] Vexa". A notícia tinha sido publicada no "jornal «Christian Science Monitor»"[547], embora não se indicasse a data dessa publicação.

Na caixa não consta a resposta do Governador-Geral e a temática dos telegramas seguintes passou a ser a visita do Marechal Craveiro Lopes e do Ministro do Ultramar a Moçambique.

O Ministro enviou a Salazar o telegrama n.º 5 V de 17 de Junho de 1959 sobre a realidade encontrada, corroborando a ideia expressa pelo Governador-Geral, pois considerava que "continua existindo um problema político em Moçambique", mas reconhecia que as

---

[546] Telegrama n.º 11 SEC de 24 de Janeiro de 1959.
[547] Telegrama n.º 12 SEC de 4 de Fevereiro de 1959.

"condições se têm modificado favoravelmente" devido à "actuação austera equilibrada e diligente [do] actual Governador-Geral"[548].

Por isso, não admira que, ainda segundo o Ministro, a "recepção em Lourenço Marques tanto no aeroporto como [na] sessão [na] Câmara Municipal" tivesse decorrido "com muita dignidade grande concorrência e manifestação de caloroso acolhimento ao Ministro"[549].

Das temáticas relativas a 1959 consta, ainda, a questão do jornal *Diário de Moçambique*, dirigido pelo Bispo da Beira, D. Sebastião de Resende, cujas "declarações feitas ultimamente" eram consideradas pelo Governo como "altamente inconvenientes para [a] tranquilidade política e soberania portuguesas"[550]. Por isso, o Ministro agradecia que o Governador-Geral lhe desse informações sobre a conversa que mantivera com o prelado e desejava saber se o Governador-Geral considerava que podia resolver o problema localmente ou se seriam "necessárias quaisquer outras [medidas] por parte Governo Central".

O Governador-Geral responderia no telegrama n.º 34 SEC de 12 de Fevereiro de 1959 e, ao longo das três folhas nas quais nunca menciona o bispo mas sim a "pessoa em causa", prestou os esclarecimentos e sugeriu a forma de tratar o problema.

No que respeitava ao motivo da conversa, o mesmo tivera a ver com "o artigo [publicado no] dia 20" e o Governador-Geral ficou a saber que o bispo "muito lamentava [essa] publicação [a] qual se fizera sem que ele o tivesse visto", uma vez que era da "autoria [de um] Padre" e que, aliás, no "seu entender [a] Censura deveria tê-lo cortado".

---

[548] A acção do Governador-Geral voltaria a ser elogiada pelo Ministro no telegrama n.º 11 V de 24 de Junho de 1959 porque conseguira "restabelecer rapidamente [a] confiança" das populações "durante [as] perturbações [em] Niassalândia". Nesse telegrama o Ministro também informava Salazar que, durante as visitas feitas a "Vila Pery, Manica, Tete, Furacungo e Vila Coutinho" se tinha apercebido que o "problema político teve e tem acuidade consideravelmente menor do que na Beira e em Lourenço Marques" e que as populações se sentiam "bastante confiadas [na] acção [do] Governador e interpretaram [a]visita [do] ministro como prova [do] interesse [do] Governo [da] Nação". Além disso, não tinha encontrado "qualquer manifestação [de] separatismo" e considerava que, como já sabia antes da visita, havia na província "dois problemas fundamentais que precisam [de] especial atenção os quais são [a] instrução e [a] saúde". Também a acção do Governador de Quelimane foi elogiada pelo Ministro no telegrama n.º 14 V de 28 de Junho de 1959.
[549] Telegrama n.º 3 V de 17 de Junho de 1959.
[550] Telegrama n.º 15 SEC de 7 de Fevereiro de 1959.

Quanto à sua acção, o bispo considerava que o seu patriotismo estava "acima [de] dúvida" e que "tem pretendido apenas que se faça [o] necessário [para] acabar [com as] injustiças [no] campo [do] trabalho" e, por isso, "estava pronto" a ajudar o Governador-Geral em tudo o que estivesse ao "seu alcance".

O Governador-Geral não deixou de lhe lembrar que " tudo [o] que escrevíamos era utilizado [pelos] nossos inimigos não podendo permitir-se que [a] nossa imprensa lhes oferecesse elementos [para] nos atacarem" e que o "campo [do] trabalho seria [o] máximo praticável". Para isso, solicitava que o bispo, que já sabia "ter sido [o] assunto posto [a] Lisboa e quem o havia feito" lhe indicasse os "casos concretos [que] lhe fossem aparecendo".

Na opinião do Governador-Geral o artigo publicado no jornal só tinha um "aspecto condenável" que era a "indicação implícita do que se não faz ou do que se faz mal em relação à doutrina e princípios" e, por isso, considerava que se aconselhava mais uma "atitude [por] parte [do] Governo Central de aviso e tendente a obter uma colaboração amigável do que [a] promoção [de um] castigo".

Como justificação para esta proposta, o Governador-Geral apontava sete razões, a saber: "sua explicação; não ter visto [o] artigo; erro [da] Comissão [de] Censura; existência [de] situações graves [em] relação [ao] quadro administrativo; Governo [do] Distrito sem Governo apropriado durante ano e meio; ser possivelmente [a] primeira actuação [do] Governo central quanto [à] pessoa em causa; [a] ajuda [que] deu durante [as] últimas eleições; necessidade [de] união".

Só em caso de "repetição [da] falta" se justificariam "outras medidas".

Parece fácil de constatar que o Governador-Geral não punha em causa que o artigo traduzisse a situação vigente em Moçambique. Só que uma coisa era a realidade e outra – bem diferente e proibida – era a publicitação da mesma.

No que concerne à forma algo suave que o Governador-Geral aconselhava para o tratamento da questão, talvez a mesma se ficasse a dever à circunstância, também narrada pelo Ministro no telegrama n.º 8 V, de 21 de Junho de 1959 e destinado a Salazar, de que o "ambiente político [na] Beira parece ter-se desanuviado um tanto" e que a "recepção evidentemente preparada foi todavia bastante cordial e mesmo espectacular" e que o bispo se tinha mostrado "particularmente afável"[551].

Que o Poder Central não se esqueceu da acção do bispo da Beira pode comprovar-se pelo facto de "aquando da morte do cardeal D. Teodósio Clemente de Gouveia, em 1962, a Santa Sé [ter visto] recusada a transferência para a sé metropolitana de Lourenço Marques do então bispo da Beira" (Ferreira, 1999, p. 398).

Na pasta não consta qualquer referência sobre uma hipotética consulta da opinião do Governador-Geral sobre essa sucessão.

A religião voltaria a dominar no telegrama n.º 19 V de 3 de Julho de 1959 porque o Ministro tinha visitado o distrito de Niassa e constatara que as "populações [dos] Distritos [do] Norte têm grande preponderância [de] elementos muçulmanos facilmente permeáveis [às] influências vindas de Quénia, Uganda [e] Tanganika". Por isso, embora "essas influências muito pouco" tivessem conseguido, era necessário aumentar o "número [de] postos administrativos missões católicas [e] escolas".

Neste telegrama há um aspecto que revela muito sobre o *modus operandis* do Estado Novo. De facto, o Governador-Geral "tinha recomendado [que as] manifestações se reduzissem ao indispensável", mas, devido à forma de organização local, com o arregentamento das populações – apesar de o Ministro falar de um "certo grau [de] espontaneidade" que não parece corresponder à realidade –, as manifestações tinham-se revestido de um "carácter espectaculoso", que acabara por agradar ao Ministro por terem "efeito real dentro [da] Província e repercussão [nos] territórios vizinhos".

Na pasta há ainda mais três telegramas enviados pelo Ministro a Salazar para o manter informado sobre a visita a Moçambique e nos quais reafirmou que a "maioria [da] população nativa islamizada [tem] tornado muito difícil [a] acção missionária", embora não se note "qualquer animosidade por influências estranhas contra [a] nossa administração"[552] e deu conta da acção da oposição: "[o] advogado

---

[551] A inauguração da "barragem Chicambe com [o] nome [do] Professor Doutor Oliveira Salazar" e a satisfação do pessoal do caminho-de-ferro "com [a] alteração [da] respectiva situação por motivo [da] sua integração [na] EFU" também são noticiadas neste telegrama.

[552] Telegrama n.º 21 V de 5 de Julho de 1959.

oposicionista Daniel Sousa entregou numa tipografia L Marques [uma] carta dirigida [ao] Ministro [do] Ultramar"[553] e um "membro [da] oposição veio entregar [uma] exposição tendenciosamente redigida com [o] fim [de] demonstrar [a] estagnação [do] Distrito"[554].

Esta afirmação merece reflexão porque o Ministro, que considerou a exposição tendenciosa, não deixou de reconhecer que, durante a visita a Porto Amélia, constatara que havia uma "grande necessidade" de "intensificar [a] ocupação daquela zona [do] norte [da] Província"[555], ou seja, a estagnação existia, só que não podia ser admitida publicamente.

Também a atitude dos subscritores da exposição não deixava de revelar alguma ambiguidade porque, posteriormente, o Ministro recebeu um telegrama "assinado por seis das pessoas [...] repudiando [as] afirmações feitas que antecipadamente não conheciam"[556].

Talvez o medo de represálias possa explicar esta atitude que, no entanto, também não abona no sentido da credibilidade das forças da oposição.

Como o assunto da exposição era passível de aproveitamento por parte dos oposicionistas – receio manifestado pelo Governador-Geral – o Ministro enviou o telegrama urgente n.º 24 V de 16 de Julho de 1959 para solicitar instruções a Salazar no sentido de saber se deveria ou não proceder à devolução da "exposição apresentada por oposicionistas [em] Moçambique".

O Governador-Geral, face à evolução positiva que a conjuntura da província revelava e à perda de influência da antiga oposição, julgava a devolução "indispensável". O Ministro tinha dúvidas e, por isso, solicitava o parecer – leia-se decisão – de Salazar.

Aproveitando a presença em Moçambique, o Ministro ainda visitaria a África do Sul, visita da qual daria conta ao Presidente do Conselho no telegrama n.º 26 V de 17 de Julho de 1959.

Salazar ficou certamente agradado ao ler que o "Governo [da] União parece dar grande importância [à] nossa colaboração no que respeita [à] política internacional [em] África", embora o uso da

---

[553] Telegrama n.º 21 V de 5 de Julho de 1959.
[554] Telegrama n.º 22 V de 9 de Julho de 1959.
[555] Telegrama n.º 22 V de 9 de Julho de 1959.
[556] Telegrama n.º 23 V de 11 de Julho de 1959.

forma verbal "parece" lhe possa ter causado alguma desconfiança ou inquietação.

3.8.3. Cabo Verde –14 de Agosto de 1958 a13 de Abril de 1961

Em Cabo Verde, Silvino Silvério Marques manteve-se como Governador entre 1958 e 1962.

A seca também tinha vindo para ficar como se comprova pela leitura da pasta 2 de AOS/CO/UL – 39.

De facto, um longo relatório de 23 páginas, reservado, da responsabilidade do Subsecretário de Estado do Fomento Ultramarino, datado de 13 de Novembro de 1959 e que seria completado por uma nota, historiou os ciclos da crise no arquipélago e terminou com a sugestão das medidas a curto prazo que o Governo da província, o Governo Central e os Governos das outras províncias ultramarinas – em nome da apregoada solidariedade nacional – deveriam tomar.

Como parece evidente, era aos dois últimos elementos que competia a afectação de verbas, decisão que deveria ser rápida porque o problema não se compadecia "com delongas sob pena de sair das nossas mãos a possibilidade de o dominar".

3.8.4. Guiné – 14 de Agosto de 1958 a13 de Abril de 1961

Na Guiné, António Augusto Peixoto Correia foi Governador, iniciando o mandato em 1959 e terminando-o, já sobre as ordens de novo Ministro do Ultramar, em 1962.

A sua preocupação inicial centrou-se na influência nefasta da comunicação social para a vida da Província.

Assim, em 22 de Abril de 1959, o Governador enviou o telegrama n.º 17 SEC para informar que a "rádio [de] Conakry iniciou emissões em creoulo dedicadas [à] Guiné Portuguesa".

Era uma notícia que convinha ter em atenção porque na emissão de "domingo [dia] 19" tinha havido algo de preocupante para Portugal. De facto, tinham apelado aos "africanos para [proclamarem a] independência até 1963 e criticaram [a] falta [de] liberdade [na] Província".

Como forma de documentar a sua preocupação, o Governador prometeu enviar um relato da emissão no "avião [do] dia 23".

Era a entrada em cena dos vizinhos da Guiné até porque, segundo uma carta enviada da Sociedade de Investimentos da Guiné (SIGUE) para o General Monteiro do Amaral, em 13 de Julho de 1959, "conspira-se abertamente dentro da província; do outro lado da fronteira vêm receber imposto de libertação aos nossos indígenas; [a] rádio Conakri faz regulares emissões de informação e ameaças..."[557].

Se a tudo isso se adicionar a informação secreta entregue pelo Embaixador de França sobre a criação em Conakry de um comité para a libertação dos territórios africanos sob dominação portuguesa[558], facilmente se compreende a importância da conjuntura regional no caso da Guiné.

Aliás, os "apontamentos" do Gabinete dos Negócios Políticos do Ministério do Ultramar constantes na pasta 4 de AOS/CO/UL – 39 constituem um bom elemento para aquilatar da conjuntura interna da Guiné e dos seus vizinhos,

Na 7.ª subdivisão da pasta 1 de AOS/CO/UL – 8 J está um telegrama cujo conteúdo viria a ser relevante pela apropriação que o PAIGC viria a fazer da situação. Trata-se do telegrama n.º 38 SEC de 4 de Agosto de 1959 sobre a greve dos tripulantes dos batelões das casas comerciais "por julgarem baixos [os] seus salários", numa altura em que a "fixação [da] nova tabela [de] salários mínimos está sendo objecto [de] estudo [na] Secção permanente".

Foi o tão renomado – e frequentemente contado de acordo com os interesses dos narradores – massacre do cais de Piguiti[559].

---

[557] Pasta 19 de AOS/CO/UL – 61.
[558] Pasta 20 de AOS/CO/UL – 61.
[559] Este massacre foi importante porque, como Ziegler (1983, p. 193) afirma: "la lutte anticoloniale changeait de base sociale. Désormais, c'étaient les masses paysannes, composant plus de 90% de la population du pays, surexploitéees, coupées des villes, vivant enserées dans des mondes séparés, hermétiques, divisées en ethnies souvent hostiles entre elles, qui, dans l'analyse du PAIGC, devenaient le fer de lance du mouvement arme de libération nationale".

Amílcar Cabral, em 1957, considerava seis classes sociais na Guiné: os camponeses que exploravam a terra colectivamente, o proletariado formado pelos trabalhadores urbanos, empregados do comércio e trabalhadores das empresas agrícolas, os artesãos, a pequena burguesia negra e mestiça formada pelos proprietários rurais, os proprietários urbanos, os

Segundo a narração do Governador, este tinha mandado intervir o "chefe [da] PIDE, [o] Administrador [do] Concelho, [o] Comandante, graduados [da] Polícia [a] fim [de] aconselhar [os] grevistas [a] retomar [o] trabalho". Só que "um Chefe foi atacado [com] tijolos [e] paus ficando bastante ferido, seguindo-se [a] agressão [a] outro Chefe" e a polícia, para deter os amotinados, "cerca [de] oitenta" tinha começado por atirar para o ar mas "não conseguindo dominá-los" viu-se obrigada a defender-se "a tiro perante [a] avançada grevista".

No telegrama diz-se, eufemísticamente, que em consequência da acção da polícia, "caíram alguns fugindo [os] restantes", embora, mais à frente, se quantifique: "sete mortos, cinco feridos graves, onze feridos ligeiros todos manjacos grevistas".

O Governador ainda referiu que não tinha sido "necessário actuar [o] destacamento [do] exército, que quando por minha ordem chegou [ao] local estava [o] caso apaziguado" e que estavam "presos três cabecilhas [e] onze grevistas".

Quanto à actuação da Polícia, considerava que a mesma "agiu moderadamente de princípio tomando atitude enérgica quando foi necessário" e que, em resultado da sua acção, tinha havido um Chefe e um polícia feridos com gravidade e outro chefe ferido sem gravidade.

Mesmo sabendo que a conjuntura regional era periclitante ou instável e "apesar [das] características [da] ocorrência", o Governador julgava "não haver influência estranha".

No telegrama seguinte[560] o Governador completava as informações dizendo que "a ocorrência durou uma hora pois [a] situação acalmou [às] 17 horas" e que, "durante [a] noite houve perfeita calma tendo [a] polícia [feito] duas rondas [e o] Exército patrulhado [a] cidade".

Aliás, o Governador fez questão de realçar que o "funeral [das] vítimas e [a] cerimónia [de] choro nocturno decorreram [na] melhor ordem não sendo necessária [a] comparência [da] polícia".

---

pequenos comerciantes e os pequenos funcionários, a burguesia colonial branca dona das grandes empresas e das plantações e os monopólios estrangeiros dos quais indicava a Companhia União Fabril, o Banco Nacional Ultramarino e a Ultramarina. Esta hierarquia e a repartição étnica – de oito níveis – que lhe fez corresponder não estavam correctas como, aliás, Cabral viria a admitir em Setembro de 1959 numa reunião da direcção do PAIGC em Bissau.

[560] Telegrama n.º 39 SEC de 4 de Agosto de 1959.

No que se referia à situação laboral, o "pessoal [da] administração [do] porto [e dos] armazéns comerciais compareceu normalmente [ao] trabalho" e só tinha faltado o "pessoal marítimo [em] virtude [da] grande maioria [ter fugido para os] ilhéus próximos depois [do] incidente". Aliás, o "movimento não alastrou [aos] estivadores continuando assim [a] descarga [do] navio «Ana Mafalda».

Tanto o Governador com a PIDE estavam a procurar "saber quais [os] instigadores [do] movimento"[561] e o Governador mandara uma "Secção [de] Infantaria e [o] Adjunto [da] Polícia dando característica [de] exército" para Bafatá porque tinha constado que lá haveria "perturbações", o que, afinal, não se verificara.

Quanto à divulgação noticiosa do facto, o Governador ordenou o cancelamento de "todos [os] telegramas noticiosos e doutra natureza referentes [ao] caso", embora em telegrama posterior considerasse "aconselhável publicar [no] jornal «Arauto» possivelmente [na] 6.ª feira ou [no] sábado [uma] Nota Oficiosa relatando sobriamente [os] factos acrescentando nela que [a] ordem foi restabelecida decorrendo [a] vida [na] Província [de] forma normal"[562].

O Ministro, que tomou conhecimento da situação, através do telegrama do Governador e de posteriores informações da polícia, considerou que as "medidas [a] tomar parecem dever ser substituir [os] grevistas nos seus trabalhos tanto quanto possível, não dar satisfação [às] pretensões, prender [os] cabecilhas"[563].

Mais informava que ia mandar seguir "mais um chefe [de] Brigada [e] seis agentes conforme proposta [da] PIDE" e que ainda procuraria enviar "três pistolas metralhadoras" ao mesmo tempo que pediria ao "Ministério Exército [as] facilidades possíveis para [o] empréstimo [do] armamento necessário à Polícia".

Sobre o armamento de que as forças portuguesas na Guiné dispunham não parece necessário dizer mais nada, pois estava à altura da falta de meios que caracterizou a colonização portuguesa.

De facto, um país que se lançou no movimento expansionista para suprir as carências próprias, mas que fez do rei o principal

---

[561] O Governador nomeou o Inspector Administrativo Gonçalves Ferreira para "proceder a inquérito" – telegrama n.º 43 SEC de 5 de Agosto de 1959.

[562] Telegrama n.º 42 SEC de 5 de Agosto de 1959. O Ministro, através do telegrama n.º 29 SEC de 5 de Agosto de 1959, concordou com a proposta feita pelo Governador

[563] Telegrama n.º 27 SEC de 5 de Agosto de 1959.

comerciante do reino, dificilmente saberia rentabilizar os recursos dos novos territórios que soubera acrescentar ao seu diminuto rectângulo original.

No que concerne ao destino a dar aos grevistas presos, no telegrama n.º 40 SEC de 5 de Agosto de 1959, o Governador pediu autorização para aceitar uma proposta da PIDE no sentido de os indígenas presos serem enviados "sob prisão [para a] Praia ou [para o] Tarrafal acompanhados [de] um chefe [de] Brigada, um agente [da] PIDE que ali procederiam [a] investigações". Esta situação ficava a dever-se ao facto de ser difícil "manter incomunicáveis [os] indígenas presos". O navio «Ana Mafalda» serviria para o transporte uma vez que saia no dia seguinte com destino a Cabo Verde[564].

Como se pode constatar o Tarrafal[565] não se destinava exclusivamente aos presos políticos da Metrópole.

O Ministro aceitaria as sugestões e informou que iria "telegrafar [ao] Governador [de] Cabo Verde [a] fim [de] estar prevenido para alojar [os] presos [na] Praia ou Tarrafal conforme julgue mais conveniente"[566].

---

[564] Em aditamento a este telegrama, o n.º 41 SEC de 5 de Agosto de 1959 esclareceria que o "número de indígenas referido deve ser cerca de 20".

[565] Na 1.ª subdivisão de p. 16 de AOS/CO/UL – 10 está um parecer de cinco páginas, sem data, assinado pelo Professor José Beleza dos Santos e dirigido ao Ministro das Obras Públicas e Comunicações sobre o projecto de instalação de uma "Colónia Penal" em uma das Ilhas de Cabo Verde.

De acordo com a missão de prospecção, tinham sido feitos "reconhecimentos nas Ilhas da Boavista, S. Nicolau e S. Tiago" e tinha sido dada preferência ao local "Chão bom" no "Tarrafal" desta "última Ilha".

Na 2.ª subdivisão da mesma pasta consta um outro documento de seis páginas no qual Beleza do Santos emite a opinião que lhe fora pedida sobre os fins da colónia penal e a "categoria ou categorias de delinquentes a que deveria destinar-se. Relativamente ao último aspecto, Beleza dos Santos considerava que havia três tipos de delinquentes que convinha tirar da Metrópole:
1. "Criminosos comuns indesejáveis que devam ser submetidos a penas ou medidas de segurança de longa duração tais como: reincidentes, graves habituais, profissionais ou por tendência, ou vadios indisciplinados";
2. "Criminosos políticos, especialmente perigosos que sejam condenados a medidas daquela espécie";
3. "Delinquentes primários que cometeram crimes graves e que submetidos à prisão celular na metrópole se mostram dignos de confiança".

[566] Telegrama n.º 28 SEC de 5 de Agosto de 1959.

A vida no cais tardava a retomar a normalidade porque os "marítimos manjacos ainda não retomaram hoje [o] trabalho [nos] batelões" e o Governador, embora evitando o "mais possível [a] utilização [das] Forças", tinha de prevenção os "paraquedistas 2 PV 2 caso [a] sua intervenção se torne necessária"[567]. Aliás, o Governador tinha conversado com "três manjacos idosos pertencentes [ao] grupo [que] abandonou [o] trabalho", mas estes só queriam voltar "sob condição [que] fossem postos [em] liberdade [os] manjacos presos para averiguações"[568], proposta que não foi aceite pelo Governador uma vez que "representaria [uma] quebra [de] autoridade muito inconveniente [no] momento actual".

Nessa conversa, o Governador ficou a saber que os manjacos estavam ressentidos com as casas comerciais "sobretudo [a] «Casa Gouveia» [por] motivo [dos] salários baixos [e] por vezes mau tratamento [aos] trabalhadores".

O Governador continuou a dar notícias sobre as consequências do incidente: "além [dos] sete faleceram três marítimos [em] resultado [de] ferimentos graves" e a desconfirmar informações: "não [se] confirma [a] informação [que] prestei [...] [de] terem surgido três cadáveres [a] boiar"[569].

Depois, o Ministro mudou de opinião sobre o destino dos presos porque no telegrama n.º 49 SEC de 7 de Agosto de 1959, o Governador afirma que em "conformidade [com o] telefonema [de] Vexa [os] presos não seguirão [para] Cabo Verde".

Nesse telegrama o Governador mencionou a mediação do Régulo Batican que chamara a Bissau e a quem os manjacos prometeram "voltar hoje [ao] serviço". No entanto, "não cumpriram" a palavra dada e insistiram nas suas exigências para o regresso ao trabalho.

No dia seguinte voltaram a fazer nova promessa e pediram "que alguns deles fossem ver [os] presos o que foi consentido"[570]. No entanto, os mais novos estavam "bastante renitentes" em voltar ao

---

[567] Telegrama n.º 44 SEC de 5 de Agosto de 1959.
[568] Telegrama n.º 45 SEC de 6 de Agosto de 1959. No telegrama n.º 48 SEC de 6 de Agosto voltaram a insistir nessa libertação.
[569] Telegrama n.º 48 SEC de 6 de Agosto de 1959.
[570] Telegrama n.º 50 SEC de 8 de Agosto de 1959.

trabalho, mesmo depois de saberem que os presos "estavam bem" e voltavam a falar em "libertação [dos] presos".

Porém, no dia 10 de Agosto, tudo pareceu ir retornando à normalidade, embora a inscrição ou matrícula ainda continuasse ao fim da tarde, prevendo-se que "tudo esteja normalizado amanhã terça-feira"[571]. O movimento de matrícula foi continuando e "315 marítimos guarneceram 44 lanchas. Mais seis tripulações procederam [às] formalidades [de] inscrição devendo retomar hoje [o] trabalho"[572] e às 12 horas do dia 11 de Agosto, "30 [da] totalidade [das] 53 lanchas [estão] em funcionamento. De novo entraram cerca [de] 50 manjacos antigos desempregados"[573].

A quantidade de telegramas trocados dá ideia da importância do incidente até pelo receio das implicações que a divulgação da notícia nos países vizinhos pudesse vir a ter[574] e a verdade é que não foi fácil à autoridade colonial dominar os protestos dos manjacos, os "únicos conhecedores [dos] segredos [da] navegação"[575].

A toda esta agitação não era, certamente, alheia a intervenção dos nacionalistas porque a PIDE, através da informação n.º 334/60 – GU de 12 de Agosto de 1960, dava conta que tinham sido "enviados através do correio de Teixeira Pinto, província da Guiné, dois panfletos, contendo um as resoluções tomadas na «II Conferência dos Povos Africanos», realizada em Tunis em Janeiro deste ano, sobre as «colónias» portuguesas e o outro, é um apelo dirigido aos guineenses pelo «Partido Africano da Independência» e «Frente Revolucionária Africana para a Independência Nacional das Colónias Portuguesas – FRAIN», nos quais se incita os portugueses das províncias ultramarinas a lutarem contra o que chamam «colonialismo português»".

Mais uma vez se reforça a ideia de que ninguém pode acusar a PIDE de não manter o Poder bem informado, como se comprova

---

[571] Telegrama n.º 52 SEC de 10 de Agosto de 1959.
[572] Telegrama n.º 54 SEC de 11de Agosto de 1959. A situação diz respeito às 11 horas.
[573] Telegrama n.º 55 SEC de 11 de Agosto de 1959.
[574] Na pasta há várias referências a esse receio e até a visita turística de algumas mulheres, entre as quais a esposa do Governador do Senegal, foi objecto de vigilância apertada. O Governador fez questão de mencionar que o incidente se circunscrevia à zona do cais e tudo permanecia calmo no interior.
[575] Telegrama n.º 48 SEC de 6 de Agosto de 1959.

quando esclareceu que "o Amílcar Lopes Cabral, que fixou o seu «quartel-general» em Conakry, é o «personagem» que dirige ou pelo menos coordena todos os «movimentos» que, a soldo dos dirigentes do comunismo internacional tenta sublevar as províncias ultramarinas portuguesas" e que "o quadro de dirigentes daquele «Movimento» foi agora aumentado com a ida para Dakar de Luís Severino Almeida Cabral"[576].

Aliás, também seria a PIDE a fazer chegar ao Poder Central uma cópia do extenso comunicado assinado por Amílcar Cabral e que continha os objectivos da "Frente de Libertação da Guiné e de Cabo Verde – Partido Africano da Independência (PAI)"[577].

Ainda de assinalar que em AOS/CO/UL – 32 A1 existe um abundante acervo –12 subdivisões no total – sobre as acções levadas a cabo pelo movimento para "recrutar indivíduos especializados para levarem a efeito actos de sabotagem nos aviões das linhas aéreas portuguesas e nos navios de guerra que se encontram em Bissau", ou para "industriar [os professores de árabe] no sentido de fazerem propaganda a favor da independência", mas também para dar corpo ao boato de dissidências a nível dos dirigentes "entre os do grupo de nativos da Guiné e os de Cabo Verde".

Como a História provou, nem a independência, primeiro da Guiné-Bissau e depois de Cabo Verde, resolveu esse diferendo.

No entanto, a PIDE recomendou a conveniência da transferência do pessoal administrativo cabo-verdiano que estava a exercer funções na Guiné porque receava que "em períodos de agitação eles se aliem aos agitadores e sabotem as ordens dos seus superiores", uma vez que "tanto odeiam o negro como o europeu, mas como os negros lhes servem para os fins que têm em vista, o escorraçamento dos brancos, aliam-se àqueles, com quem fazem causa comum"[578].

A contratar com tantos aspectos negativos estava a atitude do Presidente do Senegal, Leopold Senghor, que tinha "dado ordens expressas no sentido de não serem permitidas quaisquer manifestações contra Portugal com quem afirma desejar manter boas relações"[579].

---

[576] Informação n.º 339/60 – GU de 12 de Agosto de 1960.
[577] Informação n.º 374/60 – GU de 19 de Agosto de 1960.
[578] Informação n.º 490/60 – GU de 4 de Outubro de 1960.
[579] Informação n.º 449/60 – GU de 27 de Setembro de 1960.

Um último elemento a reter prende-se com a continuação de denúncias por parte dos "bons portugueses" residentes na província sobre os "abusos, prepotências, exacções, depredações a que os nativos e os seus bens estão sujeitos pelas autoridades portuguesas"[580] e sobre a "má actuação" da PIDE, cuja presença era "prejudicial aos altos interesses da Nação".

Salazar endossou a carta ao Ministro e este, através do ofício secreto n.º 808/B/6/2 de 9 de Março de 1961, pediu esclarecimentos ao Governador.

Peixoto Correia respondeu, em 20 de Março de 1961, recusando as acusações e, "sem receio de errar", garantiu que "em nenhum outro período os nativos da Província se têm sentido tão protegidos, amparados e atendidos nas suas reclamações, como no actual".

Além disso, numa leitura que releva para a técnica de análise de conteúdo, dissecou a carta recebida por Salazar e chegou, inclusivamente, a afirmar que "é muito provável que o documento em apreço seja da autoria de qualquer (ou quaisquer) membro do Movimento de Libertação da Guiné" e não de portugueses.

O apontamento secreto n.º 84 da responsabilidade de João Pereira Neto sobre a situação na província da Guiné, datado de 10 de Julho de 1961, ou seja, já no Ministério de Adriano Moreira, onde é feita uma descrição rigorosa e exaustiva da situação, interna, regional e internacional, reconhece razão ao Governador ao afirmar que "o Governador tem procurado satisfazer os desejos materiais e espirituais das populações, tem procurado evitar que contra elas se cometam injustiças".

Como é óbvio, para combater o efeito da propaganda anti-portuguesa, também lhes proporcionava "distracções, que para além de preencherem o seu fim principal, evitam também que se interessem excessivamente pela política, e não tem descurado a manutenção de um eficaz controle sobre as suas actividades"[581].

---

[580] Carta enviada a Salazar em Dezembro de 1960 a partir de Bissau e com o carimbo do Movimento de Libertação da Guiné e que consta na 2.ª subd. da pasta 4 de AOS/CO/UL – 39.

[581] O documento figura na 4.ª subd. da pasta 4 de AOS/CO/UL – 39.

3.8.5. São Tomé e Príncipe – 14 de Agosto de 1958 a 13 de Abril de 1961

O Governador Manuel Marques de Abrantes Amaral, que já estava em funções aquando da tomada de posse do Ministro, manteve-se no cargo, mesmo depois do Ministro deixar a pasta. No entanto, seria a PIDE a informar o Poder Central que na província não tinha "havido quaisquer manifestações em consequência dos acontecimentos do ex-Congo Belga", embora fosse nítido o interesse das populações sobre esses factos porque os "estabelecimentos importadores de telefonias que trabalham por meio de pilhas secas ou baterias, vendem imediatamente todos os aparelhos que recebem"[582].

Por vezes, o Governador podia alterar decisões do Poder Central em questões que se prendiam com problemas «menores» e que se prendiam com o melhor conhecimento da realidade local. De facto, em AOS/CO/UL – 32 A1 é feita referência ao ofício secreto n.º 4005/B/11, de 11 de Outubro do Ministro para fixar a residência em São Tomé ao padre Joaquim da Rocha Pinto de Andrade[583], mas "por proposta da Subdelegação desta Polícia [PIDE] em S. Tomé, que mereceu o acordo do Ex.mo Governador, foi designada a cidade de Santo António do Príncipe [...] dado que ali as suas actividades podem ser melhor controladas e as facilidades de contactos com outras pessoas serão menores uma vez que o movimento marítimo e aéreo é pequeno"[584].

---

[582] Informação n.º 332/60 – GU de 12 de Agosto de 1960.

[583] Elemento do MPLA, cuja correspondência e conversas com os nativos continuaram a ser vigiadas pela PIDE que continuou a manter informado o Poder Central. Na verdade, mesmo quando o padre veio a São Tomé para fazer um exame radiológico aos pulmões, a PIDE não deixou de notar a sua aproximação à família Graça Espírito Santo e de atribuir a amizade a "afinidades ideológicas" – informação n.º 121/61 – GU de 30 de Janeiro de 1961. De notar que o padre visitou as escolas primárias onde cumprimentou Alda Neves da Graça Espírito Santo, uma personalidade que viria a dirigir a Associação Cívica – pró-MLSTP no período que se seguiu ao 25 de Abril de 1974. Depois requereu autorização para dar explicações liceais, mas o pedido foi indeferido "dados os grandes inconvenientes de ordem política que poderiam advir do seu deferimento" – informação n.º 146/61 – GU de 6 de Fevereiro de 1961. Na pasta constam mais informações, nomeadamente, a referência à correspondência trocada com o padre Martinho, um padre negro que estava em Luanda.

[584] Informação n.º 809/60 – GU de 21 de Dezembro de 1960.

Era uma forma de isolamento apesar da liberdade como o próprio reconhecia no telegrama que enviou para Luanda para a sua prima Arminda Faria, ao escrever: "fico [em] relativa liberdade". Em liberdade não ficaria a sua prima que foi detida – informação n.º 228/61 – GU de 27 de Fevereiro de 1961.

Num meio tão pequeno e sendo a população nativa "de natureza desconfiada, facilmente sugestionável e medrosa" qualquer boato ganhava uma enorme divulgação como se verificou quando apareceram "quatro pequenos rectângulos de papel – uma folha de papel de avião cortada em quatro pedaços" a alertar que "todo [o] comércio [dos] europeus tem vendido para vós comidas envenenadas" e, por isso, "os estabelecimentos, de mercearias, vinhos e padarias, deixaram imediatamente de ser frequentados por nativos"[585].

Como a firma responsável pelo envenenamento era indicada, a PIDE julgava que o autor era um nativo que tinha sido despedido dessa empresa, onde trabalhava há vários anos, processo que estava em tribunal.

Só que nova colagem de papéis dactilografados levaram o Governador a considerar que "se estava na presença de uma acção subversiva levada a cabo por elementos organizados"[586].

Entretanto, os papéis continuavam a ser colados – informação n.º 77/61 – GU de 23 de Janeiro de 1961, situação que, numa conjuntura marcada pelo assalto ao Santa Maria e o início da luta armada em Angola, obrigou a tomar "medidas especiais de vigilância".

Porém, a PIDE considerava "que uma acção violenta na província de S. Tomé e Príncipe só será possível se levada a efeito por elementos do exterior"[587].

A História confirmou o acerto dessa previsão.

3.8.6. Índia – 14 de Agosto de 1958 a 13 de Abril de 1961

Na Índia, depois de António Cyrne Rodrigues Pacheco ter sido Encarregado de Governo, de 7 de Junho de 1958 até 30 de Dezembro

---

[585] Informação n.º 849/60 – GU de 23 de Dezembro de 1960.
[586] Informação n.º 26/61 – GU de 7 de Janeiro de 1961.
[587] Informação n.º 221/61 – GU de 27 de Fevereiro de 1961.

de 1958, foi a altura para o 128.º e último Governador-Geral, Manuel António Vassalo e Silva, que foi promovido a brigadeiro em 4 de Novembro de 1958 e um mês depois nomeado Governador-Geral do Estado da Índia.

Vassalo e Silva seria acusado pela PIDE de "com espanto geral" ter aceitado a colocação do jornalista goês António José Sanches de Sousa "no Gabinete de Imprensa"[588], embora também se encontre no arquivo[589] uma fotografia de uma página do jornal *O Heraldo* de 10 de Novembro de 1958, transcrito no *Diário da noite* de 14 de Novembro e no jornal *A Índia portuguesa* de 15 de Novembro, onde se pode ler que "o sr. Brigadeiro Vassalo da Silva, novo Governador--Geral da Índia é um oficial distinto da Arma de Engenharia"

Aliás, nessa altura, os problemas relativos aos representantes da autoridade portuguesa eram frequentes, como se constata pelo processo contra o chefe de brigada da Polícia do Estado Português da Índia, Casimiro Jordão Monteiro, e que consta na pasta 1 de AOS/CO/UL – 39.

Trata-se de um problema complexo como se comprova pela existência de posições muito divergentes sobre o local onde o detido devia ser ouvido na fase de auto de corpo de delito e onde deveria decorrer o julgamento, pois, de acordo com uma carta enviada pelo Ministro da Defesa Nacional, Botelho Moniz, a Salazar, o mesmo solidarizou-se com a posição do Ministro do Ultramar e defendeu que o julgamento "não convém que seja na Índia [...] pela repercussão que na opinião pública possa ter", embora reconhecesse que "dado o elevado número de testemunhas que serão chamadas a depor o transporte destas torna muito onerosa a inquirição se o julgamento se realizar em Lisboa ou em Lourenço Marques".

Ora, como o incriminado, que estava detido em Lisboa, tinha de responder em Tribunal Militar, Botelho Moniz lançou a hipótese de "se prescindir do maior número" de testemunhas, situação que não

---

[588] Esta acusação consta de uma informação da PIDE, enviada em 6 de Novembro de 1964, para alertar para o perigo da colocação deste jornalista "traidor" que era "correspondente assalariado do Gabinete de Imprensa da Repartição do Gabinete do Governo Geral do Estado da Índia" em "idêntica categoria e em regime de prestação de serviço na província de Moçambique" – AOS/CO/UL – 41, pt. 19.

[589] Pasta 1 de AOS/CO/UL – 39.

parecia fácil visto o inquiridor considerar que estava perante um caso "inédito" face ao elevado número de pessoas que tinham respondido afirmativamente ao convite para "prestar declarações".

Esta afluência de testemunhas condenatórias verificava-se porque o presumível delinquente, que, "durante os anos de 1954 a 1957, em acções de luta contra os terroristas indianos [...] praticou actos de bravura, de valentia, de coragem, de sacrifício e de abnegação, em defesa da Pátria", os quais lhe tinham valido "louvores, condecorações" e a promoção a Chefe de Brigada, para além de "ser chamado para tudo", acabara por abusar do poder

De facto, este herói acabou por criar "uma onda de terror", de tal forma que "falar-se em Casimiro Monteiro era o mesmo que falar no diabo", pois "os presos eram tratados com os maiores requintes de selvajaria", "matava-se com facilidade" e "não se respeitava a inviolabilidade da residência particular".

Uma nota enviada a Salazar em 24 de Janeiro de 1959 encontrava uma solução para o problema das testemunhas, lembrando que as testemunhas moradoras fora da comarca onde se realizava o julgamento teriam de "ser ouvidas por depracada" e, se já tivessem sido ouvidas "no corpo do delito", o promotor de justiça podia "prescindir, no sumário da culpa, de nova inquirição".

Ora, os testemunhos recolhidos já deviam ser mais do que suficientes para a condenação tal a sede de justiça que a população manifestava.

No Ministério seguinte, a acção do Governador será objecto de narração pormenorizada.

3.8.7. Timor – 14 de Agosto de 1958 a13 de Abril de 1961

Em Timor, o cargo de Governador foi entregue a Filipe José Freire Temudo Barata que o exerceu de 1959 a 1963.

Em 11 de Maio de 1959, o Governador, através do telegrama n.º 7 SEC, dava conta da presença de agitadores indonésios porque "à zona leste [da] Província continuam afluindo embarcações provenientes [das] Ilhas Indonésias julgando-se [a] sua origem ser Celeba e Kissar". Deveria tratar-se, no primeiro caso, de "rebeldes [da] Indonésia que se dedicam a actos próprios [de] pirataria nomeadamente assalto e roubo [no caso das] segundas".

Eram presenças indesejáveis e que não acatavam as "indicações para se afastarem após [a] aguada pretendendo [a] todo [o] custo continuar [a] fundear [em] qualquer posto [da] costa" e uma delas "chegou [a] abrir fogo para terra" e, quando foi forçada a retirar, "foi fundear [num] outro ponto onde se repetiu [a] cena".

O Governador considerava que as "velhas espingardas distribuídas [às] nossas autoridades [de] nada servem criando [um] problema desprestigiante". Na realidade, não era com tiro de espingarda que se poderia responder ao fogo dos barcos. De qualquer forma, tinha julgado "conveniente instalar [uma] Diligência Militar [na] região [de] Lospalos [...] com [um] efectivo [de] uma secção [de] atiradores reforçada [que] seguirá [para o] seu destino [na] corrente semana". Na parte final, prometia mais informações "sobre [o] estado [de] espírito [da] população nativa [o] qual se julga poder vir a estar ligado com [o] presente assunto".

O Ministro não ficou tranquilo com o conteúdo do telegrama e com aquilo que lhe foi transmitido pelo Inspector Superior que visitou a região e lhe deu conta que o Governador estava a par dos "inconvenientes [que] poderão resultar [das] actividades [dos] refugiados políticos [da] Indonésia"[590], solicitava informações sobre a evolução da situação e informava o Governador que "caso [seja] necessário proponha [as] medidas [que] lhe pareçam convenientes"[591].

O Governador foi célere na resposta – telegrama n.º 8 SEC de 30 de Maio de 1959 – e esclareceu o Ministro que tinha "fortes suspeitas que [o] estado [de] espírito [da] população é alimentado [pelo] Cônsul [da] Indonésia que se terá arvorado em conselheiro e orientador de elementos agitadores [...] recrutados entre nativos saídos das escolas missionárias que possuindo apenas [a] instrução primária aspiram [a] desempenhar cargos bem remunerados não se sujeitando [a] trabalhos agrícolas ou operariado".

O Governador sabia estas informações porque dispunha de "informadores entre os elementos aliciados [os] quais lhe tinham

---

[590] Telegrama n.º 8 SEC de 27 de Maio de 1959.
[591] Telegrama n.º 9 SEC de 29 de Junho de 1959.

"vindo a fornecer nomes de descontentes que vão aderindo" e informava que o "aliciamento ainda não se estendeu a classes mais elevadas", situação que, aliás, não lhe parecia vir a ocorrer.

No dia 30 de Maio de 1959, no telegrama n.º 9 SEC, o Governador continuaria a dar informações dizendo que a "situação mantém-se estacionária" e que "por precaução foram tomadas medidas [de] vigilância [as] quais se revestem [de] possível sigilo". Mais informava que dispunha dos "nomes [de] quase todos [os] aliciados" e esperava "reunir mais elementos para em momento oportuno poder intervir". Na parte final, voltava a referir que a "presença [de] refugiados nesta [província] contribui para dar [aos] agitadores certa confiança".

Logo a seguir, no telegrama n.º 10 SEC de 1 de Junho de 1959, as informações seriam completamente diferentes: "situação agravada com [o] facto de população [de] Timor estar alarmada e nota-se certa agitação e mau estar". Por isso, lhe parecia "necessária [uma] intervenção [do] Governo" e iria dar ordens "para serem capturados alguns elementos mais em evidência" para "dar confiança [à] população" e "obter entre [os] agitadores possível desorganização". Os detidos seriam "enviados [à PIDE] e depois [de] organizados processos sumários por actividades subversivas, embarcando [no] navio «Índia»".

O Governador terminava o telegrama referindo que "esta medida poderá servir como exemplo [para a] restante população nativa".

Sendo conhecido o *modus operandis* da PIDE não ficam dúvidas sobre a verdade da frase.

O Ministro, no telegrama n.º 11 SEC de 3 de Junho de 1959, concordaria com a decisão do Governador e aconselhá-lo-ia a "tomar todas [as] precauções necessárias para que [os] deportados sejam escoltados durante [a] viagem e se impeça [que] tomem quaisquer contactos nos portos". No entanto, em telegrama anterior[592] pediria informações sobre os refugiados; número, meios de subsistência, se eram sustentados por Portugal, actividade profissional, actividades políticas e medidas de queixa contra o Cônsul da Indonésia.

A resposta consta no telegrama n.º 11 SEC – erradamente datado de 4 de Maio de 1959 e, por isso, existe outro telegrama com o mesmo conteúdo mas com a data de 4 de Junho de 1959 – no qual o

---

[592] Telegrama n.º 10 SEC de 3 de Junho de 1959.

Governador informou que tinham sido "capturados [no] dia 2 [do] corrente [os] elementos mencionados [no] meu 10 SEC". Mais dizia que "pelas declarações já prestadas estava-se preparando um movimento para eclodir [na] noite [de] 31de Dezembro".

A data prevista não era aleatória porque era habitual a escolha de dias festivos para as acções contra a soberania portuguesa, como forma de aproveitar as vantagens resultantes de uma menor atenção por parte das forças portuguesas.

Este telegrama é muito importante porque indica que os "chefes [do] movimento, além [de] alguns indivíduos já presos, serão também refugiados indonésios [os] quais parece terem lançado mão [do] estratagema [de] refúgio político [a] fim [de] se introduzirem [no] nosso território e organizar [um] movimento cuja finalidade seria incorporar Timor na Indonésia".

Afinal, a ideia da integração de Timor na Indonésia ou a existência de infiltrados – os novos cavalos de Tróia – não representam novidades.

Aliás, a composição do grupo era indicada: "são catorze refugiados sendo dois tenentes, dois primeiros sargentos, dois segundos sargentos, dois cabos, cinco soldados e um civil", com a agravante de viverem "com subsídio pago por Governo [de] Timor" porque "na Província não têm qualquer actividade profissional". Mais informava que o Cônsul da Indonésia, Nazaar Jacub – que iria ser substituído pelo Cônsul Tengku Hussin e, curiosamente, também sairia de Timor a bordo do navio «Índia» – estava "ao facto do plano o qual acompanhava com interesse[e] fomentava dando indicações e financiando elementos subversivos".

Por isso, o Governador pedia autorização para "embarcar também no navio «Índia» [os] refugiados indonésios visto estar demonstrado ser altamente perigosa e inconveniente sua [a] presença nesta [província]" e solicitava a intervenção do Ministro "junto [da] CNN" para que a partida do navio fosse "retardada cerca [de] dois dias".

Como o Governador solicitava uma resposta urgente, no mesmo dia o Ministro informou-o que a "CNN vai enviar [via] rádio para [o] capitão [do] navio determinando adiar [a] partida [por] dois dias" e, como haveria um "acréscimo [de] despesas resultante [da] demora", o Governador deveria reduzi-lo ao "mínimo indispensável". Além disso, o Ministro autorizou que fossem "embarcados [os] agitadores nacionais", embora não se soubesse ainda qual o seu destino que seria "determinado brevemente mas talvez depois [da] saída [do] navio".

Quanto aos refugiados indonésios a quem tinha sido concedido asilo político, uma vez que a "atitude [de] aqueles militares não se tem conformado [às] obrigações [de] estrita abstenção [de] qualquer actividade política", Portugal aceitava "como lhe fora solicitado entregar [os] referidos militares [ao] Governo Indonésio"[593].

Ainda no que dizia respeito ao embarque dos agitadores, o telegrama n.º 12 SEC de 8 de Junho de 1959, assinado pelo Encarregado de Governo, dava conta que "foram embarcados [no] navio «Índia» onze agitadores", só que esse acto levou à revolta de outros agitadores que "com alguns elementos nativos aliciados cercaram [a] residência do Administrador e [a] Secretaria tendo assaltado esta e roubado [o] armamento que aí se encontrava" e obrigando o Governador a abrir "caminho a tiro e com [a] família dirigiu-se para Baucau". Além disso, os "mesmos indivíduos cortaram [as] ligações telefónicas entre Viqueque e Baucau", o que obrigou o Governador a mandar "seguir de avião para Baucau [uma] pequena fracção militar [de] comando subalterno [a] fim [de] ocupar Viqueque onde [a] autoridade administrativa procurará capturar [os] rebeldes".

Este acto permitiu ao Governador justificar ao novo Cônsul da Indonésia a cessação do asilo político aos refugiados e, devido aos incidentes, a partida do navio sofreu novo atraso.

O Ministro responderia ainda no mesmo dia – telegrama n.º 14 SEC – e defenderia que os "nove refugiados detidos devem continuar nessa situação sob rigorosa vigilância". Além disso, era "indispensável capturar com toda [a] urgência [os] responsáveis pelo assalto tanto indonésios como nacionais" e que "todos os refugiados [da] Indonésia devem ficar detidos até instruções deste Ministério para [a] sua entrega na fronteira".

O Governador foi lesto a informar que "dos cinco indonésios sublevados foram ontem capturados dois"[594] e que já tinha sido recuperado o domínio sobre a "povoação [de] Viqueque". No entanto, alertava para a dificuldade da situação porque os sublevados tinham

---

[593] Telegrama n.º 13 SEC de 5 de Junho de 1959, enviado pelo Ministro.
[594] Telegrama n.º 13 SEC de 9 de Junho de 1959, mas enviado pelo Governador.

obtido "muitas adesões [na] região" enquanto ele lutava com "grandes dificuldades em pessoal militar [em] virtude [da] época [de] recruta com efectivos muito reduzidos em praças prontas" e não valia a pena "chamar praças de licença registada visto este pessoal não oferecer confiança dadas [as] circunstâncias".

O Ministro agradeceu que o Governador o fosse mantendo informado sobre o evolucionar da situação e fez notar que era "indispensável manter rigorosamente secreta toda [a] correspondência relativa [a] este assunto"[595]. Foi o que o Governador fez e, por isso, os telegramas seguintes – n.º 14 SEC de 10 de Junho, n.º 15 SEC de 11 de Junho, n.º 16 SEC de 12 de Junho, n.º 18 SEC de 13 de Junho e n.º 19 SEC de 15 de Junho de 1959 – foram "reservados para Sexa [o] Ministro".

No segundo destes telegramas, o Governador informou que a "situação evoluiu [e foi] circunscrita [à] região limitada [de] Baguia, Uato Carbau e Uato Lari", embora tivesse voltado a haver um ataque dos insurrectos ao "Posto [de] Baguia sendo repelidos com baixas". Depois, mencionou as dificuldades do lado português "devido [ao] acidentado [da] região e [à] falta [de] ligações", às quais se deveria adicionar a "falta [de] transmissões" que não permitia saber o que se passava, por exemplo, com a "coluna arraial [que] partiu [de] madrugada de Iliomar [em] direcção [a] Uato Carbau".

Por isso, o Governador solicitou que fosse dado conhecimento do assunto ao Ministro da Defesa Nacional.

No telegrama n.º 16 SEC, o Governador dava conta de já terem sido "ocupados [os] Postos [de] Uato Carbau e Uato Lari" e de terem sido "capturados vários elementos que deram apoio [aos] insurrectos", embora alguns "indonésios ainda acompanhados [por] nativos em número já reduzido" se tivessem conseguido internar "no mato" e, devido à "natureza [do] terreno e [ao] mau tempo" ainda não tivessem sido capturados.

A situação seria indicada como "normalizada em toda [a] Província" e faltava "unicamente capturar dois indonésios e poucos nacionais reunidos num grupo internado no mato [e] já localizado"[596].

---

[595] Telegrama n.º 15 SEC de 10 de Junho de 1959.
[596] Telegrama n.º 19 SEC de 15 de Junho de 1959. O relato da captura desses dois indonésios foi feito no telegrama n.º 21 SEC de 18 de Junho de 1959.

O telegrama n.º 20 SEC de 16 de Junho de 1959 informava que continuava a ser feito o "saneamento" dificultado pela "carência locais [de] condições próprias [para] servir [de] prisão [em] virtude [de] ser necessário deter para cima [de] uma centena [de] indivíduos, alguns dos quais convirá posteriormente serem deportados".

Como se verifica, não se tratava de um problema de sobrelotação das prisões – problema ainda actual em muitos países, nomeadamente em Portugal – mas da quase inexistência das mesmas.

3.8.8. Macau – 14 de Agosto de 1958 a 13 de Abril de 1961

Em Macau, Jaime Silvério Marques foi nomeado Governador em 18 de Setembro de 1959 e manteve-se no cargo até 17 de Abril de 1962, ou seja, o seu mandato ainda acompanhou o primeiro ano do Ministério de Adriano Moreira.

Essa época foi marcada pelo fim da aliança sino-soviética porque a URSS denunciou, em 1959, o Acordo de Amizade, de Aliança e de Ajuda Mútua Soviético-Chinês e que, no fundo representava o fim da ajuda técnica soviética para que a República Popular da China construísse a bomba atómica e, em Julho e Agosto de 1960, retirou os seus cooperantes que estavam na China.

O fim deste acordo acabou por ter repercussões em Macau porque a União Soviética acusava a República da China de ajudar os movimentos de libertação com o intuito de exportar o seu modelo de revolução para os países em desenvolvimento, mas mantinha duas colónias estrangeiras em solo chinês: Macau e Hong-Kong.

3.9. Ministério de Adriano Moreira: 13 de Abril de 1961 a 4 de Dezembro de 1962[597]

Adriano Moreira chegou a Ministro do Ultramar a convite do próprio Presidente do Conselho que conhecia o trabalho que ele desenvolvera junto do anterior Ministro, Lopes Alves. Aliás, a com-

---

[597] Os telegramas relativos a este mandato constam nas caixas AOS/CO/UL – 8 I e AOS/CO/UL – 8 I (Cont.).

petência demonstrada no cargo de Subsecretário da Administração Ultramarina, aliada à circunstância de Lopes Alves se encontrar doente e à tentativa do General Botelho Moniz de substituir Salazar na Presidência do Conselho foram, certamente, três factores que levaram Salazar a proceder à escolha.

De facto, quando Adriano Moreira lhe pretendeu mostrar que não fazia sentido a nomeação porque sabia que não contava com o apoio de nenhum dos grupos que faziam questão de calcorrear os corredores do Poder, ouviu como resposta a frase curta e incisiva: *mas tem o meu!*

Parecia, assim, que Salazar desejava que Adriano Moreira colocasse em prática as críticas que, nas suas aulas, andava a fazer ao processo político e administrativo em vigor no Ultramar português.

O tempo encarregar-se-ia de provar que a razão e a vontade nem sempre se constituem como a condição suficiente!

Estava encontrado o novo Ministro do Ultramar e entreaberta a porta para a reforma que o mesmo considerava necessária e inadiável. Restava saber se, a exemplo do que se passara com a reforma do sistema prisional do Ultramar – a Reforma Sarmento Rodrigues que Adriano Moreira ajudara a elaborar –, os interesses instalados teriam força para colocar os entraves suficientes para inviabilizar a acção reformadora de Adriano Moreira.

A escolha dos Governadores poderá começar a ajudar a encontrar resposta para a dúvida formulada, embora não se deva esquecer que, nessa altura, a oposição começava a ter maior visibilidade, pois levara a cabo acções como o assalto ao paquete «Santa Maria» e o ataque, em 11 de Novembro de 1961, ao avião da TAP que fazia a carreira Casablanca – Lisboa para lançamento do panfleto «A mão vermelha» sobre Lisboa, antes de "regressarem a Tanger onde seriam acolhidos como asilados políticos"[598].

Além disso, os nacionalistas já contavam com apoios internacionais, como se comprova pelo facto de "a Missão Protestante de Luanda patrocinar a saída da Província de Angola dos estudantes de cor a ela

---

[598] Informação n.º 1 624/61 – GU da PIDE e que consta em AOS/CO/PC – 81, p1, 2.ª sd. Na mesma pasta está um panfleto que a PIDE enviou ao Secretário do Presidente do Conselho em 4 de Novembro de 1960. A designação fica a dever-se ao facto de o panfleto ter uma mão vermelha estampada na parte inferior da última página.

ligados, não só encaminhando-lhe os passos, como custeando-lhes as viagens e demais despesas"[599]. Aliás, a presença do elemento religioso estava a intensificar-se porque os 41 angolanos que tinham ido para França com passaportes senegaleses tinham contado com o apoio de um pastor metodista[600].

Foi, pois, numa conjuntura marcada pela ascensão da perspectiva terceiro-mundista, derivada do peso dos novos países na Assembleia--Geral da ONU e bem conhecida de Adriano Moreira[601], e numa fase em que Kennedy apostava numa mudança da posição norte-americana relativamente ao Império Português[602], que o Ministro iria implementar uma nova política ultramarina

3.9.1. Angola – 13 de Abril de 1961 a 4 de Dezembro de 1962

Em Angola, onde já se iniciara a primeira frente da guerra colonial e "uma minoria branca exerce um controle quase total sobre a economia, o funcionalismo público e os destinos de cerca de 5 milhões de africanos" (Bender, 1980, p. 225), a 23 de Junho de 1961, Venâncio Augusto Deslandes foi nomeado Governador-Geral, nomeação influenciada pelo cansaço de Salazar ao ler, na presença do Ministro do Ultramar, a lista do *Anuário das Forças Armadas*.

O futuro próximo encarregar-se-ia de provar que o cansaço do Presidente do Conselho e do Ministro do Ultramar não se ficaria pelo acto da selecção. No entanto, esta escolha não deixa de abonar em favor de Salazar, pois Venâncio Deslandes era cunhado de Botelho Moniz, precisamente o autor da tentativa de *golpe constitucional* que levara à reformulação governamental.

---

[599] Informação secreta da PIDE que está em AOS/CO/PC – 81, p1 – 2.ª sd (5).

[600] Informação secreta da PIDE n.º 1 126/61 – GU, repetida na informação secreta n.º 1 194/61 –GU, de 20 de Julho de 1961.

[601] Adriano Moreira tinha integrado a Delegação Portuguesa à ONU de 1957 a 1959 e, por isso, conhecia bem as queixas contra o Ocidente colonizador.

[602] Na pasta 16 de AOS/CO/UL – 39 estão recortes de notícias da Reuter e da Associated Press que não deixam dúvidas sobre a inflexão da posição norte-americana no que concerne à política portuguesa. De facto, pode ler-se, numa notícia da Reuter de 30 de Dezembro de 1961, que os Estados Unidos "apesar da sua oposição contra a conquista armada das possessões portuguesas na Índia, reconhecem que as potências coloniais não podem possuir eternamente territórios que estão longe das suas fronteiras"

Deslandes manteve-se no cargo até 26 de Setembro de 1962, data em que foi exonerado e substituído por Silvino Silvério Marques, que exerceria o primeiro mandato como Governador-Geral até 27 de Outubro de 1966.

Os problemas de relacionamento que já foram mencionados talvez expliquem que quase nada de importante conste nos telegramas enviados pelo Governador-Geral Deslandes ao Ministro do Ultramar. De facto, apenas o telegrama n.º 11 SEC de 13 de Janeiro de 1962, contém um dado, melhor, uma presunção importante da PIDE local que dizia "possuir [uma] informação [que] reputa [de] razoavelmente segura [segundo a qual] Holden teria solicitado [à] Embaixada [da] Índia [que] fosse fornecido [aos] terroristas material de guerra apreendido [às] nossas tropas [em] Goa".

Só que o Governador-Geral nada transmitiu sobre o facto de "o armamento que nos últimos tempos tem atravessado o Congo ex--Francês e o Congo ex-Belga com destino aos terroristas de Angola" vir "devidamente desmontado [...] de países da Europa Central e do Norte, despachado por via aérea para a Tunísia, seguindo daí para Conakry, Brazzaville e Leopoldville"[603] ou que os «refugiados» de Cabinda em Ponte Negra deveriam regressar às suas casas porque a verba para os apoiar estava "praticamente esgotada" e não era provável que viesse a ser reforçada e as populações que os tinham recebido não estavam "dispostas a mantê-los indefinidamente"[604].

Não parece que as falhas técnicas da Marconi, que Deslandes apresentava como justificação para as dificuldades de comunicar com o Ministro e com o Presidente do Conselho, possam explicar os frequentes distanciamentos a que o Governador-Geral se permitia[605].

---

[603] Informação secreta n.º 1 179/61 – GU, de 17 de Julho de 1961. A PIDE, nessa informação, afirmava conhecer a existência de "um outro «canal» que utiliza as linhas aéreas que escalam Tanger, Casablanca e Dakar para atingirem Leopoldville".

[604] Informação secreta n.º 1 180/61 – GU, enviada pela PIDE em 18 de Julho de 1961.

[605] O problema das comunicações entre Luanda e Lisboa já era antigo porque na 2.ª sub. da pasta 6 de AOS/CO/UL - 8 G há um telegrama – n.º 197 CIF de 16 de Setembro de 1939 – no qual o Governador-Geral dá conta que o "Director [dos] Correios recebeu [o] telegrama seguinte: Por despacho [de] Sexa [o] Ministro [da] Marinha cessa [a] partir [de] hoje [a] troca [de] serviços entre [a] estação [de] Vexa e [a] CTV. Excluído esse serviço telegráfico gratuito fica Angola apenas [com] comunicações [através da] Marconi resultando [um] dispêndio incomportável".

Também a ideia de uma maior descentralização parece não colher, uma vez que essa era a ideia que o Ministro se propunha executar e, por isso, ainda não tinha tradução prática na realidade ultramarina. Talvez a utopia de uma independência branca de Angola, à maneira da Rodésia, constitua a melhor justificação para a acção do fracassado D. Pedro de Angola que não percebeu que a conjuntura de 1822 – para não falar da questão da linhagem – não poderia ser reproduzível 140 anos depois.

Assim, a melhor forma de perceber as acções que os movimentos nacionalistas estavam a desencadear na província talvez seja a leitura dos relatórios diários da situação que eram enviados para o Ministério da Defesa Nacional[606] e que começaram por ser da responsabilidade do general Manuel Gomes de Araújo, que era o Comandante-Chefe e da 3.ª Região Militar de Luanda e que, após "46 anos de serviço" se propunha continuar a servir com a "mesma fé entusiasmo e dedicação até [à] entrega [dos] comandos"[607] ao General Silva Freire.

Esses relatórios são fundamentais porque começam com uma síntese global, quase sempre a mesma frase nos momentos iniciais do conflito: "situação mantém-se sem alteração sensível", e, depois, descem ao pormenor, localizam as zonas mais problemáticas – Carmona, Luanda, Salazar, Cabinda, Malange e São Salvador –; identificam o tipo de acção – ataque a patrulha, incêndio, saque, emboscada, assalto, recuperação, destruição de pontes, estradas e sanzalas, evacuação de mortos e feridos, sublevação [nas] sanzalas, sabotagem –; indicavam o número de mortos e feridos dos dois lados, com a particularidade de os mortos das forças nacionalistas serem, por vezes, identificados pela sua etnia – "mortos 8 bailundos"[608], embora também se fale em "pesadas baixas"[609], "inúmeras baixas"[610] ou "baixas em número

---

[606] Esses relatórios podem ser consultados, por exemplo, em AOS/CO/PC – 78 D e, devido à sua periodicidade, são muito numerosos, como se comprova pela existência de 292 folhas sobre Angola desde 1 de Maio a 31 de Dezembro de 1961.

[607] Telegrama confidencial n.º 355/A dirigido ao Chefe de Estado Maior General das Forças Armadas em 4 de Julho de 1961.

[608] Relatório da situação referido a 071600 Junho de 1961. A data e a hora de envio dos telegramas passaram a ser parcialmente codificadas. Como os telegramas são confidenciais, um carimbo cor-de-rosa colocado nos telegramas permite saber que "necessita de paráfrase" e que "todas as respostas ou referências a esta mensagem devem ser classificadas".

[609] Relatório n.º 19 de 031200 a 041200.

[610] Relatório n.º 17 de 011200 a 021200 Jul.

desconhecido"[611] – e o tipo de armamento utilizado e/ou capturado – "uma pist-met, uma espingarda, uma caçadeira 6 canhangulos"[612], catanas, lanças, armas automáticas, sendo evidente um melhor apetrechamento bélico dos guerrilheiros com o evolucionar do conflito.

Eram as marcas da política de blocos, mais do que da descolonização preconizada pela ONU, a fazerem-se sentir. Talvez, por isso, em Setembro de 1961, um telegrama confidencial do COMARANGOLA alertasse para que "segundo informações [de] origem americana há intenção [de] fazer eclodir incidentes [em] Luanda até [ao] fim [de] Setembro" e aconselhasse a "vigilância em especial [nos] distritos onde não se verificaram ainda incidentes"[613]

É um relato muito pormenorizado, que nem sempre coincide com a síntese inicial, e com frequentes marcas de miséria – "velhos e crianças indígenas da região infestada [de] terroristas morrem à fome"[614] – e de envolvimento internacional de carácter assistencial – "refugiados angolanos são socorridos pela Cruz Vermelha congolesa em Kipangu (ex-Belga)"[615].

Convém, ainda, referir que o número relativo às baixas do lado indígena não parece muito credível por ser demasiado elevado – a frequência com que são indicadas 100 baixas parece excessiva – embora não se perceba o alcance do Comandante da 3.ª Região Militar enviar informações incorrectas para órgãos como "DEFNAC, EME e REP GAB [do exército]", a menos que se pretendesse que os telegramas fossem interceptados e se tentasse dar uma ideia de uma nítida supremacia portuguesa no terreno.

Aliás, a própria DEFNAC sentia necessidade de pedir esclarecimentos ao Comandante-Chefe de Angola sobre "o número de prisioneiros e baixas infligidas [ao] inimigo e [o] efectivo em que este é avaliado" e se as acções das forças portuguesas correspondiam a "missão [de] limpeza" de forma a ser possível à DEFNAC "classificar a zona"[616].

---

[611] Relatório confidencial e urgente, cuja data assinalada é 260346Z e que contém um carimbo cor-de-rosa a assinalar que foi "interceptado".
[612] Relatório n.º 5 de 191200 a 201200.
[613] Mensagem urgente e confidencial com o número de série 4472.
[614] Relatório referido a 091600Z Junho 61.
[615] Relatório número 3 de 171200 a 181200.
[616] Telegramas n.º 570/A, 571/A e 572/A, relativos ao Processo n.º 324 220.

Fiquemos por aqui neste relato, quase em directo, da guerra colonial em Angola, sob pena de a importância reconhecida à vereda ou ao atalho se sobrepor àquela que é atribuída à estrada.

Regressando à substituição de Deslandes, de acordo com Adriano Moreira, não era fácil encontrar, naquela altura, um Oficial-General disposto a ocupar o lugar. Aliás, para demonstrar essa dificuldade, faz questão de referir a carta que recebeu de Silvino Silvério Marques na qual este lhe dizia: "imagino as dificuldades que V.ª Ex.ª não encontrou até se lembrar deste modesto servidor".

No que concerne à independência de Angola, embora num sentido diferente, importa referir a informação secreta n.º 1028/61 – GU de 21 de Junho de 1961, enviada à Presidência do Conselho e ao Ministério dos Negócios Estrangeiros, na qual a PIDE dava conta das conversas mantidas pelo "terceiro secretário da Embaixada, Dr. Alberto Vasconcelos da Costa e Silva", que acompanhava o Embaixador do Brasil em Lisboa numa visita a Angola, nas quais "defendera intransigentemente a ideia da independência, dando a entender a sua inclinação para o comunismo" e vaticinara "que dentro de um período de tempo que não ultrapassará dois anos, o Mário Coelho Pinto de Andrade ou o Holden Roberto assumirão a presidência da República de Angola" em cujo governo só seriam aceites "brancos e pretos que tenham combatido ou marcado a sua oposição à ideia de Angola Portuguesa"[617].

Retomando a questão relativa à forma como Deslandes exerceu a sua função de Governador-Geral, não deixa de ser sintomático que as informações secretas enviadas pela PIDE fossem imensamente superiores – em número e em elementos – àquelas que o Governador-Geral fazia chegar por via secreta ao Ministro do Ultramar.

Na verdade é a consulta das informações secretas da PIDE que permite ficar a conhecer os seguintes elementos: as actividades dos nacionalistas[618], previsão de distúrbios na Rodésia do Sul[619], a situação política e militar em Angola[620] e as actividades do "Governo da República de Angola no Exílio – GRAE"[621].

---

[617] Esta informação pode ser conferida em AOS/CO/PC – 81, p1 – 2.ª sd (3)
[618] AOS/CO/PC – 81, p.1 – 2.ª sd (15).
[619] AOS/CO/PC – 81, p.1 – 2.ª sd (16).
[620] AOS/CO/PC – 81, p.1 – 2.ª sd (21).
[621] AOS/CO/UL – 39, p. 23.

3.9.2. Moçambique – 13 de Abril de 1961 a 4 de Dezembro de 1962

Relativamente a Moçambique, Manuel Maria Sarmento Rodrigues ocupou o cargo de Governador-Geral desde 1961 a 1964.

Como Adriano Moreira afirma, na conjuntura em que exerceu o cargo "sobretudo em Angola, mas imaginou-se logo que Moçambique teria as mesmas exigências, era necessário que o Governador pudesse ser Comandante-Chefe das Forças Militares porque, embora haja antecedentes na Administração Pública Portuguesa de Comandantes-Chefes que não eram generais – como foi o caso de Paiva Couceiro – as circunstâncias da época não tornavam aceitável ou viável pelas próprias Forças Armadas que o seu Comandante-Chefe não fosse um oficial General"[622].

Daí a já referida nomeação de Venâncio Deslandes – uma escolha de Salazar, uma vez que Adriano Moreira não o conhecia, para Governador-Geral de Angola – e de Sarmento Rodrigues para Moçambique. Esta escolha, segundo Adriano Moreira, justificava-se "pela enormíssima experiência que Sarmento Rodrigues detinha das colónias – tinha sido Ministro do Ultramar, Governador da Guiné e exercido funções como oficial de Marinha em Moçambique – por outro lado era uma pessoa com prestígio nacional e internacional indiscutível". Além disso, esta dupla escolha satisfazia um detalhe que sempre é importante, ou seja, equilibrar o recrutamento no Exército – Venâncio Deslandes – com o recrutamento na Marinha – Sarmento Rodrigues.

Sarmento Rodrigues tomou posse em 31 de Maio de 1961 e seria ele a receber o Ministro do Ultramar na primeira visita oficial que este fez ao Ultramar e que contemplou Moçambique onde, aliás, acabaria por anunciar na cidade de D. Sebastião de Resende – e como forma de o homenagear – a criação dos Estudos Gerais de Moçambique.

Que Moçambique era uma província muito importante para Portugal e que o Governador estava tão interessado na mudança como o Ministro pode constatar-se através da pasta 4 – a mais volumosa no período entre Julho de 1961 e Julho de 1966 – constante no Arquivo Salazar.

---

[622] Depoimento fornecido por Adriano Moreira ao autor na Academia de Ciências de Lisboa

Só por curiosidade – que não serviu de mau anúncio premonitório – o primeiro telegrama enviado pelo Governador-Geral, o n.º 318 CIF de 10 de Julho de 1961, serviu para informar o Ministro do encalhe do navio costeiro "Save" da Companhia Nacional de Navegação "quando navegava com fraca visibilidade e parece que com [a] sonda avariada", situações que levaram ao desaparecimento de "16 tripulantes europeus e indígenas, de cerca de 153 trabalhadores e de 70 a 90 militares indígenas", apesar de terem sido "utilizados todos [os] recursos possíveis".

No que concerne às visitas diplomáticas, o telegrama n.º 391 CIF de 19 de Agosto de 1961 relatava a chegada do "Governador Williams de automóvel pela fronteira de Goba", o qual, depois de visitar "as fábricas de cimento e bolachas onde almoçou com [os] empregados e visitou [os] bairros económicos", foi informado que "quem pagava as tropas era [a] metrópole" e advertido que "quem tem responsabilidade resultante [do] poderio material precisa [de] estar directamente bem informado e não acreditar [em] tudo [aquilo] que ouve dizer". Aliás, no telegrama n.º 208 SEC de 21 de Agosto, o Governador-Geral voltaria a referir que "novamente tive [de] esclarecer que [os] orçamentos são independentes"

Esta visita seria objecto, ainda, de vários telegramas. Assim, o n.º 392 CIF referia que o Governador "pôde verificar como grande número de departamentos [de] Estado e outras actividades privadas eram chefiadas ou orientadas por pessoas naturais [de] Moçambique [e de] diferentes raças". Face ao observado, o Governador Williams "manifestou sempre interesse e compreensão parecendo-me [que] ignorava completamente [a] nossa evolução. Surpresa por crescimento [de] Moçambique e conhecimento [das] actividades portuárias científicas artísticas laboratoriais agrícolas etc", embora "um jornal hoje apresente [um] aspecto [que] me parece desagradável um cartão tarjado [de] negro evocando [os] mortos [em] Angola por cima [do] noticiário [da] visita [de] Williams".

Este aparente progresso não impediu o Ministro de, através do telegrama n.º 64 V de 17 de Outubro de 1961, avisar o Presidente do Conselho que lhe parecia "indispensável habilitar [a] província com [um] empréstimo [em] condições equivalentes ao concedido [a] Angola", informando que o "Gerente [do] BNU [de] L. Marques veio espontaneamente procurar-me manifestando-se favorável [ao] empréstimo". O valor destinava-se à "construção [de] dois cais [em] L. Marques e dois cais [na] Beira, despesas altamente reprodutivas, sendo estas obras já objecto [de] reclamação internacional [e da] ponte sobre [o] Save e [o] Zambeze (Tete)", infra-estruturas importantes para fins de defesa.

Para aqueles que gostavam de desvalorizar a acção do Ministro e se referiam à mesma como *Adrianadas,* talvez se justificasse uma análise da acção antes da emissão de um juízo de valor pejorativo sobre a mesma. Aliás, essa análise também parece ser aconselhável aos estudiosos do Estado Novo – como Léonard – que falam de um "tímido reformismo ultramarino da década de sessenta"[623].

De facto, ver o Ministro, a constatar a realidade no local e a confirmar a necessidade de empréstimos para o desenvolvimento do Ultramar é um modelo que não se coaduna com a prática do Estado Novo.

Aliás, neste telegrama há um pormenor que aponta para o conhecimento profundo que Adriano Moreira tinha da realidade portuguesa de então. De facto, na parte final do telegrama, depois de mostrar a pertinência da realização das obras, o Ministro relaciona essa urgência com a necessidade de defesa, pois sabia bem que era esse o argumento que teria força para convencer o Presidente do Conselho.

Aliás, a deslocação do Ministro a Moçambique fazia, ainda, sentido pelo facto de a PIDE ter enviado a informação secreta n.º 1 178/61 – GU de 17 de Julho de 1961 na qual dava conta que Adelino Guambe proclamara "na Rádio Dar-es-Salaam, o início, a partir de hoje, de acções violentas em Moçambique tal como em Angola" e dissera que "os seus homens haviam partido de Ghana onde lhes era ministrada instrução e fornecidas armas"[624].

---

[623] Léonard (1999, pp. 31.50) tenta demonstrar que o Salazarismo fez uma apropriação tardia do luso-tropicalismo – fala, inclusivamente, da vulgata luso-tropical – e refere a acção de Adriano Moreira afirmando que, enquanto Ministro, se esforçou "por traduzir no terreno e em matéria jurídica os princípios de multirracialismo – e portanto de igualdade racial – presentes no luso-tropicalismo". Só que considera que "este reformismo tímido inscrevia-se, aliás, no quadro do forte desenvolvimento económico das províncias do Ultramar e do reforço da sua integração económica". A análise do acervo publicado por Adriano Moreira antes de ocupar a pasta e a leitura do preâmbulo da legislação por si publicada enquanto Ministro não permitem aceitar a causa ou justificação proposta por Léonard.

[624] AOS/CO/PC – 81, p. 1 – 2.ª sd (7).

Era uma nova forma de conceber e pôr em prática a política ultramarina portuguesa como se comprova pela afirmação de Spence (1963, p. 29) de que "in both executive and legislative matters, the Governor-General's powers are very wide, but he has to keep Lisbon informed on all matters of major importance and consult them whenever necessary".

Como se pode verificar, informar e consultar não são sinónimos de se limitar a aplicar ordens recebidas.

Além disso, ainda segundo o mesmo autor, "all purely local legislation is under his [General Governor's] control", o que terá de ser visto como uma alteração e, simultaneamente, como um passo em direcção à autonomia.

Voltando à visita do Governador Williams, o telegrama n.º 208 SEC relatava a diferença de atitude entre o Governador, que "nada disse [de] desagradável e [o] seu comportamento [foi] muito correcto", e dos que o acompanhavam porque um deles "perguntou se [a] Metrópole fazia empréstimos [a] Moçambique com produtos [da] venda [do] café [de] Angola [e] outro insinuou que [o] algodão era vendido para [a] Metrópole mas que não eram consentidas fábricas [de] tecido [em] Moçambique"[625]. Por isso, o Governador-Geral considerava que "não vieram com sérias intenções de se esclarecerem mas com maus propósitos".

A atitude de Williams face à acção desenvolvida por Portugal em Moçambique desagradou aos nacionalistas, como se comprova pelo telegrama n.º 209 SEC de 21 de Agosto de 1961 que dava conta que "no hotel Polana dois desconhecidos fizeram rebentar balões [de] gás próximo [dos] quartos [da] comitiva [e] para [o] quarto [de] Williams foi mandada [uma] encomenda [que] se verificou conter duas catanas com [a] inscrição UPA".

Era uma dificuldade dupla que o Ministro tinha de enfrentar, ou seja, por um lado os nacionalistas a tentarem marcar a sua posição e, por outro, a pressão internacional a fazer-se sentir. Se a estes dois elementos for adicionada a resistência interna dos interesses instalados, constata-se que o Ministro do Ultramar contava com bastantes oponentes à sua política de mudança.

---

[625] Não se tratava de uma insinuação mas de um facto que estava contemplado na lei.

As relações internacionais exigiram que o Governador-Geral, no telegrama n.º 216 SEC de 28 de Agosto de 1961, desse conta ao Ministro da visita que o Secretário Provincial Comandante Ferreira Almeida fizera à Rodésia com "agradável acolhimento" e pedisse indicações ao Ministro sobre se deviam fazer o convite ao Primeiro--Ministro Welldnsky que desejava encontrar-se com Salazar no "próximo Novembro quando [da] sua visita [à] Europa mas antes desejaria falar comigo para o que estava disposto [a] vir [a] Moçambique".

Entretanto o discurso do Ministro dos Negócios Estrangeiros, Franco Nogueira, sobre a política externa portuguesa era elogiado no telegrama n.º 451 CIF de 4 de Outubro de 1961, embora começassem a surgir problemas a nível interno porque o Ministro informou o Presidente do Conselho que "está resolvido [o] problema [da] direcção [do] Grémio Chimoio. [O] Coronel Celso Magalhães pediu [a] demissão e regressa [à] metrópole. Também não restam dúvidas que [a] acção [do] secretário geral Rui Guimarães não assenta em simples negligência. Não agiu com lealdade".

Depois, num telegrama de 4 páginas, o n.º 59 V de 14 de Outubro de 1961, o Ministro, que ainda se encontrava de visita oficial a Moçambique[626], sentiu necessidade de esclarecer o Presidente do Conselho sobre a questão das eleições em Moçambique, "a única província onde há oposição o que se deve sem dúvida ao grupo esquerdista que deu origem aos incidentes da Beira e subscreveu [a] exposição pedindo governo próprio para a província a Sexa [o] Presidente [da] República". Só que "este grupo é agora apoiado na sombra pelas manobras do grupo [de] capitalistas descontentes à cabeça dos quais está [o] comandante Dias Ferreira".

---

[626] Nessa visita há um pormenor que merece ser contado até como forma de desanuviar um pouco a narração da realidade que se deparou a Adriano Moreira. De facto, o Ministro levara mais um Oficial às ordens, uma pára-quedista enfermeira, ainda jovem, chamada Ivone. Esta decisão prendia-se com a ideia de Kaulza de Arriaga e da Força Aérea que era importante, na altura, a imagem de uma mulher que intervinha. Adriano Moreira considera que esse facto mobilizou a imaginação das pessoas até porque em Lourenço Marques, quando o Ministro estava para passar a guarda de honra, viu que havia um risco no chão que, afinal, seria de referência para o ponto de aterragem da Oficial que se apresentou ao serviço descendo de pára-quedas. A Oficial em questão ainda hoje é capitão reformado da Força Aérea.

Eram os interesses duplos e contraditórios a falar porque, para o Ministro, "enquanto os primeiros afirmam [a] necessidade [de] adoptar [o] princípio [de] autodeterminação, o chamado comandante Dias Ferreira, invocando embora constantemente [a] sua intimidade com Sexa [o] Presidente [do] Conselho, afirma que só resta o caminho de explorar o mais possível para retirar com o mais que se puder levar".

O Ministro solicitava a opinião sobre a "eventual decisão de enviar tal cavalheiro para fora da província" e esta posição não pode deixar de ser vista como a condenação das ideias defendidas por Dias Ferreira, ou seja, Adriano Moreira não comungava das ideias defendidas pelos capitalistas portugueses presentes em Moçambique.

Esses capitalistas encarregar-se-iam de mostrar que, como é natural, também eles não estavam de acordo com as políticas do Ministro do Ultramar.

Ainda no que concerne às eleições, o telegrama n.º 59 V e o seguinte, datado de 16 de Outubro de 1961 mas com o número 63 V, davam conta da tentativa de considerar inelegíveis os candidatos da oposição e o último referia que o "Diário [de] Moçambique alinhou francamente contra [o] Governo".

Não se afigurava fácil a acção nem do Ministro nem do Governador-Geral, até porque este último não sabia com quem podia contar, pois o Ministro afirmara no telegrama n.º 63 V que, no que dizia respeito aos problemas que se viviam em Moçambique, era "impossível saber até que ponto está metida a própria Administração [da] Província".

Aliás, no dia seguinte, o telegrama n.º 68 V, esclarecia que "membros [da] minha comitiva auscultando [a] opinião pública parecem ter chegado [à] conclusão [que a] defesa [do] princípio [de] autodeterminação está ligado [ao] projecto [de] incorporação [de] todo [o] sul do Zambeze na África do Sul, o qual projecto teria adeptos nesse país". Por isso, na sua opinião, "conviria averiguar isto por intermédio [da] representação diplomática ou outro meio eficiente".

Na verdade, importava perceber se a denominada autodeterminação não passava de uma forma de substituir a soberania portuguesa por um modelo ainda mais elitista e totalmente contrário aos ventos da História e aos anseios do povo de Moçambique.

Também, o telegrama n.º 473 CIF de 28 de Outubro de 1961, que transcrevia o acórdão do Tribunal Administrativo, merece uma leitura atenta porque não deixa dúvidas sobre a posição oficial relativamente ao Ultramar, posição essa que, importa reconhecer, vinha sendo assumida desde a Monarquia.

De facto, a inelegibilidade dos candidatos da oposição foi declarada com base no seguinte argumento: "os candidatos elaboraram um manifesto de carácter político, destinado a publicação, no qual infirmando a declaração de fidelidade aos princípios fundamentais da constituição que condiciona a sua qualidade de eleitores inscritos, sustentam a tese doutrinal e política de auto-determinação das províncias ultramarinas, admitindo a solução hipotética de uma federação ou confederação, como forma de realizar a interdependência moral e política dos estados componentes". Ora, essa auto-determinação afectava "inevitavelmente a independência do Estado, porquanto sendo este constitucionalmente estruturado na unidade territorial e orgânica da Nação, vulnerável essa unidade pela formação de agregados políticos distintos e autónomos, equivale [a] negar ou destruir essa independência".

Assim, face ao argumento apresentado, é notório que Portugal considerava o Ultramar como parte integrante do todo nacional.

Igualmente perceptível era a dificuldade da situação que se vivia no Ultramar, em geral, e em Moçambique, em particular, devido aos interesses em jogo e que nem sempre se revelariam claros porque ultrapassavam a dicotomia do relacionamento entre o colonizador e o colonizado.

Aliás, em 18 de Março de 1962, o Governador-Geral teria de se deslocar a Lisboa devido às actividades secessionistas de alguns colonos da Beira.

Ainda no que se refere às relações internacionais, as mesmas levariam o Ministro a enviar o telegrama Extra SEC de 20 de Junho de 1962 sobre a passagem do Dr. Banda[627] pelo Ministério a caminho de Londres. Este "insistiu em que necessita de um caminho ferro que assegure [a] saída [de] produtos [da] Niassalandia por Nacala ou Inhambane", ao mesmo tempo que reafirmava estar "disposto a aumentar [a] presença [de] brancos no seu território, excepto sul-africanos e de preferência ingleses, irlandeses e americanos".

---

[627] Hastings Banda, antes de se tornar a principal figura do Malawi, tinha sido "l'un des dirigeants les plus lucides, les plus courageux – aux côtés de Robert Mugabe et de Kenneth Kaunda – de l' ancien African National Congress" (Ziegler, 1983, p. 173).

O Ministro garantiu-lhe o "nosso permanente desejo [de] viver [em] boas relações [com] todos [os] vizinhos e [a] nossa abstenção [de] intervir [nos] negócios internos [de] qualquer país".

Depois, em 21 de Agosto de 1962, no telegrama n.º 262 CIF, o Governador-Geral de Moçambique comunicou a decisão do Conselho Legislativo sobre a moção aprovada pela Comissão [de] Colonialismo das Nações Unidas reafirmando "o inteiro apoio à política nacional seguida pelo Governo Central" e a correspondência, até à saída do Ministro, ficar-se-ia por aí.

Porém, na pasta 26 de AOS/CO/UL – 39, consta um documento não datado, mas que, face à descrição que é feita da conjuntura moçambicana, parece apontar para o período em estudo. Trata-se de um pedido da Missão no Distrito de Tete para a instalação de escolas radiofónicas no Distrito para, a exemplo do que se passara na América Central e do Sul, evangelizar os nativos e contribuir para o seu progresso espiritual, cultural e económico e para "a sua evolução social e a da sociedade tribal e familiar [visando] a sua integração na sociedade multiracial portuguesa".

Neste pedido de autorização ou de licença, há três elementos que merecem ser relevados.

Primeiro, as emissões seriam em duas línguas faladas em todo o Distrito – cinianja e ciniungwe –, o que constitui uma prova de que a língua portuguesa tinha uma implantação reduzida fora das maiores cidades.

Segundo, as escolas radiofónicas podiam "combater a acção de «Rádio Lusaka» que diariamente emite programas, em língua indígena, de propaganda protestante e marxista, para o nosso território". Era a contra-propaganda ao serviço do interesse nacional.

Finalmente, os receptores a colocar nas aldeias só captavam "o emissor central das Escolas" e, por isso, nunca seriam utilizados para "fins estranhos às mesmas", sendo "infundado o temor de colocar os receptores à disposição dos indígenas, nas actuais circunstâncias de exaltação política em África".

Coisa ou música diferente era a quantidade e a finalidade dos "receptores de rádio que já andam nas mãos de muito preto".

3.9.3. Cabo Verde – 13 de Abril de 1961 a 4 de Dezembro de 1962

Em Cabo Verde, Adriano Moreira, através do Diploma Legislativo Ministerial n.º 16, reconduziu no cargo de Governador da Província o Tenente-coronel Silvino Silvério Marques, que se manteria em funções até passar para Angola na sequência do «caso Deslandes», quando o futuro Vice-Chefe de Estado-Maior General foi vítima da vertigem do poder[628].

Esta recondução foi feita durante a visita do Ministro ao arquipélago, em 1962, visita que ficou marcada pela publicação, entre 25 de Agosto e 5 de Setembro, de um extenso acervo legislativo, como se pode comprovar pela lista de providências legislativas e de portarias ministeriais que figuram em rodapé[629].

---

[628] Sobre esta questão podem ser consultadas as obras Moreira, A, (2008). *A espuma do tempo – memórias do tempo de vésperas*, Pinto, J.F. (2007). *Adriano Moreira – uma intervenção humanista* e França, A. P. (2004). *Angola: dia a dia de um embaixador, 1983-1989*.

[629] Providências Legislativas Ministeriais tomadas em Cabo Verde de 25 de Agosto a 5 de Setembro de 1962
Diplomas Legislativos Ministeriais:
n.º 1 – Cria a Caixa de Crédito Agro-Pecuário de Cabo Verde.
n.º 2 – Cria o Instituto de Trabalho, Previdência e Acção Social de Cabo Verde.
n.º 3 – Concede ao governador de Cabo Verde, tenente-coronel Silvino Silvério Marques, a medalha de ouro de serviços distintos ou relevantes no Ultramar.
n.º 4 – Concede ao professor do Liceu, Dr. António Aurélio Gonçalves, a medalha de prata de serviços distintos ou relevantes no Ultramar.
n.º 5 – Concede a medalha de prata de serviços distintos ou relevantes no Ultramar ao capitão-de-fragata Rui Adélio Neto Valente.
n.º 6 – Rescinde as concessões feitas à Companhia de S. Vicente de Cabo Verde; a Thomas Robert Morgan, posteriormente transferida para Wilson Sons & Company, Limited; e a Moses Zagury; a que sucedeu Miller & Corys, Cape Vert Islands Limited; respectivamente pelo decreto de 26 de Setembro de 1891, portaria régia de 24 de Março de 1884 e por decreto de 25 de Novembro de 1874.
n.º 7 – Extingue os postos administrativos do Porto Novo e dos Mosteiros; cria o concelho de 3.ª classe do Porto Novo, eleva a 2.ª classe o de Santa Catarina e determina diversas providências de carácter administrativo.
n.º 8 – Aumenta o quadro docente da Escola Industrial e Comercial do Mindelo e autoriza o Governo da província a despender até mil e quinhentos contos na construção do edifício destinado à instalação do Liceu Gil Eanes.
n.º 9 – Define a estrutura dos diversos graus do ensino agrícola, contemplados nas bases XVII, XVIII e XIX da Lei n.º 2025, de 19 de Junho de 1947, publicadas pela Portaria Ministerial n.º 1, de 25 de Agosto do corrente ano.

O Ministro sabia da dedicação e da competência do Governador e, por isso, concedeu-lhe a medalha de ouro de serviços distintos ou relevantes no Ultramar.

Parece importante referir que durante essa visita Adriano Moreira procedeu à rescisão de concessões a firmas estrangeiras que vinham do tempo da Monarquia, mais exactamente de 1874, elemento que aponta para a forma como os dois regimes – Monarquia e República – não acautelavam devidamente os interesses portugueses no Ultramar.

Igualmente digna de menção era a proposta que o Ministro levava para que Cabo Verde passasse a dispor de um estatuto de adjacência. Porém, os sábios do arquipélago – que tão depressa se reuniam para reclamar esse estatuto como para o rejeitar – estavam em maré cheia no que concerne à ambição e entenderam que o estatuto proposto não satisfazia os seus interesses, pois desejavam que Cabo Verde passasse a ser considerado – a exemplo de Angola, Moçambique e da Índia – um Estado.

Como o senso comum se encarregou de proverbiar *a ambição não ouve a razão alheia*. No caso presente, talvez se possa acrescentar *nem a própria*.

---

n.º 10 – Aprova o Estatuto do Corpo de Polícia de Segurança Pública da província de Cabo Verde.

n.º 11 – Cria a Junta Autónoma dos Portos do arquipélago de Cabo Verde.

n.º 12 – Cria no Posto Experimental de S. Jorge dos Órgãos, da ilha de Santiago, uma Escola Prática de Agricultura, denominada Escola Prática de Agricultura Alves Roçadas.

n.º 13 – Determina que os professores de instrução primária dos quadros geral e de postos de ensino sejam substituídos nas suas licenças e impedimentos por indivíduos nomeados interinamente e eleva o número dos professores do ensino primário.

n.º 14 – Determina a instituição, a partir de 1963, de cursos de férias nas ilhas de maior população escolar, para actualização adequada dos professores de instrução primária.

n.º 15 – Autoriza o Governo da província a regular o cultivo e arranque da cana-de-açúcar nas áreas de regadio.

n.º 16 – Reconduz no cargo de governador da província de Cabo Verde o tenente-coronel Silvino Silvério Marques.

Portarias Ministeriais

n.º 1 – Manda aplicar à província de Cabo Verde, com as alterações que lhe foram introduzidas, as bases XVII, XVIII e XIX da Lei n.º 2025, de 19 de Junho de 1947.

n.º 2 – Concede à vila de Porto Novo, da ilha de Santo Antão, o privilégio de usar escudo de armas.

No que se refere à educação, agora que se elogia – merecidamente – o esforço que Cabo Verde tem realizado na promoção do acto de aprender, talvez importe lembrar que foi Adriano Moreira, pela Portaria n.º 18 583 de 10 de Julho de 1961, quem abriu um crédito destinado à construção de um edifício para o Liceu Gil Eanes na cidade do Mindelo.

3.9.4. Guiné – 13 de Abril de 1961 a 4 de Dezembro de 1962

Quanto à Guiné, que era considerada uma pequena província, manteve-se Peixoto Correia, que viria a ser o futuro Ministro do Ultramar e que, segundo Adriano Moreira, "era uma pessoa de um perfil modesto, muito dedicado à administração, mas sem projecção política", atributos que agradavam a Salazar e faziam calar os protestos das vozes conservadoras.

Seria ele, que, através do telegrama n.º 45 SEC de 8 de Maio de 1961, daria conta de um incidente entre os engenheiros da Brigada de Estudos Agronómicos e "27 indígenas" que exigiam "com atitudes ameaçadoras [o] pagamento [de uma] multa [de] 500 escudos sob [o] pretexto [de] terem passado perto [do] local [que] dizem Tabu", apesar de os engenheiros lhes terem "explicado [a] sua ignorância".

O Governador determinou que o dinheiro da multa fosse restituído e que fossem "mantidos [em] trabalhos pesados, enquanto decorrem [as] averiguações [a] fim [de] apurar [se se] trata [de] intenção política".

Como na pasta nada mais consta sobre o assunto, conclui-se pela inexistência dessa intenção.

Depois, em 16 de Maio de 1961, o Governador enviaria o telegrama n.º 59 SEC ao Ministro do Ultramar informando-o que a situação na província estava calma, mas a Rádio Brazaville tinha emitido, no dia anterior às 10h 45m, uma notícia que fora ouvida em Bissau e que dizia: "estamos em condições [de] poder informar [que] dentro em breve irão dar-se graves acontecimentos [na] Guiné Portuguesa idênticos [aos que] estão [a] ocorrer [em] Angola mas neste caso mais graves ainda porque envolverão acontecimentos internacionais".

Era o aviso para a eminência do surgimento do conflito armado e para a intervenção de elementos não guineenses no mesmo até porque, em 18 de Julho de 1961, novo telegrama – n.º 65 SEC – dava conta que o "nosso indígena veio ontem [à] noite [a] Bissau contar que observara na povoação Ierao do Senegal situada [a] cinco quilómetros [do] nosso posto [de] Bijene [uma] concentração [de] duzentos indivíduos naturais [da] República [da] Guiné dispondo [de] quinze metralhadoras e comandados por um branco que havia ido [de] avião [a] Dakar pedir apoio [ao] Governo Senegalês [para] fazer guerra [à] província prometendo que conquistada esta metade seria para [o] Senegal [e] metade [para a] república [da] Guiné".

Este telegrama coloca em evidência vários elementos. Em primeiro lugar, uma das fontes de informação de que o Governador dispunha, ou seja, os indígenas. Em segundo lugar, demonstra a forma pouco organizada – reduzido material bélico, poucos operacionais e falta de clareza a nível dos objectivos – que caracterizava, nesta fase, os rebeldes. Finalmente, aponta para a internacionalização do conflito, com o pedido de apoio por parte dos nacionalistas a um país vizinho.

A consulta de AOS/CO/PC – 8I, p.1 – 2.ª sd (6) permite evidenciar um outro elemento que se prende, ainda, com as fontes de informações e o armamento. De facto, a PIDE, através da informação secreta n.º 1 177/61 – GU, de 17 de Julho de 1961, ou seja, um dia antes de o Governador enviar a sua informação, dava conta que "cerca de 600 homens vindos da República da Guiné, dispondo de armas automáticas e rádio estão concentradas perto da fronteira do Senegal dispostos a atacarem a nossa povoação de Regeno, circunscrição de Farim".

A comparação deste documento com o telegrama enviado pelo Governador permite constatar a existência de várias discrepâncias e talvez as informações da PIDE fossem mais fidedignas porque, em contradição com a calma relatada no n.º 59 SEC, e de acordo com os indícios do n.º 65 SEC, os telegramas seguintes referiam vários ataques ou infiltrações[630].

---

[630] Também a PIDE continuou a dar informações, referindo que a "concentração junto [da] fronteira [do] Senegal evoluiu [no] sentido [da] dispersão", embora, "entre quinze a quarenta homens armados" tivessem entrado, durante a noite, na "área [de] São Domingos cortando [as] ligações telefónicas [em] vários pontos" e a rádio Dacar tivesse noticiado que os "nacionalistas tinham passado [à] acção [na] nossa Guiné" – informação n.º 1 192/61 – GU, de 19 de Julho de 1961.

Aliás, do ponto de vista português, há quem considere que a guerra colonial na Guiné-Bissau se iniciou nesta altura, em Julho de 1961, quando o Movimento de Libertação da Guiné (MLG) atacou algumas povoações próximas da fronteira noroeste do Senegal: São Domingos, Suzana e Varela.

Como é lógico o PAIGC não aceita essa tese[631], que, no entanto, se baseia na existência de confrontos reconhecidos pelas autoridades portuguesas.

Assim, o telegrama n.º 105 SEC de 18 de Agosto de 1961 informava que na "madrugada [de] 16 dez indivíduos vindos [da] República [da] Guiné foram surpreendidos [na] nossa Tabanca Paton" e que tinham sido "apreendidas [na] referida Tabanca três pistolas 765 cento e quarenta e um cartuchos, livros [de] táctica, propaganda subversiva russa [e] chinesa, estudos [de] explosivos e destruição [de] pontes, fatos [de] treino, [uma] lanterna eléctrica e medicamentos vários [e que os] terroristas [eram] chefiados [pelo] português Andulai [um] suposto fula fugido [há] quatro anos [do] nosso território".

A interferência dos aliados começava a ser nítida – países de Leste e países vizinhos –, embora no telegrama n.º 104 SEC, o Governador referisse que o Cônsul do Senegal tinha entregado ao seu Ministro dos Negócios Estrangeiros um relatório no qual "salientou [a] surpresa [da] Província [em] virtude [do] ataque ter vindo do Senegal", facto que levou, segundo o mesmo telegrama, a que "nessa mesma tarde" se tivesse reunido extraordinariamente [o] Conselho [de] Ministros [que] decidiu desarmar [os] nacionalistas. Além disso, o "MNE aconselhou [o] Cônsul [a] falar [com] Senghor [com o] fim [de] pessoalmente esclarecer [a] situação [e] três dias depois segundo [o] Conselho de Ministros deliberou [que o] Senegal nunca servirá [de] base [aos] ataques [à] Província". Quanto à República da Guiné, o Embaixador do Senegal considerava que "Sekou Turé tinha outras coisas que o preocupavam sobretudo [o] grave problema [da] falta [de] alimentação [no] país"[632].

---

[631] O PAIGC defende que a guerra começou na madrugada de 23 de Janeiro de 1963 quando um comando de guerrilheiros do PAIGC atacou o quartel português de Tite, na margem do rio Geba a alguns quilómetros de Bissau. Ziegler (1983, p. 194) aceita esta versão do início das hostilidades.

[632] No telegrama n.º 104 SEC referia-se que o Embaixador Senegal era "amigo [de] Sekou Turé visto ambos pertencerem [ao] mesmo movimento sindicalista".

Que o Cônsul do Senegal não era simpatizante da acção dos nacionalistas fica bem demonstrado no telegrama n.º 111 SEC que enviou ao seu Ministro dos Negócios Estrangeiros e onde perguntava se os nacionalistas, devido à decisão do Senegal de não servir de base à sua acção, não deveriam ser tratados como bandidos e salteadores porque atacavam para pilhar e questionava se "é isto a bravura dos refugiados que nós asilamos por piedade?". Aliás, no mesmo telegrama, a acção da Rádio Senegal era muito criticada porque se tinha tornado "instrumento [de] vilania [nas] mãos [dos] nacionalistas; injúrias mais odiosas são lançadas contra pessoas; há indignação geral [na] Guiné Portuguesa mesmo entre [os] africanos" e recordava que "nunca utilizámos estas armas contra [a] França".

A PIDE também se mostraria preocupada com o comportamento da etnia balanta porque os seus membros tinham deixado de "ser aquela raça obediente de antigamente, possivelmente como consequência da propaganda nociva" e como se tratava de uma "raça pouco evoluída", acreditava "nas teorias que «calcinhas» e outros mais evoluídos espalham" e na "propaganda feita por «Rádio Conacry», através de emissões em língua balanta", dando a ideia que estariam dispostos a "lutar contra o branco, que aparece na propaganda que lhes é ministrada como explorador e usurpador das terras e seus produtos"[633].

Finalmente, convirá atentar no telegrama 113 SEC de 30 de Agosto de 1961, pois o mesmo remete para a forma como a justiça era aplicada no Ultramar. Assim, o Governador informava que tinha terminado o "julgamento [dos] implicados [do] MLG" e que os "Juízes [do] Tribunal conduziram-se bem parecendo-me [de] justiça destacar [o] Juiz [de] Comarca Ferreira Pinto [que] agiu [com] grande ponderação dando-me constantemente conhecimento [da] forma [como os] trabalhos decorriam". Além disso, o Juiz informou os advogados para "procederem sempre dentro [da] legalidade não tendo havido especulação especial [por] parte deles embora naturalmente usassem meios [de] defesa que [o] mesmo juiz tem por lícitos".

Quanto às sentenças, a "população na generalidade aceitou muito bem [...] apesar [de] alguns europeus comentarem [que a]

---

[633] Informação secreta n.º 1224/61 – GU, de 26 de Julho de 1961.

pena foi benévola. Esta última também [foi a] opinião [do] Inspector [da] PIDE que desejaria ver [os] réus mais agravados"

Parafraseando um anúncio então em voga, apetece dizer: *Palavras para quê? Era a justiça colonial!*

Na realidade, os quatro meses e meio que o Ministro levava no cargo ainda não pareciam suficientes para que os colonos e os agentes de vários serviços no Ultramar se apercebessem que a política ultramarina portuguesa se tinha alterado.

3.9.5. São Tomé e Príncipe – 13 de Abril de 1961 a 4 de Dezembro de 1962

O Governador Manuel Marques de Abrantes Amaral viu chegar e partir o Ministro, uma vez que só cessou funções em Agosto de 1963.

A situação verificada em Angola tinha reflexos na vida da população europeia que vivia em São Tomé e Príncipe porque, ao ouvir "as notícias pessimistas que ali chegam, através das pessoas que por ali passam de regresso de Angola [...] receiam também qualquer ataque vindo do exterior", até porque nos barcos que escalavam São Tomé não vinha "tropa destinada a garantir a segurança da Ilha, bem como armamento".

Ora, como São Tomé só dispunha "de uma força de caçadores nativos, com os quais não se pode contar no caso de emergência e uns 60 caçadores especiais" e as milícias não tinham "funcionamento efectivo"[634] e havia barcos suspeitos nas imediações, os europeus não se sentiam seguros, tanto mais que as autoridades marítimas não dispunham "de qualquer barco para patrulhar as águas e o reconhecimento de avião nem sempre é possível"[635].

A resposta da Metrópole não tardou e em Junho chegou uma força da Guarda Nacional Republicana para "constituir o corpo da Guarda Rural"[636]. A sua chegada foi tão rápida que teve de se recorrer a um alojamento provisório porque os dois postos previstos – em S. João dos Angolares e em Neves – ainda não estavam concluídos.

---

[634] Informação n.º 750/61 – GU, emitida a 3 de Maio e chegada a 15 de Maio de 1961.
[635] Informação n.º 467/60 – GU de 28 de Setembro de 1960.
[636] Informação n.º 1 066/61 – GU de 27 de Junho de 1961.

No que se refere à melhoria das condições de vida das populações, o Ministro, pela Portaria n.º 18 468 de 9 de Maio de 1961 abriu um crédito para inscrever um adicional à tabela de despesa extraordinária do orçamento geral em vigor na província e destinado à conclusão do bairro de casas económicas. Tratava-se de concluir uma obra iniciada por outro Ministro mas, um mês depois, em 19 de Junho, a Portaria n.º 18 543 abriu um crédito destinado à 1.ª fase de construção de um bairro de casas económicas.

Aliás, também foi durante o Ministério de Adriano Moreira que a Portaria n.º 19 016 de 28 de Fevereiro de 1962 criou o Instituto do Trabalho, Previdência e Acção Social de S. Tomé e Príncipe.

3.9.6. Índia – 13 de Abril de 1961 a 4 de Dezembro de 1962

No Estado da Índia, a soberania portuguesa entrou na sua fase terminal porque, embora não se tenham confirmado as acções de destruição "em grande escala" da responsabilidade de um "grupo terrorista chefiado pelo Prabacar Sinari, em colaboração com outros elementos residentes em Goa"[637], as forças da União Indiana decidiram tomar conta do território.

O Governador-Geral era o General Vassalo e Silva[638] que informou o Ministro através dos telegramas n.º 34 SEC e n.º 35 SEC dos ataques aos Postos de Quenim e Codal. Os problemas não se ficariam por aqui porque no telegrama n.º 70 SEC – considerado como urgentíssimo –, o Governador-Geral prestou esclarecimentos sobre a situação na Ilha de Angediva, uma vez que "durante [as] noites [de] 24/25 numerosas pequenas embarcações procuraram abordar Angediva [pelo] lado oeste tendo sido repelidas [através de] fogo com aviso prévio" e, no telegrama n.º 77, de 6 de Dezembro, mencionou as violações do espaço aéreo, ao mesmo tempo que avisava que as "informações recebidas [de] Damão revelam estar previsto [na] semana [em] curso [um] ataque [a] Goa [no qual] participariam [os] porta-aviões Vikrant. Aliás, Vassalo e Silva tinha a informação da

---

[637] Informação secreta da PIDE n.º 1 242761 – GU, de 27 de Julho de 1961, constante em AOS/CO/PC – 81, p. 1 – 2.ª sd (20).
[638] Vassalo e Silva foi promovido a General em 14 de Junho de 1960.

estratégia que seria usada. Assim, "10 000 homens invadiriam Goa por Karwar após [um] incidente com [um] navio [de] motor velho guarnecido apenas [de] tripulação e enviar [para a] frente [com o] fim [de] provocar [as] nossas tropas"[639].

Esta informação seria complementada por telegrama do dia seguinte, no qual o Governador-Geral referia que "segundo informação vinda [de] Bombaim [a] acção militar contra Goa [a] cargo [do] comando sul com sede [em] Poona. Comboios [de] Delhi estão sendo usados para transportes [de] tropas [e] munições até junto [da] nossa fronteira. Porta-aviões "Vikrant" partirá [de] Cochim [a] 10 [do] corrente com 2 esquadrilhas [de] jacto e bombardeiros de 15 aviões cada sendo seguido [por] outras unidades [da] marinha [de] guerra". Para finalizar, Vassalo e Silva dava conta que a "mesma informação refere [que a decisão da] política indiana será não atacar sem ser provocada ou simular ser atacada".

No Arquivo consta, ainda, a transcrição de uma conversa telefónica com o Comandante Militar, às 13 horas do dia 7 de Dezembro de 1961, que termina com a frase: "fez-se uma interpretação da situação e espera-se um ataque para amanhã, dia 8".

O último telegrama constante do Arquivo, o n.º 112, emitido às 18 horas do dia 17 de Dezembro de 1961, explicava a estratégia seguida do lado português: "por segurança e eliminando [as] possibilidades de se atribuir [às] tropas portuguesas [quaisquer] iniciativas [de] agressão ou provocação ordenei deslocar-se cerca [de] um quilómetro para [o] interior [nos] postos [de] Patardeu, Foquirpato, Sinquervale, Maulinguem e Pólem" e do lado adversário, as "Forças [da] UI invadiram [o] nosso território para se instalarem [nos] postos abandonados [em] Sinquervale, Maulinguem".

O Governador-Geral explicava que, "perante [este] acto [de] guerra que foi verificado pessoalmente por mim e [pelos] jornalistas estrangeiros", todas as medidas tomadas iam no sentido de "ganhar [o] tempo desejado pelo Governo para [o] desenvolvimento [de] diligências internacionais" e, por isso, as "tropas deste sector estão prontas [a] iniciar retardamento logo que [a] pressão [do] inimigo [a] isso obrigue".

---

[639] Cf. AOS/CO/UL – 8 I (cont), P 3, 1 subd.

A última frase do Governador-Geral: "[no] resto [da] frente e interior [está] tudo calmo [nos] seus postos", longe de reflectir uma calma situacional, aponta para a atitude das forças portuguesas, que só pretensamente mantinham a calma e a compostura uma vez que já consideravam a situação como perdida.

Há ainda outro aspecto que convém referir até pelo impacto que teve na opinião pública nacional e internacional. De facto, no Arquivo não consta qualquer referência ao desejo manifestado por Salazar de só ter soldados vitoriosos ou mortos. No entanto, a circunstância desse telegrama não figurar na pasta consultada não significa que não tenha existido, até porque o próprio Vassalo e Silva, quando regressou a Lisboa e foi recebido pelo Ministro do Ultramar, se referiu ao mesmo e afirmou que "era mais fácil dar ordens de resistência à distância quando quem se arrisca é quem está no lugar de combate" (Moreira, 2009, p. 214)[640].

O ataque a Goa, Damão e Diu iniciar-se-ia pouco depois do envio do telegrama, mais precisamente às zero horas de 18 de Dezembro de 1961 e apenas demoraria 36 horas, pois as tropas indianas eram cerca de 13 vezes superiores à guarnição portuguesa.

O Governador-Geral rendeu-se ao exército invasor e trocou o direito a um lugar na História – nem sequer foi recebido oficialmente no aeroporto, pois já não detinha o título de Governador-Geral – pela manutenção da vida[641]. De facto, não é difícil, sobretudo na conjuntura de então, acreditar na previsão do Capitão-General Munõz Grandes, segundo a qual se Vassalo e Silva "em vez de vir, tivesse mandado o

---

[640] Esta situação remete para a forma como são guardados os documentos que fazem a História de um país e que está longe de ser um problema novo. De facto, se já Garcia de Resende sentiu necessidade de escrever o Cancioneiro Geral para que não se perdesse a memória lírica portuguesa, o que dizer de um documento existente na pasta 14 de AOS/CO/ GR – 1 C sobre "o desconhecimento do paradeiro do processo que teria servido de base à organização, pelo Ministério da Guerra, do 2.º volume do Livro Branco do Ministério dos Negócios Estrangeiros, relativo à participação de Portugal na guerra de 1914-1918. As questões levantadas em 21 de Novembro de 1941 eram as seguintes: "O que existirá de tudo isto? E onde? Encontrar-se-á alguma coisa no Estado Maior? Na Imprensa Nacional? No espólio do general Sinel de Cordes? Nos papéis do general Rosado?".

[641] O General Vassalo e Silva e o Brigadeiro Martins Leitão foram considerados os principais responsáveis pela não resistência aos invasores e, no Ministério seguinte, na reunião do Conselho de Ministros de 22 de Março de 1963, foram demitidos.

seu cadáver, era a Nação inteira que estaria à sua espera no aeroporto" (Moreira, 2009, p, 215).

Ora, o Governador-Geral, no acto de desembarcar no aeroporto, nem dos restos mortais de São Francisco Xavier[642] se conseguira fazer acompanhar, uma vez que não procedera à sua antecipada e solicitada transladação!

É o problema intemporal de encarar o exercício militar como forma de carreira e de vida e não de morte que, a acontecer, deverá ser fortuita e nunca procurada, mesmo quando as forças militares aceitam conceder tempo ao poder político para encontrar uma solução para os problemas.

Como decorre da História, o imaginário dos povos é mais alimentado por actos de heroísmo e de sacrifício – mesmo que romanceados – do que por acções que, embora possam ter fundamento racional, não deixam de indiciar algum receio.

No entanto, a mudança das conjunturas altera o sentido da crítica ou do louvor – basta pensar o que se passou em França com o general Pétain – e, depois do 25 de Abril de 1974, Vassalo e Silva seria, oficialmente, reabilitado.

Como Ortega se encarregou de sistematizar: *o Homem é ele próprio e as suas circunstâncias.*

Na década seguinte, aquando da invasão de Timor pela Indonésia, a História ameaçaria repetir-se, só que nesse caso a cadeia de comando não conhecia o vigor de 1961 e essa situação permitiu uma maior compreensão pela atitude de não resistência do representante português que, em defesa da sua posição, mencionou que solicitara reforços que lhe permitissem resistir e Lisboa não dera luz verde para o envio dessa força militar.

No Estado da Índia, com a invasão e ocupação dos três territórios, fechava-se um período de 451 anos de domínio português na zona, embora Portugal recusasse reconhecer oficialmente esse encerramento e tentasse, através da via diplomática, apoios que pudessem fazer valer a sua posição. Por isso, se continuou a votar em todo o Império como se a Índia ainda integrasse esse Império. Entretanto, a Portaria

---

[642] As relíquias de São Francisco Xavier já tinham passado por Lisboa em 1952, tendo chegado à fronteira de Ficalho pelas 12 horas do dia 21 de Outubro, como se pode comprovar pela consulta da pasta 1 de AOS/CO/PC – 42.

n.º 19 075 de 15 de Março de 1962 atribuía ao Ministro do Ultramar competência para, enquanto não estivessem em funcionamento os órgãos do Governo do Estado da Índia, praticar todos os actos que competiam ao Governador-Geral daquela província ultramarina.

Além disso, nos meses seguintes continuou a ser necessário resolver problemas resultantes da invasão, como a questão – levantada logo no dia 19 de Dezembro – dos refugiados goeses, assunto que mereceu um relatório confidencial de Aurélio Rodrigues, Delegado da TAP em Karachi, que se queixava da "reticente colaboração do Embaixador de Portugal em Karachi" para que "o avião Super--Constellation C-STLA, pertencente àquela Companhia, e que ontem à noite chegou a Karachi, procedente de Goa" seguisse "imediatamente para Lisboa"[643].

3.9.7. Timor – 13 de Abril de 1961 a 4 de Dezembro de 1962

No que concerne a Timor, Filipe José Freire Temudo Barata continuou a ser o Governador e, aliás, manteve-se no cargo depois da exoneração de Adriano Moreira, uma vez que exerceu funções até 1963.

O Governador, através do telegrama 32 SEC de 15 de Julho de 1961, informou o Ministro da possibilidade da invasão de Timor por parte da Indonésia e que, de acordo com a informação que o régulo dera ao Administrador [de] Oecussi, "apenas [as] autoridades serão mortas".

Neste telegrama há um elemento importante e que vai para além de Timor porque o Cônsul da Indonésia em Dili afirmava que a Indonésia "está com [os] rebeldes [de] Angola e por isso estava [a] preparar tropas e barcos [de] guerra [para] enviar para lá".

Em telegrama posterior – n.º34 SEC de 18 de Julho de 1961 –, o Governador voltaria a insistir no assunto e transmitiu ao Ministro que o "Cônsul [da] Indonésia [em] Díli conversando [com o] seu pessoal doméstico disse hoje [dia] 18 [que] se reuniram [as] principais autoridades [do] seu país para resolverem [sobre o] ataque [ao] nosso território e escolherem [a] data".

---

[643] Pasta 18 de AOS/CO/UL – 39.

Esta informação, combinada com uma outra referida no mesmo telegrama e proveniente de Balibo e que dava conta que a "fronteira [de] Bobonaro [foi] rondada nesse dia [por] soldados indonésios" e com o boato que referia que "consta [que] cerca [de] 17 [de] Agosto haverá [uma] grande concentração militar e realização [de] exercícios [em] Atambua" não permitem duvidar que o desejo da Indonésia em anexar Timor já era antigo.

Por isso, João Pereira Neto elaborou um apontamento secreto – o n.º 122 de 25 de Julho de 1961 – sobre a urgência de se empreenderem diligências tendentes a neutralizar uma eventual agressão da Indonésia a Timor[644].

Trata-se de um documento que o autor considera "breve" e que encontra justificação no facto de o relatório que o Gabinete de Negócios Políticos do Ministério do Ultramar estar ainda demorado "devido ao considerável volume da documentação a consultar". Ora, face à eminência da agressão, o autor elaborou esse apontamento no qual indicava as medidas destinadas a "contribuir decisivamente para que a Indonésia reconsidere o seu plano de invasão de Timor".

Era o alvorecer de uma política que fazia da prevenção a sua estratégia.

A visão assertiva ou lúcida que o apontamento revela – não apenas sobre a conjuntura regional – justifica a leitura integral das suas 15 páginas.

Para aqueles que consideram que Portugal nunca aceitou o Outro e respeitou a sua cultura, talvez interesse saber que o Ministro, através da Portaria n.º 18 438 de 27 de Abril de 1961, mandou emitir e pôr em circulação em Timor selos de franquia postal tendo como motivo a arte indígena.

Aliás, e numa medida mais abrangente, Adriano Moreira promulgou o Decreto n.º 43 897 de 6 de Setembro de 1961 – dia do seu aniversário e da revogação do Estatuto dos Indígenas Portugueses das Províncias da Guiné, Angola e Moçambique – o qual reconheceu nas províncias ultramarinas os usos e costumes locais, reguladores de relações jurídicas privadas, quer os já compilados, quer os não compilados e vigentes nas regedorias.

---

[644] Este relatório está na pasta 12 de AOS/CO/UL – 39.

No que concerne à moeda, o Decreto n.º 43 778 de 4 de Julho de 1961 autorizou o aumento do limite da circulação fiduciária da província.

Entretanto, face à instabilidade em Timor e à hipótese do Governador se desejar retirar, as "forças económicas integradas na associação comercial agrícola e industrial [de] Timor [...] secundando manifestações [da] população em curso [em] toda a província", solicitaram a Salazar, através de telegrama enviado de Díli, em 25 de Novembro de 1961[645], que não permitisse a saída do Governador.

3.9.8. Macau – 13 de Abril de 1961 a 4 de Dezembro de 1962

Para Macau, foi transferido, em 17 de Abril 1962, António Adriano Faria Lopes dos Santos, que tinha sido Governador de Nampula, uma das províncias de Moçambique, desde 1959. Não era a primeira vez que Lopes dos Santos exercia um cargo em Macau, pois, antes de ser Governador de Nampula, já tinha ocupado o cargo de Chefe do Estado-Maior da Guarnição Militar de Macau, entre 1956 e 1958. Assim, Moçambique funcionou como uma espécie de interrupção na actividade de Lopes dos Santos em Macau, onde se manteria como Governador até 1966[646].

Face à data da tomada de posse do novo Governador, foi o anterior, Jaime Silvério Marques, que, através do telegrama n.º 51 SEC de 1 de Outubro de 1961, transmitiu ao Ministro a posição do representante da comunidade chinesa que lhe tinha pedido "insistentemente que [os] nacionalistas não usem nos arcos caracteres que significam Fundação da República Chinesa, reduzam o número de bandeiras e não utilizem dísticos atravessando a rua" nas festas de Outubro, embora, em telegrama datado de 9 de Outubro, o Governador tivesse informado o Ministro que "esses elementos foram autorizados pelo que só os nacionalistas os retirarão se a isso anuírem".

---

[645] O telegrama figura na pasta 14 de AOS/CO/UL – 39.

[646] Adriano Moreira, numa das entrevistas recolhidas, definiu Lopes dos Santos, que foi curador da Fundação Jorge Álvares até ao seu falecimento em 15 de Agosto de 2009, como "uma pessoa muito competente".

Este pedido era justificado, ainda no telegrama n.º 51 SEC, invocando a "nossa situação em relação ao continente, donde recebemos produtos essenciais, em confronto com [a] China nacionalista, que em nada nos ajuda nem mesmo nas Nações Unidas". Aliás, o telegrama também avisava que, no que concerne à candidatura da China na ONU, "seria bem recebido que nosso país não se manifestasse contra, como de resto fez anteriormente".

Como se constata, tratava-se de um telegrama muito importante no âmbito das relações internacionais e fazia questão de referir que as "autoridades continentais estão muito satisfeitas com [a] administração de Macau mas que não aceitarão bem [quaisquer] actividades americanas ou japonesas nesta província".

As referidas festividades dos nacionalistas estiveram ainda na base da troca de vários telegramas porque, em telegrama de 9 de Outubro de 1961, o Governador informou o Ministro que "o representante da comunidade chinesa pediu [uma] audiência para comunicar que o Governo de Cantão e Pequim lamenta que Portugal consentindo nas festas nacionalistas indique admitir duas Chinas o que é contrário ao princípio assente pelo Governo de Pequim da existência duma China". O Governador dava, também, conta dos receios do representante chinês de "que [a] rádio Pequim faça por isso referências desagradáveis e que venha mais tarde a fazer pressão no sentido de que o Delegado da Formosa saia de Macau o que contudo dependerá possivelmente da evolução das decisões da ONU relativamente à admissão da China e [da] posição que Portugal assuma".

Nesse complicado jogo de interesses imagine-se o alívio com que em Lisboa se recebeu um telegrama do Governador, datado de 12 de Outubro, a informar que "as festas nacionalistas decorreram em perfeita tranquilidade e por forma inteiramente satisfatória"[647].

Aliás, o mesmo se passaria, já na vigência do novo Governador e do novo Ministro, mas em duplicado, porque em 4 de Outubro de 1963, o Governador informava que os "festejos [dos] chineses comunistas decorreram [na] maior ordem sem qualquer incidente" e, no dia 12 de Outubro de 1963, repetia a mensagem ao dizer que os

---

[647] Os telegramas que não estão numerados constam da pasta 6 da subd. 1 de AOS/CO/UL – 8I, 1287 a 1329 fl.

"festejos [dos] nacionalistas decorreram [na] maior ordem sem qualquer incidente".

Era a diplomacia portuguesa a fazer-se sentir e a saber ser paciente para verificar em que sentido evolucionaria a nível internacional a situação da Formosa e da República Popular da China.

Foi na conjuntura de 1961 que Kubitschek de Oliveira visitou Macau e o Governador, no telegrama n.º 53 SEC, de 6 de Outubro de 1961, indicava a "afectuosa recepção e despedida".

Era bom que o Brasil reafirmasse a "sua fraternal amizade para Portugal", situação que, no entanto, estava em vias de sofrer uma profunda alteração.

O novo Governador, António Adriano Faria Lopes dos Santos, continuaria a informar Portugal sobre os problemas entre os nacionalistas e os comunistas e, no telegrama n.º 65 SEC de 27 de Agosto de 1962, dava conta da reacção de Cantão face à "extrema benevolência [como] foram julgados [pelo] Tribunal Militar [em] meados [de] Julho findo quatro sabotadores [e] pedem maior atenção [por parte do] Governo [de] Macau [sobre as] actividades [de] agentes clandestinos [que] provocaram [as] recentes explosões".

O Governador, no mesmo telegrama, dava conta da sua resposta, que fora no sentido de assegurar que o "julgamento [foi] feito [de] acordo [com o] Código [de] Justiça Militar [...] e que [o] caso [das] actividades [dos] agentes clandestinos estava merecendo [por parte do] Governo [de] Macau [a] maior atenção tendo sido já determinada [a] expulsão [de] todos [os] elementos com actividades contrárias [à] neutralidade [da] Província".

Era, mais uma vez, a neutralidade a servir de escudo à posição portuguesa!

3.10. Ministério de Peixoto Correia: 4 de Dezembro de 1962 a 19 de Março de 1965[648]

A forma como decorreu a sessão do Conselho Ultramarino e que já foi objecto de narração não deixava dúvidas sobre a impossibilidade de Adriano Moreira aceitar permanecer na condução – que

---

[648] A caixa AOS/CO/UL – 8 I (cont.) contém os telegramas referentes a este mandato.

se pretendia que o não fosse – da pasta do Ultramar. A sua exoneração foi acompanhada da transferência de Peixoto Correia da Guiné para o Ministério.

Pouco avisado andaria quem acreditasse que esta substituição representava, apenas, mais uma manifestação da vida habitual. De facto, esta mudança de Ministro destinava-se, precisamente, a pôr fim às mudanças pensadas e postas em prática por Adriano Moreira e que não serviam os interesses instalados.

Mais do que uma alteração de Ministro era o regresso do anterior paradigma.

3.10.1. Angola – 4 de Dezembro de 1962 a 19 de Março de 1965

Em Angola, manteve-se Silvino Silvério Marques que, em dois telegramas secretos, ambos datados de 22 de Maio de 1963, comunicava que o "Conselho [de] Defesa [na] reunião de 21 [de] Maio analisou [a] situação político militar [em] África e resolveu unanimemente sugerir [ao] governo [a] vantagem [de] aproveitar [a] presente oportunidade [de] constituição [de uma] frente unida [das] províncias [de] Angola e Moçambique Rodésia do Sul e África do Sul", enquanto informava que "não será facilitada até nova ordem [a] entrada [em] Angola [de] elementos [da] ONU mesmo desarmados, à paisana e em grupos pequenos".

A primeira das ideias estava muito conotada com a posição dos colonos brancos, porque, como Newitt (1997, p. 455) indica relativamente a Moçambique, "a propaganda internacional concentrou-se na manutenção do apoio da NATO e na construção de uma forte aliança local com a Rodésia e a África do Sul".

No entanto, era uma ideia em clara contradição com a conjuntura internacional e, por isso mesmo, mostrar-se-ia perfeitamente inexequível como ficou provado no fracasso da independência branca da Rodésia de Ian Smith ou pelo fim inevitável do regime de *apartheid* na África do Sul com a consequente chegada da maioria negra ao poder.

Talvez convenha recordar que os espartanos, face à ameaça feita pelos atenienses que atacariam com tantos homens que as setas tapariam o Sol, se limitaram a responder que, nesse caso, combateriam à sombra.

O segundo telegrama aponta para uma atitude, que estava longe de ser isolada, de apenas permitir o acesso de representantes dos organismos internacionais àquilo que o Governo queria que fosse presenciado.

A existência no acervo consultado de vários telegramas enviados pelos Governadores aos Ministros a informarem sobre todos os passos dos visitantes, nomeadamente, os locais visitados e os elementos portugueses designados para os acompanhar, não deixam dúvida que tudo era devidamente programado de forma a não colocar em risco a política portuguesa.

Seria certamente com a noção de dever cumprido que os Governadores davam conta aos Ministros do facto de os visitantes parecerem ter ficado contentes com a recepção e a visita.

Outro aspecto que a consulta do Arquivo permite constatar prende-se com o facto de nem só o Governador-Geral enviar telegramas com informações, pois, em 15 de Dezembro de 1963, o Comandante-Chefe enviou o telegrama n.º 314 SEC a dar conta que as "nossas tropas [do] campo [de] aviação [de] Noqui [foram] atacadas [com] fogo [de] metralhadoras e [de] morteiros em 150010. Parece [que as] acções [de] fogo [tiveram a] duração [de] 10 minutos [...] estamos averiguando se [o] tiro inimigo partiu [do] Congo Leo".

Ainda no mesmo dia, no telegrama seguinte, o n.º 315 SEC, o Comandante-Chefe confirmaria a proveniência do fogo inimigo porque uma "informações [da] PIDE indica [como] origens [do] fogo inimigo [o] nosso território próximo [da] fronteira [com o] Congo Leo".

Mais tarde, em 5 de Fevereiro de 1964, o Governador-Geral, informou o Ministro que, devido à gravidade da situação cambial," "após dia 15 [do] corrente serão aplicados impostos [de] consumo sobre artigos de carácter sumptuário e outros de consumo não essencial (incluindo vinho) originários [da] Metrópole caso não seja possível a Vexa considerar outra solução imediata". O carácter delicado da situação levou a que Peixoto Correia enviasse o telegrama e um cartão pessoal a Salazar no qual alertava para "a gravidade da situação que assim se criará, contra o espírito da legislação sobre o espaço económico português"[649].

---

[649] Cartão constante em AOS/CO/UL – 8 I (cont), P1, 8.ª Subd.

Aliás, este assunto seria objecto de vários telegramas e Silva Cunha, em 12 de Fevereiro de 1964, informaria o Governador-Geral que o "problema cambial [de] Angola tem merecido permanente consideração [por parte do] Governo com vista [ao] seu próximo [e] completo esclarecimento [e] julgo aconselhável adiar [a] aplicação [do] imposto [de] consumo sem prejuízo [da] adopção [de] medidas restritivas [às] mercadorias estrangeiras".

Da análise deste telegrama não podem restar dúvidas sobre o aspecto proteccionista da política portuguesa que, como vários estudos comprovam, serviu preferencialmente os interesses da burguesia metropolitana de Lisboa e do Porto, embora fosse feita em nome dos interesses de Portugal.

Em desacordo com este nacionalismo só a proposta da Companhia de Caminhos de Ferro de Benguela para que o estudo sobre a variante do Cubal, destinada a acabar com o estrangulamento entre Nova Lisboa e o Lubito, fosse entregue "se possível a uma empresa técnica idónea, de renome internacional, de preferência americana".

O facto de o caso ter de ser apresentado ao Banco Mundial ajuda a perceber a opção tomada[650].

Na pasta 7 de AOS/CO/UL – 41, está uma nota proveniente da Provedoria da Casa Pia de Lisboa que dava conta da ida a Angola do Provedor. Essa visita fora pedida pelo Governo-Geral de Angola e autorizada pelo Ministério da Saúde e Assistência e destinava-se a estabelecer lares para os assistidos vindos da Metrópole e a ver como funcionava "ali uma «Casa Pia» de rapazes – a cargo da Polícia" porque era preciso fazer a sua integração "nos moldes de uma verdadeira Casa Pia – semelhante à da Metrópole". Além disso, procurava-se utilizar "casapianos como monitores de ensino nas escolas elementares de artes e ofícios da Província que importa estudar e remodelar totalmente" e organizar "um grupo de antigos casapianos que seriam uma espécie de «patronato» dos casapianos".

O tempo encarregou-se de provar, apesar de um julgamento tão arrastado, que na Metrópole a remodelação também teria sido pertinente.

---

[650] O processo está datado de 10 de Fevereiro de 1965 e figura na 1.ª subd. da pasta 24 de AOS/CO/UL – 41.

Por vezes, havia graus de areia que se colocavam na engrenagem como a "indiscrição cometida em qualquer Repartição Pública de Angola" e que permitira a um concorrente saber do caso de um segundo fornecimento de tractores Continental feito à Província de Angola pela empresa francesa Richard Frères e que "estava a correr em estilo confidencialíssimo porque créditos desta natureza são estritamente confidenciais"[651]

Silvino Silvério Marques veio à Metrópole em Junho de 1964 e a agenda da sua visita, estipulada pelo Ministério do Ultramar, contemplou questões que implicavam aspectos da política geral do Governo e, por isso, não dependiam apenas do Ministério do Ultramar e problemas com implicações internacionais.

Como consta do documento preparativo da agenda, era "necessário que o Governo-Geral se não encerre numa óptica exclusivamente local, recusando-se a compreender e a aceitar as orientações fixadas pelo Ministério" porque as decisões transmitidas "resultaram do exame dos problemas ou no Conselho de Ministros, ou com o Senhor Presidente do Conselho e o Ministro da pasta interessada"[652].

Era um aviso para que o Governador-Geral não tivesse a veleidade de se considerar um iluminado.

De facto, o Ministro do Ultramar sabia que o Governador-Geral não concordava com algumas das medidas, como a liberalização dos "vinhos comuns" em Angola – posição defendida pelo Grémio de Exportação de Vinhos – devido à "necessidade de Angola não perder uma fonte de receita importante".

Como o Ministro também não queria prejudicar as receitas de Angola, decidiu autorizar o Governo-Geral de Angola "a lançar um imposto de consumo igual ou pouco superior aos direitos que deixe de receber sobre todos os vinhos importados de origem nacional"[653].

---

[651] O processo está na pt. 15 de AOS/CO/UL – 41 e serve para identificar o apoio de que Portugal beneficiava por parte da França, mesmo correndo o risco de represálias dos países francófonos, porque a empresa "Richard Frères conseguiu convencer as altas autoridades francesas do interesse para a França em ajudar os Portugueses no seu esforço para estabelecer uma estabilidade política e económica nesta região de África". Por isso, as autoridades francesas tinham aceitado um acordo de financiamento para um prazo de oito anos.

[652] Pasta 14 de AOS/CO/UL – 41.

[653] AOS/CO/UL – 41, pt.16.

3.10.2. Moçambique – 4 de Dezembro de 1962 a 19 de Março de 1965

Em Moçambique, Sarmento Rodrigues seria substituído por José Augusto da Costa Almeida, um natural da província, que exerceu o cargo de 1964 a 1968.

Essa substituição revela o sentido de dever de Sarmento Rodrigues, como se depreende do telegrama n.º 251 SEC, enviado pelo Ministro em 18 de Dezembro de 1963.

De facto, alegando desgaste físico, Sarmento Rodrigues solicitara a exoneração do cargo, mas o Ministro, que reconhecia os "altos serviços" que encontravam tradução na "perfeita tranquilidade social [e] importantes realizações [de] ordem material", mostrou a sua apreensão devido à substituição do Governador-Geral, uma vez que iria acontecer um acto eleitoral em Março e o novo titular "só poderá chegar aí menos [de] dois meses antes [da] realização [do] mesmo acto".

Ora, como sobre as eleições "incidirá particular atenção [do] exterior e pode ter repercussões [de] ordem interna", o Ministro pedia "especial ponderação" a Sarmento Rodrigues.

Habituado a colocar os interesses pessoais em segundo lugar, o Governador-Geral mostrou-se "muito sensibilizado" e permaneceu no posto pelo tempo necessário para que as "eleições decorram [da] maneira mais satisfatória e conveniente para [os] interesses nacionais"[654].

De facto, foi isso que aconteceu em todo o Império porque tudo decorreu sem o "mais ligeiro incidente ou irregularidade" e a "concorrência [às] urnas foi natural", apesar da "existência [de] uma só lista com excepção de Moçambique" e de as eleições se terem realizado no Domingo de Páscoa.

O Governador-Geral de Moçambique considerava que tinha havido um "excelente sistema [de] consciência colectiva" e que se tinha tratado de um "caso raro [que] se tenham apresentado candidaturas e realizado eleições sem intervenção [de] qualquer partido mas [por] movimento espontâneo [de] elementos [de] boa vontade e sem intervenção [do] Governo"[655]

---

[654] Telegrama n.º 227 SEC de 19 de Dezembro de 1963.

[655] Telegrama de 30 de Março de 1964. Os resultados das eleições em Moçambique constam do telegrama anterior, datado de 28 de Março de 1964.

Foi ainda Sarmento Rodrigues que recebeu o telegrama n.º 9 SEC de 29 de Janeiro de 1963 do Ministro a questionar se haveria "possibilidade [de] obter sessenta mil contos para [o] financiamento [da] Companhia [de] Moçambique" para evitar que o grupo accionistas dessa Companhia vendesse "as suas acções ao grupo LONRHO do que resultaria [a] tomada [de] posição [de] este grupo na Trans Zambezian Raillaway com dois lugares [no] respectivo Conselho [de] Administração". O Ministro sugeria o "aproveitamento [da] verba destinada [à] construção [da] estação [de] caminho [de] ferro [da] Beira caso esta esteja considerada".

O Governador-Geral responderia no telegrama n.º 8 SEC de 31 de Janeiro de 1963 considerando "muito necessário que esse direito [mil acções e direito de ter dois administradores na administração] não saia das mãos da Companhia de Moçambique para grupo estrangeiro" e informando que "em tempos procurámos comprar [as] acções que possui Vivien Oury e [o] seu grupo aproximadamente 245 mil acções". Mais informava que a província não dispunha de possibilidades financeiras para a compra, mas poderia fazer um "empréstimo especial ou por conta [de] empréstimos [do] Plano [de] Fomento ou [o] Caminho [de] Ferro [da] Beira financiar", situação que lhe parecia "mais aconselhável".

Depois, em 13 de Março de 1963, o Governador-Geral informaria que o "avião Harvard [da] Força Aérea pilotado [pelo] alferes Jacinto Soares Veloso com [um] passageiro civil João Santos Ferreira deslocou-se [a] Mocimboa Praia e não regressou desconhecendo-se [o] paradeiro", embora a Agência Sapa Reuter informasse que "um avião [da] Força Aérea Portuguesa aterrou ontem [no] aeroporto [de] Daressalam com [um] piloto fardado e um civil constando [que] pediram asilo político". Ainda no mesmo dia, novo telegrama do Governador-Geral confirmava que ainda não sabiam do paradeiro do avião e dava informações sobre "João Santos Ferreira antigo aspirante administrativo [que] sofreu prisão quando miliciano e [era] considerado comunista [...] alferes Veloso merecia confiança [e] estava [em] Nampula encarregado [dos] serviços [de] informações".

No dia seguinte o Governador-Geral informava que tinha recebido "informações [do] Consulado Geral Portugal [em] Salisbury" a confirmar que o "avião se encontra [em] Daressalam" e que "os tripulantes estão detidos [e] sujeitos [a] intensos interrogatórios".

Confirmava os dados anteriores – maus relativamente a Santos Ferreira e bons no que concerne ao alferes Veloso "que tinha participado [em] algumas diligências importantes contra agentes subversivos [na] região [de] Mueda mostrando interesse e competência", embora, a 15 de Março, desse conta das peripécias da fuga e afirmasse que "João Ferreira não tinha intenção [de] fuga" e que tinha "mostrado relutância [em] embarcar inquirindo [sobre a] segurança [do] avião".

O assunto não ficaria por aqui porque o Governador-Geral, em 15 de Março, relataria o que um passageiro americano de nome Stern tinha dito durante a escala do seu avião em Nampula, desmentindo que os tripulantes estivessem a ser "maltratados ou interrogados" e informando que "não lhe constou [que] tivessem pedido asilo político. Parece [que o] Governo [de] Tanganica aguarda explicações [do] Governo Português", até porque a Sapa Reuter já dissera que o "Governo [de] Tanganica vai apresentar [ao] Secretário-Geral [das] Nações Unidas [um] protesto contra [a] entrada ilegal [de um] avião armado português e que considera mais um ultraje da longa história portuguesa da falta respeito [pela] lei internacional". Daí o protesto formal que faria junto do Governo Português.

Não parece muito fora da razão que Dar-es-Salaam classificasse a acção como "obra [de] loucos".

De facto um comunista ter de ser convencido a fugir por um agente de informações não se enquadra, minimamente, na normalidade do Estado Novo, durante o qual as fugas de militantes comunistas deram motivo a narrativas – como aconteceu com a fuga do grupo de Álvaro Cunhal do forte de Peniche – que alimentaram o ânimo da resistência, e os agentes das informações se revelaram de uma fidelidade a toda a prova ao regime. Aliás, basta ter presente o que aconteceu no 25 de Abril em termos de oposição às tropas que desencadearam o golpe de estado para se perceber até que ponto ia a lealdade da PIDE-DGS ao sistema e ao regime.

Depois, em 3 de Abril de 1963, o Governador-Geral solicitaria ao Ministro que transmitisse ao Presidente do Conselho a posição favorável do Conselho Legislativo sobre a revisão da Lei Orgânica do Ultramar porque a mesma representava uma "maior coesão entre as diferentes parcelas do Ultramar Português, [uma] mais activa participação [das] Províncias no Governo e administração Centrais e indissolúvel unidade com a Mãe-Pátria".

A análise da revisão não parece confirmar a parte inicial da afirmação. O 25 de Abril de 1974 encarregar-se-ia de provar a falácia da parte final.

O papel reivindicativo das Associações Económicas de Moçambique foi objecto de um telegrama, datado de 11 de Abril de 1963, no qual o Governador-Geral considerava que as mesmas "nem são contra [o] regime e muito menos contra [a] Nação" e que só protestavam porque "desejam como eu prioridade [para o] desenvolvimento industrial [do] Ultramar a fim [de] robustecer [a] economia e aumentar [o] povoamento".

Por isso, apesar de recear algumas perturbações, o Governador-Geral estava convencido que "nada farão [no] sentido [da] quebra [da] unidade nacional que aqui todos consideram intangível"[656].

Dois aspectos deverão ser relevados: o desejo comum das Associações e do Governador-Geral no que concerne ao desenvolvimento de Moçambique e a reafirmação do erro de uma pretensa unidade nacional defendida por todos.

Ainda sobre a questão do desenvolvimento da província, o Governador-Geral deu conta da visita de "vinte e quatro dias" feita por Azeredo Perdigão, na qualidade de representante da Fundação Gulbenkian, durante a qual concedeu subsídios no montante de "quinze mil contos" e "tomou conhecimento [dos] mais importantes problemas [da] Província" para poder "esclarecer [os] meios responsáveis metropolitanos e internacionais"[657].

O Governador-Geral considerou a visita como muito útil, a exemplo do que se passaria com a visita de "personalidades alemãs", agradadas com o "que observaram [em] Angola [e] dizendo que nada tínhamos [a] ocultar que não nos honrasse"[658].

---

[656] Sarmento Rodrigues reafirmaria esta convicção num telegrama de 30 de Março de 1964, ao afirmar que os "Conselhos Legislativos Económicos têm elementos [que] representam várias correntes [de] opinião mas tenho [a] inteira convicção [que] todos [estão] integrados [no] superior ideal [de] unidade da Nação".

[657] Telegrama de 5 de Agosto de 1963.

[658] Telegrama de 8 de Agosto de 1963. O telegrama não fornece mais informações sobre as autoridades. No entanto, o telegrama de 16 de Agosto de 1963 permite saber que a comitiva era chefiada pelo Vice-Presidente do Bundestag, Richard Jaeger que agradeceu ao Governador-Geral a forma como a comitiva fora recebida e se mostrou impressionado com a "obra que o povo português conseguiu realizar em Moçambique sob condições difíceis".

A conjuntura regional foi abordada em telegrama de 17 de Abril de 1963 para referir que, de acordo com uma carta do Primeiro-Ministro, Dr. Banda, entregue através dos Ministros dos Transportes e do Comércio, havia a possibilidade de "prolongar [o] caminho [de] ferro [de] Moçambique para [a] Niassalândia [até] próximo [de] Fort Johnston e [um] projecto [de] futuro acordo [de] comércio entre Moçambique e [a] Niassalândia após [a] independência desta", como forma de o novo país "aproveitar [a] nossa experiência [em] vários sectores".

Não era uma posição fácil na conjuntura de então, como o Governador-Geral reconheceu no telegrama de 23 de Abril de 1963, ao dizer que o "Dr. Banda sabe que vai arrostar críticas [dos] países africanos mas prefere desenvolver [as] nossas relações".

Neste telegrama, o Governador-Geral solicitava indicações sobre a forma de organizar a sua visita a Blantire e a visita do Dr. Banda a Moçambique e considerava que haveria "conveniência [em] informar [o] Governo [da] Federação[659] mas na realidade [como a] Niassalândia tem [a] independência garantida e [a] Federação tem [o] seu fim anunciado", o protocolo podia ser dispensado.

As boas relações com a Niassalândia permitiram que o Governador-Geral acedesse ao pedido do Ministro do Comércio e Indústria para que a SONAP autorizasse a "utilização [dos] seus depósitos [na] Beira para armazenar produtos petrolíferos [que] se destinam [ao] abastecimento [à] Niassalândia distribuídos por empresa Gasolineira Italiana AGIP"[660].

Porém, na reunião da Missão da FAO, realizada em Outubro de 1963, segundo o Governador-Geral, "o Delegado alemão ignorante [dos] assuntos africanos por vezes parecia estranhar [que] não houvesse [o] mesmo desenvolvimento social [que nos] países europeus" – telegrama de 9 de Outubro de 1963. Face a estes elementos antagónicos, não é possível saber a opinião da República Federal da Alemanha sobre a realidade moçambicana. A mesma sensação de desconhecimento "acerca [das] condições [de] vida [em] África" seria evidenciada pelo Almirante Anderson na visita que fez a Moçambique – telegrama de 19 de Março de 1964.

[659] Trata-se da Federação da África Central da Rodésia e da Niassalândia que foi dissolvida em 1963 e deu lugar à Rodésia do Sul, que é o actual Zimbabué, à Rodésia do Norte, que hoje se designa por Zâmbia e à Niassalândia, actual Malawi.

[660] Telegrama datado de 15 de Julho de 1963. Vários telegramas da 5 subd. da pasta 4 de AOS/CO/UL – 8I (cont) não estão numerados.

Permitiam, igualmente, a solução de casos pitorescos como quando dois soldados portugueses "foram secretamente [a] um baile [na] Niassalândia e tiveram um acidente [de] automóvel que os levou [ao] hospital onde [o] Dr. Banda os visitou e em vez de [os] acusar [de] entrada ilegal ou espionagem lhes disse que iria pedir [às] autoridades militares portuguesas para os não castigarem"[661].

De facto, não é habitual um Primeiro-Ministro deslocar-se ao hospital para visitar apenas dois soldados rasos e, ainda menos, quando os mesmos estavam longe de ter praticado qualquer acto heróico.

Mais tarde – telegrama n.º 190 SEC de 26 de Setembro de 1963 – o Governador-Geral dava conta do desejo do Dr. Banda de que as relações fossem "objecto [de] novos acordos [em] virtude [dos] actuais [terem sido] feitos [durante o] tempo [do] domínio inglês e [da] Federação".

Como o Dr. Banda mostrou "muito desejo [em] continuar [as] boas relações [com o] nosso país", isso significa que a independência da Niassalândia não alterara as suas relações com Portugal, embora o Ministro do Ultramar tivesse alertado o Governador-Geral para o facto de não se dever "fazer acordos sem conhecimento [do] Governo [da] Federação que ainda existe"[662], pois a Federação da Rodésia e Niassalândia só seria dissolvida no último dia do ano de 1963[663].

O Ministro, ao contrário do Governador-Geral, não dispensava o protocolo.

No entanto, as relações com os outros vizinhos de Moçambique não seguiam esta cordialidade e o Governador-Geral informou o Ministro que o "Encarregado [de] Negócios [em] Tananarive acaba [de] telegrafar [um] pedido [de] adiamento [da] ida [da] nossa missão DETA a fim [de] ultimar [um] acordo [de] navegação aérea com [a] Air Madagáscar [em] virtude [de um] grave acidente [de] aviação

---

[661] Telegrama de 28 de Janeiro de 1964.
[662] Telegrama n.º 175 SEC de 8 de Outubro de 1963.
[663] Nessa data a Inglaterra reconheceu a independência da Rodésia do Norte, que passou a designar-se por Zâmbia, da Niassalândia, que se tornou no Malawi, mas não reconheceu a independência da Rodésia do Sul porque a minoria branca tinha instaurado um regime semelhante ao *apartheid* da África do Sul em 1961. Essa minoria branca designava o país apenas por Rodésia e viria a proclamar a independência em 11 de Novembro de 1965.

ocorrido ultimamente [em] Madagáscar". Só que o Governador-Geral não estava seguro das "verdadeiras razões [do] adiamento"[664].

Também a África do Sul dava conta do "azedume e disposição agressiva [em que] se encontra [o] Ministro Schoeman parecendo estar preparadas fortes resistências para [a] nossa delegação nas próximas negociações", embora o seu Ministro da Informação tivesse visitado Moçambique onde manifestara "publicamente [o] apreço [pelo] apoio [que] lhes estamos dando sobretudo para [o] trânsito [dos] seus aviões [em] Luanda e mais tarde [no] Sal"[665], favor que, no entanto, não seria tido em conta quando a "Kvater Affairs obteve aprovação parlamentar para [a] construção [de] novos aproveitamentos importantes especialmente [nos] rios Limpopo e Elefantes" e não se preocupou com a "sobrevivência [dos] agricultores estabelecidos [ao] longo [do] vale"[666].

Além disso, o Governador de Niassa alertou para o facto de haver tropas acampadas junto à fronteira, situação que fazia prever a preparação de uma "agressão armada [por parte] do Tanganica"[667].

Depois, começariam problemas internos, como as tentativas de fuga para os territórios vizinhos: "um enfermeiro auxiliar fugiu para Tanganica há cerca [de] quatro dias e um cabo europeu e um soldado europeu da guarnição [de] Mueda tentaram seguir também [para] Tanganica mas foram presos"[668]; a paralisação dos estivadores do porto de Lourenço Marques, embora o Governador-Geral julgasse que se tratava de um "movimento [de] agitadores que se presume tenha vindo de fora"[669] e a recusa da criação do Banco Comercial de Moçambique[670].

No que concerne à greve – palavra então proibida – dos estivadores, estes continuaram a "apresentar [um] pedido [de] grande elevação [de] salários exigindo [a sua] aceitação imediata para retomarem

---

[664] Telegrama de 20 de Julho de 1963.
[665] Telegrama de 9 de Outubro de 1963.
[666] Telegrama de 10 de Julho de 1964.
[667] Telegrama de 23 de Novembro de 1963.
[668] Telegrama de 20 de Maio de 1963.
[669] Telegrama secreto n.º 144 de 26 de Agosto de 1963.
[670] Telegrama datado de 11 de Outubro de 1963, no qual o Governador-Geral dá conta das "muitas sessões a que presidi" e do resultado da votação desfavorável "por maioria [de] oito votos contra quatro".

[o] serviço" e as autoridades recusaram e tomaram "providências para [a] vinda [de] outros trabalhadores e para reprimir [as] actividades [dos] agitadores"[671] e "alguns dirigentes que se manifestaram embora sem tumulto foram detidos para averiguações"[672].

As reivindicações: "aumento [de] salário", a posição dos patrões: "falar mais tarde" e "veremos se [é] possível modificar [as] condições [de] trabalho [na] estiva" ou dos estivadores: "recusaram entrar e dispersaram" evidenciam muitos pontos em comum com aquelas que foram mencionadas aquando do massacre de Piguiti. Felizmente, a actuação do Governador-Geral Sarmento Rodrigues esteve num plano superior àquele que se verificou na Guiné.

De positivo, apenas o facto de não se conhecer "qualquer actividade [de] qualquer terrorista em qualquer parte [de] Moçambique"[673], embora essa calma fosse, como diz a sabedoria popular, *sol de pouca dura* face à tempestade que se aproximava.

Na pasta 4 da 6.ª subd de AOS/CO/UL – 8 I (cont) há um telegrama, de 16 de Janeiro de 1964, que interessa trazer para esta discussão.

Nesse telegrama, Sarmento Rodrigues assume a defesa do Bispo da Beira, D. Sebastião de Resende, referindo que os dois livros que tinham sido enviados para as livrarias, *Projecção Natal em África* e *Por um Moçambique melhor,* eram "pastorais natalícias" e "palestras quaresmais" que não continham "matéria prejudicial", apesar de uma referência pouco abonatória à legislação sobre a cultura do algodão, embora relativa a um período já ultrapassado. Aliás, Sarmento Rodrigues faria questão de realçar que a página 73 do livro *Por um Moçambique melhor* continha uma "especial exortação patriótica".

Sendo conhecidos os frequentes desentendimentos do bispo com as autoridades portuguesas, maior importância assume a defesa feita pelo Governador-Geral, numa prova inequívoca que Sarmento Rodrigues e D. Sebastião de Resende não tinham visões distantes sobre as realidades – presente e futura – de Moçambique.

Só que nem o Governador-Geral era o espelho do Poder Central e dos interesses instalados, nem o bispo reflectia a posição da hierar-

---

[671] Telegrama secreto de 27 de Agosto de 1963.
[672] Telegrama n.º 146 SEC de 28 de Agosto de 1963.
[673] Telegrama de 8 de Fevereiro de 1964.

quia dirigente da igreja, apesar do ecumenismo saído do Concílio Vaticano II.

Foi esta a última ponte construída por Sarmento Rodrigues como Governador-Geral de Moçambique. A forma como as autoridades viriam a tratar o Bispo da Beira e o jornal por si criado e o facto de Sarmento Rodrigues não ter chegado à Presidência da República demonstram que, tanto o Bispo, como o Governador, conheceram a desdita de terem razão no tempo que os outros ainda não consideravam como certo.

A entrada em funções do novo Governador-Geral, José Augusto da Costa Almeida, apesar de ser, ou talvez por ser – a eterna questão das perspectivas – natural de Moçambique, não foi bem recebida por todos.

Aliás, o Comandante-Chefe, General Carrasco, como consta num telegrama remetido pelo Governador-Geral em 8 de Julho de 1964, declarou "publicamente [o] seu desacordo e descontentamento, afirmando ter perdido [a] confiança [que] depositava [no] Senhor Presidente [do] Conselho por este o ter traído nomeando um garoto [para o] cargo de Governador-Geral". Além disso, na cerimónia da transmissão de poderes, "findas [as] palavras [do] Governador, [o] General Carrasco manteve [as] mãos apoiadas [na] espada olhando ostensivamente e insistentemente [a] assistência para que esta notasse bem [a] atitude por ele tomada" e, no dia seguinte, "não compareceu [à] sessão [de] boas vindas [na] Câmara Municipal".

Face a este conjunto de atitudes, o Governador-Geral solicitou a "intervenção" do Ministro no sentido da não recondução por "mais um ano" do General Carrasco porque a situação era "insustentável"[674].

O Ministro, Peixoto Correia, remeteu o telegrama para Salazar e na pasta não figura a solução para o problema, talvez porque havia novos motivos para preocupações porque, no dia 11 de Setembro, tinham entrado na "área [da] circunscrição [de] Milange [no] distrito [da] Zambézia vinte indivíduos da FRELIMO armados [com] pistolas"[675].

Era o início das hostilidades e, por isso, se estranha que, de acordo com os telegramas consultados, o Governador-Geral tivesse demorado 12 dias a informar o Ministro desse acto.

---

[674] Telegrama de 4 de Julho de 1964.
[675] Telegrama de 23 de Setembro de 1964.

Ainda sobre o início da guerra colonial em Moçambique, importa registar, até pela importância desse elemento relativamente ao critério de legitimação do representante moçambicano na fase de descolonização, que a data não é consensual.

De facto, a FRELIMO considera como elemento inicial o ataque por si efectuado, nos dias 24 e 25 de Setembro de 1964, a Chai, na província de Cabo Delgado.

No entanto, as forças portuguesas – o Batalhão de Caçadores 558 – relataram conflitos ainda em Agosto, mais precisamente no dia 21, também em Cabo Delgado, só que atribuídos a outras forças nacionalistas: MANU e UDENAMO.

Como é evidente, a assumpção por parte de Portugal da segunda data e dos autores do ataque deitaria por terra o critério que concedeu a exclusividade da luta armada e da representação do povo moçambicano à FRELIMO.

A partir de então os muitos telegramas constantes na pasta foram dominados por notícias sobre a nova frente da guerra colonial, sendo que o dia 25 de Setembro de 1964 talvez deva ser considerado como a data do início do conflito armado, tal o número de telegramas que foram enviados pelo Governador-Geral para o Ministro nesse dia e que iam desde o incendiar de palhotas[676], à destruição de pontes de madeira e obstrução de estradas[677], a emboscadas a europeus[678] ou à presença de "dois grupos perturbadores organizados perto [da] Missão [de] Imbuho, Liteda, [na] área [dos] Macondes"[679].

A partir de 1 de Outubro de 1964, os incidentes passam a assumir abertamente um carácter de guerra, como se comprova pelo facto de o Governador-Geral solicitar a publicação de uma medida legislativa que lhe conferisse o direito de declarar o estado de sítio em Cabo Delgado ou "em qualquer outro ponto [do] território [da] Província", devido às "ocorrências [de] carácter subversivo"[680].

Este alargamento em termos territoriais mostra que o Governador-Geral tinha consciência que o conflito iria ter vários focos e acabaria por se generalizar a praticamente todo o território de Moçambique.

---

[676] Telegrama de 25 de Setembro de 1964 e cujo número foi riscado.
[677] Novo telegrama, também datado de 25 de Setembro de 1964.
[678] Terceiro telegrama de 25 de Setembro de 1964. O seu número foi riscado.
[679] Quarto telegrama de 25 de Setembro de 1964 e cujo número também foi riscado.
[680] Telegrama de 1 de Outubro de 1964.

Não cabendo nesta investigação a narração exaustiva do conflito – outra vez o limite físico da obra –, não se pode deixar de referir alguns elementos cuja pertinência não aconselha a sua omissão.

Assim, o Ministro, ainda antes do início do conflito, pedira informações sobre a presença de "dois navios russos estão fundeados há mais dez dias a 55 milhas da Beira e 15 da costa"[681], prova que Portugal sabia qual era a principal fonte de apoio dos nacionalistas e temia a intervenção directa da URSS em Moçambique.

No que diz respeito à conjuntura regional, a atenção internacional fazia-se sentir com frequência, como se comprova pelos vários telegramas enviados a Salazar para que o líder anti-racista Neville Rubin, que fora preso em Moçambique, não fosse entregue à África do Sul[682].

Na primeira subdivisão da pasta 18 de AOS/CO/UL – 41 existe uma carta enviada pelo Grémio dos Industriais de Óleos Vegetais de Moçambique a Salazar e que prova a maneira como os interesses instalados nas colónias reagiam quando se sentiam ameaçados.

De facto, face a um concurso internacional destinado à importação de dez mil toneladas de óleo de amendoim refinado destinado ao abastecimento da Metrópole, o Grémio recordava que não tinha conseguido a "colocação de seis mil toneladas [de] óleo [de] amendoim refinado excedente [do] consumo desta Província" e, por isso, como considerava o concurso "atentatório [dos] altos interesses nacionais" pedia a Salazar que o anulasse ou o modificasse "para quantidade que exceda apenas [as] disponibilidades existentes neste território nacional".

Os interesses voltaram a manifestar-se, através da Associação Comercial e da Associação Agrícola, para contestarem a criação de portagens na ponte sobre o rio Limpopo, pois a província pagava "desde 1932, imposto para [as] estradas incidindo sobre [a] gasolina"[683].

---

[681] Telegrama de 23 de Setembro de 1964.

[682] Os telegramas são três e provêm de organizações com a mesma finalidade: Comité Brasileiro do Congresso Liberdade Cultura, de Hamburgo do Kongress fur die Freiheit der Kultur e do Centro Argentino por la Libertad de la Cultura.

[683] Telegrama enviado a Salazar a partir de João Belo e constante na pasta 21 de AOS/CO/UL – 41.

3.10.3. Cabo Verde – 4 de Dezembro de 1962 a 19 de Março de 1965

Em Cabo Verde, o novo Governador foi, desde 1963, Leão Maria Tavares Rosado do Sacramento Monteiro, que permaneceu no cargo até 1969. Foi ele que, em 23 de Março de 1964 e através de telegrama, informou o Ministro do resultado da eleição dos dois vogais "pelos contribuintes da Província", tendo votado 490 dos 590 eleitores do Distrito Barlavento e 406 dos 510 inscritos do Distrito Sotavento. Como era habitual, em cada um dos Distritos foi eleito o candidato único. Aliás, o mesmo se passou com os dois vogais eleitos em representação dos "organismos representativos [das] entidades patronais".

Ainda no mesmo mês, num telegrama enviado a 30 de Março, o Governador dava conta dos resultados das "eleições [por] sufrágio directo [dos] vogais [do] Conselho Legislativo".

Neste telegrama figuram dados que interessa reter, até para um estudo comparativo com as outras possessões ultramarinas.

De facto, segundo o Governador, no Círculo Barlavento, "dos eleitores inscritos votaram 7 441 ou seja 74,6% [e] no Círculo Sotavento, dos 12 383 eleitores inscritos votaram 9 708 ou seja 78,3%". Em cada Círculo foram eleitos 3 vogais, nenhum com a totalidade de votos e até houve um vogal – eng. Fernando Pinto Almeida Henriques – que só recebeu 6 633 dos 9 708 votos.

Quase no final do mandato do Governador, em 28 de Janeiro de 1965, este informou o Ministro que a PIDE do Mindelo tinha detido a "pedido [do] Chefe [do] Estado Maior [do] CTI oito rapazes todos alunos [do] liceu [de] S. Vicente" por "atentado [à] tranquilidade [e] ordem pública [com] suspeita [de] fins políticos atingindo principalmente [os] oficiais sargentos praças [do] contratorpedeiro «Lima», embora não se vislumbrasse "qualquer ligação com [os] incidentes [com] estudantes registados [na] Metrópole".

3.10.4. Guiné – 4 de Dezembro de 1962 a 19 de Março de 1965

Na Guiné, para o lugar que acabava de deixar, o novo Ministro nomeou Vasco António Martínez Rodrigues, que se manteve no posto até 1965.

Aliás, a saída de Peixoto Correia da Guiné praticamente coincidiu com o início da guerra colonial nesse território, pois, na perspectiva do PAIGC, o momento inicial do conflito armado ocorreu um mês depois da partida do Governador, isto é, em Janeiro de 1963, quando esse movimento atacou o quartel português de Tite, junto ao rio Corubal, a Sul de Bissau.

Devido ao eclodir da guerra, a pasta 2 da 1.ª subd. de AOS/CO/UL – 8 I (cont.) contém muitos telegramas – os documentos vão desde 285 a 366 fl. – sobre o conflito.

Assim, o Governador foi enviando sucessivos telegramas, iniciados com o n.º 21 SEC de 25 de Janeiro de 1963, a dar conta da localização dos grupos nacionalistas, do tipo de vestuário e de armamentos de que dispunham, das acções levadas a cabo e, sempre que possível, indicando o nome dos respectivos chefes. Informava, igualmente, a atitude dos vizinhos, como no telegrama n.º 22 SEC de 27 de Janeiro de 1963 no qual o chefe da gendarmaria de Ziguinchor "assegurou ir tomar medidas imediatas [de] aprisionamento [do] grupo pois tinha ordens [do] seu Governo [para] deter todos [os] indivíduos [que] tentem provocar distúrbios [na] área [da] fronteira ou sair [dos] territórios [do] Senegal [com o] intuito [de] efectuar incursões [na] Guiné]".

Como é natural, também era o Governador que ia transmitindo as perdas de vidas que lhe eram comunicadas por via administrativa e que exigiam, por vezes, rectificações, como se comprova no telegrama de 30 de Janeiro de 1963, "rectifico [que os] mortos são um furriel [e] um cabo maqueiro cujos corpos ainda não foram recuperados".

De registar que essas perdas de vidas não diziam apenas respeito a militares porque os terroristas[684] também matavam os elementos da população civil que lhes ofereciam resistência, como se comprova,

---

[684] Era esta a designação que as autoridades coloniais portuguesas davam aos nacionalistas africanos.

por exemplo, pelo assassinato a "tiro [de] caçadeira [do] chefe [da] Tabanca José Pereira [um] cipai reformado"[685].

A posição dos indígenas também poderá ser inferida através dos relatos do Governador, sendo certo que a mesma nem sempre foi de cooperação com o exército português porque foi "capturado [um] balanta fugitivo [o] qual se prontificou [a] guiar até [ao] local [do] acampamento mas conduziu para [uma] emboscada [em] Cobocanho [colocando a] força entre dois fogos"[686].

Além disso, havia zonas, como a "sul [da] circunscrição [de] Fulacunda Catió que começavam a causar "apreensão [em] virtude [das] populações fugirem ou concentrarem-se [em] redor [das] sedes administrativas"[687].

De facto, não era fácil a vida das populações apanhadas no fogo cruzado das forças nacionalistas e do exército colonial, sendo que ambos os beligerantes exigiam a sua colaboração.

Era, ainda, o Governador que dava conta das epidemias que atingiam a população e os militares, como consta no telegrama n.º 79 SEC de 14 de Dezembro de 1964, "desde fins [de] Novembro apareceram onze casos clinicamente [comprovados de] febre amarela em militares estacionados [a] norte sul e leste [da] Província [...] na população civil não há casos de febre amarela embora existam casos de doença benigna nos locais onde surgiram os casos graves da doença".

Mesmo para quem não dispõe de formação médica, não parece abusivo supor que este foi mais um dos exemplos que decorrem da História da Expansão e que apontam para a dificuldade de adaptação dos europeus às novas realidades físicas e climáticas dos trópicos.

Daí, a diferença entre as colónias de exploração e as de povoamento e fixação, embora, no último caso, a fixação se reduzisse, quase exclusivamente, às zonas do litoral.

Retomando o estudo do conflito, no início, o Governador não parecia aperceber-se totalmente da gravidade do mesmo.

De facto, afirmava a sua convicção que o "empenhamento maciço [e] limpeza [da] área permitirá restabelecer rapidamente [a]

---

[685] Telegrama de 31 de Janeiro de 1963.
[686] Telegrama de 30 de Janeiro de 1963, que figura em AOS/CO/UL – 8 (cont) 1 subd. pt.2
[687] Telegrama de 7 de Fevereiro de 1963.

normalidade [da] vida tanto mais [que] tenho impressão [que os] elementos perturbadores actuam agora com fraco ou nulo apoio externo"[688]. Por isso, só solicitava maior número de efectivos para a "pronta liquidação [dos] grupos infiltrados".

Aliás, os relatos davam conta de uma grande facilidade "assalto repelido sem baixas nossas" ou "liquidados 47 terroristas"[689].

O tempo encarregar-se-ia de provar o erro deste prognóstico.

Nesta fase, o Governador ainda não sabia com quem podia contar, como se comprova pelo telegrama n.º 34 SEC de 8 de Fevereiro de 1963: "segundo informação [do] Cônsul [em] Dakar elementos [do] MLG estão inclinados para o nosso lado [...] Presidente Touré mandou deter cerca [do] princípio [do] mês todos [os] militantes [do] PAIGC [os] quais fez internar [no] campo Foulaya". No entanto, entre esses prisioneiros não figurava Amílcar Cabral que "consta estava [em] Argel [no] dia 5".

O recurso a formas verbais como "suponho", "admito", "creio" e "consta" não deixa dúvidas sobre a falta de um conhecimento rigoroso da situação por parte do Governador.

Essa falta de conhecimento não era sentida pela Union Nationale des Etudiants Haitiens (UNEH) que, em 16 de Dezembro de 1963, escreveu a Salazar protestando "contre la politique de génocide et de terre brûlée que le Gouvernment colonialiste portugais applique avec plus d'intensité actuellement, dans son effort désespéré d'arrêter la lutte legitime des patriotes angolais et guinéens pour leur indépendance nationale [...] inévitable"[690].

Para Salazar, o problema é que esta não era uma posição isolada porque a União Nacional dos Estudantes Técnicos Industriais do Brasil enviou, em 31 de Dezembro de 1963, uma carta no mesmo sentido, responsabilizando o exército português por crimes contra "os povos da Guiné e da Angola" e o Governo por insistir "em perpetrar um domínio que historicamente fadado a desaparecer da face da terra"[691].

---

[688] Telegrama de 7 de Fevereiro de 1963.
[689] Telegrama de 8 de Fevereiro de 1963 sobre o ataque ao Posto de Cacine.
[690] Pasta 4 de AOS/CO/UL – 41.
[691] Pasta 4 de AOS/CO/UL – 41.

3.10.5. S. Tomé e Príncipe – 4 de Dezembro de 1962 a 19 de Março de 1965

Em S. Tomé e Príncipe, em Agosto de 1963, Alberto Monteiro de Sousa Campos tornou-se Encarregado do Governo e exerceu o cargo até 30 de Outubro de 1963, data em que foi substituído por António Jorge da Silva Sebastião cujo mandato como Governador durou até 1972 e que veria chegar Mário Soares, deportado da Metrópole.

Foi este Governador que, em 23 de Março de 1964, enviou o telegrama com os resultados do acto eleitoral que "decorreu [no] meio [de] extraordinário interesse tendo-se verificado [uma] afluência verdadeiramente excepcional [às] urnas". De facto, dos 3 745 inscritos, "votaram 3 190, percentagem 95,15". No entanto, essa percentagem ainda foi maior no que concerne aos representantes das associações, pois todos foram eleitos por unanimidade[692].

Curioso que, ainda a 23 de Março, o Governador referia noutro telegrama que se tinha verificado uma "afluência maciça [de] nativos [às] urnas", facto que permitia "dentro [de] inteira verdade toda [a] propaganda [que] se julgue conveniente".

Os telegramas seguintes, de 20 de Setembro, de 16 de Outubro e de 7 de Novembro de 1965 serviam os mesmos propósitos que já foram indicados para outras possessões: a indicação do nome a incluir na lista da União Nacional, a manifestação de repulsa pela campanha da oposição e a comunicação dos resultados da eleição para deputados.

No caso de São Tomé e Príncipe, no geral da província, isto é, adicionando os valores das assembleias eleitorais de "Santomé" e do Príncipe – onde só estavam inscritos 399 eleitores – os dados foram

---

[692] Através do telegrama é possível saber que os representantes de: Câmara Municipal de S. Tomé, Comissão Municipal do Príncipe, juntas de freguesia, Aeroclube, Associação Socorros Mútuos Trindade, Caixa de Previdência dos Funcionários, Radioclube, Santa Casa da Misericórdia e Sociedade de S. Vicente de Paulo elegiam dois vogais. Os representantes das Missões Católicas, Clube Náutico, Clube Militar, Santomé e Benfica, Sporting Santomé, Andorinha Sportsclube e Futebol Clube Trindade elegiam apenas um vogal. Os representantes do Grémio da Lavoura e Grémio do Comércio e Indústria também elegiam um vogal, o mesmo se passando com os representantes da Casa dos Pescadores e Sindicato Nacional dos Empregados do Comércio Indústria e Agricultura.

os seguintes: "número [de] eleitores inscritos 5 024, eliminados 29, com certidão 28, votantes 3 852, percentagem 76,6".

Como já foi referido para as outras províncias, também o Estado da Índia teve a sua assembleia eleitoral constituída por 13 eleitores, sendo que todos exerceram o seu "direito de voto" e, novamente, cada um dos 3 candidatos recebeu a totalidade de votos.

Há ainda um aspecto que interessa contar.

De facto, em telegrama ainda de 7 de Novembro de 1965, o Governador informava o Ministro que "mentores [de] sectores nativos hostis deram ordens [no] sentido [dos] seus adeptos votarem o que se verificou expressivamente [nas] freguesias [de] Trindade e Nossa Senhora [de] Fátima tradicionalmente adversas".

Nesse telegrama o Governador prometia que no próximo avião informaria detalhadamente o Ministro sobre o facto.

Como se pode constatar, nem sempre um telegrama era suficiente para colocar o Ministro ao corrente de todas as vicissitudes de um processo.

No Arquivo nada consta sobre essa informação. Aliás, de e para São Tomé e Príncipe, desde Março de 1964 a Abril de 1988, apenas constam os telegramas de 1385 a 1396 fl, prova que São Tomé e Príncipe era, realmente, vista como uma província pequena pelo Poder Central.

Aliás, a importância dos assuntos tratados nos telegramas era reduzida, pois, para além dos telegramas já analisados, só constam mais 3 para uma mesma temática – dar os parabéns ao Presidente do Conselho pela forma como dirigia há 38 anos a política interna e externa.

Maquiavel avisara o príncipe da forma como lidar com os lisonjeadores, mas o Poder pode inebriar!

3.10.6. Timor – 4 de Dezembro de 1962 a 19 de Março de 1965

Em Timor, o Tenente-coronel José Alberty Correia foi nomeado Governador em 1963 e manteve-se no cargo até 1968.

Em telegrama datado de 6 de Maio de 1963, o Governador dava conta de "um apelo na publicação oficial do «Australian Republican Party» para que a própria Austrália faça a libertação [de] Timor

Português" e alertava para o facto de se manter "acesa na imprensa especulação contra [a] nossa soberania atacando a nossa política e administração por maneira altamente injuriosa".

Nesse mesmo telegrama o Governador explicava esta posição da Austrália através da balança de poderes a nível regional, ao afirmar que "a Austrália está desenvolvendo mais abertamente uma política de incitamento da Indonésia para um ataque contra nós para melhor se perceber quais são os verdadeiros propósitos da Indonésia no futuro próximo".

Esta temática marcou a correspondência durante 1963, relatando, ainda, infiltrações comunistas[693] e fornecendo uma informação que o Director dos Negócios Políticos do Ministério do Ultramar lhe solicitara sobre o já referido Pedro José Lobo – presidente do Leal Senado de Macau – o qual diligenciara junto de Salazar e conseguira a libertação do seu consogro, Francisco Maria Xavier de Jesus Araújo.

As informações fornecidas pelo Governador levaram ao encerramento do *dossier* sobre Pedro Lobo, uma vez que nada de grave foi referido, pois o visado, que era sino-malaio, não tinha familiares directos nem grandes interesses económicos em Timor.

A referência à nacionalidade de Pedro Lobo justifica-se porque desde 1960 que existia em Timor, embora sem grande visibilidade e quase nulo apoio internacional, um movimento de emancipação de raiz islâmico-malaia, a URT (Union Republic of Timor Dilly).

No que respeita às eleições, de Timor chegou um telegrama, datado de 5 de Março de 1964 e relativo às eleições com os seguintes dados: representantes das regedorias – percentagem de 95,7; contribuintes – 52%; corpos administrativos – 66,7%; pessoas colectivas de utilidade pública administrativa – 100% e organismos representativos de interesse morais e culturais – 50%.

Como alguns dos valores estavam abaixo das percentagens oficialmente aceites, o Governador viu-se na necessidade de encontrar uma explicação. Assim, considerava que os resultados tinham sido prejudicados devido ao facto de "alguns eleitores [estarem] impossibilitados [de] comparecer [em] virtude [da] época [de] chuvas [e das] estradas intransitáveis".

---

[693] Telegrama de 20 de Maio de 1963.

O Poder Central não aceitou a justificação dada e fez sentir o seu incómodo através de um telegrama do Ministro do Ultramar, datado de 9 de Março de 1964, no qual exigia que o Governador explicasse as causas que "determinaram [a] percentagem relativamente fraca [nas] eleições [por] sufrágio directo", uma vez que a explicação recebida em Lisboa era considerada insuficiente pelo facto de o "seu telegrama só em parte atribuir [as] dificuldades [às] comunicações".

Como é bom de ver, o Governador era aconselhado a "não publicar [as] percentagens".

Nas eleições que se seguiram os resultados, de acordo com o telegrama enviado pelo Governador em 9 de Maio de 1964, foram os seguintes: eleitores – 5 083; votos – 2 951; percentagem – 58,05%.

O facto de o Ministro ter exigido explicações no mesmo dia em que recebeu os resultados constitui prova inequívoca que o Poder Central não desculpava as faltas de empenho dos órgãos que no Império deveriam velar para que tudo corresse de acordo com o previsto. Talvez, por isso, o Governador da Guiné tivesse comunicado, por telefone, que a percentagem na sua província fora de 85%.

De salientar que, na continuação da política de falta de autenticidade, a percentagem relativa ao Estado da Índia – que já não estava sob administração portuguesa – tinha sido total, isto é, 100%, embora, neste caso, convenha dizer que o eleitorado era muito reduzido porque era constituído por apenas 18 eleitores.

A Matemática, na sua objectividade, afirma que um ente matemático não representa determinadamente qualquer objecto e, por isso, pode representar indeterminadamente um objecto qualquer. No entanto, esta objectividade não consegue obstar às várias leituras, manipulações e aproveitamentos de que os dados podem ser objecto.

O mesmo Governador, embora no Ministério seguinte, não se esqueceria de enviar em seu nome pessoal e de toda a população de Timor, os parabéns a Salazar pela passagem do 38.º aniversário da sua entrada no Governo[694] e de lhe dar conta da "nossa fé inquebrantável [nos] destinos [da] Pátria Portuguesa sob [a] sua suprema orientação, não fazendo o jogo dos que pretendem combater os nossos legítimos interesses"[695].

---

[694] Telegrama EXTRA CIF de 27 de Abril de 1966.
[695] Telegrama EXTRA CIF de 18 de Abril de 1966.

Como os detentores do Poder lidam melhor com o elogio – mesmo que imerecido – do que com a crítica – ainda que justa – Salazar apressou-se a mandar agradecer a "patriótica manifestação de confiança [no] Governo [da] Nação e de fé nos destinos [da] nossa Pátria"[696] e o Governador manteve-se no cargo até 1968.

Como Adriano Moreira (2001, p. 101) sintetiza, "o poder diz muitas vezes que não. E nunca estranha que lhe digam que sim".

3.10.7. Macau – 4 de Dezembro de 1962 a 19 de Março de 1965

Em Macau, o Governador António Adriano Faria Lopes dos Santos, um dos partidários da ideia do estabelecimento de relações diplomáticas com a República Popular da China, apesar de recusar a sugestão de Franco Nogueira para dar "uma posição de destaque na gestão" de Macau às "forças vivas chinesas" (Fernandes, 2008, p. 263), manteve-se em funções.

Aliás, durante o seu mandato, mais concretamente em 1964, o Ministro dos Negócios Estrangeiros, Franco Nogueira, fez uma tentativa nesse sentido, contando para tal com o apoio do Ministro do Ultramar e da administração e do comando da guarnição militar de Macau. O problema residia no facto de não contar com o apoio total mas apenas reticente daquele que teria sempre a última palavra – Salazar.

De facto, a nula receptividade face à anterior proposta da República da China para estabelecer relações diplomáticas mostrava que o Presidente do Conselho não aceitava que Portugal mantivesse relações com um país comunista e, por isso, não se mostrava inclinado a reconhecer o regime de Mao.

Era a ideologia a falar, pois, como Smith (1989, p. 195) reconhece, há que ter em conta "ideology conditions choices of friends and identification of adversaries".

---

[696] Telegrama EXTRA CIF de 19 de Abril de 1966. O Governador de Macau enviaria, em 27 de Abril de 1966, o telegrama n.º 53 CIF com um conteúdo muito semelhante e o telegrama n.º 54 CIF a dar a Salazar os parabéns pelo aniversário. No dia seguinte, o telegrama n.º 55 CIF transmitia os votos duplos do Conselho Legislativo de Macau.

O Governador enviaria, em 15 de Fevereiro de 1963, o telegrama n.º 14 CIF sobre a Lei Orgânica, manifestando a posição de regozijo do Conselho do Governo da Província e "esperando [que a] proposta [de] revisão [da] Lei Orgânica consolide [a] Unidade Nacional superiormente orientada [para o] engrandecimento [da] Nação".

Era o regresso dos interesses que tinham levado à demissão, dois meses antes, de Adriano Moreira.

Que a sua obra não fora esquecida, prova-o o telegrama de 4 de Agosto de 1964, no qual o Governador respondia a uma dúvida do Secretário da Administração do Ministério do Ultramar sobre uma notícia saída na imprensa diária da Metrópole dando conta de uma "notícia [da] Lusitânia originária referindo [que] visitarão [a] Província [por] ocasião [da] possível visita [do] cardeal Costa Nunes [os] Drs. Adriano Moreira e Padre Domingos Maurício respectivamente como representantes [do] Governo e [da] Companhia [de] Jesus"[697].

O Governador apressou-se a esclarecer que o "Centro [de] Informação [e] Turismo local não difundiu [a] notícia mas sim [o] correspondente [da] Lusitânia começando «segundo anuncia [o] jornal Notícias [de] Macau»" e informava o Ministro que o "Bispo [de] Macau recebeu [uma] carta [do] Cardeal comunicando que viria [a] Macau [às] comemorações e que [o] Superior [da] Companhia [de] Jesus escrevera indicando que tinha interesse [em que o] Dr. Adriano Moreira viesse como delegado [do] Governo e [o] Padre Domingos Maurício".

Afinal o ecumenismo lusófono de Adriano Moreira, apesar de a sementeira ter sido curta no tempo, deitara raízes.

Que a obra não tinha a devida apreciação por parte do Governo não restam dúvidas, pois, em 5 de Agosto de 1964, o Governador justificava a saída da notícia porque "não era fácil prever que iria sair pelo que censura não estava prevenida".

No mesmo dia, o Ministro tranquilizava o Governador, aconselhando-o a "não dar importância demasiada [ao] assunto".

Tratar um assunto algo melindroso como se não tivesse acontecido era a melhor forma de o fazer esquecer. No entanto, isso não significava que o mesmo fosse apagado e, por isso, a 1 de Novembro

---

[697] Telegrama do Subsecretário da Administração para o Governador de Macau em 3 de Agosto de 1964.

de 1964, num telegrama "estritamente confidencial", o Ministro avisava o Governador que em "referência [às] Comemorações [do] 4.º Centenário [da] Companhia [de] Jesus incluindo [a] abertura [de um] crédito [de] 150 contos deve Vexa aguardar novas instruções".

Talvez interesse saber que o Cardeal acabou por estar presente nas comemorações e que a sua presença e as reacções à mesma foram narradas com muito pormenor num documento de 15 páginas que consta na pasta 23 de AOS/CO/UL – 41.

As relações entre o poder político e a estrutura religiosa constituem um tema tão aliciante como complexo. Por isso, queremos acreditar que nos será dada a oportunidade de, num momento posterior, proceder à sua análise.

As dificuldades relativas à China e à Formosa voltariam a exigir um telegrama, em 29 de Dezembro de 1963, no qual o Governador informava o Ministro que "Ho Yin regressou [de] Pequim [e] Cantão referindo ter ficado convencido através [dos] contactos [que] teve [com] pessoas responsáveis [que] não será posto problema [a] Macau num futuro próximo e caso seja para Hong-Kong não quer dizer [que] seja [em] relação [a] Macau".

Aliás, desde há muito que a China tinha separado as questões de Macau e de Hong-Kong.

Nesse telegrama há ainda uma outra informação que diz respeito à manutenção do Império porque Ho Yin transmitira a "sua ideia que talvez [a] China Continental pudesse ajudar Portugal no seu problema em África junto [dos] países africanos dada [a] sua crescente influência junto destes, caso [o] nosso País estivesse disposto a ceder segundo uma imagem [que] apresentou como sua «andar meio caminho mas ficando [em] África»".

Afinal, as manifestações de políticas neocolonialistas dos países europeus outrora senhores de Impérios – a sós ou acompanhados – eram perfeitamente perceptíveis nos novos países independentes.

O Governador interrogava-se se era "ideia pessoal ou sondagem [de] Pequim", embora tivesse tido o cuidado de referir que tinha informado Ho Yin que a "posição [de] Portugal estava perfeitamente definida como recentemente o fez [o] nosso Ministro [dos] Negócios Estrangeiros na ONU e que [os] afroaasiáticos pretendiam [a] independência para [as] nossas províncias [de] Guiné, Moçambique [e] Angola".

Nunca era demais para um Governador reafirmar a posição oficial de Portugal. Por esclarecer ficava se a China, em privado e apesar da sua ideologia, não era defensora da posição que tinha vingado por parte das antigas potências colonizadoras e que consistia em ficar – pelo menos a nível dos interesses – mas dando a sensação de partir.

Aliás, em telegrama de 23 de Abril de 1964, o Governador informava sobre aquilo que lhe tinha sido relatado pelo jornalista José Freitas do *Diário popular* sobre uma visita à China Continental onde fora "tratado com extrema correcção [e] gentileza", embora não tenha conseguido "avistar-se [com] Chu En Lai e Mao Tse Tung nem dirigir mensagem [através da] rádio Pequim". No entanto, também ele afirmou "ter ficado [com a] impressão [que a] China Continental estaria à espera [de] qualquer atitude por parte [de] Portugal".

No que concerne às eleições de 1964, o Governador em telegrama de 22 de Março de 1964, dava conta dos resultados do sufrágio directo, nos quais se destacava que tinham "faltado cerca de 600 militares representando cerca de um terço eleitorado". Face a esse dado, o "Presidente [da] UN julga satisfatórios [os] resultados verificados considerando sem significado político aparente [a] abstenção [dos] militares dado [o] carácter local destas eleições com o que concordo mas [o] assunto está para ser esclarecido junto [do] Comando Militar".

De Macau chegou também uma informação sobre Timor, alertando, em 16 de Abril de 1963, que uma "notícia [da] France Presse proveniente [de] Djakarta publicada [no] «South Morning Post» de Hong Kong [no dia] 15 [do] corrente comunica [a] criação [da] «United republic of Timor Dilly» para libertação [de] Timor com [o] primeiro governo constituído [por] doze ministros [...] chefiado por A Mao Klao presidente, T E Malybere [seria] primeiro-ministro e [a] senhora Immzny [a] vice-presidente".

Há ainda um aspecto que merece ser referido e que se relaciona com a questão dos refugiados que já foi tratada no Ministério de Vieira Machado.

De facto, existe em AOS/CO/UL – 10 A1 uma carta, datada de 23 de Março de 1963, dirigida a Salazar e escrita por Fernanda Ivens Ferraz Jardim que não se enquadra no modelo politicamente correcto do Estado Novo porque utiliza expressões como: "vou tentar rebentar com as amarras deste anteprojecto para Macau", "para não dar tanto trabalho a Vossa Excelência vai sublinhado a vermelho o principal" e "qualquer dia tiro-me de cuidados e vou ver quem são os senhores estrangeiros tão poderosos que conseguem ter na mão os que daqui e de Roma mandam para Macau".

Como já foi dito noutra circunstância parece pertinente perguntar: *Será forma de se dirigir ao Presidente do Conselho?*

Em Março de 1965, chegou ao fim o Ministério de Peixoto Correia, que, como foi possível constatar pelos telegramas, representou uma forma de regresso a uma política colonial desfasada da sua circunstância temporal. Ao Ministro que se seguiu apresentavam-se como possíveis duas opções: ou persistir no erro de uma «visão integrista» ou retomar a política de uma efectiva mudança. Face à escolha de Salazar, pareceu, desde logo, que para o novo Ministro a segunda hipótese não se colocava.

3.11. Ministério de Silva Cunha: 19 de Março de 1965 a 7 de Setembro de 1973[698]

Silva Cunha exerceu o cargo na fase marcada pela substituição de Salazar por Caetano e, por isso, com a denominada *Primavera marcelista*, a qual, tal como a *Primavera de Praga*, esteve longe de anunciar a chegada próxima do Verão e assumiria a condição de *Outono do regime*.

No entanto, entre estas duas *Primaveras* existe uma grande diferença, pois enquanto em Praga foi um elemento exógeno – o sovietismo – que calou a esperança, em Portugal foi a obstinação na resistência à mudança que se encarregou de cristalizar o modelo, uma prova de desconhecimento das leis da Física no que concerne à fadiga dos metais.

De facto, parece difícil classificar como de abertura ou mudança um período durante o qual o Governo se limitou a proceder a alterações semânticas e – o que é mais grave – insistiu na defesa de uma solução militar para um problema que já se sabia há muito que era político.

---

[698] Os telegramas transcritos podem ser confrontados em AOS/CO/UL – 8 I (cont) e AOS/CO/UL – 8 J.

Além disso, à perspectiva oficial de que a guerra colonial estava ganha, correspondeu a máxima de que só os vencidos procedem a reformulações.

Era o regresso da política assente numa lógica silogística que, como os factos se encarregaram de provar, confundia validade com verdade.

A correspondência que se segue permitirá avaliar a justeza das afirmações anteriores.

Para ter uma ideia geral da linha de orientação do Ministro interessa ter presente dois documentos, ou seja, duas cartas que enviou a Salazar, uma sobre a conversa mantida com o bispo da Beira, D. Sebastião de Resende e outra a acompanhar um estudo comparativo da Lei Orgânica do Ultramar Português e do Projecto de Lei espanhol publicado no *Boletim de las Cortes Españolas n.º 799* sobre a Guiné Equatorial.

Na primeira carta, datada de 29 de Maio de 1965, o Ministro não reconhecia qualquer razão ao prelado sobre as duas suspensões impostas ao seu jornal, o *Diário de Moçambique,* porque enquanto D. Sebastião considerava que "se o homem está sujeito à Moral e, se a grande mestra da Moral é a igreja, esta pode intervir para definir doutrina em todos os sectores da vida social" – *munus pastoral* –, o Ministro lembrava-lhe que "o próprio Cristo tinha estabelecido um limite entre as Coisas da Igreja e as do Estado e que a interpretação que ele, D. Sebastião, sustentava era tão lata que anulava essa distinção".

O bispo considerava-se "um patriota" que "queria o bem de Moçambique" e deixava no ar a hipótese de procurar novas formas de acção.

O Ministro limitou-se a dizer que "fizesse como entendesse", situação que mostrava um grande desconhecimento da acção e da importância do Bispo da Beira.

No segundo caso, o Ministro considerava que havia um paralelismo nos procedimentos de ouvir os representantes locais, ou seja, no caso espanhol, tinham sido ouvidos os representantes da Guiné Equatorial e, no caso de Portugal, "foram ouvidos os representantes das províncias de além-mar em sessão plena do Conselho Ultramarino para o efeito especialmente convocado".

Por isso, como a lei portuguesa era "anterior à espanhola é razoável admitir que esta se inspirou largamente naquela, conforme, aliás, já foi salientado por alguns autores"[699].

Era uma ideia de protagonismo doutrinário sem ter em conta que a situação pecava por serôdia.

3.11.1. Angola – 19 de Março de 1965 a 7 de Setembro de 1973

Em Angola, Silvino Silvério Marques completou o seu mandato no início do Ministério de Silva Cunha e, desde 27 de Outubro de 1966 a Outubro de 1972, exerceu funções Camilo Augusto de Miranda Rebocho Vaz[700], que viria a ser substituído por Fernando Augusto Santos e Castro, o Governador-Geral até ao 25 de Abril de 1974.

Assim, a primeira correspondência ainda foi enviada por Silvino Silvério Marques que, numa carta datada de 31 de Julho de 1965, pediu desculpa ao Ministro porque a Censura não estivera à altura acerca de uma notícia "publicada na revista «Notícia» a propósito da nomeação do Senhor Ministro das Finanças".

O Governador-Geral dava conta da "preocupação" que lhe causava a Censura e, no que concerne à revista em causa, considerava que a mesma era "uma revista com altos e baixos, em geral bastante bem feita e com muita leitura, mas que de quando em quando tem um deslize"[701]

No entanto, antes da entrada em funções do primeiro destes Governadores-Gerais, a PIDE levou ao conhecimento de Salazar que alguns dos seus elementos tinham efectuado diligências em Leopoldville junto de dirigentes do GRAE[702].

---

[699] Ambas as cartas estão na Pasta 1 de AOS/CO/UL – 52, a primeira na 10.ª subd. e a segunda na 5.ª subd..

[700] Em vários livros consultados consta que Camilo Augusto de Miranda Rebocho Vaz foi, primeiro, Alto-Comissário e, depois, Governador-Geral. No entanto, como já foi dito, nos Governos da Constituição de 1933 não houve o cargo de Alto-Comissário. O mesmo se verifica em relação a Fernando Augusto Santos e Castro.

[701] Pasta 1 da 19.ª subd. de AOS/CO/UL – 52.

[702] Pasta 25 de AOS/CO/UL – 41.

Entretanto, o Ministro, depois de enviar uma nota a todos os Governadores no sentido da atenção a ter face à nova forma de eleição do Presidente da República – através de representantes municipais e representantes dos Conselhos Legislativos e dos Conselhos de Governo –, escreveu a 1 de Abril de 1965 uma carta estritamente pessoal ao Governador-Geral a perguntar-lhe se concordava com a escolha do Dr. Neto Miranda para "presidir à Comissão da União Nacional em Angola". O secretismo era tal que aconselhava a que a resposta poderia ser dada "em telegrama dizendo apenas se concorda ou não, sem citar nomes"[703] e enviaria uma cópia da carta a Salazar.

A correspondência não informa sobre a resposta do Governador-Geral, o qual enviaria o telegrama n.º 268 SEC de 9 de Agosto de 1966 sobre a questão dos refugiados porque "entre 1 e 4 [de] Agosto" tinham-se apresentado na fronteira de Cabinda "vindos [da] República Democrática [do] Congo, [os] seguintes refugiados: 84 homens, 80 mulheres e 145 crianças".

O Ministro quis saber qual tinha sido o "destino dado [aos] refugiados e se os mesmos estão ou não ligados [a] alguma das organizações políticas fixadas [no] Congo"[704].

No que diz respeito a eventos, em 17 de Agosto de 1966, o Subsecretário da Administração fez chegar ao Ministério o telegrama n.º 9 V para dar conta da forma como acompanhava os "trabalhos preliminares [do] colóquio", melhor, a forma como o manipulava, como se depreende das suas palavras: "determinei que se constituísse [um] grupo [de] trabalho [...] [com o] fim [de] estabelecer [as] linhas gerais [das] conclusões finais".

Esta forma de preparar as conclusões antes do início dos trabalhos demonstra a manipulação de um congresso cujo noticiário devia obedecer ao tom do "editorial combinado comigo" que saiu no *Diário de Luanda*.

Dois dias depois, a mesma fonte informava o Ministro que a "sessão inaugural [do] colóquio decorreu bem", embora o grupo de trabalho por si escolhido estivesse a encontrar "algumas dificuldades sobretudo [devido à] rigidez [dos] representantes [do] Ministério [das] Corporações [que] entendem [que o] colóquio é técnico e con-

---

[703] Pasta 1 da 4.ª subd. de AOS/CO/UL – 52.
[704] Telegrama n.º 242 SEC de 10 de Agosto de 1966.

sideram [que as] suas conclusões gerais deverão ser reprodução [das] conclusões [das] sessões"[705].

O Ministro do Ultramar achou "conveniente pedir [a] atenção [de] Sexa [o] Ministro [das] Corporações [no] sentido [de] moderar [os] representantes [do] seu Ministério dentro [da] orientação [que] foi superiormente fixada"[706] e, talvez por isso, no telegrama n.º 17 V de 22 de Agosto de 1966, o Subsecretário da Administração afirmasse que o "colóquio prossegue [da] melhor maneira"[707] para, no telegrama n.º 20 V de 23 de Fevereiro, afirmar que "tentei que se aprovem conclusões gerais aceitáveis" e no n.º 21 V de 24 de Agosto de 1966 informar que a "sessão [de] encerramento [do] colóquio correu bem [com] muita dignidade [e as] conclusões aprovadas dão inteira satisfação. [A] imprensa deu [o] maior relevo [à] sessão"

O Ministro também endereçou o telegrama n.º 13 V ao Subsecretário da Administração, em 22 de Agosto de 1966, a pedir informações "acerca [do] incêndio verificado [no] pavilhão [da] exposição bibliográfica", noticiado pela imprensa em Lisboa. A resposta veio logo no dia seguinte e o Governador-Geral considerou a "notícia [da] imprensa [da] Metrópole exagerada" porque o "incêndio limitou-se [ao] pavilhão [da] exposição" e tinham sido "salvos [os] quadros e espécies raras [que] pertencem [ao] Banco [de] Angola" e só tinham sido "destruídas obras sem valor"[708].

A fronteira de Noqui viria a ser notícia no telegrama n.º 276 SEC de 24 de Agosto de 1966 porque a República Democrática do Congo a mantinha fechada "não permitindo [que os] comerciantes [de] Noqui se desloquem [a] Matadi [a] fim [de] levantar [as] mercadorias legalmente importadas". Como os "comerciantes apelaram para [o] Governo-Geral", este, por sua vez, apelava ao MNE que fizesse diligências com o "fim [de] ser levantada [a] proibição [que] está causando prejuízos" porque as mercadorias se acumulavam no porto de Matadi.

---

[705] Telegrama n.º 12 V de 19 de Agosto de 1966.
[706] Reposta dada em 20 de Agosto de 1966 ao telegrama n.º 12 V.
[707] Também informou que os deputados que estavam de visita à província "solicitaram [que] apresentasse [a] Vexa agradecimentos [pela] oportunidade [que] lhes deu [de] virem [a] Angola".
[708] Telegrama n.º 18 V de 23 de Agosto de 1966.

O Governador-Geral seria chamado à Metrópole "por conveniência [de] serviço" e a "Encarregatura [do] Governo" foi "entregue [a] Sexa [o] Comandante Chefe"[709], embora o Ministro tivesse escrito uma carta ao Governador-Geral na qual explicou que tinha sido "decidido que, em regra, não deverão ser prorrogadas as comissões normais dos Governadores das Províncias Ultramarinas" e, como o "prazo para renovar a comissão" terminava no dia 24, era necessário que o Governador-Geral se deslocasse a Lisboa para poderem "examinar os assuntos pendentes de mais interesse para a Administração da Província".

Era uma forma airosa de substituir o Governador-Geral como se tudo não passasse de um procedimento perfeitamente normal, embora ficasse por explicar a razão de o critério invocado só constituir a regra quando coincidia com a vontade do Ministro.

Na pasta 1 da 33.ª subd. de AOS/CO/UL – 52 há uma informação – a n.º 1 251 de J. Carusca de Castro – que merece ser estudada para perceber o problema de Cabinda.

De facto, o Governador-Geral "autorizou que alguns membros da FLEC contactassem com as autoridades administrativas, em cooperação com o Comandante Militar local e com a Polícia Internacional, por considerar não haver inconveniente em ouvir as suas pretensões", as quais se prendiam com a "evolução política de Cabinda".

O Governador-Geral tinha como aparentemente certo que a FLEC manifestava oposição firme "às actividades terroristas que, tanto o MPLA como a UPA, têm ali exercido".

Afinal, antes da divisão entre os movimentos nacionalistas angolanos, já se fazia sentir ou colocava a questão de Cabinda ser ou não parte de Angola.

3.11.2. Moçambique – 19 de Março de 1965 a 7 de Setembro de 1973

Em Moçambique, os Governadores-Gerais foram quatro: aquele que já se mantinha em funções aquando do início do Ministério de

---

[709] Telegrama n.º 272 SEC de 19 de Setembro de 1966.

Silva Cunha, ou seja, José Augusto da Costa Almeida, Baltazar Rebelo de Sousa de 1968 a 1970[710], Eduardo Arantes e Oliveira em 1970 e 1971 e Manuel Pimentel Pereira dos Santos de 1972 a 1974.

Seria este último que, em Janeiro de 1972, por ocasião da tomada de posse do Reitor da Universidade de Lourenço Marques, ouviria o Ministro do Ultramar lembrar ao empossado que o apoio dado por Portugal às universidades ultramarinas só se manteria "enquanto essas Universidades forem como hoje úteis [e] se conduzirem em estreita conformidade com os interesses superiores da Nação"[711].

Era o tempo de colher os frutos das duas árvores por outro plantadas, se bem que os próprios frutos tivessem sido objecto de uma manipulação que acabava por ser genética e se destinava a servir os interesses mais da Metrópole que de Angola e de Moçambique.

Pimentel dos Santos, que tinha sido Secretário Provincial de Angola durante o Governo-Geral de Venâncio Deslandes e de cuja acção governativa discordara em nome do interesse nacional e por acreditar na política de mudança do Ministro de então, sentia, na nova conjuntura, a sua acção controlada por outro Ministro empenhado no regresso – já impossível – à vida habitual.

Face às datas apontadas relativamente aos Governadores-Gerais, os telegramas iniciais recebidos pelo Ministro foram da responsabilidade do Governador-Geral José Augusto da Costa Almeida que estava em funções quando Silva Cunha tomou conta da pasta. Por isso, foi este Governador-Geral que, em 11 de Abril de 1966, através do telegrama n.º 148 SEC, daria conta das medidas tomadas para resolver a explosão no poço 4 da Mozgoc e Panamoz, de forma a pôr fim à fuga de gás.

O Governador-Geral informou que a "perfuração [do] poço destinado [à] extinção [do] incêndio teve início [em] 14 [de] Março tendo atingido [em] 4 [do] corrente 1 912 pés [de] profundidade". Depois dava conta das operações previstas e daquelas que decorreriam no caso de os "trabalhos não sortirem efeito positivo" e informava que se encontrava em "Lisboa [o] director [de] Geologia [e] Minas [em] missão [de] serviço [que] poderá prestar esclarecimentos".

---

[710] Como Baltasar Rebelo de Sousa não era militar, o General António Augusto dos Santos foi nomeado Comandante-Chefe.

[711] Cf. Cunha, S. (1972). *Assim construímos o futuro*. Lisboa: Agência-Geral do Ultramar.

Na mesma pasta[712] figura, ainda, a nota n.º 116/66 de 6 páginas, que serve de relatório das causas do incêndio e de indicador das operações a efectuar com os respectivos prazos, e o telegrama n.º 246 SEC de 19 de Agosto de 1966 no qual o Ministro pedia informações "com urgência acerca [do] estado [dos] trabalhos [de] extinção [do] fogo [em] Pande" e solicitava informações semanais, através de telegrama, "enquanto não se verificar [a] extinção" do incêndio.

A situação não era de fácil resolução porque, em 25 de Agosto de 1966, o telegrama n.º 244 SEC falava que pelo facto de o "segundo furo [de] socorro [da] Gulf se ter mostrado insuficiente foi iniciado [o] terceiro furo"

Também foi neste Ministério que se intensificaram os telegramas relacionados com a guerra na província e com a prisão de membros da Frelimo.

Assim, em 22 de Maio de 1965, o Governador-Geral pediu ao Ministro aprovação para a publicação na imprensa da Metrópole e da Província de uma informação sobre aquilo que a PIDE conseguira obter sobre os "aliciamentos, ramificações e ligações" da "organização terrorista".

Entre os indivíduos "cujos autos serão, em breve, remetidos a juízo" figuravam os escritores Luís Augusto Bernardo Manuel Howane, Francisco Rui Moniz Barreto Rui Nogar e José Craveirinha e o pintor Malangatana Valente Nawenya.

Aliás, as acções da Frelimo levavam as populações do Niassa a refugiarem-se na ilha de Likoma como o Governador-Geral informou o Ministro numa carta datada de 31 de Julho de 1965 e na qual era possível quantificar esses refugiados: "350 homens, 760 mulheres e 1400 crianças", valores que faziam com que o Governo do Malawi tivesse "dificuldades em manter tão grande número de refugiados" e como "alguns elementos das Nações Unidas pretendiam auxiliar os refugiados", o Governador-Geral tomou a decisão de "preparar o seu repatriamento o mais rapidamente possível"[713].

A situação era grave como o Governador-Geral reconheceu na carta enviada ao Ministro em 7 de Agosto de 1965 porque as infor-

---

[712] AOS/CO/UL – 8 J, p. 2, 2.ª subdivisão.
[713] Pasta 1 da 18.ª subd. de AOS/CO/UL – 52.

mações apontavam para "actos de sabotagem" e uma "intensificação das acções para o último trimestre" pois já era conhecida a concentração de um batalhão "ao longo da fronteira do Rovuma com o objectivo de se infiltrar na Província e se juntar aos terroristas que actuam em Cabo Delgado" e "cerca de 160 terroristas bem treinados" encontravam-se junto "da fronteira do Niassa com o fim de se infiltrarem naquele Distrito".

Costa Almeida lembrava que "as baixas entre as nossas tropas têm sido grandes" e pedia verbas para conservar as estradas, construir outras nos distritos de Tete e Cabo Delgado, além de "1500 contos para a aquisição de viaturas para a PIDE", pois já tinha gasto 2 000 contos com "a instalação em Nampula de uma estação de radiodifusão bastante potente que possa contrariar a bem orientada propaganda que as estações do Tanganica fazem contra nós"[714].

No ano seguinte, em 9 de Agosto de 1966, no telegrama n.º 241 SEC e urgente, o Ministro informava o Governador-Geral que, segundo "informações recebidas [no] MNE dizem [que] Mondlane se prepara para provocar actos [de] subversão [no] distrito [de] Tete com [o] objectivo [de] criar [a] impressão [que o] distrito é inseguro e assim prejudicar [a] colaboração [dos] grupos financeiros estrangeiros [no] empreendimento [de] Cabora Bassa".

No entanto, a melhor síntese desta problemática parece ser a informação n.º 1 331 de Mesquita Gonçalves do Gabinete dos Negócios Políticos do Ministério do Ultramar e que o Ministro endossou a Salazar.

É um documento secreto, datado de 3 de Agosto de 1965, com 8 páginas e que, depois de historiar a evolução da acção subversiva em Moçambique, apresentava a situação então vigente e identificava os seus aspectos negativos – o carácter racial da propaganda subversiva que dificultava "a recolha de informações e a franca colaboração dos nativos fiéis", a insuficiência de tropas em certas regiões, a impossibilidade de maior emprego de forças apeadas, a incompleta adaptação e a deficiente ocupação europeia, a escassez de boas vias de comunicação e a insuficiência de meios financeiros para "a satisfação de aspirações locais e, ao que parece, a ampliação das redes informativas"

---

[714] Pasta 1 da 20.ª subd. de AOS/CO/UL – 52.

Face ao retrato traçado, não admira que a informação concluísse que a situação "tende a piorar, sobretudo se não for possível fazer um esforço suplementar nas regiões mais afectadas do Norte da Província"[715].

De facto, a retórica oficial da guerra ganha sabia bem que não correspondia à realidade. Aliás, a carta datada de 20 de Março de 1968, na qual o Ministro aceitou libertar o Governador-Geral "do exercício das funções que, há quatro anos, vem desempenhando com tanta dedicação, sem se poupar a canseiras e sacrifícios e em circunstâncias particularmente difíceis", constitui uma prova que o Poder Central sabia bem das dificuldades que o Governador-Geral e, sobretudo, as tropas estavam a encontrar no terreno.

Por isso mesmo, o Ministro não deixou nada ao acaso e ordenou que "a vinda [do Governador-Geral] deve situar-se entre 20 e 30 de Abril" e que a "encarregatura do Governo será entregue ao Senhor Secretário-Geral", que era o Dr. Gouveia Melo, enquanto não tomava posse o novo Governador-Geral, Baltazar Rebelo de Sousa, uma personalidade que, apesar da curta duração do mandato, se tornaria muito popular em Moçambique e que, no regresso à Metrópole para exercer outras funções, deixaria atrás de si uma obra marcada pela competência e seriedade.

A sua acção no campo da saúde – importa não esquecer que era médico – e da assistência social levou-o a manter um contacto muito próximo com as populações dos bairros mais desfavorecidos, sobretudo na zona de Xipamanine.

Não era certamente por acaso que a população da capital de Moçambique o tratava por Senhor Baltazar.

Aliás, muitos anos depois do exercício do cargo, Baltazar Rebelo de Sousa confidenciou que cada dia em Moçambique valia por dois porque, depois da pausa que se seguia ao almoço, era como se um novo dia começasse, tal a imensidão de assuntos que exigiam a atenção e a decisão possível do Governador-Geral.

Seria já o novo Governador-Geral que, através do telegrama n.º 237 SEC de 12 de Agosto de 1969, daria informações sobre a construção de um dos projectos-chave para Moçambique – Cabora Bassa.

---

[715] Pasta 1 da 15.ª subd. de AOS/CO/UL – 52.

Nesse telegrama, Rebelo de Sousa informou que a "visita [das] entidades rodesianas [a] Cabora Bassa decorreu favoravelmente" uma vez que "em face [dos] elementos fornecidos [pelo] eng. Falcão Cunha e [por] Castro Fontes [os] representantes [da] ESCOM mostraram-se extremamente favoráveis [à] solução [de] Cabora Bassa"

Também os combustíveis se revelariam objecto de várias comunicações. Assim, o Governador-Geral, em 9 de Agosto de 1966, pediu informações ao Ministro sobre se podia concordar com a proposta da Mobil que "pretende passar combustíveis destinados [à] Rodésia para [uma] firma transitória local [a] Parry Leon que por sua vez os expediria [para o] seu destino" porque não sabia se este procedimento estava "de acordo [com a] alínea 12 [do] apontamento 418"[716].

O Ministro enviou a resposta a 10 de Agosto de 1966 e indicou que a "operação deve fazer-se por forma a que quando [o] produto seja entregue por Mobil a transitário seja logo declarado [o] destino final [do] produto [a] fim [que] aquela empresa não possa, depois, alegar ignorância a este respeito".

Numa contra-resposta, o Governador-Geral informou o Ministro[717] que não se "pode indicar [o] destino [do] produto final por não ser esta a forma normal de transferência de propriedade" e indicava o procedimento: "o transitário ao efectuar [o] despacho de trânsito [para o] destino final [do] produto indica no bilhete deste despacho não só a firma gasolineira de cujos depósitos sai o produto mas também o destino final do mesmo". Além disso, as "firmas gasolineiras só podem efectuar [a] entrega [do] produto depois de estar na posse duma cópia do bilhete do despacho atrás referido, que tem de ficar registado nos seus livros de movimento de armazém de trânsito". Parecia, assim, ao Governador-Geral que "o procedimento atrás indicado está de acordo [com a] alínea 12 [do] apontamento 418" e o Ministro concordaria "visto [as] firmas gasolineiras não poderem alegar ignorância [sobre o] destino [do] produto"[718].

Não deixa de ser significativo constatar que o Governador-Geral solicitou um parecer e, na posse da resposta do Ministro, mostrou que sabia mais do assunto que o Ministro e teve de lhe explicar os

---

[716] Telegrama Extra-SEC n.º 9.
[717] Telegrama Extra-SEC de 20 de Agosto de 1966.
[718] Resposta ao telegrama Extra-SEC de 20 de Agosto de 1966.

procedimentos legais para a condução do processo, ou seja, mais do que um parecer o Governador-Geral limitou-se a solicitar uma autorização.

As relações internacionais seriam objecto de um telegrama Extra-SEC de 18 de Agosto de 1966, no qual o Governador-Geral dava conta de um pedido de informações do Cônsul Geral da França "pessoa que compreende [a] nossa posição [em] África" para que as pudesse transmitir ao seu Embaixador e este fornecesse ao "representante [da] França na ONU elementos para [a] nossa defesa".

O Ministro, apesar de estar consciente da importância da França que era detentora de direito de veto no Conselho de Segurança da ONU, revelaria alguma prudência, autorizando o fornecimento de "elementos [de] ordem geral e não muito pormenorizados informando [o] Cônsul [que o] MNE está em contacto sobre [o] assunto com [o] Embaixador [de] França [em] Lisboa"[719].

As relações a nível regional foram objecto de muita correspondência devido ao facto de a minoria branca da Rodésia do Sul, comandada por Ian Smith, líder da Frente Rodesiana, ter declarado a independência em 11 de Novembro de 1965, situação que levou a Inglaterra a impor-lhe sanções económicas e o Conselho de Segurança da ONU a também fazer recomendações nesse sentido.

Ora, Portugal e a África do Sul abstiveram-se na votação na ONU e, por isso, não cumpriram a decisão e continuaram a ajudar a Rodésia.

No caso português, esse apoio foi feito através de Moçambique e o Governador-Geral, face ao melindre – não apenas regional – da questão, teve de manter o Ministro ao corrente das actividades que se iam desenrolando.

A posição portuguesa talvez justifique o surgimento de problemas com os outros países da região, como se verificou quando outro dos países que outrora integrara a Federação da Rodésia e Niassialândia – a Zâmbia – solicitou o adiamento de uma reunião.

Na verdade, o Ministro do Ultramar, pelo telegrama n.º 255 SEC de 29 de Agosto de 1966, dava conta ao Governador-Geral que o "MNE informa que [o] Alto-Comissário [da] Zâmbia comunicou por

---

[719] Telegrama Extra-SEC de 18 de Agosto de 1966.

telefone [à] nossa Embaixada [em] Londres que devido [ao] excepcional aumento [de] trabalho resultante [da] reunião naquela cidade [dos] Primeiros Ministros [da] Comunidade [o] seu Governo embora lamentasse e pedisse muita desculpa se via obrigado [a] cancelar [a] reunião [do] Comité Tripartido prevista para Lusaka [no] próximo dia 12 Setembro".

A educação foi abordada no telegrama n.º 249 SEC de 3 de Setembro de 1966, no qual o Governador-Geral informou o Ministro que o "curso [de] africander promovido [pela] Sociedade [de] Estudos está suspenso não devendo efectivar-se" e no 264 SEC de 9 de Novembro de 1966 para recusar os "32 mil contos" pedidos porque não era "conveniente autorizar mais uma despesa sem saber se [no] próximo ano [o] plano intercalar inscreverá recursos suficientes". De qualquer forma, não considerava que "as circunstâncias referidas impeçam [o] funcionamento [do] 4.º ano desde [que] seja assegurada [pela] província [a] cobertura [das] despesas [de] funcionamento e [de] pessoal pois quanto [à] medicina [o] problema [do] ensino hospitalar já [estava] resolvido embora provisoriamente [de] acordo [com a] proposta [que] Vexa oportunamente apresentou baseada [na] informação [dos] Estudos Gerais e Serviços [de] Saúde e quanto [aos] restantes cursos poderão ser utilizadas [as] instalações já existentes".

O Ministro reconhecia que não era a "solução óptima" mas esperava que o "Senhor Reitor [dos] Estudos Gerais compreenda ser esta de momento [a] única solução em face [das] dificuldades [que o] País atravessa".

Afinal não constitui novidade que o investimento na educação nem sempre é encarado como prioritário.

No caso presente e para infelicidade do Ministro, o Reitor não aceitou a sua sugestão para a continuação do funcionamento dos Estudos Universitários de Moçambique nas condições propostas[720].

Por vezes, pequenos incidentes da vida diária da província corriam o risco de ganharem uma dimensão exagerada e de se prestarem a aproveitamento político. Foi o que aconteceu quando "dois cinemas [da] Beira aumentaram [os] preços [dos] bilhetes depois [de] prévio

---

[720] Telegrama n.º 255 SEC de 9 de Setembro de 1966.

aviso [nos] jornais"[721]. A população não aceitou os aumentos, organizou "manifestações [de] protesto [...] inicialmente [de] cunho ordeiro mas [que] se foram transformando [em] provocações que originaram [a] necessidade [de] intervenção [e] reforço [da] polícia" e o Governador-Geral sabia que havia elementos que estavam "procurando explorar [as] manifestações [no] sentido [da] desobediência [às] forças [de] ordem e [com] fins políticos", embora nas mesmas não tivessem participado "elementos autóctones".

Pode parecer excessivo que o Ministro, ao saber dos incidentes, tivesse exigido "firmeza [na] repressão [das] desordens" e falasse, inclusivamente, em "procedimento criminal" e "expulsão [da] Província". Só que, como advertia, a "situação de guerra no norte torna inadmissível que na Província se criem situações agitação especialmente por motivos tão fúteis"[722]. Por isso, continuou a acompanhar o evoluir da situação até porque não tinha compreendido se os "cinemas reabrem com preços antigos ou preços aumentados" e tinha dúvidas sobre a actuação da censura, pois tinha lido no *Diário de Moçambique* um "comentário [aos] acontecimentos que não deveria ter sido autorizado".[723]

O Governador-Geral, no telegrama n.º 262 SEC de 13 de Setembro de 1966, daria conta que os preços dos bilhetes tinham sido aumentados e, como havia "informações [que] se pretende fazer novas manifestações [na] próxima quinta-feira", estava a tomar medidas no sentido de as "diminuir se não for possível evitar".

Como se conclui do telegrama n.º 266 SEC de 16 de Setembro de 1966, "os cinemas reabriram ontem dia 15 tendo tudo corrido [com] normalidade", devido às medidas tomadas e à "ausência [do] Dr. Castelo Branco Galvão", embora se registasse "muito pequena frequência"[724]

Depois, em 8 de Setembro de 1966, o Ministro abordaria um assunto mais sério – o assassinato do Primeiro-Ministro da África do Sul. A esse propósito informou que tinha recebido da PIDE uma "informação pormenorizada acerca [do] cadastro [do] assassino"[725] e

---

[721] Telegrama sem número de 4 de Setembro de 1966.
[722] Telegrama não numerado de 5 de Setembro de 1966.
[723] Telegrama n.º 268 SEC de 12 de Setembro de 1966.
[724] Telegrama n.º 271 SEC de 19 de Setembro de 1966.
[725] Telegrama n.º 262 SEC.

que as disponibilizaria ao Governador-Geral. No entanto, avisava-o que "caso [a] África Sul peça informações estas serão fornecidas pelo Governo Central".

Porém já era tarde porque "imediatamente [a] seguir [ao] assassinato [a] Polícia [da] África Sul entrou [em] contacto [com a] PIDE local pedindo [os] antecedentes [do] criminoso" e, por isso, a PIDE já enviara um "pequeno relatório assinalando [os] dados biográficos e [os] antecedentes mais importantes"[726].

O Ministro não deve ter apreciado este procedimento e recusou a passagem da certidão de nascimento do assassino pedida por um jornalista exigindo saber a "nacionalidade [do] jornalista e [o] jornal a que pertence"[727].

Era o jornalista português, Fernando de Magalhães do *Diário de Moçambique*[728] e o pedido foi recusado pelo Ministro[729].

O acervo não permite saber se o jornalista, fazendo jus ao seu nome, foi fazer, ainda que forçado, alguma viagem.

3.11.3. Cabo Verde – 19 de Março de 1965 a 7 de Setembro de 1973

Em Cabo Verde, a 13 de Março 1969, António Adriano Faria Lopes dos Santos, que fora Governador de Macau até 1966, foi nomeado Governador e também se manteve em funções até ao 25 de Abril de 1974.

No entanto, seria o seu antecessor que ainda seria informado, num telegrama de 20 de Setembro de 1965, pelo Ministro dos dois nomes escolhidos para figurar nas listas da UN – "intendente Tito Lívio Maria Feijó e Prof. Salazar Leite". O Governador era avisado para não dar publicidade à informação e para "caso tenha relativamente [a] algum dos nomes indicados [tivesse] objecções [de] fundo" as comunicar com a maior urgência também por telegrama.

---

[726] Telegrama n.º 254 SEC de 9 de Setembro de 1966.
[727] Telegrama n.º 263 SEC de 9 de Setembro de 1966.
[728] Telegrama n.º 258 SEC de 13 de Setembro de 1966.
[729] Telegrama n.º 272 SEC de 13 de Setembro de 1966.

O Governador não apresentou objecções. Aliás, era bem mais comum que o Governador se visse obrigado a dar justificações, como aconteceu quando o Ministro, em 22 de Julho de 1965, se lhe dirigiu exigindo a explicação sobre os boatos que diziam que "Dr. Teixeira Sousa actual presidente [da] Câmara [do] Mindelo pediu escusa [do] cargo" e que "eng. João Maria Póvoa é o substituto previsto".

No mesmo telegrama o Ministro referia que o Presidente não era "politicamente idóneo" e que o mesmo acontecia com o previsto substituto, situação que o levavam a concordar com a demissão do Presidente e a considerar "inconveniente" o nome do substituto.

O Governador, em 24 de Julho de 1965, tranquilizaria o Ministro esclarecendo que o "Eng. Póvoa, [o] vereador mais velho substitui [o] presidente [nas] suas faltas [e] impedimentos [mas] não foi abordado sobre [a] presidência" e que o "Dr. Teixeira Sousa solicitou [a] exoneração [de] presidente [da] Câmara Municipal [a] partir [da] data [em que] tivesse vaga [...] [nos] quadros [dos] Serviços [de] Saúde".

A vaga não existia mas a exoneração foi aceite.

Ainda nesse telegrama, o Governador dava conta do problema que representava a escolha do Presidente da Câmara, um "lugar [de] difícil preenchimento dado [o] conjunto [de] garantias [que o] escolhido tem [de] oferecer [...] [em termos de] idoneidade política".

Essa idoneidade – leia-se obediência ao regime – também era requerida para combater a campanha da oposição democrática porque o Ministro, em telegrama de 14 de Outubro de 1965, dava conta dos projectos de auto-determinação defendidos pela oposição – transcrevendo, inclusivamente, parte do documento – e afirmava que "confio [que o] patriotismo [de] todos quantos aí vivem os levará [a] manifestarem-se por forma [a] não deixar dúvidas sobre estes pontos".

Nada melhor do que organizar «manifestações espontâneas» e, por isso, o Ministro queria ser informado sobre as "reacções [da] população".

No Arquivo consta a resposta do Governador, num telegrama EXTRA CIF datado de 18 de Outubro de 1965, indicando que de "todos [os] pontos [da] Província camadas [e] sectores [da] população continuam [a] chegar veementes [e] desassombrados protestos [de] repúdio [e] indignação [pelo] insólito [da] chamada oposição democrática e [as] mais vivas afirmações [de] total [e] incondicional apoio [à] política [do] Governo [da] Nação única".

Menos de uma dezena de anos passados, muitos dos que naquela conjuntura defendiam a ideia, face à mudança do rumo dos ventos da História, negariam ter, alguma vez, subscrito a posição oficial.

A questão da votação dos candidatos do Estado da Índia também surgiu durante o Ministério de Silva Cunha e o Governo de Leão Maria Tavares Rosado do Sacramento Monteiro, como se comprova pelo telegrama enviado, a 7 de Novembro de 1965, por este último a dar conta de que cada um dos 3 candidatos tinha recebido a totalidade de votos, isto é, 18.

O mesmo Governador informou, em dois telegramas, ambos datados de 8 de Novembro de 1965, sobre os "resultados provisórios apurados [nas] eleição [dos] deputados" e os resultados por concelhos. Face à percentagem de 86,5 de votos válidos na única lista apresentada, perguntava ao Ministro "se após [o] apuramento final [podia] dar publicidade [aos] resultados".

Afinal, ainda faltavam 13,5 pontos percentuais para a unanimidade!

O Arquivo não informa sobre a resposta do Ministro mas indica que no dia 11 de Novembro de 1965 uma circular urgente ordenava ao Governador que instruísse os "Serviços de Censura [no] sentido [de] não deixarem publicar [nos] jornais comentários relativamente [à] declaração [de] independência [da] Rodésia limitando-se a inserir [o] noticiário [das] Agências".

Era a censura possível uma vez que não era possível manter o país numa redoma de paredes opacas.

As catástrofes naturais seriam notícia porque o Ministro soube pela ANI que as "chuvas violentas teriam provocado importantes prejuízos [no] grupo barlavento. Haveria 5 mortos, 10 desaparecidos e 9 feridos"[730] e, por isso, queria ser informado.

O Governador, no telegrama n.º 42 CIF de 26 de Agosto de 1966, esclareceu que as chuvas e as cheias tinham provocado "6 mortos 10 desaparecidos [e] 9 feridos [nas] ilhas [do] Fogo, Brava [e] Santiago [e] estragos [de] certa monta ainda desconhecidos [em] toda [a] sua extensão". No entanto, não deixava de referir que "foram tomadas providências [para a] assistência [às] famílias [das] populações afectadas" e que a "situação caminha [para a] normalização". Mais

---

[730] Telegrama n.º 94 CIF de 26 de Agosto de 1966.

tarde, ver-se-ia forçado a fazer um aditamento para lamentar a "morte [de] dois dos feridos [na] ilha [do] Fogo"[731]

Porém, nem tudo era mau e, no que se referia à agricultura, "a evolução [era] bastante animadora" sendo de prever que, com a regular queda de chuva, se verificassem "resultados francamente satisfatórios [nas] ilhas agrícolas"[732].

3.11.4. Guiné – 19 de Março de 1965 a 7 de Setembro de 1973

Na Guiné, de 1965 a1968, Arnaldo Schulz foi o Governador, sendo substituído a 20 de Maio de 1968 por António de Spínola, que exerceu funções até 30 de Agosto 1973, data em que José Manuel Bettencourt Rodrigues iniciou o seu breve Governo, marcado pela declaração unilateral de independência não reconhecida por Portugal, em 24 de Setembro de1973. Assim, o Governador manteve-se até ao 25 de Abril de 1974.

O Ministro, em telegrama datado de 26 de Agosto de 1965, informou o Governador que ainda estava em estudo a extensão da amnistia concedida pelo Ministro da Justiça devido à eleição do Chefe de Estado porque "dadas [as] circunstâncias [o] assunto exige ser cuidadosamente ponderado".

Como este telegrama foi enviado também para Luanda e para Lourenço Marques, fácil se torna constatar que o Governo temia que a amnistia pudesse, eventualmente, abranger prisioneiros ligados aos movimentos nacionalistas que operavam nestes três teatros de guerra.

Alguns anos mais tarde, já no Portugal democrático, nem sempre haveria o mesmo cuidado com os destinatários dos indultos como se comprova pelo facto de um desses beneficiários se encontrar a monte na sequência de uma saída precária da prisão onde cumpria pena.

Voltando à conjuntura colonial, esta posição concertada voltou a verificar-se em 16 de Outubro de 1965 aquando da crítica às posições daqueles que eram considerados os vendilhões da Pátria – a oposição – porque "os que aqui trabalham lutam [com] sofrimento

---

[731] Telegrama n.º 43 CIF de 30 de Agosto de 1966.
[732] Telegrama n.º 21 SEC de 12 de Setembro de 1966.

[em] prol [da] continuidade e progresso sempre crescente [da] pátria cada vez mais unida, sentem-se conscientemente coesos na intransigente defesa [dos] princípios [que] são [a] verdadeira essência [da] Nação e exprimem confiança [na] certeza [que o] governo não permitirá abertura [de] brechas [na] retaguarda"[733].

Como se pode comprovar, responsabilizar apenas o Poder Central pela política do *Portugal uno do Minho a Timor* não corresponde à verdade porque houve agentes político-administrativos cuja acção não ficou nada a dever à inculcação ideológica oficial.

No entanto, o Poder Central mantinha-se informado – "por intermédio [da] Direcção-Geral [da] PIDE fui informado que em averiguações em curso [na] Província Mário Lima Wanon aparece indicado por cinco detidos como implicado [na] rede [do] PAIGC com categoria [de] Secretário-Geral [do] sector [de] Bissau" –; conhecia a importância ou o peso social das pessoas – "dadas [as] funções [que] exerce [a] pessoa em causa e [a] sua posição [no] meio social" –; dava instruções de actuação – "qualquer procedimento deve ser cuidadosamente ponderado"[734] – mas não deixava dúvidas sobre a natureza da acção – "deve Vexa fazer seguir [para] Lisboa [no] próximo avião [da] TAP com [as] precauções [de] segurança aconselháveis Mário Lima [para] aqui ser ouvido [pela] Polícia"[735] e na "hipótese [de] recusa deverá ser então detido e mandado seguir"[736].

Como é óbvio, Lisboa não podia aceitar que sobre um comerciante que era membro do Conselho Legislativo do Governo da Guiné pudesse recair a suspeita de pertencer – muito menos de liderar – um movimento que se opunha à soberania portuguesa.

Na Metrópole, a PIDE[737], recorrendo aos «métodos de interrogatório» que a tornaram temida, encarregar-se-ia de verificar se as suspeitas eram, afinal, infundadas.

---

[733] Cf. Telegrama EXTRA CIF de 16 de Outubro de 1965 que consta na pasta AOS/CO/UL – 8 I (cont), 3 subd, P 2.
[734] Telegrama n.º 18 SEC de 7 de Maio de 1966.
[735] Telegrama n.º 25 SEC de 27 de Junho de 1966.
[736] Telegrama n.º 27 SEC de 30 de Junho de 1966.
[737] A PIDE não desempenhava as mesmas funções na Metrópole e no Ultramar como se pode comprovar pelo facto de o MFA extinguir, imediatamente, a DGS, o organismo que substituiu a PIDE durante o Governo de Marcello Caetano, na Metrópole, mas defender, por influência de Costa Gomes, a sua manutenção no Ultramar.

3.11.5. S. Tomé e Príncipe – 19 de Março de 1965 a 7 de Setembro de 1973

Em S. Tomé e Príncipe, João Cecílio Gonçalves exerceu o cargo de Governador durante 1973 e até 1974 porque, na sequência do 25 de Abril de 1974, seria substituído, em 29 de Julho, por António Capelo Pires Veloso. Assim sendo, o mandato de Cecílio Gonçalves foi exercido sob a tutela de dois Ministros.

Em 21 de Abril de 1965, o Governador escreveu ao Ministro a comunicar-lhe que acreditava "ter de novo controlado a vida da Província e dominado a ligeira deterioração que se verificou durante a minha ausência". Quanto às causas dessa deterioração, o Governador considerava que "se não ficou devendo a menos competência seja de quem for, e apenas e só, ao facto de se ter aproveitado a especulação a que sempre dá azo a ida do Governador à Metrópole"[738].

Na mesma carta, tranquilizava o Ministro no que dizia respeito à eleição presidencial, pois logo que soubesse de um nome apoiado "cá manobrarei a questão e poderei neutralizar todas estas tentativas que se começam a esboçar" e alertava-o para o facto da "manutenção da baixa de cotações do cacau", situação que poderia originar "problemas graves" se a "operação proposta de amortização da dívida" não se efectivasse rapidamente.

Depois, a 6 de Maio de 1965, informaria que "os actos preliminares da eleição presidencial decorreram satisfatoriamente, apenas tendo surgido um acontecimento inesperado" porque um nativo vereador da Câmara queria ser o eleitor "porquanto necessitava deslocar-se a Lisboa por assuntos da sua vida particular".

A escolha tinha recaído sobre outro nativo, mas devido à "forma boçal" como a questão fora colocada decidiu-se salomonicamente que não iria à Metrópole nem um nem outro.

O acidente cerebral que vitimou Salustiano Graça "reconhecido como o futuro Presidente da República de S. Tomé pelos pretensos políticos locais" foi comunicado em carta de 23 de Setembro de 1965 e o Governador considerava que essa morte lançaria "a confusão no meio por algum tempo", embora também pudesse ser "desvanta-

---

[738] Pasta 1 da 3.ª subd. de AOS/CO/UL – 52.

josa" porque o falecido, "mais do que objectivos políticos visava benesses pessoais" e mantinha com o Governador relações "cordeais e regidas por uma espécie de acordo tácito".

O Governador prometia "acompanhar a luta que se vai travar entre os que quererão preencher a vaga em aberto e evitar a todo o custo que ela o seja pelo tal R. Torres"[739]

Depois, no ano de 1968, a correspondência aborda a questão da utilização de São Tomé como base de apoio logístico ao Biafra[740].

Era um problema difícil porque não era possível assegurar que "o movimento previsto se processe em sigilo" e a população manifestava "receios de represálias por parte da Nigéria, tendo-se mesmo propalado notícias da emissora de Lagos, que constituíam ameaças de bombardeamento do nosso aeroporto e ainda de ajuste de contas tão cedo a situação ali se normalizasse".

Aliás, o Governador sentia-se vítima de "chantage" e vira-se obrigado a "tomar um certo número de atitudes sem previamente ter sido possível informar" o Ministro.

Uma dessas medidas sobre uma pretensão apresentada pelo coronel Laureys, Moisés Broder e David Israel, que davam "provas de conhecerem" um telegrama secreto e que dispunham de um "original, que me pareceu verdadeiro, da resposta da Presidência do Conselho anuindo ao pedido de autorização" para a operação que pretendiam efectuar, levou o Governador a solicitar a exoneração.

Salazar e Silva Cunha não aceitaram esse pedido, mas o Governador fez questão de lembrar que "após os acontecimentos de 1953, a população nativa não acredita, nem tem qualquer confiança nos Governadores". No entanto, considerava que tinha conseguido recuperar essa confiança e, por isso, não tinha dúvidas que, se a sua imagem fosse queimada perante a população, não era "apenas a pessoa do tenente-coronel Silva Sebastião que se sacrifica, é a do actual e a de muitos futuros Governadores".[741]

Afinal, o Governador não tinha consciência de que seria ele a encerrar o ciclo colonial português em São Tomé e Príncipe.

---

[739] Pasta 1 da 27.ª subd, de AOS/CO/UL – 52.

[740] Na pasta 2 da 3.ª subd. de AOS/CO/UL – 52 estão várias cartas do Governador a apresentar dúvidas e explicações ao Ministro ou a fazer-lhe queixas.

[741] Pasta 2 da 3.ª subd. de AOS/CO/UL – 52.

3.11.6. Timor – 19 de Março de 1965 a 7 de Setembro de 1973

Em Timor, o cargo de Governador continuou a ser exercido por José Alberty Correia, o qual foi substituído por José Nogueira Valente Pires que completou o mandato de 1968 a 1972, data em que foi substituído por Fernando Alves Aldeia cujo mandato decorreu de 1972 a 1974.

Apesar de a URT continuar a fazer e desfazer "governos" – quando chegou o 25 de Abril já ia no sexto e com pelo menos duas reformulações – tanto os Governadores como o Ministro[742] consideravam que não havia problemas internos em Timor e que não havia "movimentos subversivos internos" porque a população era fiel a Portugal e desconhecia a existência da URT que quase não passava de uma invenção da imprensa estrangeira, tal a reduzida dimensão do auto-denominado movimento

Aliás, a Indonésia também não se mostrava muito – o advérbio correcto talvez seja «nada» – receptiva às actividades da URT e, em 1971, "o presidente Suharto deu instruções para se proceder ao encerramento da sede da URT em Jacarta" (Fernandes, 2005, p. 404) porque a URT tinha enviado ao Secretário-Geral da ONU, U Thant, um ofício a protestar contra a ocupação portuguesa de Timor e a exigir a autodeterminação do território.

Na verdade, a Indonésia desconfiava da URT porque receava que esse movimento tentasse a independência não apenas da parte portuguesa de Timor mas de toda a ilha, situação que acabaria por prejudicar duplamente os interesses indonésios.

Por isso, a melhor estratégia era manter "uma atitude de cooperação para com Portugal e para que a URT fosse ostracizada" (Fernandes, 2005, p. 404) e, no momento próprio, esquecer as posições defendidas sucessivamente por Sukarno e Suharto.

Foi o que aconteceu depois do 25 de Abril de 1974, altura em que a URT foi substituída pela APODETI.

---

[742] Nesse sentido o Ministro dirigiu-se a alguns deputados da Assembleia Nacional na Biblioteca do Palácio de São Bento em 15 de Fevereiro de 1967.

3.11.7. Macau – 19 de Março de 1965 a 7 de Setembro de 1973

Em Macau, José Manuel de Sousa e Faro Nobre de Carvalho foi nomeado Governador em 25 de Novembro de 1966 e manteve-se nesse posto até ao 25 de Abril de 1974. Aliás, para garantir o rigor da História, importa dizer que o seu mandato não terminaria no dia do golpe de estado que derrubou o Governo da Constituição de 1933 em Portugal porque permaneceu em funções até 19 de Novembro de 1974, data em que foi substituído por José Garcia Leandro.

A substituição do anterior Governador não fora fácil e levara o próprio, em 7 de Janeiro de 1966, a voltar a expor a sua situação familiar ao Ministro, embora reconhecendo que o "imperativo supremo [e o] dever [de] honra é colocar [a] causa pública acima [de] tudo como tenho procurado fazer desde há cerca [de] 21 anos". Por isso, pedia que não fosse reconduzido mas "se Vexa persistir [que a] minha continuação pode ser útil [a] única alternativa [que] não me causaria tão graves problemas tem [a] minha concordância [para a] prorrogação [da] comissão". Esta posição, bem como as contrapartidas exigidas – regresso da mulher e do filho por via aérea no final da comissão normal e licença graciosa do Governador em fins de Julho – levaram o Ministro a remeter o telegrama para o Presidente do Conselho.

O início do mandato do novo Ministro, que coincidiu ainda com a presença de António Adriano Faria Lopes dos Santos em Macau, foi marcado pela questão do encerramento da delegação da Formosa em Macau e pela saída do território.

Este Governador deu conta ao Ministro, em 25 de Março de 1965 das pressões que eram feitas para a revogação da decisão, nomeadamente, do "Encarregado [de] Negócios [dos] E.U.A. [na] ausência [do] Embaixador [...] e junto [do] Governo [de] Madrid". O Governador confessava desconhecer "até que ponto [os] americanos possam encorajar possíveis distúrbios [dos] agitadores nacionalistas" e esclarecia "que desde 11 [do] corrente [a] imprensa [de] Hong-Kong se tem referido largamente [ao] assunto citando [uma] declaração [da] confirmação [do] encerramento por parte [do] porta-voz [do] MNE".

O assunto seria solucionado e, em telegrama datado de 31 de Março de 1965, o Governador dava conta da declaração que tinha sido feita à imprensa: "Delegacia deve fechar hoje 29 [de] Março.

Sobre [o] assunto [o] seu Governo fizera já [uma] declaração e tomara [as] medidas adequadas relativas [ao] serviço [de] vistos [e] passaportes após [o] encerramento. [A] República [da] China continuará [a] manter relações diplomáticas com Portugal. [O] seu Governo pediu [às] autoridades competentes [de] Macau [para] continuarem [a] proteger [a] vida [e os] haveres [dos] compatriotas residentes [em] Macau segundo [o] hábito [das] leis internacionais".

Nove anos depois, aquando da denominada descolonização, Portugal não teria esse cuidado em relação aos interesses dos portugueses que foram forçados a deixar o Ultramar.

Como já afirmei em publicação anterior, no caso de Macau não se pode falar de descolonização porque, mesmo para a China, Macau nunca representou uma colónia, como se comprova pelo facto de a República Popular da China – que é membro permanente do Conselho de Segurança – nunca ter permitido que Macau fosse integrado nos territórios a descolonizar.

Por isso, o fim da soberania portuguesa sobre Macau conheceu um calendário próprio, separado de Hong-Kong, e no qual todos os passos ocorreram nos momentos previamente definidos.

Portugal ainda nomearia mais seis Governadores para Macau, mas essa é uma problemática que já não faz parte desta investigação.

Retomando a troca de correspondência entre o Governador e o Ministro do Ultramar, constata-se que o Governador, em 17 de Abril de 1965, enviou uma carta pessoal e confidencial ao Ministro sobre a forma como estava a evoluir em Macau – onde só havia um Município – o processo relativo à eleição do Presidente da República.

O Governador dava conta da sua acção e referia que já ter telefonado aos "4 vogais eleitos no sentido de escolherem um deles e o indicarem como representante " e que quanto ao Conselho Legislativo, que teria dois representantes, pensava "não haver pessoas que ofereçam perigo político, isto é, de declarada oposição à política do Governo da Nação"[743]

Adriano Moreira – então Presidente da Academia Internacional da Cultura Portuguesa – continuava a incomodar o Poder porque, em 17 de Julho de 1965, o Ministro informava o Governador que a "Imprensa [da] Metrópole [de] 15 [do] corrente anunciou ter sido

---

[743] Pasta 1 da 3.ª subd. de AOS/CO/UL – 52.

lançada [pelo] presidente [da] Academia Internacional [da] Cultura Portuguesa [a] ideia [da] criação [do] Instituto das Relações Leste--Oeste" e avisava-o que na "hipótese [de] Vexa ser abordado [sobre o] assunto não deve tomar qualquer iniciativa sem prévia consulta [ao] Ministério". O Governador responderia a 20 do mesmo mês informando que estava ciente das instruções mas que o "Dr. Adriano Moreira quando passou [por] Macau em Setembro findo falou-se nessa ideia e que tencionava expô-la [a] Sexa Presidente [do] Conselho. Nunca mais ouvi falar [no] assunto".

De facto, a colocação da palavra "Leste" na designação da associação, mais a mais vinda de um antigo Ministro cuja política tinha sido qualificada de esquerdista pelas forças conservadoras do regime, exigia uma atenta vigilância, mesmo que o autor da proposta afirmasse que a iria apresentar ao Presidente do Conselho.

Os interesses que tinham sido prejudicados pela política de 1961-1962 faziam questão de mostrar que não tinham esquecido a ousadia do Ministro.

Só que, na conjuntura de então, não haveria, para infelicidade do *parlamento dos murmúrios*, novo *habeas corpus* que permitisse fazer regressar Adriano Moreira à prisão[744]. De igual modo, o secretismo que rodeou o assunto fez com que o mesmo não tivesse chegado à opinião pública e, por isso, nessa ocasião, a mãe do antigo Ministro livrou-se de receber telefonemas a denunciar/recriminar mais esta tendência marxista do filho.

A questão das relações com a China voltou a ser objecto de relato quando, em 1 de Agosto de 1965, o Governador deu a conhecer ao Ministro que, segundo palavras de Ho Yin[745], acabado de regressar de Cantão, "Macau deve manter seu *statuo quo* desde que continue

---

[744] Para compreender cabalmente esta referência importa ler o que o próprio narra sobre o processo relacionado com o *habeas corpus* que apresentou relativamente ao Coronel Godinho.

[745] Ho Yin tinha sido escolhido pela administração portuguesa e pela China, em meados da década de 1950, para representar Macau em Pequim e manteve-se no cargo até morrer, em 1983. Na pasta 1 da 23.ª subd, de AOS/CO/UL – 52 está uma carta do Governador de Macau para o Ministro a relatar-lhe uma conversa que tivera com Ho Yin em 31 de Julho de 1965 sobre a posição da China Continental face aos Estados Unidos na qual se dá conta da estratégia da China de "fazer alastrar a subversão a outros países do sudoeste asiático, como o Laos, a Tailândia e a própria Malásia" porque temia ser bombardeada pelos norte-americanos.

[a] não ajudar [os] inimigos [da] China" e em 7 de Fevereiro de 1966, quando o mesmo Ho Yin[746] e Ho Peng entregaram um memorando das autoridades de Cantão "com a renovação [do] pedido [de] entrega [dos] guerrilheiros alegando [que] já há mais [de] dois anos e meio [que o] assunto se debate sem solução e povo chinês considera [a] não entrega hostil [e] se [o] Governo Chinês não tem dado publicidade [ao] assunto atacando [o] Governo [de] Macau como tem feito em relação a Hong-Kong era por simpatia do povo chinês em especial do povo de Kuantung por Macau".

Três aspectos relevam deste telegrama: *a diplomacia do adiamento* das autoridades portuguesas, o elemento revolucionário de falar em nome do povo por parte da China – afinal a confusão intencional da Nação com o Estado não foi prerrogativa exclusiva do Estado Novo – e a forma diferente da China tratar Macau e Hong--Kong, situação que teria reflexos na forma como se processaria a transição de poder nos dois territórios.

No que concerne às eleições, dois telegramas, enviados a 7 e entrados a 8 de Novembro de 1965, davam conta dos resultados das eleições em Macau e na Índia que, como é sabido, já não pertencia a Portugal.

Mais um exemplo da *política de figuração*!

No que concerne à acção da China maoista no território, o Encarregado do Governo, através do telegrama n.º 68 SEC de 6 de

---

[746] Ho Yin ficaria ferido devido ao rebentamento de uma granada de mão defensiva, em 8 de Maio de 1966, junto ao canídromo. Esse facto foi comunicado ao Ministro pelo Governador através do telegrama n.º 35 SEC de 8 de Maio de 1966, no qual se referia que Ho Yin " está ligado [à] economia [e] politicamente [à] China Continental e faz parte [da] lista negra americana". No entanto, o Governador apontava a tentativa de reduzir a frequência do canídromo como a possível causa do rebentamento da granada.

O Ministro não deixaria, através do telegrama n.º 21 SEC de 8 de Maio, de exigir informações sobre os resultados da averiguação e pedia ao Governador que apresentasse em "meu nome [ao] Sr. Ho Yin e mais feridos votos [de] rápido e completo restabelecimento". Ho Yin haveria de agradecer a atenção do Ministro e a PIDE local convidaria a população a colaborar na descoberta dos criminosos.

A convicção do Governador sobre a origem do golpe alterar-se-ia pois, no telegrama n.º 40 SEC, de 12 de Maio de 1966, relatava que [a] "opinião mais corrente [das] pessoas conhecedoras [do] meio é que se trata [de] golpe [com] fins políticos [para] eliminação [de] Ho Yin. Tenho a mesma convicção". As diligências continuaram, inclusivamente com o apoio da polícia de Hong-Kong, mas, o telegrama n.º 45 SEC de 24 de Maio de 1966 reafirmava que "sem resultados satisfatórios".

Setembro de 1966, informou que "em 2 [de] Setembro começaram [a] aparecer grupos [de] guardas vermelhos «Red Guards» [da] China Continental [na] vizinhança [de] Macau" que, no entanto, pareciam "ter pouca aceitação [por parte da] populações [da] área" e, talvez por isso e por terem "sido atentamente seguidos", não tinha havido "interferências [na] vida [da] Província"

De qualquer forma, o Ministro queria que o Encarregado o mantivesse "informado [sobre a] evolução [dos] acontecimentos"[747] e, devido à possibilidade dessa presença vir a ser fonte de problemas internos e externos, também ele, deu conhecimento do caso ao Ministério dos Negócios Estrangeiros e ao Ministério da Defesa Nacional.

Na verdade, a situação em Macau não estava calma e o Encarregado de Governo informou do Ministro de uma notícia da France Press segundo a qual um jornal de Hong-Kong, o *China mail,* dizia que "viajantes vindos [de] Kuangtung dizem [que os] guardas vermelhos reivindicaram num comício em Cantão que [as] cidades decadentes [de] Hong-Kong [e] Macau devem ser restituídas [à] China Popular"[748]. No entanto, em telegrama posterior, o Governador informou que não se vislumbrava que essa reivindicação tivesse sido feita por "entidades idóneas [do] Governo [de] Pequim [mas] antes presumindo tratar-se [de] indivíduos não classificados"[749].

Só que, no mesmo telegrama, divulgava uma nova notícia com base em "chineses regressados [de] Cantão", segundo a qual "Pequim vai confiscar através [de] formalidades diplomáticas [as] propriedades pertencentes [a] entidades ligadas mesmo [ao] governo [dos] residentes [no] continente [que] possuem propriedades [em] Macau e Hong-Kong".

Significa isto que o Governador, ao mesmo tempo que desvalorizava uma informação, em função da pouca credibilidade da fonte, transmitia nova informação obtida a partir de uma fonte que não era mais credível que a primeira.

Na Metrópole vigorava o *Parlamento dos murmúrios.* Em Macau fazia-se ouvir o *Senado dos boatos.*

---

[747] Telegrama n.º 40 SEC de 6 de Setembro de 1966.
[748] Telegrama n.º 41 SEC de 17 de Setembro de 1966.
[749] Telegrama n.º 72 SEC de 21 de Setembro de 1966.

Ainda durante a denominada Revolução Cultural, em Dezembro de 1966, aconteceu o movimento que ficaria conhecido como o "1,2,3", durante o qual as associações chinesas decretaram um boicote generalizado que privou os portugueses residentes de alimentos, transportes e outros serviços, o que levou o Governador[750] a decretar a lei marcial e o recolher obrigatório.

Porém, como Macau e Hong-Kong serviam os interesses da República Popular da China, pois constituíam as suas duas únicas portas de entrada de divisas, os receios da ocupação não se confirmaram, até porque Chou En-Lai e Mao Tsé-Tung não queriam resolver o problema de Macau pela força e não aceitavam, como já foi referido, que Macau fosse visto como uma colónia.

O Governador negociou com as autoridades de Cantão e com uma comissão representativa da população chinesa de Macau e os radicais ou extremistas não conseguiram os seus intentos porque os 58 dias que abalaram Macau não foram suficientes para fazer cair a construção jurídica em vigor, que, aliás, sobreviveria até ao final do século XX.

3.12. Ministério de Baltazar Rebelo de Sousa – 7 de Setembro de 1973 a 25 de Abril de 1974

Baltazar Rebelo de Sousa inha uma presença demorada nos corredores e na sala do Poder quando foi chamado à última função governativa. Conhecia bem Moçambique, onde fora Governador-Geral e talvez Marcello esperasse que esse conhecimento pudesse ser útil para encontrar uma solução para o processo ultramarino.

No entanto, seria Moçambique que lhe daria as maiores preocupações, apesar de a guerra colonial continuar em Angola e na Guiné que já declarara, unilateralmente, a independência.

De facto, o mês de Janeiro de 1974 seria marcado – sobretudo nos dias 17 e 18 – por confrontos na cidade da Beira entre os

---

[750] Como já referi em publicação anterior, o Governador recebeu luz verde de Salazar para solucionar o conflito como quisesse, mas foi responsabilizado pelas decisões que viesse a tomar. Salazar decretou a censura absoluta sobre este assunto, tanto na Metrópole, como em todos os territórios sob domínio português.

colonos brancos e as forças armadas, na sequência de um ataque a uma fazenda de colonos brancos, situação denunciadora do mal-estar que se gerara entre os portugueses residentes em Moçambique e as forças a quem estava confiada a defesa do território e a segurança das populações.

O Ministro demitiu o Governador do Distrito da Beira, mas, como era previsível, essa demissão nada acrescentou no sentido de resolver um problema que era muito mais abrangente e que exigia uma mudança de política.

Só que a conjuntura não deu tempo ao Ministro para implementar uma política ultramarina. Assim, na fase inicial, optou por manter todos os Governadores e, sete meses decorridos, o golpe de estado do 25 de Abril encarregou-se de mostrar que já não havia tempo para experimentar novos modelos.

Na realidade, o regime tinha desperdiçado o tempo que as forças armadas tinham colocado à sua disposição para resolver um problema que, mais do que militar, era político e Baltazar Rebelo de Sousa viu-se obrigado a rumar, tal como o Presidente da República e o Presidente do Conselho, ao Brasil.

Há, no entanto, dois elementos – ambos posteriores ao 25 de Abril de 1974 – que abonam, senão a favor do Ministro, pelo menos, a favor do Governador-Geral.

De facto, Samora Machel exigiu que a placa que dava o nome de Baltazar Rebelo de Sousa a uma rua de Matola fosse recolocada no lugar de onde fora arrancada na fase que se seguiu à independência porque, como fizera questão de afirmar num comício – mesmo que para tal se visse forçado a interromper o discurso de um orador atacado pela *revolucionarite* aguda – que *o Baltazar não é fascista*.

Por outro lado, quando Baltazar Rebelo de Sousa voltou a Moçambique, em 1993, foi recebido na Assembleia da República e apresentado pelo Primeiro-Ministro como *um velho amigo*.

Depois da reconciliação nacional em Moçambique, havia tempo para o reassumir da condição lusófona porque, afinal, "o que se afundou foi uma estrutura política, de qualquer modo votada à mudança e que deveria ter-se processado sem os custos nacionais que tivemos de pagar" (Moreira, 1977, p. 107).

A conclusão que, em seguida, se apresenta corrobora a verdade da afirmação anterior.

CONCLUSÃO

O ocaso de um Império só parece passível de uma completa explicação se forem tidos em conta o processo da sua formação, nomeadamente as motivações que levaram a cabeça do Império a decidir deitar-se ao largo, e a forma encontrada para a sua administração nas diferentes conjunturas.

De facto, como Moreira (1956, p. 24) ensina há mais de meio século, a análise de uma situação colonial não se pode confundir com a dinâmica da expansão, desde logo porque "a sociedade responsável pela constituição da situação colonial, quer no aspecto do colonizador, quer no aspecto de colonizado, era inteiramente diferente, nas suas características, da sociedade formada por aqueles que actualmente se encontram envolvidos no fenómeno colonial".

Ora, que o Império Português resultou mais da descoberta que da conquista parece um dado de difícil questionamento porque foram as caravelas e as naus que acrescentaram, légua a légua, os territórios que viriam a constituir o Ultramar português, enquanto os sonhos de um Império de conquistas, avivados em Alfarrobeira e assumidos por D. Afonso V e D. Sebastião, foram quase tão efémeros como a vida do Rei-Menino.

No entanto, a descoberta e a manutenção representam dois momentos diferentes de uma mesma realidade expansionista que Cabreira (1929) atribuiu a três factores: a proveniência portuguesa de povos guerreiros, ambiciosos e sonhadores, o mar que envolve metade da fronteira portuguesa e o facto de o país ter crentes, heróis e sábios, embora talvez um quarto factor – a necessidade que aguça o engenho – devesse ser tido em conta para completar as razões do Infante, que, se bem discriminadas, eram cinco.

Porém, se o achamento foi obra de navegadores, muitos dos quais se viriam a tornar capitães-donatários das terras descobertas, não é menos verdade que a substituição da doutrina do *mare clausum* pela do *mare liberum* determinou o fim do monopólio expansionista dos dois povos peninsulares e, como a História demonstra, nessa fase, mais do que a lutas entre colonizadores e colonizados, assistiu-se a conflitos entre as potências europeias da fachada atlântica pela posse de novas terras, mesmo que, na altura, ainda se estivesse longe de saber as riquezas que o *novo Mundo* continha.

Na realidade, os indígenas podiam considerar os europeus como um único elemento, mas esses europeus sabiam bem da multiplicidade competitiva que representavam.

Recorrendo às palavras do marinheiro da armada de Gama, se todos iam à procura de pimenta, o mesmo não acontecia no que aos cristãos dizia respeito.

Assim, foi essa desconfiança, apenas amenizada pelos tratados conjunturais, que conduziu à necessidade de as Metrópoles europeias organizarem os seus Impérios entregando a administração dos mesmos a personalidades militares capazes de garantir a manutenção da soberania sobre os novos territórios.

Na verdade, a consulta das listas de Governadores das várias possessões portuguesas não deixa dúvidas sobre a importância que era reconhecida aos militares na manutenção do Império.

Por isso, quando Mouzinho de Albuquerque considerou que o reino era obra de soldados, limitou-se a constatar a importância do elemento bélico para a sua manutenção, tanto mais que se referia ao Império na fase que se seguiu à Conferência de Berlim[751], na qual o direito de posse derivado da descoberta foi substituído pelo direito proveniente da ocupação efectiva, numa clara demonstração de dois princípios maquiavélicos segundo os quais os fins justificam os meios e quem tem poder usa-o.

No período em estudo, o Estado Novo, embora sem negar a importância do agente bélico – até porque era aos militares que ficara a dever a sua formação – acrescentaria o elemento diplomata e o providencialismo como forma de tentar garantir a indivisibilidade do todo nacional.

---

[751] O principal feito da sua campanha em Moçambique – a prisão de Gungunhana – ocorreu dez anos depois dessa Conferência, ou seja, em 1895.

A investigação feita sobre a administração do Império Português parece apontar para a necessidade de relevar a acção de três elementos.

O primeiro, que parece quase omnipresente, é o Presidente do Conselho.

Um dos objectivos traçados na introdução prendia-se com o desejo do presente livro de tentar ajudar a perceber se Salazar tinha sido, efectivamente, um homem superior e o construtor de um regime e quais as inferioridades culposas pelas quais a História o poderia responsabilizar.

A pesquisa efectuada aponta para que a resposta à primeira parte da questão dependa do sentido atribuído ao adjectivo «superior», embora também pareça necessária uma explicação sobre a designação do regime.

Na realidade, Salazar foi o construtor do regime do Estado Novo que, mesmo não tendo assumido por completo as características do corporativismo, como, aliás, ficou provado no texto, não pode ser resumido, ao contrário daquilo que alguns defendem, a uma «situação».

Na minha opinião, o Estado Novo também não assentou no modelo de governação de um *homem aconselhado* ou *avisado* porque, por norma, Salazar não era bom ouvinte de conselhos ou de sugestões e, mesmo quando solicitava opiniões, não entregava a outrem o poder de decidir.

Quanto à sua superioridade, a possível existência da mesma não resultou de um fenómeno de popularidade ou de populismo, até porque Salazar se mostrava avesso ao contacto com as multidões e preferia a calma reflexiva do seu gabinete.

Assim, a sua imagem acabaria por ser moldada pelo ascetismo franciscano em que viveu e que indiciava, claramente, que os bens materiais não constituíam a razão de ser da sua vida, circunstância que mais reforçou uma certa ideia de providencialismo.

Foi essa imagem que contribuiu para lhe assegurar a longa permanência no Poder e o controlo dos vários – e frequentemente incompatíveis – grupos de interesse, para os quais Salazar não representava o mal menor, mas uma personalidade com a qual se viam obrigados a viver.

Em conjunturas que lhes pareceram propícias, esses interesses conjuraram a substituição de Salazar, só que este tinha lido Maquiavel e soubera capturar o Poder. Aliás, os interesses instalados não estiveram isolados nesta incapacidade para proceder à substituição de Salazar porque a oposição ao regime também não dispôs de uma estratégia que pudesse viabilizar essa queda.

A ideia de superioridade parece, assim, assentar na existência de várias inferioridades.

Assim, no cenário resultante da II Guerra Mundial, a oposição tinha como certo que a vitória aliada não permitiria a manutenção do regime português, ou seja, fazia depender a queda do regime de uma intervenção exógena. Tratava-se de uma estratégia marcada pela falta de determinação a fazer lembrar Camille Chautemps que, na fase da expansão hitleriana que conduziu ao segundo confronto mundial, reconhecia, ainda que implícita ou eufemisticamente, a incapacidade da França, defendendo que a melhor política era *esperar para ver*.

No caso francês, o tempo encarregar-se-ia de provar que Chautemps não precisava de esperar para ver porque já sabia o que se iria passar e, no caso português, que a força da diplomacia do Estado Novo era muito superior àquela que os opositores lhe reconheciam porque Salazar não só se manteve no Poder como ousou não tomar na devida conta os conselhos dos aliados.

De facto, uma coisa era prometer eleições tão livres como na livre Inglaterra, mas coisa diferente era criar condições – a começar pela legalização dos partidos – para a efectiva realização das mesmas.

No entanto, Portugal desaproveitou o tempo que a sua diplomacia tinha conseguido obter e, como Moreira (2005, p. 222) defende, quando o regime ficou "sem os apoios externos, que faziam parte do sistema português, os territórios ficaram fora do alcance de decisão do regime, e nem este poderia manter a estrutura multicontinental do Estado, nem outro regime poderia, por simples mudança ideológica interna, conseguir tal objectivo".

Por isso, o encerramento do ciclo colonial português representou um ocaso sem acaso.

Voltando a Salazar, no que concerne à sua superioridade intelectual, na minha opinião, a mesma pode ser certificada não apenas pela nota com que se licenciou em Direito[752], mas também, pela clareza lógica da argumentação com que expunha as suas ideias

---

[752] Salazar terminou o curso em Novembro de 1914 com a classificação de 19 valores.

sobre as diferentes problemáticas das conjunturas nacional e internacional[753], mesmo quando não era detentor da verdade, por força de um erro prospectivo que exigiria um preço elevado a Portugal.

Essa é a sua principal responsabilidade perante a História porque se o erro é humanamente justificável e desculpável, a persistência no mesmo representa não uma forma de coerência mas de teimosia obsessiva.

Na verdade, as justificações ideológicas não podem constituir-se como suficientes para explicar a recusa da realidade.

De facto, todas as outras culpas gravosas que lhe podem ser atribuídas – nomeadamente, a guerra colonial e a falta de liberdade – foram consequência da persistência nesse erro, se bem que nessa teimosia se deva ter em conta o peso da idade que foi esmorecendo a vontade da personalidade vigorosa da Sala do Risco.

De igual modo não se lhe pode assacar culpas por não ter percebido os movimentos nacionalistas, pois, como Ziegler (1983, p. 16) reconheceu já depois do ocaso do Império, "aucun concept existant de la sociologie politique actuelle ne permet de les cerner totalement".

Aliás, embora na análise dos elogios feitos aos detentores do Poder se aconselhe o desconto correspondente à lisonja e à subserviência, não restam dúvidas que a superioridade de Salazar era reconhecida por muitos daqueles que desempenhavam cargos políticos, tal a frequência com que na correspondência é mencionada a "superior visão que caracteriza as decisões"[754] de Vossa Excelência.

O segundo elemento é a figura do Governador, aquele que Moreira (2005, p. 111) designa como o "servidor do interesse público e de agente da soberania".

De facto, a análise do conteúdo dos telegramas e documentos secretos e confidenciais mostra, inequivocamente, que a quase totalidade destes homens aceitou e desempenhou o cargo em nome de motivações pessoais, mas tendo sempre presentes os interesses nacionais.

---

[753] A lista de palestras e discursos proferidos por Salazar é muito extensa e embora seja possível proceder a uma hierarquia dos mesmos em termos de importância, o mesmo já não sucede no que se refere à lógica ou argumentação.

[754] Afirmação constante na carta que o Ministro Vieira Machado enviou a Salazar, em 4 de Março de 1940, sobre a industrialização do Ultramar.

Dito de outra forma, as situações derivadas da volúpia do poder constituíram a excepção e não a regra.

Como é compreensível, nem sempre a forma de actuação no terreno se revelou consentânea com os objectivos emanados de Lisboa e a exoneração foi usada como recurso do Poder Central. Só que, mesmo nesses casos, a idoneidade do Governador raramente foi colocada em causa.

O derradeiro lamento de Afonso de Albuquerque às portas de Goa, apesar do trono de El-Rei ter cedido o lugar à cadeira do Presidente do Conselho, manteve-se actual durante o Estado Novo.

Por isso, numa conjuntura em que a opinião pública reclama – com inteira justiça – transparência na gestão da *res publica*, parece pertinente atentar na forma de gestão feita pela maioria dos Governadores do Império português.

O terceiro elemento é o Ministro das Colónias ou do Ultramar, uma vez que Portugal nunca criou a designação de Ministro das Províncias Ultramarinas, uma marca da consciência pesada de quem sabia que a existência das mesmas era virtual ou apenas de natureza semântica.

O acervo consultado mostra que nem todos os Ministros tinham a mesma visão sobre a forma de administrar o Ultramar e que a visão prospectiva que traçavam do mesmo era muito diferente e nem sempre se integrava naquilo que poderá ser designado como *o espírito da época*.

Ortega, talvez como forma de entreabrir a porta da justificação, afirmava que era sempre o homem e a sua circunstância. Só que, na conjuntura temporal que foi objecto de estudo, foi possível identificar Ministros que acataram a circunstância e o peso das estruturas sociais dominantes e outros que perceberam a inevitabilidade do acto de alterar essa circunstância, mesmo conhecendo – e aceitando pagar – o preço implícito na sua ousadia.

O referido elemento conformista ou conservador – a tendência para escrever retrógrado é grande – identifica-se, principalmente, na acção dos Ministros que ocuparam a pasta no período imediatamente a seguir à II Guerra Mundial e na vigência do antepenúltimo e penúltimo Ministérios que corresponderam ao encerramento do ciclo imperial português, uma vez que a acção do último Ministro não é passível – devido à curta duração do mandato – de uma justa avaliação.

De facto, se os Ministros iniciais dispuseram de um activo derivado de exercerem funções na fase durante a qual ainda estavam em construção os alicerces de um regime perfeitamente enquadrado no seu tempo, o mesmo não se passou com aqueles que não conseguiram ler – nem era preciso descodificar tal era a evidência – os sinais da nova conjuntura e persistiram no erro de considerar que a política saída da II Guerra Mundial era transitória e que, em breve, tudo retornaria à vida habitual.

Essa responsabilidade é ainda maior no que se refere aos Ministros que aceitaram interromper a mudança já em curso e que tinha como autores Sarmento Rodrigues e, sobretudo, Adriano Moreira cuja acção, aliás, já é perfeitamente detectável – a análise de conteúdo da legislação produzida nesse período não engana – no tempo durante o qual secretariou Lopes Alves.

Se é um facto que os Ministros respondiam perante Salazar e, por isso, não poderiam desrespeitar a hierarquia, não é menos verdade que ninguém é obrigado a corporizar políticas nas quais não se revê completamente ou, o que ainda é mais grave, com as quais não concorda porque, como Pessoa afirmou através do seu heterónimo Ricardo Reis: *para ser grande sê inteiro* ou, de acordo com São Thomas Morus, *sê o que quiseres mas procura sê-lo totalmente*.

Porém, como a obra não se destina a julgar pessoa, mas a narrar e interpretar factos, convirá atentar na frase que lhe serve de epígrafe e, seguindo o conselho de Frei Gaspar de São Bernardino, pedir perdão das faltas e erros cometidos nesta escritura, esperando que as primeiras – que terão sempre existência garantida – superem os segundos.

BIBLIOGRAFIA

ACHCAR, G. (2002). *Le choc des barbáries: terrorismes et désordre mondial.* Paris: Éditions Complexe.
BÈGUE, S. (2007). *La fin de Goa et de l'Estado da Índia: décolonisation et guerre froide dans le sous-continent indien (1945-1962).* Lisboa: Instituto Diplomático.
BENDER, G.J. (1980). *Angola sob o domínio português: mito e realidade.* Lisboa: Livraria Sá da Costa Editora.
BORDA D'ÁGUA, F. (2007). *Le Timor oriental face à la seconde guerre mondiale (1941-1945).* Lisboa: Instituto Diplomático.
BRANDÃO, F. C. (2002). *História diplomática de Portugal: uma cronologia.* Lisboa: Livros Horizonte.
CABREIRA, A. (1929). *Portugal nos mares e nas sciências.* Lisboa: Papelaria e Tipografia Casa Portuguesa.
CAETANO, M. (1967). *O conselho ultramarino – esboço da sua história.* Lisboa: Agência Geral do Ultramar.
CASTRO, L.F.O. (1967). *A nova África.* Lisboa: Gráfica imperial (Edição de autor).
CASTRO, A. (1980). *O sistema colonial português em África – meados do século XX.* Amadora: Editorial Caminho.
COUTO, D. (1980). *O soldado prático.* Lisboa: Sá da Costa.
CUNHA, J.S. (1972). *Assim construímos o futuro.* Lisboa: Agência-Geral do Ultramar.
FERNANDES, M. S. (2008). *Confluência de interesses: Macau nas relações luso-chinesas contemporâneas – 1945-2005.*Lisboa: Instituto Diplomático.
FERNANDES, M. S. (2005). A União da República de Timor: o atrófico movimento nacionalista islâmico-malaio timorense, 1960-1975. In A.M. Guedes & N. C. Mendes (eds.). (2005). *Ensaios sobre nacionalismos em Timor-Leste.* (pp. 355-431). Lisboa: Instituto Diplomático.
FERREIRA, A. M. (1999). Cristianismo e espaço ultramarino. Igrejas e correntes religiosas em face do império e da descolonização. In F. Bethencourt & K. Chaudhuri (Dir.). *História da expansão portuguesa,* Vol. V. (pp. 384-411). Lisboa: Círculo de Leitores.
FERREIRA, E. S. (1977). *O fim de uma era: o colonialismo português em África.* Lisboa: Livraria Sá da Costa Editora.
FRANÇA, A. P. (2004). *Angola: dia a dia de um embaixador, 1983-1989.*Lisboa: Prefácio.
GEORGEL, J. (1985). *O salazarismo.* Lisboa: publicações Dom Quixote.
GODINHO, J.M. (1973). *Ano de eleições.* Lisboa: Ed. República.
GROSSMAN, E. & Saurugger, S. (2006). *Les groupes d'intérêt: action collective et strategies de representation.* Paris: Armand Colin.

GUEDES, A.M. & Mendes, N. C. (eds.). (2005). *Ensaios sobre nacionalismos em Timor-Leste*. Lisboa: Instituto Diplomático.
HENRIQUES, I.C. (1999). A sociedade colonial em África. Ideologias, hierarquias, quotidianos. In F. Bethencourt & K. Chaudhuri (Dir.). *História da expansão portuguesa*, Vol. V. (pp. 216-274). Lisboa: Círculo de Leitores.
LÉONARD, Y. (1999). Configurações Políticas. In F. Bethencourt & K. Chaudhuri (Dir.). *História da expansão portuguesa*, Vol. V. (pp. 10-101). Lisboa: Círculo de Leitores.
LUCENA, M. (1984). Interpretações do salazarismo: notas de leitura crítica – In *Análise Social*, vol. XX (83), 1984-4.º, pp. 423-451.
MAQUIAVEL, N. (2000). *O príncipe*. Mem Martins: Publicações Europa-América.
MARQUES, A. (1988). *Política económica e desenvolvimento em Portugal (1926-1959)*. Lisboa: Livros Horizonte.
MATOS, L. S. (1973). *Investimentos estrangeiros em Portugal*. Lisboa: Seara Nova
MELLO, M.J.H. (1996). *Meio século de observação*. Lisboa: Dom Quixote.
MESQUITA, A. P. (2007). *Salazar na história política do seu tempo*. Lisboa: Caminho
MEYNAUD, J. (1957). *Les groupes de pression en France*. Paris: Armand Collin.
MONTEIRO, A. (1933). *Para uma política imperial – alguns discursos*. Lisboa: Agência-Geral das Colónias.
MOREIRA, A. (2009). *A espuma do tempo. Memórias do tempo de vésperas*. Coimbra: Almedina.
MOREIRA, A. (2005). *Notas do tempo perdido*. Lisboa: ISCSP.
MOREIRA, A. (2001). *Tempo de vésperas*. Lisboa: Editorial Notícias.
MOREIRA, A. (1977). *A nação abandonada*. Braga – Lisboa: Intervenção.
MOREIRA, A. (1956). *Política ultramarina*. Lisboa: Junta de Investigação do Ultramar.
MORUS, T. (2005). *A utopia*. Lisboa: Guimarães Editores.
NASCIMENTO, J. P. (1912). *A colonização do planalto de Benguela*. Lisboa: J. Rodrigues & Co.
NEWITT, M. (1997). *História de Moçambique*. Mem Martins: Publicações Europa-América.
NOGUEIRA, F. (1977). *Salazar – os tempos áureos (1928-1936)*. Coimbra. Atlântida Editora.
PINTO, J.F. (2004). *Do império colonial à comunidade dos países de língua portuguesa: continuidades e descontinuidades*. Lisboa: Instituto Diplomático.
ROLLO, M.F. (2007). *Portugal e a reconstrução económica do pós-guerra: o plano Marshall e a economia portuguesa dos anos 50*. Lisboa: Instituto Diplomático.
ROSAS, F; Barros, J.L. & Oliveira, P. (1996). *Armindo Monteiro e Oliveira Salazar. Correspondência política. 1926-1955*. Lisboa: Editorial Estampa.
ROSAS, F. (1994). O estado novo nos anos 30. In J. Mattoso (Dir.). *História de Portugal*. (pp. 243-300). Lisboa: Editorial estampa.
ROSAS, F. (1999). O marcelismo ou a falência da política de transição no estado novo. In J.M. B. Brito (Dir.) *Do marcelismo ao fim do império*. (pp. 15-59). Lisboa: Círculo de Leitores.
SALAZAR, A.O. (1966). *Antologia: discursos, entrevistas, artigos, teses, notas e relatórios 1909-1966*. Coimbra: Coimbra Editora Limitada.
SERRÃO, J.V. (2000). *História de Portugal (1935-1941)*. Parte XIV. Lisboa: Verbo.
SHILS, E. (1992). *Centro e periferia*. Lisboa: Difel.
SMITH, M. (1989). Comparing foreign policy systems: problems, processes and performance. In M. Clarke & B. White (Eds.) *Understanding foreign policy: the foreign policy systems approach*. Londres: Edward Elgar.

SPENCE, C.F. (1963). *Moçambique (East African province of Portugal)*. Cape Town: Howard Timmins.
TELO, A. (1991). *Portugal na segunda guerra (1941-1945)*. Lisboa: Vega.
TENREIRO, F. (1961). *A ilha de S. Tomé*. Lisboa: Junta de Investigação do Ultramar.
TORRES, A. (2004). Terrorismo: a apocalipse da razão?. In A. Moreira (Coord.). *Terrorismo* (pp. 21-128). Coimbra: Almedina.
TORRES, A. (1991). *O império português entre o real e o imaginário*. Lisboa: Escher.
VENTURA, A. (1994). Figuras do regime ditatorial. In J. Medina (Dir.). *História de Portugal: dos tempos pré-históricos aos nossos dias*. Vol. XIII. (pp. 115-126). Lisboa: Ediclube.
ZIGLER, J. (1983). *Contre l'ordre du monde: les rebelles – mouvements armés de libération nationale du tiers monde*. Paris: Éditions du Seuil.
ZUQUETE, A. (Dir.). (1962). *Tratado de todos os vice-reis e Governadores da Índia*. Lisboa: Editorial Enciclopédia, Limitada.

FONTES DIRECTAS

Arquivo Salazar da Torre do Tombo

AOS/CO/GR – 1 C
AOS/CO/NE – 1 A
AOS/CO/NE – 5
AOS/CO/NE – 11 A
AOS/CO/PC – 42
AOS/CO/PC – 78 D
AOS/CO/UL – 1 B
AOS/CO/UL – 1 D
AOS/CO/UL – 8 B (1929-1953)
AOS/CO/UL – 8 E (1937-1938)
AOS/CO/UL – 8 G (1930-1956)
AOS/CO/UL – 8 H (1930-1950)
AOS/CO/UL – 8 I (1949-1956)
AOS/CO/UL – 8 I (Cont.) (1961-1966)
AOS/CO/UL – 8 J (1955-1967)
AOS/CO/UL – 8 K (1967)
AOS/CO/UL – 8 L (1968)
AOS/CO/UL – 9 C (1954-1968)
AOS/CO/UL – 10 (1929-1949)
AOS/CO/UL – 10 A (1929-1956)
AOS/CO/UL – 10 A1
AOS/CO/UL – 27 (1955)
AOS/CO/UL – 28 A (1949-1963)
AOS/CO/UL – 31 (1957)
AOS/CO/UL – 32 A (1960-1961)
AOS/CO/UL – 32 A1 (1960-1963)

AOS/CO/UL – 32 A2 (1960-1967)
AOS/CO/UL – 38 (1958-1966)
AOS/CO/UL – 38 A (1960-1966)
AOS/CO/UL – 39 (1959-1967)
AOS/CO/UL – 40
AOS/CO/UL – 41 (1942-1967)
AOS/CO/UL – 42
AOS/CO/UL – 52 (1963-1968)
AOS/CO/UL – 61 (1957)
AOS/CO/UL – 40 (1961)

Arquivo Marcello Caetano da Torre do Tombo

AMC cx 38 – Correspondência – n.º 31 Anexo 1

Decalques Secretos do Arquivo Histórico Ultramarino

SR 11 – 1 S, relativos a 1960.

FONTES OFICIAIS E RELATIVAS A LEGISLAÇÃO

Boletim Geral do Ultramar, n.º 436,437,438, Vol. XXXVII
Diário do Governo n.º 107, de 31 de Janeiro de 1931
Diário do Governo n.º 43 de 22 de Fevereiro de 1933
Diário do Governo n.º 83 de 11 de Abril de 1933
Diário do Governo n.º 155 de 12 de Julho de 1933
Diário do Governo n.º 16, de 19 de Janeiro de 1934
Diário do Governo, n.º 191, de 15 de Agosto de 1934
Diário do Governo n.º 1, de 2 de Janeiro de 1935
Diário do Governo n.º 4, de 5 de Janeiro de 1935
Diário do Governo n.º 6, de 8 de Janeiro de 1935
Diário do Governo n.º 7, de 9 de Janeiro de 1935
Diário do Governo n.º 20, de 25 de Janeiro de 1935
Diário do Governo n.º 28, de 5 de Fevereiro de 1935
Diário do Governo n.º 29, de 6 de Fevereiro de 1935
Diário do Governo n.º 32, de 9 de Fevereiro de 1935
Diário do Governo n.º 38, de 16 de Fevereiro de 1935
Diário do Governo n.º 41, de 20 de Fevereiro de 1935
Diário do Governo n.º 74, de 1 de Abril de 1935
Diário do Governo n.º 94, de 25 de Abril de 1935
Diário do Governo n.º 105, de 9 de Maio de 1935
Diário do Governo n.º 107, de 11 de Maio de 1935
Diário do Governo n.º 129, de 6 de Junho de 1935
Diário do Governo n.º 162, de 16 de Julho de 1935
Diário do Governo n.º 163, de 17 de Julho de 1935

Diário do Governo n.º 166, de 20 de Julho de 1935
Diário do Governo n.º 176, de 1 de Agosto de 1935
Diário do Governo n.º 18, de 18 de Janeiro de 1936
Diário do Governo n.º 205, de 4 de Setembro de 1935
Diário do Governo n.º 304, de 31 de Dezembro de 1935
Diário do Governo n.º 15, de 18 de Janeiro de 1936
Diário do Governo n.º 20, de 24 de Janeiro de 1936
Diário do Governo n.º 242, de 16 de Outubro de 1937
Diário do Governo n.º 246, de 21 de Outubro de 1937
Diário do Governo n.º 15, de 18 de Janeiro de 1938
Diário do Governo n.º 263, de 12 de Novembro de 1938
Diário do Governo n.º 271, de 6 de Dezembro de 1945
Diário do Governo n.º 28, de 4 de Fevereiro de 1947
Diário do Governo n.º 153 de 2 de Agosto de 1950
Diário do Governo n.º 198, de 6 de Setembro de 1950
Diário do Governo n.º 113, de 6 de Junho de 1951
Diário do Governo n.º 117, de 11 de Junho de 1951
Diário do Governo n.º 239, de 16 de Novembro de 1951
Diário do Governo n.º 44, de 26 de Fevereiro de 1952
Diário do Governo n.º 37, de 26 de Fevereiro de 1953
Diário do Governo n.º 135 de 27 de Junho de 1953
Diário do Governo n.º 135, de 16 de Junho de 1955
Diário do Governo n.º 149, de 7 de Julho de 1955
Diário do Governo n.º 178, de 14 de Agosto de 1958
Diário do Governo n.º 87, de 17 de Abril de 1959
Diário do Governo n.º 135, de 16 de Junho de 1959
Diário do Governo n.º 198, de 29 de Agosto de 1959
Diário do Governo n.º 209, de 8 de Setembro de 1961
Diário do Governo n.º 259, de 8 de Novembro de 1961
Diário do Governo n.º 22, de 1 de Fevereiro de 1962
Diário do Governo n.º 239, de 10 de Outubro de 1968
Diário do Governo, n.º 192, de 17 de Agosto de 1971
Diário da Assembleia da República, n.º 049, de 7 de Março de 1990.

[BIT] *Official bulletim* (1962), vol. 45, n.º 2, suplemento II.

ÍNDICE

Dedicatória 5
Epígrafe 7
Prefácio 9
Introdução 13
Capítulo I – Os Ministros das Colónias ou do Ultramar Durante o Estado Novo 39
Capítulo II – O Ultramar e a Administração do Império 65
   2.1. Os Órgãos de Administração Colonial no Ultramar 65
   2.2. A Participação do Ultramar na Administração do Império 75
      2.2.1. A Assembleia Nacional 76
      2.2.2. A Câmara Corporativa 80
      2.2.3. O Conselho Ultramarino 86
Capítulo III – A Acção dos Governadores do Ultramar nos Ministérios do Estado Novo 91
   3.1. Ministério de Armindo Rodrigues Monteiro: 11 de Abril de 1933 a 11 de Maio de 1935 93
      3.1.1. Angola 93
      3.1.2. Moçambique 98
      3.1.3. Cabo Verde 101
      3.1.4. Guiné 103
      3.1.5. S. Tomé e Príncipe 106
      3.1.6. Índia 106
      3.1.7. Timor 107
      3.1.8. Macau 108
   3.2. Ministério de José Silvestre Ferreira Bossa: 11 de Maio de 1935 a 7 de Janeiro de 1936 109
      3.2.1. Angola 111
      3.2.2. Moçambique 113
      3.2.3. Cabo Verde 114
      3.2.4. Guiné 115
      3.2.5. S. Tomé e Príncipe 118
      3.2.6. Índia 119
      3.2.7. Timor 120
      3.2.8. Macau 121

3.3. Ministério de Francisco José Vieira Machado: 16 de Fevereiro de 1936
a 6 de Setembro de 1944 123
   3.3.1. Angola 126
   3.3.2. Moçambique 145
   3.3.3. Cabo Verde 148
   3.3.4. Guiné 153
   3.3.5. S. Tomé e Príncipe 157
   3.3.6. Índia 160
   3.3.7. Timor 161
   3.3.8. Macau 165
3.4. Ministério de Marcello Caetano: 6 de Setembro de 1944
a 4 de Fevereiro de 1947 181
   3.4.1. Angola 186
   3.4.2. Moçambique 189
   3.4.3. Cabo Verde 192
   3.4.4. Guiné 194
   3.4.5. S. Tomé e Príncipe 195
   3.4.6. Índia 198
   3.4.7. Timor 199
   3.4.8. Macau 200
3.5. Ministério de Teófilo Duarte: 4 de Fevereiro de 1947
a 2 de Agosto de 1950 202
   3.5.1. Angola 203
   3.5.2. Moçambique 206
   3.5.3. Cabo Verde 212
   3.5.4. Guiné 213
   3.5.5. S. Tomé e Príncipe 216
   3.5.6. Índia 218
   3.5.7. Timor 219
   3.5.8. Macau 223
3.6. Ministério de Sarmento Rodrigues: 2 de Agosto de 1950
a 7 de Julho de 1955 237
   3.6.1. Angola 240
   3.6.2. Moçambique 254
   3.6.3. Cabo Verde 261
   3.6.4. Guiné 264
   3.6.5. S. Tomé e Príncipe 266
   3.6.6. Índia 273
   3.6.7. Timor 298
   3.6.8. Macau 300
3.7. Ministério de Raul Ventura: 7 de Julho de 1955 a 14 de Agosto de 1958 313
   3.7.1. Angola 313
   3.7.2. Moçambique 314
   3.7.3. Cabo Verde 318
   3.7.4. Guiné 318
   3.7.5. S. Tomé e Príncipe 319

3.7.6. Índia	320
3.7.7. Timor	331
3.7.8. Macau	332
3.8. Ministério de Lopes Alves: 14 de Agosto de 1958 a13 de Abril de 1961 ...	337
3.8.1. Angola	339
3.8.2. Moçambique	348
3.8.3. Cabo Verde	355
3.8.4. Guiné	355
3.8.5. S. Tomé e Príncipe	364
3.8.6. Índia	365
3.8.7. Timor	367
3.8.8. Macau	373
3.9. Ministério de Adriano Moreira: 13 de Abril de 1961 a 4 de Dezembro de 1962	373
3.9.1. Angola	375
3.9.2. Moçambique	380
3.9.3. Cabo Verde	388
3.9.4. Guiné	390
3.9.5. S. Tomé e Príncipe	394
3.9.6. Índia	395
3.9.7. Timor	399
3.9.8. Macau	401
3.10. Ministério de Peixoto Correia: 4 de Dezembro de 1962 a 19 de Março de 1965	403
3.10.1. Angola	404
3.10.2. Moçambique	408
3.10.3. Cabo Verde	419
3.10.4. Guiné	420
3.10.5. S. Tomé e Príncipe	423
3.10.6. Timor	424
3.10.7. Macau	427
3.11. Ministério de Silva Cunha: 19 de Março de 1965 a 7 de Setembro de 1973	431
3.11.1. Angola	433
3.11.2. Moçambique	436
3.11.3. Cabo Verde	445
3.11.4. Guiné	448
3.11.5. S. Tomé e Príncipe	450
3.11.6. Timor	452
3.11.7. Macau	453
3.12. Ministério de Baltazar Rebelo de Sousa: 7 de Setembro de 1973 a 25 de Abril de 1974	458
Conclusão	461
Bibliografia	469